匡亚明 主编 中国思想家评传丛书

杜光庭评传

孙亦平 著

南京大学中国思想家研究中心

南京大学出版社

中国思想家评传丛书

四川青城山建福宫杜天师像

道德真經廣聖義卷之五　羔五

唐廣成先生杜光庭述

釋疏題明道德義

義曰老子者太上老君之内號也釋解已具前篇道經者此經兩卷上經以道爲目夫化導羣生貫穿萬法居衆法之首故三皇尊其道爲萬教之先故大演虚其一焉故一者道之數道者一之本下經云道生一是也夫其道也極虚通之妙致窮化濟之神功理貫生成義該因果継之於己則物我兼忘蕩之○○於懷則有無雙絶道與德有相資相禀之義故云道德經也今於道德義中分三門解釋一者釋名無名方了玄教故經云虚無常自然强名字大道所以道義主無理物有病德義主有理世無惑故臧玄静云道者通物以無爲義今就明之道有三義一理也二導也三通也理者理實虚無以明善惡導者導執令忘引凡入聖通者通生萬法變通無壅上經法陽象天數奇故三十七章也老君説經本亦不執上經爲道下經爲德昔賢相承分

判故有道先德後其間經文互相明證具如序中矣吹道衰而後有德德衰而後有五常是明道德爲衆行之先五常之本故道經居先而德經次之也今依名釋道即前序所謂導也通也理也夫道德雙釋分三門者一釋名二明體三明用釋名第一道德玄絶自應無名開教引凡强立稱謂故寄彼無名之名者實彼正理令識名之無名方可了達玄教强名道德其義者何臧玄静曰道以通物以無爲義德者不失以有爲功道無則能遣物○○有累德有則能袪世空惑今明道三義者理也通也導也德三義者得也成也不喪也所謂理者理實虚無言一切皆無故云道在一切有解云理者兼通善惡善道亦名道惡道亦名道善惡性空不乖此義但惡道稱道其意不然正以徒類稱道非關就理爲釋若言隨事近理此説不妨所謂通者謂能通生萬物變通無壅河上公云道四通也所謂導者導執令忘引凡入聖自然經云導末歸本本即眞性末即妄情也德有三義所謂德者得

於道果太平經云德者正相得也所謂成者成濟衆生令成極道此就果爲名亦資成空行就因者經云熟成之所謂不喪者謂德不失也故云不喪太平經云常德不喪是也此六義者互可相通西昇經云道德混沌玄妙同也道中有德義者昇玄經云德等無等等無等是道也故云道有得義道有成義者河上公云非但生之乃復長之成之道有不喪義者既言常道常即不喪也德中又有理義者生神經云感應理常通應既是德故得有○○理義也德有通義者河上公云德一也一至布氣而育養之德有導義者謂有開導之德論語云道之以德是也此就通門則如前解矣但道之言通通無所通而無所不通德之言得得無所得而無所不得故能忘己忘功生物成物今就此科更分五别一依名釋者前義也二因待釋者明非德無以言道非道無以言德道德相待强立假名故離道無德離德無道道是德義德是道義經云長短相形是也三所表釋者道德爲教正表不道不

《道德真经广圣义》书影

《中国思想家评传丛书》序

匡 亚 明

伟大的中华民族在长达五千年连绵不断的曲折发展过程中，像滚滚东流的长江那样，以磅礴之势，冲破了重重险阻，奔腾向前，现在更以崭新面貌，雄姿英发，屹立于世界民族之林。这是人类历史上的一个奇迹。产生这一奇迹有诸多原因，其中十分重要的一点，就是我们勤劳、勇敢、智慧的各族人民，在长期的生产活动、社会活动、思维活动和对外交往以及抗击外来侵略过程中，逐渐创造、积累、发展了具有以生生不息的内在思想活力为核心的优秀传统思想文化。这是一种伟大、坚强的精神支柱，是我们民族凝聚力和生命力之所在，是历史留给我们所有海内外炎黄子孙引以自豪的无价之宝。

当然，和各国各种不同传统思想文化一样，在中华民族的思想文化传统中，也是既有精华，又有糟粕，因而全盘肯定或全盘否定,不对;一知半解、信口开河或裹足不前、漠然置之,也不对。郑重而严肃的态度应该是对它进行实事求是的科学的研究和分析,取其精华,弃其糟粕,继承和弘扬这份瑰宝,振兴中华,造福人类。人类历史发展的连续性,就是在不断去粗取精、继往开来和改革创新过程中实现的。继往是为了开来,开来不能离开继往。民族虚无主义和复古主义,都是违背历史发展的辩证规律的。

现在我们国家正处在一个新的继往开来迈向四化的关键时刻。继往就是继民族优秀传统之往,开来就是开社会主义现代化建设之来。对中国传统思想文化从广度和深度上进行系统研究,实现去粗取精的要求,正是继往开来必须完成的紧迫任务。我认为这是中国各族人民,首先是文化界、学术界、理论界义不容辞的光荣职责。但面对这一时间上长达五千年,内容上涉及人文科学、自然科学等各个领域的传统思想文化,将从何着手呢?毛泽东同志早在1938年就说过:"从孔夫子到孙中山,我们应当给以总结,承继这一份珍贵的遗产。"[①]这是很有远见而又切合实际的英明建议。从孔子到孙中山这两千余年是中国历史上思想文化最丰富的时期,如果总结了这段历史,也就基本上总结了五千年传统思想文化的主要内容。当然,基本上不等于全部。孔子以前和孙中山以后的情况,可以另行研究。因此,我认为首先最好是在时间上从孔子开始到孙中山为止,方法上采取《中国思想家评传丛书》的形式作为实现这一任务的开端。这就是从这段历史的各个时

① 毛泽东:《中国共产党在民族战争中的地位》,《毛泽东选集》第二卷,人民出版社1952年版,522页。

期、各个领域和各个学科（包括文、史、哲、经、教、农、工、医、政治等等）有杰出成就的人物中，遴选二百余人作为传主（一般为一人一传，少数为二人或二人以上合传），通过对每个传主的评述，从各个侧面展现那些在不同时期、不同领域中有代表性人物的思想活力和业绩，从而以微见著、由具体到一般地勾勒出这段历史中中国传统思想文化的总体面貌，揭示其积极因素和消极因素的主要内涵，以利于开门见山、引人入胜地批判继承、古为今用，也为进一步全面系统地总结中国传统思想文化打下基础。自从毛泽东同志提出上引建议后，半个世纪以来，不少专家学者已从各个方面作了许多工作，但对全面完成这个任务来说还远远不够，还要在深度和广度上继续努力。作为“抛砖引玉”，本《丛书》只是这个继续努力所应完成的工作的一部分。《丛书》凡二百部，约四千万言，自 1990 年开始陆续出版，争取十到十五年全部出齐。

《丛书》所以用“中国思想家评传”命名，主要是考虑到中国传统思想文化中的核心是生生不息的内在思想活力，而历史事实也反复证明，凡是在各个不同时代不同领域和学科中取得成就者，大多是那些在当时历史条件下自觉或不自觉地认识和掌握了该领域事物发展规律的具有敏锐思想的人。他们取得成就的大小，取决于思想上认识和反映这些规律的程度如何。思想并非先验之物，它所以能反映和掌握这些规律，主要是通过社会实践和对前人思想成果的借鉴和继承。思想一旦形成，反过来在一定程度上又对实践起决定性指导作用。韩愈说的“行成于思，毁于随”①，列宁说的“没有革命的理论

① 韩愈：《进学解》，中华书局《四部备要》东雅堂本《韩昌黎全集》卷十二，第 3 页。

就不会有革命的运动”[①]，这些话，虽所处时代和所持立场不同，所要解决的问题的性质也不同，但就认识论中思与行、理论（思想的高度概括）与实践的关系而言，确有相通之处，即都强调思想对实践的指导意义和作用。因此我们以“中国思想家评传”命名，就是力图抓住问题的核心，高屋建瓴地从思想角度去评述历史人物，以便对每个传主在他所处时代的具体情况下，如何在他所从事的领域中，克服困难，施展才华，取得成功，做出贡献，从思想深处洞察其底蕴。历史上各个时代富有思想因而能在有关方面取得成就的人，直接阐述自己思想观点的论著虽亦不少，但大量的则是其思想既来自实践（包括对前人、他人实践经验的吸取）、又渗透在自己创造性实践之中，集中凝聚在他自己的业绩和事功上，而没有留下论著。另一些人却只留下著作而无其他功绩，对这些人来说，他那些有价值的著作就理所当然地是他的伟大业绩和事功。如果论述一个人的思想而不联系他的业绩（包括著作），必将流于空洞的抽象；同样，如果只讲一个人的具体业绩而不结合他的思想活动，又必将成为现象的罗列。评价思想和评价业绩，两者不应偏废。而不断在实践中丰富和深化的思想活力则是经常起主导作用的因素，强调这个因素，引起人们的正视和反思，正是我们的主旨和目的。当然，思想和思想家，思想家和实践家，都是既有区别又有联系的不同概念，忽视这一点是不对的。《丛书》的重点则是放在两者的联系和结合上。至于如何使两者很好联系和结合而又着意于剖析其思想活力，各占多少篇幅或以何种方式表达，则自当由作者根据传主的具体情

① 列宁：《怎么办》，《列宁选集》第一卷，人民出版社 1976 年版，241 页。

况创造性地作出妥善安排。

自从人类历史上产生了马克思主义，不仅全人类解放和发展有了划时代的明确方向，学术研究也有了更严密的科学方法，即辩证唯物主义和历史唯物主义的世界观和方法论。根据这一科学方法，在研究和总结中国传统思想文化，特别是联系到《丛书》的撰著时，我认为下列几点应特别引起重视。

一、坚持实事求是的原则。实事求是是贯串在马克思实际活动和理论研究中的主线，离开了它也就离开了马克思主义。只有切实掌握了客观情况，才能得出正确的认识和判断。前者为“实事”，后者为“求是”，二者相结合，就叫实事求是。事不实则非夸即诬。为了弄清情况，就必须对情况的本质与现象、整体与局部、真与伪、精与粗，作出区别、梳理和取舍，这样才能掌握情况的实质，达到“实事”的要求；然后进一步加以分析研究，找出事物本身固有的真相而非主观臆测的假象，并验证其是否符合人民利益和人类历史前进方向，是否反映科学、技术、文化、艺术的发展规律，这样才能得出正确的认识和判断，达到“求是”的要求。实事求是是治学的基本功夫，是对每个传主的功、过、是、非作出公正评价的必要前提。不论古今中外，对历史人物过高或过低的不公正评价，大都由于未能认真坚持实事求是原则的缘故。

二、坚持批判继承的原则。马克思主义学说就是批判的学说，而批判是为了继承、发展和创新。这就需要我们在实事求是的基础上，既要继承发扬传主业绩和思想中的积极因素，又要批判清除其消极因素。凡传主业绩和思想中体现了诸如爱国主义、民主意识、科学见解、艺术创造和艰苦奋斗、克己奉公、追求真理的精神，即在符合历史前进要求的“立德”、“立功”、“立言”诸方面有显著成就等积极因素者，必须满腔热情地加以继承和弘扬，并紧密结合当前社会主义建设实际，使之深入人心，蔚然成风；凡反映有诸如封建迷信、专制独裁、愚昧落后、丧失民族尊严和违背科学进步等消极因素者，必须以历史唯物主义的观点加以批判，清除其一定程度上至今尚起作用的消极影响，而消极因素经过彻底批判后可转化为有益的教训；凡积极因素和消极因素相混者，更当加以认真清理和扬弃，既发扬其积极因素又摒弃其消极因素。我们力求一点一滴、切实认真地探索各个传主思想和业绩中珍贵的积极因素，使之成为全国各族人民正在从事的继往开来伟大历史工程的组成部分。

三、坚持“百花齐放”、“百家争鸣”的原则。“百花齐放”和“百家争鸣”，是发扬学术民主、促进学术繁荣的正确原则和巨大动力。前者强调一个“齐”字，后者强调一个“争”字，是表示学术上平等、民主和自由的两种不同状态；前者突出的是统一与和谐，后者突出的是区别与争论；两种状态又统一于不断地相互促进和相互补充、转化的持续发展提高过程之中。“百花齐放”、“百家争鸣”的原则体现在撰著评传时，应从“齐放”和“争鸣”出发，综合中外各个时期对有关传主的不同评价，吸取符合客观存在的对的东西，摒弃其违反客观存在的不实的东西，然后创造性地提出经过自己独立思考的、赶前人或超前人的一家之言。同时，对整个《丛书》而言，也有个共性、个性又统一又区别的问题。这就是一方面作者应把“实事求是”、“批判继承”和“百花齐放”、“百家争鸣”这几点作为大家的共性（统一与共识）；另一方面，对每部评传的立意、结构和行文（文体、文风和文采等），则主要是作者的创造性思维劳动和雅俗共赏的文字表达艺术的成果，是彼此的个性（区别），不宜也不应强求一律。评传作者都有充分自由去发扬这一个性，力求在对每一传主的评述中探索和展示其积极因素，使之和正在变革中国面貌的伟大社会主义建设实践融为一体，丰富其内容，促进其发展，而不是仅仅停留在对传主思想业绩的一般性诠释上。

我认为，以上三点大体上可以表达《丛书》所遵循的主要指导思想，但也不排除用其他思想和方法得出的有价值的研究成果。

感谢所有关心和支持《丛书》工作的单位和个人，特别感谢《丛书》的名誉顾问和学术顾问。他们的热情关心、支持和指教，使《丛书》工作得以顺利进行。更要感谢所有承担评传撰著任务的老中青学者，他们都以严谨的治学态度，作出了或正在作出对学术、对民族、对历史负责的研究成果。没有他们的积极合作，《丛书》工作的开展是不可能的。《丛书》副主编和中国思想家研究中心、南京大学出版社，在制定《丛书》规划，约请和联系国内外学者，审定书稿以及筹划编辑出版等方面，克服重重困难，做了大量工作，他们的辛勤劳动是《丛书》能按预定计划出版的必要前提。

现在《丛书》开始出版了，我作为年逾八旬的老人，看到自己迫于使命感而酝酿已久的设想终于在大家支持合作下实现，心情怡然感奋，好像回到了青年时代一样，体会到“不知老之将至”的愉悦，并以这种愉悦心情等待着《丛书》最后一部的问世；特别盼望看到它在继承中华民族传统思想文化的珍贵遗产方面，在激励人心、提高民族自尊心和爱国主义思想方面，在促进当前建设有中国特色的继往开来的社会主义现代化物质文明和精神文明的历史性伟大事业中，能起到应有的作用。我以一颗耄耋童心，默默地祝愿这一由一批老中青优秀学者经长年累月紧张思维劳动而作出的集体性学术成果能发出无私的熠熠之光，紧紧伴照着全民族、全人类排除前进道路上的各种障碍，走向和平、发展、繁荣、幸福的明天！

热诚欢迎国内外同仁和各界人士不吝赐教，以匡不逮。是为序。

1990年10月7日

内容简介

这是一本全面系统研究唐末道教思想家杜光庭的学术著作。杜光庭(850～933)是唐末五代时期著名的“道门领袖”。他曾对道教的哲学理论、思想源流、修道方法、斋醮科仪、神仙信仰等作过比较系统而全面的阐述。本书以《道藏》等典籍中保存的杜光庭著作为主要研究资料,借鉴国内外道教研究新成果,对杜光庭的生平事迹、主要著作、思想学说、神仙信仰、斋醮科仪、文学作品等进行了系统而全面的研究,提出了许多学术新观点,并对学术界争论的一些问题表明了自己的看法。本书认为,杜光庭既是唐代道教思想的集大成者,也是宋元道教新发展的重要开拓者,他的思想在唐宋道教的转型中起到了承上启下的重要作用。

A Brief Introduction

This book is a critical study of Du Guangting (850～933), a renowned Taoist leader of the late Tang and Five Dynasties. Through an extensive commentary on *Daodejing* and the history of Taoism, Du has conducted a comprehensive and systematic research into Taoist philosophy, religious ritual and practice, Taoist belief in immortality as well as the origin and development of Taoist theory. On the basis of *Laoxue* developed during the Han and Tang Dynasties, Du integrates methodologies of metaphysics, Confucianism and Buddhism into his Taoist study of the universe, society and human beings, opening up a new direction for the development of Taoism. Epitomizing the thought of Taoism in Tang Dynasty, Du pioneers the evolution of Taoism in Song and Yuan Dynasties, and his thoughts play an important role in the transformation of Taoism in the Tang and Song periods. Contextualized in the academic debates in contemporary Taoist studies, this book attempts a number of viewpoints to look at the many issues debated.

目　次

A CRITICAL BIOGRAPHY OF DU GUANGTING

CONTENTS

导　言

杜光庭（850～933）是唐末五代时期著名的“道门领袖”。他在精通道教理论与实践的基础上，对《道德经》作了极为详尽的注释，上承唐代道教注重心性论、重玄学之遗风，建构了博大精深的道教哲学理论体系，下开以清静之心修道成仙之先河，推进了其后宋代道教内丹心性学的理论与实践的新发展，从而成为唐宋道教跨时代发展的代表性人物。

杜光庭一生勤奋，学识渊博，著述甚丰，被时人誉之为“词林万叶，学海千寻，扶宗立教，天下第一”①。杜光庭的著述内容广泛，既有对宇宙起源的形而上之探究，也有对老君创世的神话式描述；既有对人的生命本真的细致分析，也有对太平社会理想的美好设计和热切追求；既有对道教信仰对象——“道”的重玄学的解说，也有对道教斋醮科仪的系统整理；既有对神仙胜境洞天福地的地理学研究，也有对道教女仙谱系的首次营构；既有为阐扬道教信仰而创作的意境幽远的诗文，也

① 《道藏》第32册，第8页。本书所使用的《道藏》是北京文物出版社、上海书店和天津古籍出版社联合影印本，1988年版，世称“三家本”。

有人物个性鲜明、故事情节生动的侠客小说。在杜光庭内容丰富的著作中,最有代表性的是他依据唐玄宗注疏《道德经》的“圣义”而发挥己意所作的《道德真经广圣义》五十卷。此书不仅对唐代以前的道教思想作了理论总结,而且为宋代道教的进一步发展奠定了理论基础。

近来年道教研究虽然日渐兴盛,但国内外对杜光庭的研究却很不够,目前国内仅在一些道教通史性著作中及散见的论文中对其生平和思想有所提及,对他的思想特点以及在唐宋道教思想发展中的重要地位和影响,迄今为止,学术界仍然缺乏系统而全面的研究,更谈不上深入。杜光庭既是唐代道教理论的集大成者,也是其后宋元道教新发展的重要开拓者,而唐宋道教又是中国道教史上最重要的发展阶段。杜光庭对唐代道教进行了理论和实践的总结,在此基础上对道教思想作出了新的发展,特别是他引玄学之思辨、佛教之中观来诠释老子之旨,融合儒佛道三教来发挥道教之学,推进了唐代道教理论的思辨化、哲理化,追随着中国哲学发展的趋势完成了道教本体论向心性论的过渡,为其后宋元道教的新走向开拓了道路。这样,系统而全面地把握杜光庭的道教思想,对于研究唐宋道教乃至整个中国道教的发展都具有重要的价值。

杜光庭生活于唐末五代时期,此时无论是中国社会的政治、经济、军事、礼制等制度的演进,还是社会的等级结构的变化,都表现出中国封建社会此时正处于一个转型时期。唐宋转型问题自20世纪初就受到人们的广泛关注。人们从思想史、政治史、社会史和文学史等方面研究这一课题,已取得了令人瞩目的成果。例如,美国学者包弼德(Peter K. Bol)著

《斯文：唐宋思想的转型》，“这部书的核心内容，就是描述在唐宋思想生活中，价值基础的转变”①。日本学者内藤湖南则从社会史的角度对唐宋转型作了分析说明，他认为“唐代是中世的结束，而宋代则是近世的开始，其间包含了唐末至五代一段过渡期”②。这种转型表现在方方面面：从政治上看，贵族政治的式微和君主独裁的出现，人民从贵族手中得到解放，由国家直辖，君主和人民中间等级的官吏亦改为选举；从经济上看，唐代虽然铸造了开元通宝等钱币，但实物经济还是十分流行，但自宋代开始，货币经济非常盛行，可见唐宋处在实物经济结束期和货币经济开始期两者交替之际；从学术文化上看，在唐中叶以前，著述大多以义疏为主，义疏是对经书中的注的详细解说，原则是疏不破注，然而到了唐中叶，开始有人怀疑旧有的注疏，要建立一家之言，到了宋代，这个倾向极度发达，学者自称从遗经中发现千古不传的遗义，全部用本身的见解去作新的解释，成为一时风尚。③

唐宋转型表现在社会文化生活的各个方面，也表现在道教的发展中。日本学者漥德忠就认为：“五代时期无论从政治史还是社会史方面来看，均属由唐到宋的过渡时期，从道教史上看亦可这么说。”④而任继愈主编《中国道教史》在探讨“唐

---

① [美]包弼德：《斯文：唐宋思想的转型》，江苏人民出版社 2001 年版，第 3 页。

② [日]内藤湖南：《概括的唐宋时代观》，载《日本学者研究中国史论著选译》，中华书局 1992 年版，第 10 页。

③ [日]内藤湖南：《概括的唐宋时代观》，载《日本学者研究中国史论著选译》，中华书局 1992 年版，第 10～18 页。

④ [日]漥德忠：《道教史》，上海译文出版社 1987 年版，第 179 页。

宋之际道教神仙思想的演变"时认为,这一演变是"唐宋之际道教神仙思想从出世向入世的逐渐转化"[①],其主要原因是许多儒生因保全性命以度乱世或修习方术以拯救世道而进入道教,"道士成分的改变带来了对神仙可成的态度的改变。自救与救人的需要改变了成仙的条件,增加了神仙的道德内容,神仙的神奇色彩减少了,人性的色彩却增多了,最后终于带来了神仙意义的改变。"[②]前人的研究成果给了我很多的启发,也促使我进一步思考。本书就是希望通过对杜光庭这一承上启下的道教思想家的研究,来把握唐宋道教思想是如何实现转型,以及这种转型的内涵、特质和发展规律等。这对于把握整个中国道教思想的演变和发展,把握"中国根柢全在道教"[③],了解道教在整个中国传统文化中的历史地位及其现实价值,特别是在当前21世纪的思想文化的多元整合中的地位、作用及其发展前景等,都具有重要的理论意义与实际价值。

目前国内学术界虽然还没有出现对杜光庭思想作全面研究的学术专著,但在一些道教通史性的著作中和散见的论文中对杜光庭生平和思想还是有所论及,比较有代表性的主要有:

卿希泰著《中国道教思想史纲》,四川人民出版社1985年版,第二卷,第六章,第八节"杜光庭对道教理论的总结与发展"。

卿希泰主编《中国道教史》,四川人民出版社1996年版,

① 任继愈主编:《中国道教史》,上海人民出版社1990年版,第434页。

② 任继愈主编:《中国道教史》,上海人民出版社1990年版,第450页。

③ 《鲁迅书信集》上卷,人民文学出版社1976年版,第18页。

第二卷，第六章，第四节“杜光庭对道教建设多方面贡献”。

任继愈主编《中国道教史》，上海人民出版社 1990 年版，第八章“唐代道教经戒传授”中简要提及了杜光庭。

李养正著《道教概说》，中华书局 1989 年版，第五章，第四节“道教在义理化方面的发展”简要提及了杜光庭。

牟钟鉴、胡孚琛、王葆玹主编《道教通论——兼论道家学说》，齐鲁书社 1991 年版，其中的“唐宋道教”简要提及了杜光庭。

胡孚琛、吕锡琛著《道学通论》，社会科学文献出版社 1999 年版，“道家篇”第四章，第二节专门研究了“杜光庭的重玄学”。

黄钊主编《道家思想史纲》，湖南师范大学出版社 1991 年版，第二十章，第五节专门研究了“杜光庭‘道通一气’的宇宙本体论”。

柳存仁著《和风堂文集》，上海古籍出版社 1991 年版，其中“五代到南宋时的道教斋醮”对杜光庭的斋醮思想简要提及。

卢国龙著《中国重玄学》，人民中国出版社 1993 年版，第七章，第二节对“杜光庭及其《道德真经广圣义》”作了简要的研究。

李大华、李刚、何建明著《隋唐道家与道教》，广东人民出版社 2003 年版，第十章专门研究了“杜光庭道教哲学思想体系”。

李大华著《道士杜光庭道教理论的思辨性质》，载萧箑父、罗炽主编的《众妙之门》，湖南教育出版社 1991 年版；《杜光庭宗教认识论初探》，载黄海德等主编《道教研究》，四川人民出版社 1994 年版。

王瑛著《杜光庭事迹考辨》，载《宗教学研究》1992 年，第1～2期；《杜光庭入蜀时间小考》，载《宗教学研究》1995 年，第1～2 期。

赵宗诚著《杜光庭〈灵化二十四〉的一些特点》，载《宗教学研究》1990 年 1～2 期。

此外，国外学者也有一些有关杜光庭研究的成果，例如：

日本学者今枝二郎著《杜光庭小考》，载《吉冈博士花甲纪念·道教研究论集——道教的思想和文化》，国书刊行会 1977 年版。

日本学者宫川尚志著《从道教史上看五代》，介绍了杜光庭的一些事迹及他生活的时代，载《东方宗教》第 42 辑，1973 年出版。

日本学者窪德忠著《道教史》，在第四章“道教团体的发展”中介绍“五代的道士们”时认为，“在五代的道士中最有名的是杜光庭，他也可以说是五代道士的代表”[①]，并对杜光庭的生平事迹与斋醮思想作了介绍。

日本学者宫泽正顺著《道教灵验记について》，载《三康文化研究所年报》第 18 期，1986 年。

日本学者游佐昇著《〈道教灵验记〉の文献检讨》，载《中国中世における信仰意识の形成についての基础的研究》第 8 期，1997 年。

日本学者荒尾敏雄著《杜光庭〈道教灵验记〉の应报观について》，《东方宗教》，总 97 期，2001 年。

法国学者傅飞岚(Franciscus Verellen)著《杜光庭 850～

① [日]窪德忠：《道教史》，上海译文出版社 1987 年版，第 183 页。

933：中古中国的一个道教皇家侍从》(*Du Guangting* 850～933：*Taoiste de cour a la fin de la china medievale*)，这是傅氏的博士论文，1989 年在法国出版(Paris：College de france)，该书的法文版尚未译成中文。法国学者梅尼尔(Evelyne Mesnil)有对此书的评论，书评的中译本载《宗教学研究》(四川)2002 年第 2 期。

傅飞岚著《道教视野中的社会史：杜光庭(850～933)论晚唐和五代社会》(*Social History in Taoist Perspective*：*Du Guangting* (850～933)*on Contemporary Society*)。该书的中英文对照本，由香港中文大学崇基学院宗教与中国社会研究中心出版，香港文星图书有限公司 2001 年发行。

傅飞岚著《蜀——杜光庭〈录异记〉里的"圣地"》，载《遗迹崇拜与圣者崇拜》，台北允晨出版公司 1999 年版。

傅飞岚著《〈道教灵验记〉——中国晚唐佛教护法传统的转换》，载《华学》第五辑，中山大学出版社 2001 年版。

笔者近年来在收集国内外有关唐宋道教及杜光庭研究资料的基础上，对杜光庭这一道教思想家也进行了比较系统的研究，撰写并发表的相关的研究成果有：学术专著《杜光庭思想与唐宋道教的转型》，南京大学出版社 2004 年版。学术论文有：《杜光庭"经国理身"思想初探》，载《南京大学学报》2000 年第 2 期；《论道教女仙崇拜的特点——从杜光庭〈墉城集仙录〉谈起》，载《中国道教》2000 年第 1 期；《论汉唐〈道德经〉注疏与老学思想的发展——以杜光庭〈道德真经广圣义·序〉为中心》，载《中国哲学史》2002 年第 4 期；《杜光庭的重玄学思想初探》，载《南京大学学报》2003 年第 4 期；《杜光庭与天台山道教》，载《浙江社会科学》2003 年第 6 期，《杜光庭与钟吕内丹道》，载《世界宗教研究》2004 年第 1 期，等等。以上这些研究成果都为本书的写作提供了一定的基础。

笔者认为，从思想史的角度看，杜光庭的《道德真经广圣义》五十卷不仅搜集了历代六十多家对老子《道德经》的注解，保留了唐代之前历代老学研究的成果，而且还对各家解老的宗旨作了比较研究，在唐玄宗的《道德经》注疏的基础上，作出了自己的“义释”，从而成为唐代道教思想的集大成之作。因此，本书将主要依据此来分析杜光庭的思想与唐宋道教的转型，并着重探讨如下一些问题：(1)杜光庭的《道德真经广圣义》如何通过对《道德经》的诠释而阐发了其独特的道教思想从而成为唐代道教哲学的集大成者？(2)杜光庭如何建构起以道气论为本的宇宙生成论来为其宗教信仰服务？又如何通过对老子“道生一，一生二，二生三，三生万物”的诠释而以有无概念为基点把宇宙的统一性归之为“道”本身所具有的生命力？(3)如何将杜光庭思想放到唐宋道教思想的转型中来加以考察和研究，以探明他如何在总结唐代道教本体论、重玄学、心性论的基础上，促进了宋元道教哲学的新走向？(4)杜光庭的修道思想的特色何在？他对性命双修的强调如何促使内丹心性学成为宋代道教思想与实践的主流？(5)杜光庭怎样以“道”为基点吸取了儒、佛的思想与方法，在融合三教的基础上所建构的即世而超越的人生理想，又如何为宋代以后道教神仙思想与民间信仰的进一步结合，并与民众生活打成一片开辟了道路？(6)杜光庭如何通过整理道教斋醮科仪，使当时道教主要道派的各种斋醮科仪在形式上统一起来，从而推进了道教斋醮科仪向系统化、规范化方面发展？(7)杜光庭是如何通过系统整理道教洞天福地的信仰和各种神奇的神仙事迹来阐扬道教得道成仙的终极理想的？(8)杜光庭撰写了哪些神仙传记？又通过怎样的文学手法来论证神仙实有，以为道教的存在与发展提供依据的？

卡尔·波普尔(Karl popper)曾说过："科学的目的是：为一切使我们感到需要解释的东西找出令人满意的解释。"①正是在对以上这些问题的追寻中形成了本书的理论构架，并由此来展示杜光庭这一个思想家的理论特色以及对道教思想发展的贡献。

需要说明的是，杜光庭的道教思想是在推展唐玄宗老学思想的基础上而自成一说。如果说，杜光庭通过对《道德经》的义释而从理论上对道教思想进行了系统的整理和有效的发挥，力图以"道"来拯救失道的社会，但这种拯救的意图主要地还是停留在理论的建构上，杜光庭本人就因自己无力于救世，宁愿不做蜀国"宰相"而归隐于山林，在四川青城山终其一生，那么，宋金元时期出现的新道派则将这种道教理论运用到实际的弘道过程中去，通过宗教实践在一定程度上践行了这种理论。因此，杜光庭的道教思想在唐宋道教之间，从注重理论建构向付诸社会实践的转化过程中起到了关键性的作用。

目前学术界虽然一般都认为杜光庭是唐代道教的集大成者，但对杜光庭的思想还缺乏系统和全面的研究，对他如何集唐代道教思想之大成以及他的思想在唐宋道教发展和转型过程中的地位和影响也缺乏专门的深入研究。本书则力图在前人研究成果的基础上，通过对杜光庭的道教思想进行比较全面而系统的研究，以在一定程度上弥补学术界这方面研究的

① 《科学知识进化论》，三联书店 1987 年版，第 157 页。

不足或空白。

在写作过程中，本书将以历史唯物主义为指导，采取历史的与逻辑的相统一的方法，努力将杜光庭的思想放到特定的社会历史条件下和整个中国道教的发展过程中来加以考察，同时还将借鉴比较哲学、比较宗教学、宗教社会学、宗教地理学、神话学、文献学等研究方法，从不同的角度和层面对杜光庭的思想展开比较深入而系统的全面研究，并以小见大地来探讨唐代道教的特点以及唐宋道教的转型。

本书主要是通过杜光庭的著作来研究其思想的。杜光庭的著作不仅为我们了解唐代道教文化提供了许多有益的材料，而且还帮助我们进一步了解唐代社会政治、经济、思想、宗教、文化之状况。但毋庸讳言，杜光庭是围绕着道教的得道成仙的基本信仰而撰写著作的，他的一些著作中弥漫着浓厚的神学成分，对此，有人提出，“杜光庭谈神仙事，多出于自造，所以后人称编造为‘杜撰’。但神仙事迹，本属虚幻荒唐，正不必以此责备杜光庭。”[①]这是有道理的。“杜撰”一词是否由杜光庭而来，可以再研究，但不必苛求古人，则是有道理的。恩格斯曾说：“即使是最荒谬的迷信，其根基也是反映了人类本质的永恒本性，尽管反映得很不完备，有些歪曲。只有意识到这一点，才能使宗教的历史，特别是中世纪宗教的历史，不致被全盘否定，永远忘记。”[②]如果拨开重重神学迷雾，还是可以看到杜光庭在对自然之道、人性之善、社会之和的追求中所表达的真知灼见和所洋溢着的人文主义情怀。

① 参见王汝涛等选注：《太平广记选》上，齐鲁书社 1980 年版，第 420 页。
② 《马克思恩格斯全集》第 1 卷，人民出版社 1956 年版，第 651 页。

第一章 杜光庭思想出现的时代背景

初创于汉代的道教，在魏晋南北朝时期因受到儒学、玄学和佛教等多种文化的滋养，在理论上逐渐走向成熟。伴随着历史的脚步进入唐代以后，道教又因得到了统治者的高度重视与大力扶植而成为"皇族宗教"。有学者甚至认为，"在唐皇朝近三百年的统治中，道教始终得到扶植和崇奉，道教的地位处于儒教和佛教之上，居三教之首。"[①]在统治者的支持下，道教思想的发展进入了多向度的繁荣发展期，所结出的累累硕果为杜光庭思想的出现奠定了丰厚的理论基础。正如英国哲学家罗素(Bertrand Russell)所说："哲学乃是社会生活与政治生活的一个组成部分：它并不是卓越的个人所做出的孤立的思考，而是曾经有各种体系盛行过的各种社会性格的产物

① 任继愈主编：《中国道教史》，上海人民出版社 1990 年，第 245 页。

与成因。”[1]那么，唐代的道教有怎样的发展，又面临着怎样的挑战，这种发展与挑战如何为杜光庭思想的出现提供了条件或动因？换言之，杜光庭是如何在前人已取得的文化成果的基础上，在回应各种挑战的过程中，通过对各种不同思想的融合与吸收来进行理论创新，从而继往开来，促进道教发展的？探讨杜光庭思想出现的时代背景，不仅可以更好地帮助我们把握杜光庭的思想特质，而且还可以展示他在中国道教史，乃至中国思想史上的地位与分量。

第一节 唐代道教的多向度发展

唐代是道教发展的繁荣期。此时的道教在统治者的支持下，成为唐王朝的皇族宗教，社会地位大大提高，道教长生成仙信仰的流行和宫观建设的迅速发展，促进了道教斋醮科仪的规范化和经戒法箓传授的制度化。在朝野名流学者信道、入道成为社会风尚之时，道教的理论水平和艺术形式也随之得到了全面的提高。正是在唐代道教的多向度发展趋势中，杜光庭在总结前人道教理论与实践的基础上不断创新，才成长为唐代道教思想的集大成者。

唐代道教以对太上老君的信仰为核心建立起了比较系统的理论体系。唐王朝是从崇拜老子而发展为尊崇道教的，随着老子被奉为唐王朝的“圣祖”，《老子》等道家经典著作也被尊为“真经”。就连身为皇帝的唐玄宗也按耐不住对《老子》的兴趣而亲自注疏《道德真经》，并颁发到各地的道教宫观，他还

---

① [英]罗素：《西方哲学史》，商务印书馆 1976 年版《美国版序言》。

下令全国，无论士庶皆应家藏一本《道德经》。据《资治通鉴》卷二一四记载，开元二十五年(737)唐玄宗下诏置崇玄学，实行“道举”①制度，从而调动了人们研习《老子》的热情。在皇帝的带动下，社会各界人士纷纷注老谈庄，道士们更是注重道教理论建设，各类道书也随之而大量涌现。

需要说明的是，初创于东汉末年的道教，虽然在当时就造作了一些道书，提出了道教的基本教义和信条，以凝聚民众，传播信仰，但毋庸置疑，这些教义和信条是零碎、简单、粗俗的。魏晋南北朝时期，随着道教由下层社会向上层社会传播，一些具有较高文化素质的士人进入道教。当时一些著名的道士如葛洪、顾欢、陆修静、寇谦之、陶弘景等人造作道书，整理散乱在民间的道经，总结炼制丹药的经验，制定道教的斋醮科仪。通过他们的努力，不仅改变了道教与皇权的紧张关系，而且推动了道教向义理化、贵族化方向的发展。但这个时期的道教著作大多弥漫着浓厚的神学色彩而缺乏缜密的理论思维，因而给人以粗陋之感，在佛道之争中受到了佛教徒的激烈批评。北周僧人道安在《二教论》中就指出，道教无论在理论上，还是在实践上都背离了老庄精神，“老氏之旨，盖虚无为本，柔弱为用；浑思天元，恬高人世；浩气养和，得失无变；究不谋通，达不谋己。此学者之所以询仰余流，其道若存者也。若乃练服金丹，餐霞饵玉，灵升羽蜕，尸解形化，斯皆尤乖老庄立言本理。”②

---

① 道举，指道教的科举。据《旧唐书·礼仪志》记载，开元二十九年(741年)，唐玄宗诏两京及诸州，各置玄元皇帝庙一所，每年依道法斋醮，兼置崇玄学。其生徒令习《道德经》及《庄子》、《列子》、《文子》等，每年准明经例举送，实行道举制度。

② 《广弘明集》卷八，《大正藏》第52册，第139页。

随着唐代道教社会地位的上升，如何建立系统而完整的道教理论体系就成为道士们的努力方向，从而出现了一大批学者型的道士，如孙思邈、成玄英、李荣、孟安排、王玄览、司马承祯、吴筠、李筌、杜光庭等，他们或吸收佛教的理论学说与思辨方式来著述立说，或通过注释老庄来重新发挥道教的长生成仙思想，或对道教教义进行系统阐述，或对道教的斋醮科仪进行规范性的总结。他们创作了大量的道书，提出了许多新的概念术语，建构了一个个富有哲理的道教理论体系，使道教内部出现了不同的学派，如重玄派、重气派、上清派等，从而使唐代道教的理论水平达到了一个新的高度。据初步统计，唐代新出的道书已达千卷之多。杜光庭在删定《太上黄箓斋仪》时专门谈到，“玄宗著《琼纲经目》，凡七千三百卷”[①]。而他在《录异记》中则写道：在长安富平县北定陵后通关乡西女学洞内，“龛内有道经数万卷，皆置柏木板床之上。有一石人俯首凭案而坐，形如生人”[②]，这里的“数万卷”可能是夸大之词，但唐代是道书创作的高峰期，也是规模宏大的《道藏》的形成期，因而有大量道书的存在，这则是事实。唐末，黄巢起义对京城长安的冲击，使道教经书，焚荡之余，十无二三，且散乱无章。杜光庭不仅承担起搜集、整理道经的工作，而且还撰写了许多内容各异的道书，这为他成为唐代道教思想的集大成者奠定了基础。

从唐代道教的修道实践上看，魏晋神仙道教所倡导的服食金丹以求肉体长生之风吹到唐代时达到高潮。唐代的许多皇帝和王公贵族因信奉道教，向往长生成仙，而迷恋服饵丹药，甚

---

① 《太上黄箓斋仪》卷五十二，《道藏》第 9 册，第 346 页。

② 《录异记》卷六，《道藏》10 册，第 873 页。

至积极支持道士们研制丹药。唐代涌现出了许多以擅长采药制丹而闻名一时的道士，如孙思邈、陈少微、张果、楚泽先生、金陵子、梅彪、沈知言等，他们对炼丹术的实际践行与理论总结，使外丹术、黄白术在原有的基础上得到了极大的发展。以至于学术界常称唐代为“道教外丹术的‘黄金时期’。”①

“唐代丹道术士在炼丹器物设备、药物种类、药剂分两，用药处置、合炼产物等各个方面，都取得了新进展。这一时期的炼丹术实践达到了前所未有的深度和广度。很多炼丹实践成果在古代化学史上具有重要意义。”②随着唐人对炼丹的热衷，丹药的种类也在逐渐增多，据梅彪《石药尔雅》记载，唐代用于炼金或炼丹的药物多达 150 多种③。除了魏晋时期人们广泛采用的金石铅汞等矿物性药物之外，唐人还将植物性和动物性的药物加入丹方之中以减少矿物的毒性。五花八门的药物大大地丰富了丹方的种类。《石药尔雅》的“诸有法可营造丹名”就记载了七十多种有名称、可制作的丹方。“诸丹中有别名异号”就有二十四种。“论诸大仙丹有名无法者”，即有丹方而无法制作也有二十八种。在“显诸经记中所造药物名目”中则记载了一百一十种炼制金丹方法的名目④。由此可见唐代炼丹术发展的盛况。

虽然道教的外丹术具有以阴阳五行说为核心，以天地自然变化为参照，以服食丹药而达到长生不死为旨归的理论特

---

① 任继愈主编：《中国道教史》上海人民出版社 1990 年版，第 391 页。

② 牟钟鉴、胡孚琛、王葆玹主编：《道教通论——兼论道家学说》齐鲁书社 1991 年版，第 588～589 页。

③ 《道藏》第 19 册，第 62～66 页。

④ 《道藏》第 19 册，第 64～66 页。

色，但由于炼丹的药物种类繁多，来自于不同产地的同一种药物也会具有不同的特点，在采用什么药物来作还丹的原料等问题上，人们在实践中形成了不同的看法，因此，在唐代道教中，依据不同的药物而采用不同的炼丹方法，就出现了不同的炼丹流派。有传统的以丹砂和黄金为主要原料的金砂派，它既重视炼金丹，也重视黄白术，其内部还有主砂和主金之分；有逐渐兴起的以铅汞大药为主要原料的铅汞派，其内部也有主铅和主汞之别；还有以硫汞合炼而成神丹的硫汞派。丹道的三大流派之间既相互斗争，以为自己是正宗而攻击别人是异端，又相互影响，相互吸收。[①] 唐代道教内部丹派的林立反映了炼丹术兴盛。

与炼丹术盛行的同时，炼丹的理论也得到了总结。“这一时期外丹术著作的主要特点是：专题性论著增多；总结性文献增多；所积累的古化学知识极为丰富，有不少成就居于当时世界的领先地位。”[②]

然而，由于服食丹药会带来一些负作用，甚至还会危及人的生命，因此，随着道性论的盛行，道士们开始转向从传统的内修术中寻找长生成仙的新理路。从罗浮山道士青霞子苏元朗提出“性命双修”，到唐末五代时钟吕内丹道的兴起，在外丹向内丹转型的过程中，杜光庭对性命双修的论证，在理论上起到了一定的促进作用。

---

① 参见牟钟鉴、胡孚琛、王葆玹主编：《道学通论——兼论道家学说》齐鲁书社 1991 年版，第 584～621 页。

② 卿希泰主编：《中国道教史》第二卷，四川人民出版社 1996 年版，第 490 页。

唐代道教在统治者崇道政策的影响下，修建宫观[①]也进入了一个高潮期，而道教宫观经济的兴起又为道教的进一步发展提供了物质基础。杜光庭于中和四年(884)在《历代崇道记》中写道，唐朝"从国初已来，所造宫观约一千九百余所，度道士计一万五千余人，其亲王贵主及公卿士庶或舍宅舍庄为观并不在其数"[②]。可见唐代宫观在数量上增长很快。唐代宫观一般称为"观"，一些规模宏伟且又经常受到帝王敕封的则多称为"宫"。唐王朝崇奉老子，故唐代宫观的代表性建筑主要是供奉太上老君，如西京长安和老子故里亳州真源县的太清宫、东都洛阳的太微宫、天下诸州的紫极宫和各种各样的玄元观。那些由皇帝赐以国家财产而修建的道教宫观，一般由供奉神灵的殿堂、斋醮祈禳的坛台、讲经诵经的房间、道士生活的居室等组成，形成了比较固定的建筑格局。"唐代以后，受到佛教寺院的规范化影响，中国宫观建筑的程式更为严

① 道教的庙宇本称道观，是道士修行、供奉祭祀神灵、进行斋醮祈禳仪式的宗教活动场所，也是道教作为一种社会实体的具体体现。东汉末五斗米道创立，道官祭酒的家中专设"静室"作为道民奉道静思悔过的地方。静室也称为治。为了统领道民，五斗米道设置了一些不同等级的治所，其中直属于张天师的就有二十四治。魏晋时期，随着道教传播地区的扩大，道观建筑在各地的兴起，但不同地区的道观有着不同的称呼。巴蜀地区的陈瑞道团称之为"传舍"，流播于江南地区的于君道称之为"精舍"，而"李宽所奉道室，名之为庐"(《抱朴子内篇·道意》)，上清派宗师许迈建精舍于余杭悬霤山而往来于茅山，"放绝世务，以寻仙馆"(《晋书·许迈传》)。南北朝时，道教内部进行了改革，促进了道教向官方化、上层化的方向发展。在统治者的支持下，南北天师道开始在都邑中修建道馆，例如，南朝刘宋皇帝在金陵为陆修静修建崇虚馆，齐朝有兴世馆，梁朝有朱阳馆，北朝有魏太武帝为寇谦之修建有五层重坛的道场，北周有通道观、玄都观等。这些道观的出现为唐代道教的发展奠定了物质基础，提供了活动场所。

② 《历代崇道记》，《道藏》第11册，第3页。

格。据道经记载,当时的宫观格局大致为位于南北中轴线上的观门、坛、天尊殿(堂)、讲经堂等主要建筑与中轴线东、西两翼的若干院、房、楼、阁等供道士女冠焚香静念、修道斋戒的附属建筑。"[①]唐代道教的宫观大都是仿造皇宫的建筑形式,特别表现出富丽堂皇的皇家气派。众多宫观的建立不仅为道教的发展提供了活动场所,而且它的殿堂建筑、神像塑造、法器制作又在客观上刺激了道教绘画、雕塑、书法等艺术形式的发展。例如,唐代著名的雕塑家杨惠之,在东都玄元观老君庙泥塑的神仙像,"奇巧精严,见者增敬"[②]。

唐代道教宫观的建设既得到了皇家的支持,也有民间百姓的积极参与。唐王朝不断地从经济上给予道教宫观以支持,从而促进了道教宫观经济的兴起,为道士们的修道生活提供了经济保障。按照唐制,国家在分给农民口分田的同时,也给道士同样的待遇。"凡道士给田三十亩,女冠二十亩,僧尼亦如之。"[③]道士可与百姓一样分得口分田。唐王朝除了给道士口分田之外,还经常赏赐田地、财物和奴婢给一些著名的宫观。道教宫观拥有大量的田产,在经济上能做到自给自足,从而发展成为一种社会经济实体,有的宫观甚至还在所在地开展商贸活动。例如,杜光庭在《道教灵验记》中所记载的唐末五代时在四川成都道教宫观周围出现的"蚕市"[④],就是依托道教节日和进行重大法事活动时形成的商贸集市。这种集市性的经济活动

① 段玉明:《中国寺庙文化》,上海人民出版社 1994 年版,第 145 页。

② 《太平广记》卷二一二,中华书局 1961 年版,第 1627 页。

③ 《唐六典》卷三。

④ 据《道教灵验记》卷十《乾元观四天神王验》记载,"成都乾元观在蚕市创制多年,倾因用军焚毁。"(《道藏》第 10 册,第 832 页)

既增加了宫观的经济收入，也扩大了道教信仰的社会影响力。

随着道教宫观在各地如雨后春笋般地出现，为了便于管理，在统治者的支持下，唐代道教依据道士的职司来规定道士的称号，通过订立赏善罚恶的戒律而建立起比较严密的道门管理制度，使道教宫观逐渐具有了教会式①的特征。唐代道教规定，宫观归“三纲”——上座、观主、监斋管理，观内众多的道士则有不同的职司。“道士修行有三号：其一曰法师，其二曰威仪师，其三曰律师。其德高思精谓之炼师。”②为了维护道门的纲纪，唐玄宗在开元二十五年(737)七月曾下令：“道士、女冠宜隶宗正寺，僧尼令祠部检校。”③并在开元二十九年(741)规定：凡道士女冠有犯法者，须按“道格处分”，所在州县官吏一律不得擅行决罚，“如有违越，请依法科罪”④。在建立道门管理制度的过程中，道教宫观内部所特有的为约束道士言行，防止其“恶心邪欲”、“乖言戾行”的戒律起着重要的作用。从生活于唐玄宗时代的京都长安太清宫道士张万福⑤所撰的《传授三洞经戒法箓略说》和《三洞众戒文》中可见，唐代道教的戒律已比较完备。张万福在《三洞众戒文》中对戒的意

① 胡孚琛、吕锡琛：《道学通论——道家、道教、仙学》中说：“中国道教经过唐代的国教化阶段，道教同国家的上层建筑融为一体，成为国家机器的有机组成部分。隋唐道教经戒法箓的传授制度日趋完备，科律的严整，斋醮仪式的健全，体现了教会式宫观道教的特点。”(社会科学文献出版社 1999 年版，第 321 页)

② 《唐六典》卷四。

③ 《旧唐书》卷九《玄宗本纪》。

④ 《唐会要》卷五十。

⑤ 张万福(生卒年不详)为唐朝长安太清宫道士，又称张清都。唐玄宗时，被授大德称号，并亲为金仙、玉真二公主授道箓，为三洞高功法师。张万福以整理道教斋醮科仪见长，著有《三洞众戒文》、《三洞法服科戒文》等多种斋醮科仪经文。

义，以及如何持戒、各种戒之间的区别和差等都作了比较系统的介绍，并规定，信道者从起信、箓生到上清道士有不同的道品，所受的戒目也应不同：

> （初信戒）始起心入道，受三归戒。箓生五戒、八戒。在俗男女无上十戒。新出家者初真戒。
>
> （正一部）正一弟子七十二戒。男官女官老君百八十戒。
>
> （太玄部）清信弟子天尊十戒、十四持身品。五千文金钮太清阴阳戒。太上高玄法师二十七戒。
>
> （洞神部）洞神三道要言、五戒、十三戒、七百二十戒门。
>
> （升玄部）升玄内教百二十九戒。
>
> （洞玄部）灵宝初盟闭塞六情戒、中盟智慧上品大戒、大盟三元百八十品戒。
>
> （洞真部）上清智慧观身三百大戒。[1]

张万福对戒的重视以及对戒条的规定都直接影响到了杜光庭。杜光庭在编撰《道门科范大全集》时强调，“以戒为师，无陷邪教”[2]，并让人“先受十戒，然后行道”，认为只有持戒之后才能“静心闲意，坐起卧息，不离仪格，天真欢悦，列名上清，可谓得道方寸之门”[3]。杜光庭所制定的道门科范不仅集唐

---

① 《三洞众戒文》，《道藏》第 3 册，第 396 页。

② 《道藏》第 31 册，第 946 页。

③ 《道藏》第 31 册，第 828 页。

代道教之大成，而且为后来道教各派所共同遵从。

唐代道教还建立起了统一的更加规范化的法箓[①]传授制度。唐代道教内部道派林立，南方主要有上清派茅山宗、灵宝派、天师道龙虎宗，北方主要有楼观派等。在道派林立的情况下，各道派之间虽然有各自的传承法系，但按传授经戒法箓来区分道士的道阶品次和道位高低则是大家共同遵行的法则。"道教法箓创始于正一，兴盛在上清。"[②]据出现于宋代的《三洞修道仪》记载，唐代道教已有"三洞科格自正一至大洞凡七等，箓有一百二十阶，科有二千四百，律有一千二百，戒有一千二百，仍以四辅真经以佐之，为从凡入圣之门，助国治身之业。"[③]唐代道教的法箓有一百二十阶，数百种文图，形成了洞神、洞玄、洞真三洞法箓，而正一盟威箓则为三洞法箓之基础。这样，唐代道教的法箓就形成了上下有序的品位。初入道者必须先受诸戒，再领受正一法箓，才有资格通过祈祷和上章等宗教仪式来召请由道气化生出的众多的官将吏兵由天而降，用符咒为人治病消灾，去祸解厄，惩罚恶人，收鬼伏邪；再次是受灵宝箓，以精通斋醮仪式；最后受上清箓，成为"上清玄都大洞三景弟子无上三洞法师"，这才达到最高法位[④]。因此，授

---

① "箓通常指记载有关天官功曹、十方神仙名属、召役神吏，施行法术的牒文。它是道教教法中的重要部分，所以，道教中又称之法箓。"（任继愈主编：《中国道教史》，上海人民出版社 1990 年版，第 340 页）

② 任继愈主编：《中国道教史》，上海人民出版社 1990 年版，第 389 页。

③ 《道藏》册 32 册，第 166 页。

④ 参见荷兰学者施舟人著(Kristofer M. Schipper)《论敦煌文书所见的道士法位阶梯》，载池田温编《敦煌讲座》第 4 册，《敦煌与中国道教》，东京，大东出版社 1984 年版，第 342 页。

箓与传经、戒、符经常是糅合为一的。杜光庭不仅对正一法箓的内容与授受程序做了详细的介绍,使修道者有法可依,有章可循,而且还根据实际需要,将正一法箓与上清经箓融会贯通。在《太上三五正一盟威阅箓醮仪》中,杜光庭曾介绍了正一盟威阅箓醮仪的实施程序和主要目的,并在上清派存思术的基础上,强调人只有通过持戒才能运用法箓使"心神开悟,通达玄微,上仙都太上神明,上灵官中宫六阴六阳,成身吏各十二万人出主为臣某调理阴阳,延年保命,成身合道,通神接真"。天上之神下降到人体之内,成为身中之神,身中之神为人调理身心,从而达到"灭祸禳灾,驱除鬼贼"[①]的目的。上清经箓中的这种存思术简便易行,运用到天师道的正一法箓中,配合着动静有序的宗教礼仪,在一定程度上满足了人们希望能够自我拯救的心理需要,也使唐代道教法箓制度更加完备。结果是,"唐代道教各派间没有形成不可逾越的派别之分,但有严格的品位阶级。"[②]这就为唐代道教内部打破门户之别,建立统一的次序奠定了基础。

为了配合唐王朝"神道设教"的需要,唐代道教还制定出了一系列规范化的斋醮科仪,以培养信徒的宗教感情,发挥道教以道化人的社会功能。斋醮科仪既是道教进行宗教活动的重要方式,也是吸引道众的重要手段,因此而有"道家所先,莫近乎斋"[③]的说法。斋指清洁身口意的活动。醮指上章祭祀

① 《道藏》第 18 册,第 285 页。
② 任继愈主编:《中国道教史》,上海人民出版社 1990 年版,第 389 页。
③ 《无上黄箓大斋立成仪》卷一,《道藏》第 9 册,第 378 页。

神灵的活动。《正一威仪经》说“醮者,祈天地神灵之享也。”①“杜广成(光庭)先生删定《黄箓散坛醮仪》,以为牲牷血食谓之祭,蔬果精珍谓之醮。醮者,祭之别名也。”②供斋醮神,是道教特有的一种求福免灾的宗教仪式。道教的斋醮仪式复杂而有序,大致为设坛、上供、祝香、升坛、念咒、发炉、降神、迎驾、礼忏、赞颂、复炉、送神等,需要许多道士一起配合进行。在作法过程中,道士先要向神报出自己的生辰和法位,然后才奏乐、散花、踏禹步、唱步虚词、绕香炉转、祈祷拜神等依次进行。整个仪式隆重肃穆,其目的在于通过集体性的崇拜活动来表达对道教信仰对象的感情,希望得到神的佑护而禳灾祈福,兼利天下。唐代时,老子被奉为唐王朝的“圣祖”。为了使尊祖之风万世流传,唐朝皇帝不仅在全国大兴老君庙等宫观,而且在宫观中积极举行祭老活动。在三元日和皇帝诞生日,宫观中还要举行斋醮仪式以为帝王长寿、国家安康而祈祷。同时,斋醮也被广泛地运用到道教活动的各个方面,凡道士诵经、书符、合药、炼丹、存思、礼拜、济度等都必须先行斋醮。据《旧唐书·礼仪志》记载,以崇道闻名的唐玄宗特别崇尚斋醮之仪,他曾“于大同殿立真仙之像,每中夜夙兴,焚香顶礼。天下名山,令道士、中官合炼醮祭,相继于路。投龙奠玉,造精舍,采药饵,真诀仙踪,滋于岁月”。不仅令天下名山宫观的道士、道官合炼醮祭,而且还鼓励道士制作醮曲。据《新唐书》记载,唐玄宗曾命道士司马承祯制《玄真道曲》、茅山道士李含光制《大罗天曲》、工部侍郎贺知章制《紫清上圣道曲》等,后来他还亲

① 《道藏》第18册,第257页。

② 《无上黄箓大斋立成仪》卷十五,《道藏》第9册,第464页。

自谱写了《霓裳羽衣曲》、《紫微送仙曲》等斋醮乐曲，并令太清宫的道士们演奏①。天宝十年(751)，他还在内道场亲自教道士步虚声韵。随着唐代诗风大盛，魏晋的玄言诗、游仙诗在唐代斋醮仪式中也演化为步虚词、青词等新文体；佛教的偈颂则演变出了道教的咒颂。这些词、颂大多为五言或四言韵文，以诗化的形式表现出来。这种以歌、舞、诗、乐穿插其中的斋醮科仪极大地增强了道教信仰的精神感染力。唐代道教斋醮科仪的兴盛既与皇帝的支持有关，也与道士们积极参与相联。唐代道教中所出现的场面宏大、如仪如律的斋醮科仪真正表现出了皇族宗教的风范。同时，唐代道教还积极利用斋醮仪式进行宣教活动，例如，将《道德经》、《南华经》、《度人经》等奉为醮坛上所诵念的经本，由高道宣讲其义理，这又从根本上提升了斋醮科仪的内涵。

从历史上看，唐代道教斋醮科仪得到过两次比较系统的整理。一次是唐玄宗时的长安道士张万福，另一次就是生活于唐末时期的杜光庭。张万福继南朝道士陆修静之后对斋醮科仪进行了整理，他在“陆斋”的基础上编撰了许多斋醮科仪经文②。张万福的工作为后来的杜光庭集道门科仪之大成准备了条件。安史之乱后，唐王朝日益衰落，道教的斋醮科仪也日渐散乱。唐末时，身为“道门领袖”的杜光庭对斋醮科仪非

① 《新唐书》卷二十二《礼乐志》。

② 张万福从理论和实践上，健全了道教的斋醮科仪。今天《道藏》中还保留着张万福整理的《三洞众戒文》、《三洞法服科戒文》、《太上洞玄灵宝三洞经戒法箓择日历》、《无上黄箓大斋立成仪》、《洞玄灵宝三师名讳形状居观方所文》、《洞玄灵宝无量度人经诀音义》、《醮三洞真文五法正一盟威箓立成仪》、《传授三洞经戒法箓略说》等文。

常重视，他无论是在长安，还是后来在蜀地，不仅积极参与斋醮活动，而且还花费了大量的时间编撰了十几种，共二百余卷斋醮科仪的经书。例如，流传至今的《广成集》十七卷，就收录了他的醮词一百八十六通，斋词三十一通。《全唐文》中则收录了他的斋词、醮词、步虚词、青词等共三百多篇。杜光庭的斋词大多是为帝王、大臣、信徒、道众修斋设醮、选时择日、上章陈词、保生度死、祈福禳灾所作，内容十分丰富，有金箓、黄箓、明真、报恩、三元、受箓等。醮词则有北帝、南斗、九曜、周天、本命、庚申、安宅、三皇、八节、太一、还愿等，带有浓厚的弘道宣法的特点。杜光庭重视斋、醮二法，既对唐代道教的斋法进行了全面的总结，也开启了宋代以后道教重视醮法的潮流。杜光庭将斋与醮同坛举行，并以此来制定科仪，此后斋醮并称用来泛指道教的祭祀仪式。① 杜光庭是继陆修静、张万福之后道教斋醮科仪的集大成者。

唐代道教的多向度发展，为杜光庭成为道教思想的集大成者提供了重要的条件。今天，翻开杜光庭的著作，就可见他出于对人的本真生命的关怀和对生命超越的追求，在道教理论建构上形成了自己的特点——这就是回归到传统中去寻找理论创新的资源：复归到先秦老庄思想中寻找其立论的理论

---

①　张泽洪先生认为：“道教斋醮之法，在唐宋时期发生了变化，中唐以前斋法较为盛行，中唐以后醮仪渐居主流。唐末五代时，杜光庭寓居巴蜀，其时蜀中斋醮法会，已见醮仪居多，《广成集》十七卷中，收有斋词三十一通，醮词一百八十六通。……另一值得注意的现象，是从唐宋时期开始，不再严格区分斋与醮，此趋势明清时期至为明显。这与杜光庭制定科仪，将斋与醮同坛举行不无关系。此时的史籍道经，常以‘斋醮’一词，泛指道教的祭祀仪式。”（《道教斋醮符咒仪式》，巴蜀书社 1999 年版，第 27 页）

根据；继承和发扬道教的上清经法和正一法箓的传统；将兴起于南北朝、发展于唐代道教中的道性论贯彻到自己的道教理论建构中，从而将寻求得道成仙的外在依据转化为回归人的内在生命本真中寻求精神超越；吸取儒学、玄学和佛教思想中可推动道教发展的理论动力。杜光庭正是在唐代道教的多向度发展中，通过对各种不同思想文化的融合，通过对道教的各种文化要素的贯通，才能够承上启下，在回应唐代道教所面临的各种挑战中将道教思想的发展推向了一个新境界、新高峰。

第二节 唐代道教所面临的挑战

如果说唐代道教的多向度发展为杜光庭思想的出现提供了重要的条件，那么，唐代道教在理论与实践上所面临的各种挑战则从反面刺激和促进了杜光庭去进一步寻找解决问题的良方。唐代既是道教发展的繁荣时期，也是道教在面临各种挑战的过程中开始进行转型的时期。促使道教发生转型的原因是多方面的，从道教外部来看，不同宗教与文化之间的竞争，特别是佛教与儒学对道教的批评，对道教构成了严峻的挑战；而中唐发生的“安史之乱”导致了唐王朝出现由治而乱、由盛而衰的变化，再加上异族侵略、诸侯纷争、农民起义、经济危机、社会动乱，这一切不仅极大地改变了中国古代社会的历史进程，而且也深刻地影响到了被奉为“皇族宗教”的道教的发展方向。从道教自身来看，道教理论本身存在着许多很难克服的内在矛盾，服食金丹以求肉体长生的实践也带来了种种弊端，这些往往使道教在儒佛道三教之争中处于比较被动的地位。道教在理论与实践两方面所面临的挑战，都对唐代道教的发展形成了巨大的刺激，促使道教寻找新的发展方向。杜光庭正是在继承前人思想成果的基础上既回归传统，又有所创新，在回应各种挑战的过程中，促进了唐宋道教思想的转型。

通过唐代的三教之争，也许可以更好地看到唐代道教在理论和实践上所面临的挑战以及唐宋道教的转型对这些挑战的回应，也可以更好地理解杜光庭思想在其中所起的重要作用。值得注意的是，唐王朝在开国之初，为了加强思想文化上的统治，就对儒、佛、道三教采取了分别利用的态度，一方面确立了儒学的正统地位，另一方面又以佛、道为官方意识形态的重要补充，推行三教并用的宗教政策。因此，在唐代思想意识形态领域中，儒佛道逐渐形成了三教鼎立的局面[①]。三教之间既相互吸收、相互融通，也因存在着差异而争论不断。道教在与儒、佛的论辩中，其理论与实践中所内蕴的矛盾也一再被揭露出来。这些内在矛盾随着唐末五代社会政治危机的出现而对道教的发展构成了激烈的挑战，这些挑战也就成为杜光庭所面临的时代课题。

从理论上看，道教虽然在创立之初就致力于理论建设，但直到唐代，道教在理论上仍然存在着许多内在的矛盾，这些内在矛盾往往有着深刻的历史根源，故解决起来也比较棘手。从历史上看，现存最早的一部道经《太平经》在继承老子之道和阴阳五行思想的基础上，运用神道设教的方式，宣扬兴国广嗣之术和天人合一、善恶承负和长生不死等思想，将“太平世道”树立为理想目标以吸引生活在社会下层的广大民众。《太

① 参见洪修平：《中国佛教文化历程》，江苏教育出版社 1995 年版，第 297 页。

平经》虽以"致太平"作为贯串全书的一条线索,但内容十分庞杂,理论上也"杂糅了相互矛盾的论点","甚至不时出现破绽"[①]。而稍后的《老子想尔注》将"道"作为五斗米道的信仰目标,并提出"道"就是"一","一散形为气,聚形为太上老君"[②]。"道"并非是一个抽象的概念,"道设生以赏善,设死以威恶"[③],能以生死对人的行为进行赏罚,从而成为一种约束民众行为的道德戒律,"仙士畏死,信道守戒,故与生合也。"[④]《老子想尔注》作为五斗米道祭酒宣讲《老子》的注释本,还没有形成简明扼要的理论体系。直到东晋葛洪的《抱朴子》倡导"其唯玄道,可以为永"[⑤]的哲学思想,对得道成仙的可能性与现实性进行理论论证,道教才建立起比较系统的理论体系。葛洪在《抱朴子内篇》中虽然通过张扬"玄道"的超越性、神秘性,从本体论上对神仙信仰进行了理论论证,批驳了当时社会上流行的"仙人无验"的说法,但葛洪将神仙的内涵定位在肉体不死,"若夫仙人,以药物养身,以术数延命,使内疾不生,外患不入,虽久视不死,而旧身不改,苟有其道,无以为难也。"[⑥]从此思路出发,葛洪不仅从理论上通过对形神关系、气物关系、物类变化等问题作了论证,以强调肉体永存的可能性,而

① 王明:《论〈太平经〉的思想》,载《道家和道教思想研究》,中国社会科学出版社 1984 年版,第 131 页,第 133 页。

② 饶宗颐:《老子想尔注校证》,上海古籍出版社 1991 年版,第 12 页。

③ 饶宗颐:《老子想尔注校证》,上海古籍出版社 1991 年版,第 25 页。

④ 饶宗颐:《老子想尔注校证》,上海古籍出版社 1991 年版,第 25 页。

⑤ 《抱朴子内篇·畅玄》,王明:《抱朴子内篇校释》,中华书局 1985 年版,第 1 页。

⑥ 《抱朴子内篇·论仙》,王明:《抱朴子内篇校释》中华书局 1985 年版,第 14 页。

且对如何得道成仙也作了具体的、可操作性的论述。葛洪认为，如果将肉体永存作为个体生命超越的先决条件，那么，人变成仙就只是一个采用什么方法来炼形的问题。由此出发，葛洪提出了“假求于外物以自坚固”[①]的看法，认为要超越生命的局限，使肉体永恒存在，就要行气炼养，或服食金丹。于是，在《金丹》篇中，葛洪对金丹的制作过程，从药物的品种、剂量、比例，到炼制的方法都作了详细的说明。但是，即使是葛洪这种看起来头头是道的仙学理论，其中也存在着一个很难克服的内在矛盾——无限之道与有限之肉体的分裂。

南北朝时期，道教受儒家的善恶观念及佛教的佛性论思想影响，开始出现了注重从人的心性层面追求超越的倾向，力图通过建构道性论来克服这种内在矛盾。例如，南朝道士臧玄靖[②]、宋文明[③]等人都认为人心中有道性，这是

① 《抱朴子内篇·金丹》，王明：《抱朴子内篇校释》中华书局 1985 年版，第 71 页。

② 臧玄靖，亦名臧靖、臧矜、臧竞、玄靖法师、字道宗，号“宗道先生”。南朝梁陈之际人，曾为梁武帝的“国师”，臧玄靖“识洞幽微，智深玄妙，宣风黄道，作训紫宸”，故深得帝王的礼重。陈宣帝（569～582 在位）曾在建康建玄贞观迎宗道先生居之。臧玄靖著有《道德经疏》四卷、《道学传》一卷。（参见《茅山志》卷二十二，《道藏》第 5 册，第 639 页）

③ 宋文同，字文明，南朝吴郡（今江苏苏州）人。据《太平御览》卷六六六《道部》引《老氏圣纪》曰：“梁简文时，文明以道家诸经莫不敷释，撰《灵宝经义疏》，题曰谓之《通门》。又作大义，名曰《义渊》。学者宗赖，四方延请。长于著撰，讷于口辞。”杜光庭在《道德真经广圣义·序》中说：“法师宋文明作《义泉》五卷。”这里，杜光庭为避唐高祖李渊之讳，而改《义渊》为《义泉》。据日本学者大渊忍尔所编《敦煌道经·目录编》（东京，福武书店 1978 年版）介绍，敦煌经卷中 S1438 号《道教义》为宋文明的《道德义渊》卷上之残文，敦煌经卷 P2256 号和 P2861 号为《通门论》卷下之残文。

人得道的基本前提。“得道之所由，由有道性，如木中之火，石中之玉。道性之体，冥默难见。从恶则没，从善则显。……恶则乖道，多善则合真，合真则道性显，乖道则道性没也。”[①]道性本无善恶，但它“从恶则没，从善则显”，其隐显是由人的思想与行为的善恶所决定，因此，恶则乖道而迷其本性的是凡人，善则合真而悟其本性的便是仙人。这样，要追求生命的超越，关键就要在心性上下功夫，通过为善去恶的道德修养，使本来隐没的道性发扬光大。从修心即为从善去恶以复归道性的逻辑出发，宋文明自然得出了一切含识皆有道性，皆能成道果，而木石之物只有物性而没有情识，不知善恶，没有道性，故不能证得道果的结论。“夫一切含识皆有道性，何以明之？夫有识所以异于无识者，以其心识明暗，能有取舍，非如水石，虽有本性，而不能取舍也。既心有取，则生有变。若为善则致福，故从虫兽以为人；为恶则招罪，故从人而堕虫兽。人虫既其交拔，则道性理然通有也。”[②]宋文明运用“义疏”的形式对道性论进行的深入讨论，特别反映了他力图运用道性来弥合无限之道与有限之肉体的分裂，这在客观上促使道教仙学开始了由“假求于外物以自坚固”转向通过“认识自我之性”来达到对无限之道的精神追求的转型。

---

① 敦煌经卷 S1438 号《道教义》，黄永武主编《敦煌宝藏》，第 10 册，台湾新文丰出版公司，第 641 页。

② 敦煌经卷 S1438 号《道教义》，黄永武主编《敦煌宝藏》，第 10 册，台湾新文丰出版公司，第 642 页。

盛行于北周的《升玄内教经》①更清楚地“反映了南北朝末年道教从飞升、丹药修炼、度人升天，转向以心性修养为主的追求超越性的升玄的转变，从小乘到大乘，从外教到内教的转变。”②《升玄内教经》认为，神仙道教所主张的“服药道养，有二利益，然不能得终离苦难，一可延年益寿，二可遏制淫色，使不放逸，虽有此利，而假非真”，故此为小乘之行，“虽寿百千万岁，犹复转轮还，生五苦八难之世，终不能得升入无形，与道合德。”③就是说，遵循“服药道养”的方法，虽然能够使人长寿，但最终仍不能达到“升入无形，与道合德”的境界。由此出发，《升玄内教经》提出，“至得道者，皆是内行具足，非为药也。若药能令人得道者，世人学仙者莫不服药，而不尽得道者，皆是内行不足，故汝等勿疑。至真无上要言，若人不信，是经而

---

① 《升玄经》的全称为《太上洞玄灵宝升玄内教经》。撰人不详，约出于南北朝。《洞玄灵宝三洞奉道科戒营始》中著录的《升玄经》原本为十卷。（《道藏》第24册，第758页）但现存《道藏》中有《太上洞玄灵宝升玄内教经中和品述义疏》为该经的第七卷《中和品》的注疏。（《道藏》第24册，第706～720页）从内容文字看，似为唐人的作品。日本学者大渊忍尔所编《敦煌道经·目录编》著录敦煌经卷中有唐代《升玄经》残抄本18件。万毅先生认为，“敦煌遗书中发见《升玄内教经》唐人写本21件，可部分弥补原书之阙佚。”（《敦煌本〈升玄内教经〉解说》，载陈鼓应主编《道家文化研究》第十三辑，北京三联书店1998年版，第267页）另外，在《无上秘要》、《大道通玄要》等二十多种佛道经典中保留了此经的佚文。日本学者山田俊根据上述资料编撰了《稿本升玄经》，恢复了该经的部分篇卷的原貌。

② 姜伯勤：《敦煌艺术宗教与礼乐文明》，中国社会科学出版社1996年版，第297页。

③ 敦煌经卷P2445号《太上洞玄灵宝升玄内教经》卷二，黄永武主编《敦煌宝藏》，第120册，台湾新文丰出版公司，第483～484页。

得道者，终无有是。”①可见，该经的主旨在于强调，得道成仙的最高境界并不是通过服药以追求肉体永存，而是以精神超越为旨归的“升玄”。《升玄内教经》不仅将心性修炼作为人能够得道成仙的重要途径，而且还将这种方法称之为“内教”：“所谓内教者，真一妙术，发自内心，行善得道，非从外来。”②“内教”所强调的是升玄体道的要诀在于辨析真道，通过穷理尽性，认识真道是超乎有无、生灭、来去，是不一不异的。“夫真道者，无不无，有不有，生不生，灭不灭，去不去，来不来，贤不贤，圣不圣，一不一，异不异，能觉两半者，岂不体之乎？”③这里，《升玄内教经》运用“两半”④的概念来引导人们去观照世间万法皆为虚幻，无一真实的道理，然后由向外追寻转而返归自我，以人的内心自觉作为修道成仙的依据。这种将修道成仙的依据由外物转向人的内在心性的做法显示了道教仙学旨趣的转型。

与《升玄内教经》同时或稍后，道教中还出现了一批以假

---

① 敦煌经卷 P2445 号《太上洞玄灵宝升玄内教经》卷二，黄永武主编《敦煌宝藏》，第 120 册，台湾新文丰出版公司，第 484 页。

② 敦煌经卷 P2445 号《太上洞玄灵宝升玄内教经》卷二，黄永武主编《敦煌宝藏》，第 120 册，台湾新文丰出版公司，第 483 页。

③ 敦煌经卷 P2560 号《太上洞玄灵宝升玄内教经》卷六，黄永武主编《敦煌宝藏》，第 122 册，台湾新文丰出版公司，第 120 页。

④ 两半，本为道教的说法。《太平经》中有“两半共成一”的说法，指道在化生万物的过程中，阴阳二气各出“半力”共成一体，以描述事物都是由阴阳和合而成的。《升玄内教经》所说的“两半”是指矛盾双方相互否定后所达到同一，是重玄学的一个重要范畴，意在让人通过“非有非无”的方法而直契道体本身，与后来孟安排《道教义枢》吸取佛教的思想，用“两半义”来说明众生识业的生成和烦恼的障碍的意思也不相同。（参见《道教义枢 · 两半义》，《道藏》第 24 册，第820 页）

托太上老君或元始天尊与奉道修仙者的相互问答方式而宣扬道教义理的道经，如《本际经》①、《真藏经》②、《海空经》③、

① 《本际经》，全名《太玄真一本际经》，据唐释玄嶷《甄正论》云："《本际》五卷，乃是隋道士刘进喜造，道士李仲卿续成十卷。"《道藏》中只残存第二卷《咐嘱品》。但在敦煌出土文献中却保留了许多此经的抄本。据日本学者大渊忍尔《敦煌道经·目录编》著录，敦煌遗书中有唐代《本际经》抄本 102 件，经整理校勘，基本上可以恢复原书十卷的旧貌。可见，该经是隋唐时期的作品，而且在敦煌道经中，"占百分之二强，与其他道经抄本相比，它占压倒优势。"（日本学者福井康顺等监修：《道教》，朱越利等译，上海古籍出版社 1992 年版，第二卷，第 168 页）但据万毅先生研究，"敦煌遗书中已经发现的《本际经》写本达 108 件之多，几乎占已发现的敦煌道教写经数量的四分之一，今散藏于世界各地公私藏家手中。"（《敦煌道教文献〈本际经〉录文及解说》，载陈鼓应主编《道教文化研究》第十三辑，北京三联书店 1998 年版，第 481 页）敦煌本的《本际经》尾记皆注明抄写于初、盛唐时。这一现象反映了《本际经》在唐代就受到了人们的高度重视，甚为流行。1960 年，吴其昱先生在巴黎发表了《太玄真一本际经》十卷本影印本，并著《本际经》引论。（吴其昱：《敦煌汉文写本概观》，《道教文献》，载池田温编：《敦煌讲座》第 5 册《敦煌汉文文献》，东京，大东出版社 1992 年版，第 76～78 页）近几十年来，《本际经》也受到了国际学者的高度重视，围绕着该经发表了许多研究成果。（参见姜伯勤：《论敦煌本〈本际经〉的道性论》，载陈鼓应主编《道教文化研究》第七辑，上海古籍出版社 1995 年版，第 222 页）

② 《真藏经》，全称为《无上内秘真藏经》，撰者不详。约出于南北朝末至隋唐之际。原书十卷，分为十三品。现存于《道藏》之中，敦煌抄本 P2467 中有该经八卷。该经假托元始天尊在灵解山与诸仙人的相互问答，系统地阐述道教的修道理论，讲述"真藏"的妙义。

③ 《本相经》，全称《太上妙法本相经》，约出于南北朝末或隋唐之际，撰人不详。原书有二十卷，现《道藏》本仅残存三卷。据日本学者大渊忍尔《敦煌道经·目录编》记载，敦煌遗书中有唐代《本相经》抄本残卷 12 件。该经假托元始天尊与"辨夫"及外道之人的相互问答来阐述道教的义理和斋戒法术的要旨。

《本相经》[①]等。这些道经不仅有与《升玄内教经》相类似的追求精神超越的倾向[②]，而且还大量地吸收了佛教般若中观学的思想，以重玄体道的方式来阐述道性。如《本际经》卷四《道性品》中言：

> 言道性者，即真实空，非空，不空亦不不空；非法，非非法；非物，非非物；非人，非非人；非因，非非因；非果，非非果；非始，非非始；非终，非非终；非本非末，而为一切诸法根本，无造无作，名曰无为，自然而然，不可使然，不可不然，故曰自然。悟此真性，名曰悟道。

这种带有重玄学意蕴的道性论逐渐发展成为唐代道教思想的主流。

虽然南北朝隋唐道教中出现的重视道性论、运用重玄学的理论取向意味着道教在仙学理论上正在由魏晋神仙道教的注重技术与知识的运用转向对形而上之理论的探讨，但由于其并未能完全跳出追求肉体成仙的窠臼，因而仍然没有能够

---

① 《海空经》，全称《太上一乘海空智藏经》。据唐玄嶷《甄正论》云："自唐以来，即有益州道士黎兴、澧州道士方长，共造《海空经》十卷。"可知该经为唐初道士所造。现存有《道藏》本十卷，敦煌道经中有该经的抄本残卷 9 件。该经假托元始天尊与海空智藏真士等人的问答来演说道教义理，论述"海空智藏"的要义。

② 日本学者山田俊就认为，《本际经》继承了《升玄内教经》的"真一"思想并有所发展。（参见《道教"真一"思想探源——从〈升玄经〉到〈本际经〉》，载肖箑父、罗炽主编《众妙之门——道教文化之谜》，湖南教育出版社 1991 年版，第 140 页）

从根本上解决无限之道与有限之肉体之间的矛盾。因此，在初唐开展的三教之争中，佛教徒还是像过去那样揪住道教理论中的内在矛盾，特别是肉体成仙的荒谬性，从不同的角度进行了批评攻击，通过揭露道教理论中的内在矛盾，来说明道教的粗俗性、简陋性和不完善性。这样，对理论的关注，就使佛道之争逐渐从过去的教派利益之争转变为义理之辨。这种义理之辨一方面揭示出了道教在理论上所具有的内在矛盾，另一方面也促进道教积极地通过理论探讨来克服自身的矛盾，从而使理论转型逐步展开。

据史籍记载，初唐的佛道之争十分激烈，因帝王的参与还曾出现过二次高潮：一次发生在唐高祖武德年间至唐太宗贞观年间，另一次发生在唐高宗显庆年间。佛道的义理之辨大多以朝廷辩论的形式进行。从辩论的论题中，不仅可以见到道教理论内在矛盾的具体表现，而且也可以由此来探寻促进唐宋道教思想产生转型的重要原因。

唐代第一次大规模的、激烈的佛道之争是以傅奕上疏主张崇道反佛为导火线而掀起的。唐初，太史令傅奕在武德四年(621)向唐高祖李渊上《废省佛僧表》，说明道教有益于治国，适合国情，而佛教来到中土后，“妖胡滋盛，太半杂华”，剥削民财，危害国家。他特别列举了佛教的十一条罪过，以说明佛教不适合中国的国情①。针对傅奕的反佛言论，佛教徒法琳等则向唐高祖上书《对傅奕废佛僧事》进行反驳。后来，法

① 关于傅奕上疏反佛的情况，可参见《旧唐书》卷七十九《傅奕传》、《广弘明集》卷十一《箴傅奕上废省佛僧表》、《全唐文》卷一三三收录的傅奕的《请废佛法表》等资料。

琳又专著《破邪论》以逐条破斥傅奕的反佛言论。时又有沙门释明概作《决对傅奕废佛僧事》等文对傅奕的反佛言论进行了批驳，对傅奕进行人身攻击，对道教进行诋毁。武德七年(624)，唐高祖亲临国子学令徐文远讲《孝经》，沙门慧乘讲《般若经》，道士刘进喜讲《道德经》。傅奕再次上疏皇帝以说明佛教害政。这时，明概又著《决对论》反驳傅奕的观点。傅奕先后曾七次上疏破斥佛教，对唐高祖的思想产生了很大的影响。武德八年(625)，唐高祖召集百官及“五都才学，三教通人”在国学宣诏“老先，次孔，末后释宗”。在排定了三教位序之后，唐高祖又令道士李仲卿宣讲《老子》。皇帝本欲以这种方式来抬高道教的地位，但佛教徒对此心中不服。胜光寺僧人慧乘就在这次集会上，围绕着“道法自然”的命题开始向道士发难，通过揭露道教理论本有的内在矛盾来宣扬佛教比道教更优越。道士李仲卿在辩论中失败，乃于一年之后发表《十异九迷论》以辨析佛道之间的十种“差别”，并指出佛教具有九种“迷惑”。道士刘进喜则作《显正论》批评佛教“弃义弃亲，不仁不孝”，并进一步显扬道教的特点。李仲卿、刘进喜的著作均已佚，只是在法琳的《辩正论》中还保留了部分内容①。

从表面上看，傅奕等人的反佛言论依然沿袭了南北朝以来的“夷夏论”、“三破论”和“化胡说”等思路，批评佛教“窃人主之权，擅造化之功，其为害政，良可悲矣”②，并没有太多地涉及义理，但他对佛教的激烈排斥所引发的佛道之争却开始向比较义理的优劣高下的方向展开，这种转变在唐太宗时代

① 参见《大正藏》第52册，第175～187页。

② 《旧唐书》卷七十九《傅奕传》。

表现的尤为突出。

唐太宗即位后，就强调“朕今所好者，惟在尧、舜之道，周、孔之教，以为如鸟有翼，如鱼依水，失之必死，不可暂无耳”①，认为在儒佛道三教中，只有儒家的纲常名教最适合以血缘关系为纽带建立起来的封建宗法制的需要，最能为现实的政治和伦理道德提供理论依据。但出于政治上和宗教上的需要，他又对道教十分重视，贞观十一年(637)，特下《道士女冠在僧尼之上诏》，指出“朕之本系起自柱下”，奉老子为祖先，认道教为本家，强调李家王朝与道教的亲缘关系，宣称自己是“神仙之苗裔”来抬高自己的门第，神化自己的政治统治，他下令“道士女冠今后斋供行立讲论，皆应在僧尼之前”②，由此而导致了佛教徒的强烈不满。“时京邑僧众，咸诣阙庭上表”，批评道教“妄托老君之后，实是左道之苗”。最后，由法琳代表佛教徒向皇帝陈述了佛教的意见。虽然法琳在陈述意见时把道教与老君割裂开来，但这种批评本身仍然触怒了唐太宗。法琳差点儿为此丢了性命③。唐太宗的三教观一方面抬高了唐代道教的政治地位，但另一方面也加深了佛道之间的对立与争论。

---

① 《贞观政要》卷六《慎所好》，上海古籍出版社 1978 年版，第 195 页。

② 《唐大诏令集》卷一一三。道宣在《集古今佛道论衡》卷丙中也记载了此事。见《大正藏》第 52 册，第 382 页。

③ 据《法琳别传》记载，唐太宗曾对法琳说：“汝所著《辩正论·信毁交报篇》言，念观音者临刀不伤。既有斯灵，朕今赦汝，七日之内，尔其念哉！”七日之后，便派人前去，要用刀试试法琳念观音“有何灵验”。这时，法琳聪明地回答说：“琳于七日以来，唯念陛下。”为什么不念“观音”，唯念“陛下”呢？因为“今陛下子育群品，如经即是观音，既其灵应相符，所以唯念陛下。”虽然法琳用这样的奉承赢得了唐太宗的一些好感。唐太宗就此赦了法琳的死罪，但仍然改判他流放益州。后来，法琳死于流放途中。

贞观二十一年(647),唐太宗在支持玄奘法师翻译佛典的同时,还希望能够向天竺传播华夏文化,于是就敕令玄奘法师与蔡晃、成玄英诸道士共同将《老子》译为梵文。由于佛、道双方意见不一而在译事过程中产生了一些分歧,主要是:第一,蔡、成诸道士主张用佛教的《中论》、《百论》思想来理解《老子》,但玄奘却认为,"佛教道教理致天乖,安用佛理通明道义?"第二,成玄英根据"佛陀言觉,菩提言道"而主张把"道"译为"菩提"(Bodhi),玄奘则认为,在佛教中,"菩提言觉,末伽言道",坚持将"道"译为"末伽"(Marga)而将其理解为通向涅槃解脱的途径与方法。第三,由于他们所采用的译本是《老子河上公注》本,蔡晃主张将河上公序一并译出,玄奘则认为,这个主张"叩齿咽液之序","同巫觋之淫哇,等禽兽之浅术",是"东夏老庄所未言也,若翻老序彼必以为笑林"。由于佛道在以上这些问题上的分歧,最终译事未成[①]。此次译事中的分歧与争论,从表面上看都是一些具体的问题,但这些分歧却暴露出了道教与佛教相比在理论上的弱势和佛教对道教之术的不屑。因此,道教在政治上的优势并没有能够阻碍佛教对道教的批评,这种批评随着佛道之争的深入展开就直接触及到道教理论上的内在矛盾。

唐高宗从显庆三年到龙朔三年(658～663)在两京内殿召集了七次僧道论辩[②],由此而导致了唐代第二次佛道之争的

① 参见道宣:《集古今佛道论衡》卷丙,《大正藏》第 52 册,第 386～387 页。

② 据道宣《集古今佛道论衡》记载,参加讨论的道教人士有:黄赜、李荣、方惠长、张惠元等;佛教人士有:会隐、神泰、慧立、义褒、灵辩、子立等。他们都是学有成就的人。(参见《大正藏》第 52 册)

高潮。这次争论的显著特点就是围绕着道教义理——道生万物义、道体与道物义、道与言义、老子名义、凡圣思道义、因缘义、六洞义、本际义等展开的，唐高宗的目的是想通过共谈名理，促进佛道之间的相互启发，但在客观上却使道教理论中本有的内在矛盾被进一步揭露出来。这些内在矛盾主要表现在以下几个方面：

第一，道与自然的关系。这个问题其实从唐高祖时就被提了出来，但一直到唐高宗时仍然困惑着道教。武德八年(625)，唐高祖在宣布“老先，次孔，末后释宗”的三教位序后，就令道士李仲卿宣讲《老子》，僧人慧乘曾围绕“道法自然”向李仲卿发难：

> (慧乘)先问道(士)云：“先生广位道宗，高迈宇宙，向释《道德》云：上卷明道，下卷明德。未知此道更有大此道者，为更无大于道者?”答曰：“天上天下唯道至极最大，更无大于道者。”难曰：“道是至极最大，更无大于道者，亦可道是至极之法，更无法于道者?”答曰：“道是至极之法，更无法于道者。”难曰：“《老经》自云：人法地，地法天，天法道，道法自然。何意自违本宗，乃云更无法于道者？若道是至极之法，遂更有法于道者，何意道法最大，不得更有大于道者?”答曰：“道只是自然，自然即是道，所以更无别法能法于道者。”难曰：“道法自然，自然即是道，亦得自然还法道不?”答曰：“道法自然，自然不法道。”难曰：“道法自然，自然不法道，亦可道法自然，自然不即道。”答曰：“道法自然，自然即是道，所以不相法。”

> 难曰："道法自然，自然即是道，亦可地法于天，天即是地。然地法于天，天不即地，故知道法自然，自然不即道。若自然即是道，天应即是地。"[①]

据道宣记载，李仲卿在慧乘不断地追问下陷入了"周慞神府，抽解无地，忸赧无答"[②]的境地。李仲卿对此耿耿于怀，他于一年之后专门发表《十异九迷论》以辨析佛道之间十种"差别"，指出佛教的九种"迷惑"。另一位道士刘进喜则作《显正论》进一步显扬道教的特点。但是他们仍然没有能够从理论上讲清道与自然的关系。针对李、刘反佛扬道的思想，佛教僧人法琳专作《辩正论》八卷十二篇，试图从根本上来加以破斥。法琳从道与自然关系的内在矛盾中又引申出了道的有待无待、道的有知无知、道的有形无形、道是否具有智慧等问题[③]，对道教理论进行攻击。

唐高宗显庆三年(658)，大慈恩寺僧人慧立与东明观道士李荣在辩论"道生万物"义时，又延续了法琳的思路对道与自然的关系问题进行了讨论。同年冬，唐高宗在"雩祈雪候"时内设道场，令僧人义褒与东明观道士李荣对论，由论"本际义"又谈到了"道法自然"的问题：

---

① 《集古今佛道论衡》卷丙，《大正藏》第 52 册，第 381 页。

② 《集古今佛道论衡》卷丙，《大正藏》第 52 册，第 381 页。

③ 《辩正论》卷六云："纵使有道，不能自生。从自然生，从自然出，道本自然，则道有所待。既因他有，即是无常。故老子云：人法地，地法天，天法道，道法自然。王弼云：言天地之道并不相违，故称法也。自然无称穷极之辞。道是智慧灵知之号，用智不及无智，有形不及无形。道是有义，不及自然之无义也。"(《大正藏》第 52 册，第 537 页)

有道士李荣立“本际”义，褒问曰：“既义标本际，为道本于际，为际本于道邪?”答曰：“互得”。又问：“道本于际，际为道本，亦可际本于道，道为际原?”答：“亦通。”又并曰：“若使道将本际互得，相反亦可，自然与道互得相法。”答曰：“道法自然，自然不法道。”又并：“若道法于自然，自然不法道，亦可道本于本际，本际不本道。(李)荣既被难不能报，浪嘲云：既唤我为先生，汝便成我弟子。”褒曰：“对圣言论，申明邪正，用简帝心，刍荛嘲谑，尘黩天听，虽然无言不酬，聊以相答：我为佛之弟子，由以事佛为师，汝既称为先生，既应先道而生，汝则斯为道祖。”于是忸怩无对，便下座。[①]

本际，意为根本究竟之边际，常用来指真理之根源或万物之根本[②]。原为印度外道如安苻荼论者用来讨论事物本源之起始。后来，佛教也经常使用本际一词来说明本体之究竟，如《中阿含经》卷第十《本际经》中的“本际”之义就为“真理的根据”、“万物的根本”。道教《本际经》所说的本际则具有本体与本源双重的含义。[③] 刘进喜、李仲卿所造的《本际经》曾力图运用重玄学的方法，通过重新阐述“道法自然”来发展道教理论，它提出：“言道性者，即真实空。非空不空，亦不不空，而为

① 《续高僧传》卷十五《唐京师慈恩寺释义褒传》，《大正藏》第 50 册，第547～548页。

② 参见《佛光大辞典》，书目文献出版社影印本，第 1974 页。

③ 参见姜伯勤：《论敦煌本〈本际经〉的道性论》，载陈鼓应主编《道教文化研究》第七辑，上海古籍出版社 1995 年版，第 232 页。

一切诸法根本。无造无作，名曰无为。自然而然，不可使然，不可不然，故曰自然。悟此真性，名曰悟道。”[①]这里运用重玄学的方法，强调道的本性是自然而然，回避了道与自然孰为本的问题，不再把“道法自然”理解为“道”效法自然，这在一定程度上确实推进了道教理论的发展，但另一方面，由于道教尚未能很好地将佛教的“双非”理论融会贯通，反而使本来简单的问题更加复杂化。因此，当李荣依据《本际经》立本际义，本来是要探讨道本体与道本源的问题，但又被义褒联系道与自然的关系加以诘问，一下子无法圆满地加以解释，最后只得“忸怩无对”地下座了。有人认为，初唐佛道二教围绕着“道法自然”问题的论争，至唐玄宗注疏《老子》提出“妙本”说[②]，得到了最终的解答。[③] 但实际上如果纵观唐代道教思想发展史，就可见在唐玄宗之后，道教学者包括杜光庭仍然在继续探讨并完善“道法自然”问题。

第二，道与万物的关系。唐高宗龙朔三年(663)道士方惠长开《老子》经题时，受到了佛教徒灵辩的诘难：“道为物祖，能生万象，以何为体？”方惠长答曰：“大道无形。”难曰：“有形可有，道无形应无道。”答：“虽复无形，何妨有道。”难曰：“无形得

① 敦煌经卷 P2806 号《太上洞玄灵宝升玄内教经》卷四《道性品》，黄永武主编《敦煌宝藏》，第 124 册，台湾新文丰出版公司，第 264 页。

② 唐玄宗说：“道法自然，言道之为法自然，非复仿自然也。若如惑者之难以道法效于自然，是则域中有五大，非四大也。”他进一步说：“虚无者，妙本之体，体非有物，故曰虚无。自然者，妙本之性，性非造作，故曰自然。道者，妙本之功用，所谓强名，无非通生，故谓之道。幻体用名，即谓之虚无自然道尔。寻其所以，即一妙本，复何所相仿法乎？则知惑者之难，不诣夫玄键矣。”(《唐玄宗御制道德真经疏》卷四，《道藏》第 11 册，第 768 页)

③ 卢国龙：《中国重玄学》，人民中国出版社 1993 年版，第 211 页。

有法亦可有形，是无法有形不是无，无形不有道。"答："大道生万物，万法即是道，何得言无道。"难曰："象若非是道，可使象外别有道。道能生于象，既指象为道。象外即无道，无道说谁生。"答："大道虽无形，无形之道能生于万法。"这里，方惠长在论辩中，一会儿从本源论的角度强调道为万物之祖，一会儿又从本体论的角度强调"万法即是道"，那么道与万物究竟是什么关系呢？本源就等同于本体吗？对此，灵辩进一步质疑："道能生万法，万法即是道。亦可如母能生子，子应即是母？"灵辩还尖锐地指出，"前言'道为万法祖'，自违彼经教。老子云：无名天地始，有名万物母。母祖语虽殊，根本是一义，道既是无名，宁得为物祖？"方惠长虽然曾与黎兴合造了《海空经》十卷，在当时算是比较有理论造诣的道士了，但在灵辩的追问下，最终却"又无答"[①]。这情形实际上乃是当时道教理论不完善的真实反映。如何使道与万物的关系理顺就成为唐代道教理论建设的重要任务之一，也是杜光庭在《道德真经广圣义》中极力要回答的问题。

第三，纯善之道与现实之恶的关系。唐高宗显庆三年(658)四月，东明观道士李荣与大慈恩寺慧立进行了辩论。李荣以"道生万物"立义，慧立诘难曰："先生云'道生万物'，未知此道为是有知，为是无知？"李荣答曰："《道经》云'人法地，地法天，天法道'，既为天地之法，岂曰无知？"慧立难曰："向叙道为万物之母，今度万物不由道生。何者？若使道是有知，则惟生于善，何故亦生于恶？据此善恶升沉，丛杂总生，则无知也。"又说："既而混生万物，不蠲善恶，则道是无知，不能生物，

---

① 以上引文均见《集古今佛道论衡》卷丁，《大正藏》第 52 册，第 393 页。

何得云天地取法而为万物之宗始乎?”①慧立的诘难从表面上看是要李荣回答“道是有知还是无知”的问题,实际上却牵涉到纯善之道与现实之恶的关系。慧立认为,如果道是有知的,那么,从逻辑上推,现实世界的一切事物都应当是道有意识的创造,纯善之道就应当惟生于善,但在现实生活中却是有善亦有恶,这种现实中有善有恶的现象,佛教可以从“众生业力所感”来加以解释,强调善恶“皆自业自作,无人使之”,而道教从“道生万物”出发实在是难以对此作出解答。根据现实生活中的“善恶升沉,丛杂总生”,就可见道应当是无知的。但无知的道,就不可能生物,又如何能成为“万物之宗”呢?李荣站在道教信仰的立场上,当然要坚持道是至善的,这才能为修道提供终极的依据,但他又必须正视现实之恶的存在,那么,有知的纯善之道与现实之恶是怎样的关系呢?对此,李荣不可避免地陷入了两难之境。实际上,这场饶有兴味的义理之辩直接关涉到了道教教义本身在面对现实人心时是否具有说服力的问题,因此也成为唐代道教思想家包括杜光庭积极探讨的问题。

第四,道与言的关系。唐高宗龙朔三年(663)六月,李荣又根据《升玄内教经》立“道玄不可以言象诠”义而开讲道论。但佛教徒灵辩则认为这个题目本身就是一个悖论。既然道绝言词,玄理本寂,不可用思虑、情智、言语来度量,那为何还要开题议说呢?李荣答曰:“玄虽不可说,亦可以言说,虽复有言说,此说无所说。”②他本想沿用魏晋玄学“得意忘言”的方法

① 《集古今佛道论衡》卷丁,《大正藏》第52册,第387~388页。

② 《集古今佛道论衡》卷丁,《大正藏》第52册,第394页。

来强调在理解了言语所表达的道理后，就可以抛弃语言的形式，直契道之本义，但由于他的立义采用了“不可以”的词语，反而使自己陷入了被动。虽然李荣急中生智地说出了“玄道实绝言，假言以诠玄，玄道或有说，玄道或无说，微妙至道中，无说无不说”等富有思辨性的话语，但却被灵辩一言道破：“此是《中论》龙树菩萨偈！”从而被扣上了“窃菩萨之词，作监斋之语”的帽子①。灵辩进一步责难：“玄理是可诠，可使以言诠。玄理体是不可诠，如何得言诠？”虽然李荣以“晓悟物情，假以言诠，玄亦可诠”②来回答，但他并没有明白玄理是可以言说的，而玄理体是不可言说的道理，因此针对灵辩的诘难“玄体不可诠，非诠不得诠”时，李荣只好又是“不能答”。道与言的矛盾直接关系到人类的精神是否能够触及作为终极实体的道的问题。换言之，如果人的言语无法确切地描绘窈冥恍惚之道，那么，道是否就会处于人类的精神视域之外呢？如果是，那么修道者又如何来体悟那超言绝象之道呢？因此，道与言的关系既成为唐代重玄学着力探讨的理论问题，也成为杜光庭道教思想中的一个重要的发展向度。

第五，无限之道与有限之肉体的关系。唐高宗显庆二年(657)六月，道士李荣立“六洞义”，拟以佛法“六通”为言来宣扬道教神仙思想③。李荣以“洞”言“通”。僧人慧立在向李荣

① 《集古今佛道论衡》卷丁，《大正藏》第52册，第394页。

② 《集古今佛道论衡》卷丁，《大正藏》第52册，第394页。

③ 佛教所说的“六通”也称“六神通”，是指通过修持禅定所得到的六种神秘力量：一神足通、二天眼通、三天耳通、四他心通、五宿命通、六漏尽通。道教借鉴佛教的说法，也提出了修道者所能得的六种神通：一目通，二耳通，三鼻通，四舌通，五身通，六心通(参见《道门经法相承次・序》，《道藏》第24册，第798页)。

询问了六洞的名数后诘问道："言洞者，岂不于物通达无拟义耶？"并追问："老君于物得洞以不？"李荣答曰："老君上圣，何得非洞。"慧立又进一步问道："若使老君于物通洞者，何故《道经》云：'天下大患莫若有身，使我无身，吾何患也？'据此则老君于身尚碍，何能洞于万物？"[①]慧立指出，老君"于身尚碍"，又如何能够通达万物呢？换言之，按照道教的说法，老君即是道，当然于物通达无碍，但老君又有身体，而有身体即有碍，连身体都不能通达，又怎能通达万物呢。这里，既对老君的上圣地位提出了质疑，也以道教信仰的老君为例揭示出了道教的无限之道与有限之肉体的矛盾。

以上争论情况，大都是由佛教徒的记载而保留下来的，因而其中表现出了佛教对道教的一些偏见和佛教徒站在佛教立场上的扬佛抑道，但从所争论的问题来看，则确实都是道教极待发展和完善的重要理论问题。

唐高宗时期的佛道之争基本上是在比较宽松的环境中进行的义理之辨。在辩论过程中，佛、道双方都有意地通过"杂嘲"对方来讨好皇上，据载"每嘲，上皆垂恩欣笑"[②]。这与唐高祖时傅奕崇道排佛而导致的佛道之争的严峻气氛是截然不同的。这次义理之争从一个侧面反映了大唐帝国文化的繁荣，以及佛道二教理论竞相发展的趋势。但不可否认，当时道教的理论在佛教的挑战下显得相对薄弱，有时还暴露出了理论上的内在矛盾。

然而，佛道二教的这种义理之争没有能够继续下去。这

① 《集古今佛道论衡》卷丁，《大正藏》第52册，第389页。
② 《集古今佛道论衡》卷丁，《大正藏》第52册，第394页。

是因为武则天出于政治的需要而崇佛抑道，多次下令禁止二教之间往来论辩，这就使得长安的二教之争逐渐沉寂下来。虽然其时还有僧人玄嶷[①]造《甄正论》三卷，以滞俗公子与甄正先生问答的形式来指责道教经书教法皆为伪妄，但其中表现出的宗教门户之见超过了理论上的争论。[②]

安史之乱以后，以廷辩方式展开的佛道之争很少再有理论研讨的意义，大都只是成为一种仪式或礼节。这从一个侧面表明，到唐玄宗时，儒佛道三教经过相互论争，共探义理，融通汇合已成潮流。在这种的形势下，三教之间的思想交锋越加淡化[③]。但从另一个方面来看，这也反映了随着佛道融合的深入以及道教重玄学与道性论的出现，道教也通过理论建设而在不断地完善自己并逐渐消弥自身理论中存在的内在矛盾。事实上，佛教对道教理论所提出的挑战有时恰恰成为道教思想的理论增长点，因为几乎每一次论辩都有预先设定的话题，而无论是话题的选择，还是围绕着话题所展开的论争，

---

① 值得注意的是玄嶷的经历。玄嶷幼入道门，才通经法，黄冠之侣推其明哲，出类逸群，本为洛阳道士，曾任洛阳大恒观主，号杜乂炼师。后来，武则天登基，崇佛抑道，开释教革命之阶，他乃“愿反初服，向佛而归”，成为佛教徒，甚至还担任洛阳佛授记寺寺都，并作《甄正论》三卷扬佛抑道。（赞宁撰《宋高僧传》卷十七，中华书局 1987 年版，第 314 页）

② 《甄正论》借甄正先生之口说：道教“虽有三十六部，咸是伪书。徒称三洞俱非实录，玉字金书伪中生伪，银函瑶格虚内构虚。紫笔之名，既娇词而妄立。朱韬之说，亦假饰而空题。语事似惑庸情，摭实足为虚妄。且道家经教云是天尊所诠，教主毕竟不存，明经无主可说，说经无主自晓伪端。”（《甄正论》卷上，《大正藏》第 52 册，第 560～561 页）

③ 参见罗香林：《唐代三教讲论考》，载《唐代研究论集》第四辑，台湾新文丰出版公司 1992 年版。

都会促使道教重新思考自己的立场、观点和方法。从一定意义上说，佛教的挑战从反面对消弥道教理论上的内在矛盾起到了积极作用。

从道教实践上看，魏晋神仙道教所推行的炼丹术在唐代帝王的支持下得到了新的发展，同时，它的弊端也逐渐暴露出来。由于丹药的主要成分是"金银铜铁锡谓之五金，雌雄硫砒名曰四黄，朱汞鹏硇硝盐矾胆命云八石"①，这些化学物质本身就有毒性，有的甚至还有剧毒，因此，许多希望通过服金丹以成仙的人，"不悟金丹并诸石药，各有本性，怀大毒在其中，道士服之，从羲轩已来，万不存一，未有不死者"②。服用金丹不仅不能延长生命，有时反而会损害肌肉、破坏神经、改变性格、加速死亡。唐代许多帝王也不能幸免。例如，唐太宗在贞观二十二年(648)命天竺方士耶罗迩婆娑研造延年之药，第二年就因服胡僧制作的长生药患暴疾而毙命。唐宪宗"季年锐于服饵，诏天下搜方奇士"，他不听谏官之言，服食了道士柳泌的丹药。元和十五年(820)，唐宪宗丹毒发作，"日加燥"，"燥益甚，数暴怒责左右。"宦官陈弘志等人担心会因此而被杀，乃先下手为强，将唐宪宗杀死。时年唐宪宗才四十三岁③。唐穆宗上台后，即命人将道士柳泌等杀死，但不久自己却又陷入道士所编织的长生不死的美梦之中，开始服饵金丹④。据清代赵翼《廿二史札记》卷十九《唐诸帝多饵丹药条》记载，"唐诸

① 《太古土兑经》,《道藏》第 19 册,第 387 页。
② 《云笈七签》卷六十四《金丹诀》,《道藏》第 22 册,第 448 页。
③ 《旧唐书》卷一七一《裴潾传》。
④ 《旧唐书》卷十六《穆宗本纪》。

帝多饵丹药”，其中唐太宗、宪宗、穆宗、敬宗、武宗、宣宗等皇帝的死都直接与服食金丹有关。皇帝尚且如此，王公大臣、文人雅士因服食金丹而亡者更是不胜枚举①。由此可见，道教所宣扬的“白日飞升”，常常只是因服食了金丹中的剧毒物质而导致的迅速死亡而已。

服食丹药即可长生成仙的美梦在实践中步步破灭，那么，上清派所倡导的存思行气又如何呢？存思行气虽然可以帮助人们强身健体，延年益寿，但最终并不能达到道教徒所向往的肉体永存的目的。僧人法琳在《辩正论》中批评道教时，也曾分析了肉体不得永存的道理。他说：“检道所宗，以气为本”，神仙道教所宣扬的修道术，不过是沿袭着传统的“道者气也，保气则得道，得道则长存”的思路而来的，但“考三气之内，有色有心，既为色心所成，未免生死之患，何得称常？”②气乃至色和心，都是形而下的存在，本身都有阴阳消长，生灭变化，故难逃生死之患，永存不死如何可能？僧顺法师在《答道士假称张融三破论》时也对道教的“道者气”的思想进行了反驳，他说：“道若是气，便当有聚有散，有生有死，则子之道是生灭法，

① 唐代文学家韩愈不仅勇猛反佛，而且也深刻地揭露了道教金丹术的危害。他在《故太学博士李君墓志铭》中写道：“余不知服食说自何世起，杀人不可计，而世慕尚之益至，此其惑也！……蕲不死，乃速得死，谓之智，可不可也。”这是他眼见自己熟悉的人因服金丹而亡，心痛之余而写下的肺腑之言。然而，据白居易在《思旧》中记载：“退之（韩愈）服硫黄，一病讫不痊；微之（元稹）炼秋石，未老身溘然；杜子（杜牧）得丹诀，终日断腥膻；崔君（崔玄亮）夸药力，经冬不衣棉；或疾或暴夭，悉不过中年。”不仅形象地展示了当时文学士人对服食丹药的热衷，即使是韩愈也未能例外，而且也理智地揭露了丹药对人的身体的极大危害。

② 《辩正论》卷六，《大正藏》第 52 册，第 537 页，第 536 页。

非常住也。”①如果道是气，便应该有聚散变化，那么，道本身也就有生有灭，不可常住。这样，从理论上看，那些以“保气”为要旨的修道术也就不可能从根本上解决人的长生不死问题，学仙最终难免于一死。佛教徒的观点可说是击中了上清派存思行气术的根本要害。

道教在实践中的诸种弊端和肉体长存的虚幻性，不仅使道教的炼丹术招致了社会舆论的强烈批评，而且也直接影响到了道教的生存与发展。因为炼养修道如不能使人成仙，这就会从根本上动摇道教信仰的核心——得道成仙。这个问题的严重性就促使道教积极地在实践上进行改革，寻求发展的新路径。

今天，当我们翻开唐代一些著名道士如成玄英、李荣、王玄览、司马承祯、吴筠、李筌、杜光庭等人的著作，就可以发现，追求生命超越，进入得道成仙之境虽然还是他们的宗教目标，但是他们已不像魏晋神仙道教那样执著地追求肉体长生。例如，当有人针对道教的无限之道与有限之肉体的内在矛盾而责难曰：“道本无象，仙贵有形，以有契无，理难长久，曷若得性遗形者之妙乎？”上清派道士吴筠就回答道：“夫道至虚极也，而含神运气，自无而生有。……是以炼凡至于仙，炼仙至于真，炼真合乎妙，合妙同乎神。神与道同，即道为我身。所以升玉京，游金阙，能有能无，不终不殁。何为理难长久乎？”②吴筠借助了传统道教的精气神三关锻炼的思路：炼凡成仙（即炼精化气），炼仙成真（即炼气化神），炼真合妙（即炼神合道），

① 《弘明集》卷八，《大正藏》第52册，第53页。

② 《宗玄先生玄纲论》，《道藏》第23册，第681页。

架起了沟通有无、形神之间的桥梁。值得注意的是，吴筠在传统的精气神这三个连环概念的基础上，突出了“神”的作用，强调含神运气，神与道同，使“神”成为下连形体精、气，上升超越之道的中介。这不仅从根本上改变了葛洪以“药”作为沟通形与神的中介，修正了上清派只注重存思行气的方法，而且突出了人的精神在修道中的地位与作用。唐代道教将修道、修仙归结为炼形修性，重新回归到老庄的追求精神超越的理想之境上来，这就导致了“心斋坐忘”、“即心是道，即道是心”、“悟心真一”等用语在唐代道教中比比皆是。而“神”、“心”等概念的凸现，则表明道教仙学产生了根本性的变化，即通过修炼人体内部的精气神以达到“形神俱妙”逐渐取代了肉体长生说。

但从历史上看，这种转型并非是一蹴而就的，唐代道教仙学中就呈现出不同的发展倾向：有的注重服饵丹药，继续保持追求肉体长生成仙的老传统，例如，陈少微撰《大洞炼真宝经修伏灵砂妙诀》就详细讲解了炼丹及服食的方法，并宣扬“每日清晨东向服一丸，服至此紫霞妙砂丹后，倏忽则含形而轻举，驾飞龙游于十天八极之外，岂不优游之哉？”[①]有的既讲肉体成仙，又讲精神不死，表现出新旧交融的性质，例如，司马承祯认为：“身与道同，则无时而不存；心与道同，则无法而不通。”[②]还有的则反对传统的肉体成仙说，提倡在修心养性上下工夫，将得道成仙归结为心性的彻悟、精神的解脱，例如，成玄英就吸收了佛教中观学“双遣双非”的思辨方法，认为宇宙万象乃至人的身体皆为虚幻，因此，“善摄生人，忘于身相，即

① 《大洞炼真宝经修伏灵砂妙诀》，《道藏》第 19 册，第 21 页。

② 《坐忘论·得道》，《道藏》第 22 册，第 896 页。

身无身，故无地之可死也。”[①]人如果能了悟到这一点，就能做到“外无可欲之境，内无能欲之心，心境两忘，故即心无心也”[②]，在精神上达到“与道为一”的境界，从而“不复生死”。这些不同的倾向表现出道教正在进行变革。由此可见，道教实践上的诸种弊端是导致唐宋道教出现转型的重要原因之一。如果说这种转型在理论上主要表现为由注重对本体论、重玄学、心性论的探讨转向内丹心性学，那么，在实践上又主要表现为由外丹转向内丹，其结果是导致了对神仙内涵作出了新的解释。

内丹以人体内部的精、气、神为基础，以天人同构为思维框架来认识人的生命现象，将自然看作是一大宇宙，将人体看作是一小宇宙，试图从“修丹与天地造化同途”[③]出发，通过效法天地自然来解决人的生死问题。虽然内丹也采用了外丹的名词术语和基本的修炼进路，但二者的根本区别则在于，外丹是指用炉鼎烧炼丹砂等矿石药物而成的、能使人服之“长生不死”的丹药；内丹则是指以身体为炉鼎，修炼“精、气、神”而在体内结丹，丹成则人可“成仙”。[④] 外丹着重探讨的是物理现象，以物理变化规律来比拟人的生命现象；内丹则着重认识人的生理和心理现象，特别重视人的精神在修炼中的主导作用。

---

① 参见强思齐纂：《道德真经玄德纂疏》卷十四，成玄英疏，《道藏》第13册，第474页。

② 参见强思齐纂：《道德真经玄德纂疏》卷一，成玄英疏，《道藏》第13册，第366页。

③ [五代]彭晓：《周易参同契分章通真义·序》，《道藏》第20册，第131页。

④ 参见李养正：《道教概说》中华书局1989年版，第294页。

正如唐代道书《通幽诀》[①]所言："气能存生，内丹也；药能固形，外丹也。服饵长生，莫过于内外丹。"[②]内丹仍然是围绕着道教得道成仙的信仰而展开的，它虽然采用了外丹的理论和术语，但强调的却是修道不必外求，只须反身内求，以"不灭的心性"作为修仙之本，认为"夫仙者心学，心诚则成仙。道者内求，内密则道来矣。夫真者修寂，洞静则合真。神者须感，积感则灵通也。常能守此，则去仙日近矣"[③]。这种以心灵的觉悟、精神的自由作为神仙的根本特质的看法，既标示出与葛洪为代表的丹鼎派的分歧，也彻底改变了建立在外丹基础上的道教仙学对长生不死的理解，直接促进了唐宋道教的转型。

内丹在中晚唐的生长发育既受到易学的影响，又承继了道教老学的传统，还受到佛教心性论的启发和儒家伦理道德的滋润。正是在儒、佛、道、易多种文化要素的融会中，内丹才在五代北宋以后发展成为道教理论与实践的主流。因此，内丹的出现既与道教在实践中出现的种种弊端相关，也与道教紧紧地追随中国哲学由宇宙本体论推进到心性论的理论发展趋势相联。

随着内丹的兴起，道教中出现了一批注重于内丹修炼的道士，如唐代的刘知古、吴筠、罗公远、叶法善、张果、陶植等，以及唐末五代的崔希范、钟离权、吕洞宾、施肩吾、陈抟、刘海蟾、谭峭等，他们远承东汉魏伯阳《周易参同契》的模拟自然的

---

① 《通幽诀》是出于唐代的道书，主言外丹而兼及内丹，它较早地明确区分了内丹与外丹。

② 《道藏》第 19 册，第 155 页。

③ 《上清紫精君皇初紫灵道君洞房上经》，《道藏》第 6 册，第 547 页。

修炼理论，近继罗浮山道士苏元朗“归神丹于心炼”[①]的思想，通过推天道以明人事来阐发并推进了道教内丹的发展。唐末五代是道教丹学的重要转型期，这期间，外丹迅速地衰落下去，内丹逐渐成熟与完善。对于道教内丹的兴起与发展，过去，人们一般比较重视研究钟离权、吕洞宾、陈抟、刘海蟾、张伯端、王喆等人的思想与实践，尤其重视研究华山道士陈抟的《无极图》在道教内丹学成长过程中所起的奠基性作用，而基本上忽视了几乎生活于同时代的“道门领袖”杜光庭的思想。这一方面与陈抟的《无极图》所提出的“顺以生人，逆以成仙”的还丹理论和所发明的“玄牝之门、炼精化气、炼气化神、炼神还虚、复归无极”等内丹修炼的五个阶段或境界，从而奠定了内丹术的基本框架有关，另一方面，也与杜光庭的道教思想主要是以注疏《老子》的方式呈现出来，而没有对内丹的理论与实践作出系统而具体的说明相联。

但实际情况是，生活在唐末五代的杜光庭站在哲学的高度，通过注疏《老子》而对道教理论体系的建构，由于沿袭并发展了唐代道教仙学的“修道即修心，修心即修道”的理路，因此对内丹学的发展起到了积极的推动作用。杜光庭明确地反对服食金丹，他通过对儒、玄、佛思想的吸收融会，以“心”来沟通人与道的关系，并以此来说明有限之人与无限之道之间虽然差距很大，但并非二分殊绝，因为天下没有无道之物，万物形异而道同。善任道者存道体，顺道用，摄动复静，返情归性，性虚合道，就可达到得道成仙的最高目标。这种思想不仅主张众生皆有道性，人人皆可成仙，而且在逻辑上促使人们从人体

① 《罗浮山志》，载《古今图书集成·博物汇编·神异典·神仙部》。

内部寻找长生成仙的根据，在客观上推动了以追求肉体飞仙的外丹向执著于精神升玄的内丹转化。因此，笔者认为，杜光庭的这种思想在唐宋道教转型过程中的重要作用是不能忽视的，是值得认真加以研究的。

第二章　杜光庭的生平事迹与著作

唐末五代时的道教面临着社会矛盾的交织，政权更迭的动荡，儒、佛思想的不断冲击，本身理论与实践的不完善等诸多问题。这些问题不仅在某种程度上削弱了道教的社会功能，对道教的进一步发展提出了严峻挑战，而且也为杜光庭在新的历史条件下除旧布新，建构能够适应社会发展需要的道教理论体系提供了契机。那么，杜光庭为何能够在继承前人思想的基础上，通过积极弘道来回应对道教的各种挑战呢？从他的生平、爱好、信仰、学识和处世态度入手显然是探讨这一问题的有效进路。

第一节　少年勤学，志趣超迈

杜光庭虽然在生前就被誉为“道门领袖”，是一位颇具社会影响力的人物，可是在以儒家为本位的正统史观的影响下，流传到今天的有关杜光庭生平事迹的资料却十分有限。他出生在何地？他的家庭状况如何？他于何时入京？又于何时入蜀？对这些问题，有的存在着不同的说法，有的因没有资料而显出一片空白。这就给人们的研究带来了一定的难度。笔者通过疏理实地调查所获的材料，综合《道藏》、《资治通鉴》、《十国春秋》、《五代史补》、《全唐文》、《蜀檮杌》、《蜀中广记》、《幸蜀记》、《宣和书谱》等史籍中的有关资料，以及一些地方志和碑铭石刻中的关于杜光庭的生平事迹的零星记载，希望能够尽可能地勾勒出杜光庭一生的经历，并透过他那平凡而又曲折的经历，来了解杜光庭"这一个"历史人物的思想出现的必然性。

《历世真仙体道通鉴》卷四十《杜光庭》记载，少年时的杜光庭勤奋好学，喜读经史，"博极群书，志趣超迈"①，特别擅长翰墨诗文。后来杜光庭在蜀地时，"相国徐光溥志学之年，執弟子礼事之"，杜光庭还专门介绍了自己当年的学习方法："予初学于上庠，而国子监书籍皆备，先读天文神仙之书，次览经史子集。一月之内分布定日而习之，一日诵经书，二日览子史，三日学为(文)，四日记故事，五日游息，凡五事，每月各六日。如此不五七年，经史备熟。"②杜光庭将五天作为一个学习周期，前四日学习不同的内容，第五天游戏休息。五天一个轮回。这种有劳有逸的学习方法使他在短短的几年时间内取得了很大的进步。从杜光庭自述的学习经历来看，可推论他

① 《历世真仙体道通鉴》卷四十，《道藏》第5册，第330页。
② 《历世真仙体道通鉴》卷四十，《道藏》第5册，第331页。

大概出身于一个有文化教养的家庭。

杜光庭是哪里人？从宋代开始，史籍中就有不同的说法。宋人张唐英的《蜀梼杌》卷上称杜光庭是"京兆杜陵人，寓居处州，方干见之曰：'此宗庙中宝玉大圭也'。与郑云叟应百篇举不中，入天台为道士。"[①]宋居白的《幸蜀记》也有类似的说法[②]。陶岳的《五代史补》卷一《杜光庭入道》说杜光庭为"长安人"[③]。陈耆卿的《赤城志》卷三十五则认为，杜光庭是"天台人，或曰括苍人"[④]。据元代道士赵道一编撰的《历世真仙体道通鉴》记载，杜光庭"本处州人。《青城山记》云：京兆杜陵人。"[⑤]编于清代的《全唐文》卷九二九则说："光庭，字宾至，缙云人，一曰长安人。"据清代吴任臣撰《十国春秋》记载，杜光庭"或曰缙云人，或曰长安人"[⑥]。《宣和书谱》则明确认为，杜光庭是"括苍人"[⑦]。按道理讲，一个人的出生地只能是一个，但各种史籍对杜光庭是哪里人的记载却是众说纷纭，概括起来有位于北方陕西的京兆杜陵（今陕西长安县东北）、长安（今

---

① 《四库全书·史部·载记类》，台湾商务印书馆影印文渊阁本，第222册，第230页。

② 《说郛》卷五十四，《四库全书·子部·杂家类》，台湾商务印书馆影印文渊阁本，第879册，第11页。

③ 《四库全书·史部·杂史类》，台湾商务印书馆影印文渊阁本，第407册，第648页。

④ 《四库全书·史部·地理类》，台湾商务印书馆影印文渊阁本，第244册，第905页。

⑤ 《历世真仙体道通鉴》卷四十，《道藏》第5册，第330页。

⑥ 《十国春秋》卷四十七，中华书局1983年版，第二册，第674页。

⑦ 《宣和书谱》卷五，《四库全书·子部·艺术类》，台湾商务印书馆影印文渊阁本，第813册，第232页。

西安）和位于南方浙江的处州（治所在今浙江丽水）、缙云（今浙江缙云）、括苍（今浙江丽水）和天台（今浙江天台）。一南一北，相距千里，到底哪一种说法准确呢？

值得注意的是，清光绪年间修编的《缙云县志》卷九说杜光庭是"处州缙云人"，却又引用了《宣和书谱》的资料说杜光庭是"括苍人"。地方志一般是当地人记录当地的历史、地理、风俗、人物、物产、文化等情况的书，具有一定的可靠性。那么，《缙云县志》为什么要引用"括苍人"的资料来证明杜光庭是"处州缙云人"呢？"处州缙云"与"括苍"究竟是什么关系呢？如果我们考之于有关的行政建置沿革的记载，就可见实际情况的复杂性。

浙江东南临海县与缙云县、丽水县之间有括苍山。据《隋书·地理志》记载："隋开皇九年（589）置处州，十二年（592）改为括州。"[①]治所在括苍县（今浙江丽水县东南）。据《括苍旧记》记载："隋开皇九年（589）废二郡为县，分松阳之东乡，置括苍县，以括苍、松阳、永嘉、临海四县置处州，十二年（592）改为括州。"[②]《旧唐书》卷四十《地理志》则记载："武德四年（621）平李子通置括州。……括州领括苍、丽水二县。七年（624）改为都督府。八年（625）废松州为松阳县，来属，省丽水入括苍。""万岁登封元年（696），分括苍及婺州之永康置缙云县。""天宝元年（742）改为缙云郡。乾元元年（758）复为括州。"大历十四年（779）夏五月，为避唐代宗李适的讳，改括州为处州，

① 《隋书》卷三十一《地理志》。

② 《四库全书·史部·地理类》，台湾商务印书馆影印文渊阁本，第277册，第290页。

改括苍县为丽水县。处州下辖六县：丽水、松阳、缙云、青田、遂昌、龙泉。这一建置后来基本上沿续了下来。从隋末唐初行政郡县建置的频繁变化中可见，缙云县先是括州，后是处州的属县。丽水县原称括苍县，是处州府的治所。这说明缙云与丽水是不同的地方。依王瑛先生《杜光庭事迹考辨》一文的看法，"史籍记载杜光庭为括苍人或缙云人两种说法均属正确，区别只是前者是指大的处州府，后者是指确切的缙云县。"据此，该文认为杜光庭不是括苍人。"《宣和书谱》上所说括苍，是指整个处州，而不是指括苍县。如果确指为括苍县，宋人应称杜光庭为丽水人。因为早在唐大历十四年，括苍已更名为丽水。而《丽水县志》并无杜光庭其人的记载。这些都说明了一个事实：杜光庭不是括苍（即丽水）县人，而是处州人。"[①]《历世真仙体道通鉴》也直接称杜光庭为"处州人"。但笔者考之于《浙江通志》，该书在《仙释》中比较系统地介绍了历史上浙江籍道士的生平事迹，其中杜光庭被列入"处州府"中，但在具体解说其生平时，采用的却是《宣和书谱》的资料，说杜光庭是"括苍人"[②]。依此资料，关于杜光庭是哪里人，是否可以这样看，就大的范围来说应当是"处州人"，如果再具体落实下去，是否就应当是"括苍人"，即今浙江丽水人了呢？至于说杜光庭是缙云人，大概与括苍曾一度属于缙云郡有关。

值得注意的是，杜光庭在蜀地思念久别的故乡时曾作诗曰："亡吴霸越已功全，深隐云林始学仙。鸾鹤自飘三蜀驾，波

① 《宗教学研究》1992 年第 1～2 期合刊。

② 《浙江通志》卷二〇一，载《四库全书·史部·地理类》，台湾商务印书馆影印文渊阁本，第 282 册，第 446 页。

涛犹忆五湖船。双溪夜月明寒玉，众岭秋空敛翠烟。也有扁舟归去兴，故乡东望思悠然。"[①]杜光庭在这首诗中，表达了自己离开家乡，伴驾入蜀，在月明星稀的夜晚，想念故乡的心情。从他所说的"故乡东望"来看，故乡似更可能在浙江而非偏北的长安。

对史籍中记载的杜光庭是"长安人"或"京兆杜陵人"又该作何解释呢？京兆杜陵，在今陕西长安县东北[②]，故史籍中又说杜光庭为长安人。京兆杜陵是否是杜氏家族的郡望所在地[③]？说杜光庭为京兆杜陵人是否与此有关呢？笔者查阅了清代刘於义等监修的《陕西通志》，其中就记载杜光庭是杜陵人[④]。

那么，对杜光庭是"天台人"又该怎样解释呢？王瑛先生认为："至于说杜光庭是长安人或天台人，是因为杜光庭曾在长安应九经考试，科举落第后又到天台山学道，使得一些人误把其应举和学道之地当作他的籍贯了。"[⑤]此说可以参考。但

---

① 《题鸿都观》，见《全唐诗》卷八五四。

② 杜陵，本名杜原，秦时置杜县。西汉宣帝在此筑陵，改称杜陵。（参见《中国历史地名辞典》，江西教育出版社 1986 年版，第 383 页）

③ 郡望指在魏晋至隋唐时，每郡中显贵的世族，意思是世代居住于某郡而为当地人所仰望。西晋时，以著《春秋左氏传集解》而闻名的杜预（222～284），字元凯，官至河南尹、度支尚书，就是京兆杜陵人。唐太宗时，尚书仆射杜如晦（585～630）也是京兆杜陵人。他与房玄龄共掌朝政，史有"房谋杜断"之说。杜陵东南十余里有小陵，为杜家后人的葬处，称少陵。唐代大诗人杜甫（712～770）曾居住于此，自称"杜陵布衣，少陵野老"。

④ 《陕西通志》卷六十五，《四库全书·史部·地理类》，台湾商务印书馆影印文渊阁本，第 321 册，第 980 页。

⑤ 《宗教学研究》1992 年第 1～2 期合刊。

也不排除杜光庭的祖籍是京兆杜陵人，后迁徙到浙江。但为什么迁徙，以及如何迁徙？因资料不足，仅是一种推测而已。同时也不排除杜光庭本为京兆杜陵人，后在长安应举不第，乃入天台山为道士。由于杜光庭在浙江天台山生活了一段时间，故人们就认为他是天台人了。总之，从杜光庭出生地的复杂性隐约可见他青少年时代的生活并不是封闭于一地的。

唐懿宗于咸通年间(860～874)"设万言科选士"[①]，年轻的杜光庭满怀信心地去参加了"九经举"，希望以此为契机进入仕途。杜光庭在考试中，才情勃发，赋洋洋万言，以表达自己独到的经国治世之理念，但由于种种不得而知的原因，他没能中举。杜光庭经历了这场考试，深刻体会到了人生的沉浮、儒学的迂阔和政坛的黑暗。《历世真仙体道通鉴》在记载杜光庭参加科举之事时写道："赋万言不中，乃奋然入道，事天台道士应夷节"[②]。这"奋然"两字，特别表达了杜光庭入道时的一种毅然决然的心情。

第二节　天台入道，传承上清

杜光庭在参加科举失利后，来到天台山学道。杜光庭之所以选择去天台山学道，大概有多种原因：天台山是其家乡，其师应夷节具有高超的道行，天台山在数百年的历史积淀中形成了富有特色的道教文化传统所产生的吸引力。道教讲究

---

① 《宣和书谱》卷五，《四库全书·子部·艺术类》，台湾商务印书馆影印文渊阁本，第813册，第232页。

② 《道藏》第5册，第330页。

师承,强调"非师不度,非师不仙"①。杜光庭拜天台山道士应夷节为师学习上清经箓,成为唐代著名的上清派道士司马承祯的五传弟子。

杜光庭学道虽然是跟随师父从上清经箓入手,但却深受天台山道教文化的浸淫。天台山位于今天浙江省天台县境内,最高峰海拔一千多米,山峰秀丽,深幽清静,飞瀑泉流,白云缭绕,是一修道之佳地。虽然天台山后来是以中国佛教天台宗的主要活动地而名遐天下,但在东汉时天台山就为道教所开发。相传,东汉光和年间(178～180)方士左慈为避乱世来到天台山,后将"《九丹金液仙经》,炼气保形之术,治病劾鬼秘法,三元真一妙经"②授予葛玄,开出天台山道教文化之先风③。葛玄(164～244)少好学慕道,曾居于天台山,拜左慈为师,精思苦炼,曾炼丹于华顶峰、桐柏山、赤城山等地,成为天台山道教的实际开创者。葛玄在天台山得道后,又去周游天下,因道术高超既得到百姓的崇拜,也深得喜好道术的三国吴大帝孙权的欣赏与器重。葛玄曾在天台山以《灵宝经》授孙权。后来,杜光庭在《历代崇道记》中写道:"吴主孙权于天台山造桐柏观,命葛玄居之。"④可见,孙权尊崇葛玄而促进了天台山道教的发展。相传为葛玄炼丹处的天台山华顶峰,峰麓

① [唐]张万福:《洞玄灵宝三师名讳形状居观方所文》,《道藏》第6册,第754页。

② 《历世真仙体道通鉴》卷二十三,《道藏》第5册,第229页。

③ "三国时,吴主孙权赤乌之年(238～251),有琅琊葛玄,字孝先,……入天台山学道,精思遐彻"。(《云笈七签》卷三《灵宝略记》,《道藏》第22册,第15页)

④ 《道藏》,第11册,第1页。

灵墟后来成为道教的第六十福地。因此,天台山首先是道教名山,然后才成为佛教胜地。后来的佛教天台宗在创立与发展过程中也深受道教文化的影响。[①]

天台山作为杜光庭的学道之地一直流播着葛玄开出的道教文化传统[②],既重视道教理论建设,又重视养生之道,还重视符箓召神驱鬼之术。东晋末年,造作《上清经》的杨羲、许谧、许翙均已去世,许翙的儿子许黄民为躲避战乱携带经文来到浙江剡县天台山[③]。从此,《上清经》在天台山浓厚的道教文化氛围中开始传播。当时,江东许多道士和好道士族争相传抄《上清经》,在传抄过程中又伪造增益。陶弘景在《真诰叙

---

① 被佛教天台宗奉为三祖的慧思(515～577)曾把道教修仙的思想与实践融会到佛教的禅修之中,他说:“我今入山修习苦行,忏悔破戒障道重罪。……为护法故求长寿命,不愿生天及余趣,愿诸贤圣佐助我,得好芝草及神丹,疗治众病除饥渴,常得经行修诸禅,愿得深山寂静处,足神丹药修此愿。藉外丹力修内丹,欲安众生先自安。”(《南岳思大禅师立誓愿文》,载《大正藏》第46册,第791页)天台宗的实际创始人智顗(538～597)在《修习止观坐禅法要》中阐述止观禅法时也吸收了道教的炼丹方法。其中既有修炼内丹的方法,如“脐下一寸名忧陀那,此云丹田,若能止心守此不散,经久即多有所治”;还有修炼外丹的方法,如:“金石草木之药,与病相应,亦可服饵。若是鬼病,当用强心加咒以助治之。”(《大正藏》第46册,第471～472页。)天台宗九祖湛然(711～782)在《止观辅行传弘决》中也有类似的论述(参见卿希泰主编《道教与中国传统文化》,第五章“道教与儒释”,福建人民出版社1990年版)。以上这些思想与天台山道教是否有联系很值得研究。

② 参见许尚枢:《天台道教发展简述》,载《宗教学研究》1998年第2期。

③ 东晋元兴三年(404),京畿纷乱,许黄民奉经入浙东剡县,为马朗、马罕所敬重。宋文帝元嘉六年(426),许黄民欲返回钱塘,封其先真经一橱子,且付马朗净室之中,嘱勿外泄。不久,许黄民病逝。经书就留在了马朗处。(参见陶弘景《真诰》卷十九《真诰叙录》,《道藏》第20册,第605页)《茅山志》卷十中也有类似的记载。(参见《道藏》第5册,第598～599页)

录》中就写道："有王灵期者，才思绮拔，志规敷道。见葛巢甫造构《灵宝》，风教大行，深所忿嫉。于是诣许丞（即许黄民）求受上经，……乃窃加损益，盛其藻丽。……并增重诡信，崇贵其道，凡五十余篇。趋竞之徒，闻其丰博，互来宗禀。传写既广，枝叶繁杂，新旧浑淆，未易甄别，自非已现，真经实难证辨。"[①]南朝道士陆修静在编《三洞经书目录》时说："《上清经》一百八十六卷，一百二十七卷已行。"以存思服气、吟咏宝章为重要特色的《上清经》的大量出现与传播，为天台山道教的进一步发展奠定了文化基础。

天台山道教在南北朝时就开始与在江南地区广为传播的上清派、灵宝派和天师道的思想和实践相融合。南朝时，道教思想家顾欢在"剡天台山开馆聚徒，受业者常近百人"[②]。顾欢曾作《老子义疏》而大力传播老子之道，又因与奉行《上清经》的士族交往而得以阅览杨羲、许谧等人托神造作的上清经诀，并编成《真迹经》一书。顾欢晚年隐居天台山，服食养生，后卒于山中。顾欢著有《夷夏论》，提出"道则佛也，佛则道也，其圣则符，其迹则反"[③]，表面上主张佛道并列，实际上扬道抑佛。后来，上清派茅山宗师陶弘景为搜寻道经，也"到始丰天台山，谒诸僧及诸处宿旧道士，并得真人遗迹十余卷，游历山水二百余日乃还"[④]，并依顾欢的《真迹经》编成一部专门记述道教上清派早期历史、教义和道术的

---

① 《道藏》第20册，第604页。

② 参见《南齐书》卷五十四《顾欢传》、《南史》卷七十五《顾欢传》。

③ 《南齐书》卷五十四《顾欢传》。

④ 《云笈七签》卷一〇七引陶翊《华阳隐居先生本起录》，《道藏》第22册，第732页。

重要著作——《真诰》。陶弘景在天台山生活的时间并不长，但他也大力倡导佛道双修，主张儒佛道三教合一，这后来发展成为天台山道教的重要特点之一，对杜光庭的思想产生了重要的影响。

唐代时，天台山道教以传授上清大法为特色并形成了自己独特的传承。据《历世真仙体道通鉴》卷四十《应夷节》记载，"上清大法，自陶隐居传王远知，王传潘先生，潘传司马练师，司马传薛季昌，薛传田良逸，田传冯惟良，冯传夷节也。"[①] 杜光庭就是入天台山跟随应夷节开始学道，并成长为天台山道教的重要传人。但实际上，对杜光庭思想有着更为深刻影响的则是上清派第十二代宗师司马承祯(647～735)[②]。司马承祯继承天台山道教的传统又融会儒佛道三教义旨，著《坐忘论》、《修真秘旨》等道书，将老庄清静无为之道转化为具体可操作的身心修练，不仅开创了天台山道教的新道风，而且促进

① 《道藏》第5册，第329页。

② 司马承祯，河南温县人，字子微，法号道隐，出生于贵族之家，祖、父辈皆为官宦，然而他却对老、庄、杨(羲)、许(谧)之学情有独钟，或默而识之，或引而伸之，极尽精微，发挥光大。二十岁时，他服巾褐入道，师事嵩山道士潘师正，后云游名山而来到天台。见天台山风景优美，气候宜人，利于修道，就自号"白云道士"，隐居于天台山玉霄峰。司马承祯道行高超，才情绮丽，其为人学识深得时人的景仰。一代名流陈子昂、李白、孟浩然、宋之问、王维、贺知章等都争相来到天台山与之交游，人称之为"仙踪十友"。(张联元：《天台山全志》卷八)武则天欣闻其名，亲降手敕，召他入京。唐睿宗也向他请教阴阳术数之事，并为之在天台山上重建了桐柏观。唐玄宗还专派使者接他入宫，亲受法箓，成为道士皇帝。后来，唐玄宗嫌天台山离长安太远，迎请不便，于是就在开元十五年(727)特将司马承祯召至长安，命其在附近的王屋山自选地形，筑阳台观以居之，又命玉真公主拜司马承祯为师，一起修金箓斋。司马承祯最后卒于王屋山。唐玄宗不仅赐谥号贞一先生，而且还特地为之制碑文以示恩宠。

了道教仙学由追求肉体长存转化为以性命双修为进路的修炼，由此而名盛一时，受到了武则天、唐睿宗、唐玄宗等帝王的赏识。虽然司马承祯得到了皇帝的赏识，但他却摒弃这一“终南捷径”①，而始终以弘道为立身之本而无意于仕途。他的这种精神直接影响到后人，其中包括杜光庭。杜光庭曾在《天坛王屋山圣迹记·序》中对司马承祯在王屋山修道的事迹作了比较详细的介绍。如果综观杜光庭的一生，其立身行事与精神境界都与司马承祯非常相似。

司马承祯因道行高超而门下弟子众多，其中最著名的有李含光和薛季昌，其上清派经法传李含光而延续了茅山宗一系，传薛季昌则形成了南岳天台派一系②。由于薛季昌以后众多道士的努力，使颇具地域文化特点的南岳天台派盛极一时，并形成了自己的传道世系：

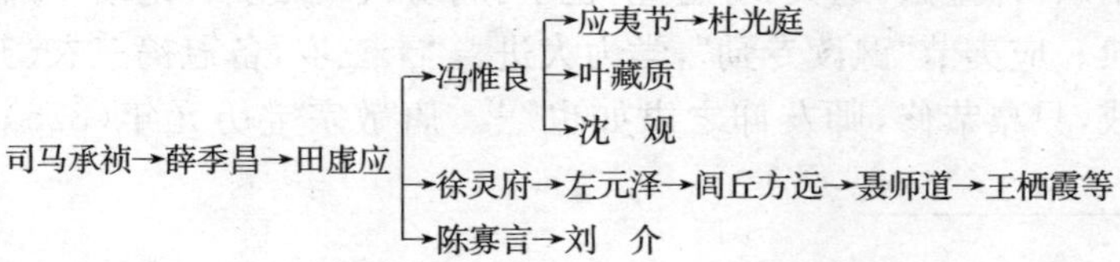

① “终南捷径”的成语比喻谋取官职或求得名利的方便之径，来自于司马承祯。据《旧唐书》记载，司马承祯有一朋友叫卢藏用，很会写文章，但早年参加科举却没中第。于是他就隐于京城附近的终南山等待机会，后终于登朝做了高官。司马承祯在受到唐睿宗的召见后，准备返归天台山。卢藏用就指着终南山劝他说：“此中大有佳处。何必天台。”司马承祯听后乃说：“以仆所观，乃仕宦之捷径耳！”卢藏用听罢，顿时面有惭色！（《旧唐书》卷一九二《司马承祯传》）

② 南岳天台派“以居住于南岳、天台、或在南岳、天台受道而得名”，该派以“传授上清大洞秘法或三洞经箓”为特征。（参见卿希泰主编：《中国道教史》第2卷，四川人民出版社1996年版，第401页）

司马承祯初创南岳天台派后就去北方传道，薛季昌则力弘天台道旨，后传田虚应，田虚应则传冯惟良、徐灵府、陈寡言等三人。冯惟良有弟子应夷节、叶藏质和沈观。叶藏质先应夷节升化[①]。杜光庭就是应夷节门下的弟子，在师从应夷节时，叶藏质可能已不在人世。杜光庭既属于茅山上清派道士，也是天台山道教的重要传人。

杜光庭在天台山的活动情况，史籍中少有记载，我们只能通过传续天台山道教的代表人物的情况而略知一二。题为"门人广成先生刘处静撰"[②]的《洞玄灵宝三师记》记述了田虚应、冯惟良、应夷节三师的事迹[③]。杜光庭的师父应夷节(810～894)字适中，赐号紫应、道元先生。祖籍汝南人，东晋时迁居东阳郡(今浙江东阳)。唐宪宗元和十二年(817)，七岁的应夷节就赴婺州兰溪灵瑞观跟观主吴玄素学道，既学《南华》、《冲虚》、《通灵》等道经，也学《周易》、《孝经》、《论语》等儒典。应夷节"讽读专勤"，学力大进。"十三岁，备冠褐三衣、五戒，只禀恭修，师友仰之肃如也"[④]。唐敬宗宝历元年(825)，

---

① 《洞玄灵宝三师记》中说："刘(处静)叶(藏质)已先升化，先生(应夷节)后方登遐。"认为刘处静、叶藏质早于应夷节而卒。据《历世真仙体道通鉴》卷四十《叶藏质》记载，"唐懿宗优诏石门山居为玉霄观。(叶藏质)忽命酒，召其友应夷节同饮，语及生平事，然后告以行日及期。"(《道藏》第5册，第329页)

② 据《道藏提要》考证，从唐末到五代有二位"广成先生"，一为广成先生刘处静，一为广成先生杜光庭。另据《仙都山志》记载，刘处静卒于咸通十四年(873)。他早于应夷节二十一年而卒，是不可能记录应夷节升仙之事的。因此，《道藏提要》认为，《道藏》的原题有误，"门人广成先生"应为杜光庭。(参见任继愈主编：《道藏提要》(修订本)，中国社会科学出版社1991年版，第329页)

③ 参见《道藏》第6册，第751～753页。

④ 《洞玄灵宝三师记》，《道藏》第6册，第752页。

十五岁的应夷节入天台山，师事冯惟良[①]。

冯惟良(生卒年不详)，浙江长乐人，字云翼。其先修道于衡岳中宫，与徐灵府、陈寡言结为"烟萝之友"。后师事田虚应，"禀真诀三洞幽奥，咸得参授"[②]，成为上清大洞弟子。据《历世真仙体道通鉴》卷四十记载，唐宪宗元和年间(806～820)，冯惟良入天台山桐柏观，以三洞之道传授弟子，弘宣大教，"以三洞之道行于江表"。著名诗人元缜闻其风而悦之，缄词致敬，执弟子之礼。唐宪宗、唐敬宗均降征诏，召其入京，但冯惟良不应。他只愿在深山弘教修行，而无意于出入京城宫廷。冯惟良年九十而卒。"传授弟子仅百数，唯应夷节、叶藏质、沈观，外他无得其要。"[③]其中，应夷节为其接续传人。

应夷节跟从冯惟良参正一法箓后，于十七岁时，授佩高玄紫虚，亦称"受正一紫虚都功箓"[④]。十八岁"诣龙虎山系天师十八代孙少任受三品大都功"。二十四岁"参灵宝真文洞神洞玄之法"。二十九岁进升玄法师。三十二岁受上清大洞秘旨内法。[⑤] 在掌握了多种道法后，应夷节于会昌三年(843)在天台桐柏观西南翠屏岩建坛传道，因影响甚大，观察史李褒特向朝廷奏请院额，唐武宗赐以"道元院"。应夷节栖真此地精勤修炼五十余年。由于他"禀持大教，日无旷时"[⑥]，且道行高

① 有关应夷节的生平事迹可参见《洞玄灵宝三师记》，《道藏》第6册，第752页；《历世真仙体道通鉴》卷四十《应夷节》，《道藏》第5册，第329页。

② 《洞玄灵宝三师记》，《道藏》第6册，第752页。

③ 《道藏》第5册，第328页。

④ 《历世真仙体道通鉴》卷四十《应夷节》，《道藏》第5册，第329页。

⑤ 参见《洞玄灵宝三师记》，《道藏》第6册，第752页。

⑥ 《洞玄灵宝三师记》，《道藏》第6册，第752页。

洁，“吴越之人瞻风稽首，愿侍巾几者莫知其数。每入静行道，登坛阅箓，或为人致福，数有感应。居常诵《黄庭》、《大洞》二经，至于八道望云，三元受事，迴风隐地，攀斗藏天之术，尤勤行之。”[①]从应夷节的学道与弘道经历可见，他一生虽然学习了不同道派的道法，但重点却在弘传上清经箓和正一法箓上。他的道学倾向对其弟子杜光庭产生了不可低估的影响。应夷节尝谓门弟子曰：“吾以维持教法，不能灭迹匿端，虽道不违人而勤行方至，然玉京金阙，泉曲丰都，相去几何？唯心所召，尔等勉之。”[②]应夷节于唐昭宗乾宁元年(894)无疾而终，享年八十五岁。杜光庭在天台山跟随应夷节勤奋学道，既“奉行上清紫虚吞日月气诸法”，又沿袭重视正一法箓的传统，并将上清经箓与正一法箓融会贯通到自己的理论与实践之中，从而成为应夷节的上首弟子。

杜光庭曾隐居于道元院潜心修道。当时的道元院有一座藏经楼，这是唐睿宗在景云二年(711)为司马承祯整理三国葛玄以来的道经而下敕修建的桐柏崇道观藏经殿，其中收藏有大量道书。这些道书为后来修编《桐柏道藏》奠定了基础。唐末时，中原战乱频繁，而天台山地区相对安宁，道士叶藏质又把七百多卷道书移置于玉霄宫钟楼，史称为《玉霄道藏》[③]，陈国符先生据此而在《历代道书及道藏之纂修与镂板》一文中

① 《历世真仙体道通鉴》卷四十《应夷节》，《道藏》第5册，第329页。

② 《历世真仙体道通鉴》卷四十《应夷节》，《道藏》第5册，第329页。

③ 据明初纂《天台山志》记载：“唐咸通间，道士叶藏质尝于玉霄峰创道斋，号石门山居。后奏乞为玉霄宫，懿宗许之。”叶藏质在此建藏经楼。(参见陈国符著《道藏源流考》上册，中华书局1963年版，第125页)

说:"天台山,唐代有经一藏,道士叶藏质造。"[①]由于天台山上收藏有大量的道书,杜光庭在此学道,得以博览众经,他"常谓道法科教,自汉天师暨陆修静撰集以来,岁月绵邈,几将废坠,遂考真伪,条列始末。"[②]于是,他积极地研习道法,整理道经,这为他日后编集《道藏》并成为道教思想的集大成者打下了基础。

杜光庭作为天台山道教的传人,他在天台山学道时,就自称"华顶羽人",后来在成都玉局化编录《洞天福地岳渎名山记》时,在《序》中还特别署上"天复辛酉(901)八月四日癸未华顶羽人杜光庭于成都玉局化编录",以示对天台山学道经历的一种纪念。

值得研究的问题是,天台山道教有哪些特点及其对杜光庭的道教思想与实践产生了哪些影响?从唐代道教发展的情况看,当时道教的派别按其所传经箓的文化内涵而有道品高下之分,"正一派最低,依次为三皇派、高玄派(授习《道德经》、《老子西升经》等)、升玄派(授《升玄内教经》)、灵宝派、上清派。其中上清派是经箓道教中品极最高的道派。……上清派在社会上层传播,正一派则主要在民间传播。"[③]也就是说,在唐代的各道派中,由于上清派的道品最高,故社会声望也最高。唐代帝王对上清派道士格外垂青,多次诏请著名上清派高道王远知、潘师正、吴筠、司马承祯、李含光、应夷节、冯惟良等人入京,探玄问道,从而大大提高了上清派的社会声望。上

① 《道藏源流考》上册,中华书局 1963 年版,第 125 页。
② 《历世真仙体道通鉴》卷四十《杜光庭》,《道藏》第 5 册,第 330 页。
③ 胡孚琛、吕锡琛:《道学通论》,人民出版社 1999 年版,第 316 页。

清派道士在京城出入宫廷、建醮传道、备受礼遇的同时，也将上清经法传到了嵩山、王屋山、青城山、庐山、衡山、九嶷山、天台山等地，以江苏句容茅山为本山的上清派还形成了南岳天台派等具有地域文化特点的支派。天台山道教具有重视道教理论建设，重视炼气养生之道，重视经箓传授，重视符箓召神驱鬼之术等特点，这些特点所表现出的圆融精神、开放精神和进取精神从不同的方面对杜光庭的道教思想和实践产生了重要的影响。杜光庭在天台山入道后，受天台道风的影响，阅读了大量的书籍，对各派道法进行了深入的研究。杜光庭在天台山生活的时间并不长，但他却以自己的学识才华和勤奋努力为日后成长为"道门领袖"打下了基础。

天台山道教在天台山的发展到杜光庭就传承不明了。一个曾兴盛一时的道派很快就趋于消寂，原因也是多方面的，既可能与杜光庭在天台山生活的时间不长，很快就去了长安，在他稍后的闾丘方远、聂师道等人又去南岳弘道，而天台山道教的后继者中却缺少有号召力的人物相关，也可能与佛教天台宗的迅速传播，以教义的精圆和实践的优势而社会影响力大增相联，还可能与唐末五代社会的急剧动荡变化有关。但天台山的道教活动并没有停滞，"五代相竞，中原多事，吴越钱忠懿王，为道士朱霄外新之。遂筑室于上清阁西北，藏金箓字经二百函，勤其事也。"[①]五代时，天台山地区未受到战争的直接扰乱，处于相对平静的状态，喜好佛道的吴越王钱俶特别在天台山桐柏观重建藏经殿。入宋以后，天台山就成为全真道南宗的主要活动地之一，并沿着注重文化建设和心性修炼的进

① 宋夏竦：《重建道经藏记》，载《天台山志》，《道藏》第 11 册，第 94 页。

路发展出新景象。天台山道教的传统一直沿续到今天。

第三节　道门领袖，蜀地弘道

乾符元年(874)，唐僖宗即位。同年，濮州人王仙芝以“天补平均大将军兼海内诸豪都统”的名义在山东领导了农民起义，反对唐王朝官吏暴政，赋敛繁苛，赏罚不平。起义军所到之处，传檄诸道，鼓动人心。第二年，冤句(今山东曹州)人黄巢聚集数千人积极响应，黄巢领导的农民大起义爆发。唐僖宗急于挽救唐王朝的颓势，乃求助于圣祖老子，崇奉道教，多次下诏赐封道士①。据《历世真仙体道通鉴》记载，杜光庭就是由礼部尚书集贤殿大学士郑畋②推荐进京的。“郑畋荐其文于朝，僖宗召见，赐以紫服象简，充麟德殿文章应制，为道门领袖。”③郑畋向朝廷推荐了杜光庭的文章，唐僖宗读后非常欣赏，乃召见了杜光庭。两人相见，言谈甚欢。唐僖宗因此而封杜光庭为“道门领袖”，并赐予他“麟德殿文章应制”的官职。《宣和书谱》卷五也有类似的记载，“僖宗临御，光庭始充麟德殿文章应制”，为“上都太清宫内供奉”④。太清宫是一所具有唐王朝宗庙性质的道观，是朝廷进行宗教祭祀的场所。作为

---

① 参见《混元圣记》卷九，《道藏》第 17 册，第 872～874 页。

② 郑畋对道教十分崇敬。杜光庭撰《道教灵验记》卷三有《郑畋相国修通圣观验》，讲述的就是郑畋因梦神仙而受命修缮宁州真宁县通圣观之事。(参见《道藏》第 10 册，第811 页)

③ 《历世真仙体道通鉴》卷四十，《道藏》第 5 册，第 330 页。

④ 杜光庭撰写的《广成集》就署名“上都太清宫内供奉应制文章大德赐紫杜光庭撰”。(《道藏》第 11 册，第 231 页)

长安太清宫的紫衣道士，杜光庭还具有“内供奉”的头衔。内供奉是对在皇帝左右供职的人的一种称呼①，这说明杜光庭得到了在皇帝身边工作的官职，可以在宫廷中比较自由地走动。可见，杜光庭来到长安后，因其所具有的才华受到了唐僖宗的重视而被封官赐爵，成为朝廷御用的宗教职业者，获得了相当高的社会地位，以至于法国学者傅飞岚称杜光庭为“宫廷道士”②。

杜光庭来到长安后，就以弘传道教为己任。他撰写了《历代崇道记》，以夸张的笔法记述了自周穆王以来历代帝王崇奉道教，建观开度道士之事，以为帝王崇道提供历史依据。同时，他还通过帝王崇道而获得灵验之事来宣扬道教具有协助朝廷治国安邦、稳定民心的社会功能。杜光庭出入宫廷，不断地向王公贵族传教，希望以此来提醒统治者继续给予道教以大力的支持。

杜光庭有鉴于道教经籍因战乱而大量散失对道教的进一步发展所产生的阻碍作用，来到长安之后，就利用“朝廷典籍，省府图书，两街道官，二京秘藏”，致力于整理道经，著书立说。杜光庭因弘道有方，不仅得到了帝王的嘉奖，而且“一时流辈为之敛衽，皆曰：‘咸谓学海千寻，辞林万叶，扶宗立教，海内一人而已’。”③可能就在此时，名重一时的“道门领袖”杜光庭还得到了“弘教大师”称号，因为在以后的岁月中，他经常把

① 《简明古代职官辞典》，书目文献出版社 1987 年版，第 52 页。

② “杜光庭在僖宗登基不久，约于公元 875 年便被召入宫，于此亦开展了他作为宫廷道士的一生。”（傅飞岚著《道教视野中的社会史：杜光庭（850～933）论晚唐和五代社会》，香港文星图书有限公司 2001 年版，第 2 页）

③ 《历世真仙体道通鉴》卷四十《杜光庭》，《道藏》第 5 册，第 330 页。

“弘教大师”的称号作为一种荣誉头衔署在自己的名字之前。例如，他在《历代崇道记》的自序末尾署上：“中和四年(884)十二月十五日上都太清宫文章应制弘教大师赐紫道士臣杜光庭上进谨记。”在《广成集》卷十四《蜀王青城山祈雨醮词》中也写道：“左右街弘教大师赐紫杜光庭虔诚章醮”。杜光庭在蜀中，甚至在为前蜀皇帝王建写祈雨醮词时，仍然使用了在唐朝得到的称号，可见他对“弘教大师”这一称号的珍视。

但杜光庭在长安的这种弘道生活并未能继续下去。公元880年11月，黄巢起义军一举攻入了洛阳，不久又破潼关，入长安，从根本上动摇了有着二百多年历史的唐王朝的统治。12月，唐僖宗在掌权宦官田令孜的挟持下出离长安，仓促南逃凤翔。次年春至兴元(今陕西汉中市)。7月，唐僖宗来到成都，改年号，是为中和元年(881)。

据《历世真仙体道通鉴》说，杜光庭于“中和初，从驾兴元，道游西县。”①故现在一般认为，杜光庭是随僖宗避黄巢之难一同入蜀，遂留成都的②。光启元年(885)初，黄巢起义失败，唐僖宗即将返回长安。杜光庭为继续自己在蜀地的弘道事业，向皇上“奏置玄元观”，获得允诺。“光启年，大驾还京，奏置玄元观，宠诏褒允，至今郡中水旱祈祝，灵验益彰矣。”③杜光庭深“知国难未靖，上表匄游成都，喜青城山白云溪气象盘

① 《历世真仙体道通鉴》卷四十《杜光庭》，《道藏》第5册，第330页。

② 参见卿希泰主编：《中国道教史》第2卷，四川人民出版社1996年版，第415页。

③ 《道教灵验记》卷六《阆州石壁成文自然老君验》，《道藏》第10册，第821页。

蓐，遂结茅居之溪，盖薛昌真人飞升之地也。”[①]实际上，杜光庭可能已预感到大唐王朝如夕阳西下，即将衰亡，而作为皇族宗教的道教也将日益衰微，因此他不愿随唐僖宗再回到动乱的长安，乃恳请辞去官职，留住青城山，并希望在相对安宁的蜀地以重振道教的雄风。

但关于杜光庭何时入蜀，史料有不同的记载，学界对此也有不同的看法。据《五代史补》卷一记载，杜光庭是在唐僖宗从蜀地返回长安后，才被派到蜀地去主持道门事务的。“杜光庭，长安人，应九经举不第，时长安有潘尊师者，道术甚高，为僖宗所重，光庭素所希慕，数游其门。当僖宗之幸蜀也，观蜀中道门牢落，思得名士以主张之。驾回，诏潘尊师使于两街，求其可者。”潘尊师遂向唐僖宗大力推荐了杜光庭：“‘臣观两街之众，道听途说，一时之俊即有之，至于掌教之士，恐未合应圣旨。臣于科场中识九经杜光庭，其人性洁而气清，量宽而识远，且困于风尘，思欲脱屣名利久矣，以臣愚思之，非光庭不可。’僖宗召而问之，一见大悦，遂令披戴，仍赐紫衣，号曰广成先生，即日驰驿遣之。及王建据蜀，待之愈厚，又号为天师。”[②]但《十国春秋》虽然也有潘尊师推荐杜光庭的说法，却明确记载了杜光庭是随僖宗“从幸兴元，竟留于蜀”的：“长安有潘尊师者，道术甚高，雅为僖宗所重，时时以光庭为言。僖宗因召见，大悦，已而从幸兴元，竟留于蜀。”[③]那么，杜光庭究竟是

① 《历世真仙体道通鉴》卷四十《杜光庭》，《道藏》第 5 册，第 330 页。

② 《四库全书·史部·杂史类》，台湾商务印书馆影印文渊阁本，第 407 册，第 649 页。《旧五代史》卷一三六《僭伪列传第三》也有类似的记载。

③ 《十国春秋》卷四十七，中华书局 1983 年版，第二册，第 674 页。

跟随唐僖宗入蜀而留下的呢？还是他并没有随唐僖宗入蜀，是唐僖宗从蜀地返回长安后，才被派到蜀地去主持道门事务的呢？

杜光庭著作中的有关记载也许可以帮助我们更好地了解这一问题。在《道教灵验记》卷二《青羊肆验》中，杜光庭在介绍青羊肆创置的历史时也间接地说出了自己在蜀地活动的情况：

> 成都青羊肆在正见坊罗城之外，乃太上老君自终南与尹喜相别将适流沙会期之所也。……丙申年(876)春，余(杜光庭)诣陈(评事)访其地，已有此宫，因问其所以，陈为余道之。不二年陈随相国高燕公下江陵，其地属随军兰肇。辛丑年(881)大驾到蜀。壬寅年(882)八月获灵砖之瑞。九月十二日敕置青羊宫，赐钱二百千，收赎其地，一千八百贯制屋宇。圣驾三幸其中，丙申到此七年(882)耳，其验昭然。……自是明年，收宫阙。后年诛黄巢。乙巳年(885)驾还京师，斯则太上玄祖为中和圣孙荡寇平灾之验信也。①

从杜光庭的自述可见，他在丙申年(876)春就已来到成都，并实地考察了青羊宫。唐僖宗避难入蜀之后，一心想早日回师长安，他在用加官进爵的方法调兵遣将围攻长安的同时，并在蜀地大修道场，希望太上老君能够保佑他平安返回。杜光庭

① 《道藏》第10册，第806～807页。

在《青城山记》中写道："僖宗幸蜀之年，山中修灵宝道场，周天大醮，神灯千余，辉灼林表"①，并具体而生动地描绘了这次道场的壮观场面。在《道教灵验记》卷十四《僖宗封青城醮验》中杜光庭又明确写道："僖宗皇帝中和元年(881)辛丑七月十五日，诏内臣袁易简、刺史王滋、县令崔正规与余(杜光庭)诣山修醮，封(宁先生)为五岳丈人希夷真君。"可见，唐僖宗于中和元年入蜀时，杜光庭是跟随在左右的，并曾奉诏去青城山为唐僖宗作道场。当时正遇上境内大旱，禾苗枯焦，杜光庭就与一些官吏在青城山行斋醮之仪，据说，"封醮之夜，龙吟于观侧溪中，风雨大至，枯苗载茂，县乃大丰。以事上闻，编于国史矣。"②八月，成都又突然出现被人认为是不祥的天象，"中和辛丑岁(881)，僖宗驻跸成都。八月，有大星流出虚危犯清庙历坟墓哭泣之星，……余奉敕与高品赐紫郭遵泰奏于丈人观修周天大醮，宗玄观置灵宝真文道场。"从杜光庭的这些记载可见，他是在中和元年随唐僖宗入蜀的。另外，在《全唐文》中，既收录了唐僖宗的《祭丈人山文》(道士杜光庭参与其事)、《赐杜光庭诏》等诏令、疏文，也收录了杜光庭专为唐僖宗写的斋醮词。"既然僖宗在成都时，杜光庭奉诏去青城山做斋醮法事，则足以证明杜光庭是随僖宗入蜀，而不可能为僖宗后再派来蜀。"③后来，唐僖宗"驾将复都，召光庭醮二十四位会"④，杜

① 杜光庭：《青城山记》，[清]董浩等编：《全唐文》卷九三二，上海古籍出版社 1990 年版，第四册，第 4305 页。

② 《僖宗青城斋醮验》，《道藏》第 10 册，第 850 页。

③ 卿希泰主编：《中国道教史》第二卷，四川人民出版社 1996 年版，第 385 页。

④ 《历世真仙体道通鉴》卷四十《杜光庭》，《道藏》第 5 册，第 330 页。

光庭应诏专门在青城山为唐僖宗建醮作会，保佑其一路平安。据唐僖宗《赐杜光庭诏》说，由于杜光庭在青城山做的“宗元道观，灵宝斋场”，“验兹祥应，自帅精虔，追纵于五利文成，事美于文皇汉武”，唐僖宗“嘉叹所至，寤寐不忘，故兹诏示”，不仅对杜光庭及修斋道士等十七人表示了感谢，而且还下诏让杜光庭主持蜀地的道教事务①。

另外据《新唐书》卷九《僖宗本纪》记载，唐僖宗曾在中和元年(881)和光启二年(886)两次到过兴元、成都②，据此又有学者认为，杜光庭中和元年那次逃遁并没有留居成都，因为杜光庭自己就在《太上黄箓斋仪》中说“余属兹艰会，漂寓成都，扈跸还京”，意即他在唐军收复长安之后即返回了京都，大概光启二年(886)再随唐僖宗从驾兴元后，遂留事成都，再也没有返回京都。③ 这种看法，也可供参考。

综合以上各种史料记载与看法，笔者认为，杜光庭可能曾三次入蜀：第一次是在丙申年(876)之前，第二次是在中和元年(881)随唐僖宗入蜀，第三次则是在光启二年(886)再次随唐僖宗从驾兴元，后留在了蜀地，主要是在青城山度过了后半生的悠悠岁月。

杜光庭入蜀时正值精力充沛的壮年，他在蜀地开展各种

① 《全唐文》卷八十七，上海古籍出版社 1990 年版，第一册，第 399 页。

② 唐僖宗于光启元年(885)从成都返回长安后不久，宦官田令孜和河中节度使王重荣因争夺河东盐池的利益发生冲突，王重荣联合河东节度使李克用进兵攻打长安。这年冬天，田令孜劫持唐僖宗逃往宝鸡。光启二年三月，唐僖宗又被田令孜劫持到兴元(今陕西汉中市)。

③ 参见李大华等：《隋唐道家与道教》，广东人民出版社 2003 年版，第 521 页。

弘道活动，以充分地发挥他久蓄的“扶宗立教”之志。中和四年(884)十二月十五日，杜光庭向当时壁州(今四川通江)刺史王建进呈了早已写就的《历代崇道记》。从佛教徒的批评中可见杜光庭曾积极地向王建推扬道教，“杜光庭在蜀，以周灵王太子晋为王建鼻祖，乃踵开元故事，进崇玉宸君，以配混元上德元号，置阶品，立仪范，号称神仙官府，虚荒诞幻，莫可致诘。”[①]但由于王建正忙于同唐王朝委派在四川的陈敬瑄、顾彦朗等其他人作战，以图将蜀地统归己有，还无暇顾及道教。杜光庭在亲眼目睹了唐王朝的衰亡和五代十国的军阀混战之后，十分重视蜀地道教的建设，希望能够根据道教的理念在蜀地营造一方乐土。

杜光庭喜爱青城山的灵山秀水，带领当地人要将青城山建设为道教胜地。青城山“一名赤城山，一名青城都，一名天国山，亦为第五大洞宝仙九室之天。”[②]据《后汉书·刘焉传》和《三国志·张鲁传》记载，东汉末年，道教创始人张道陵曾由鹤鸣山来青城山上设坛传教，修建宫观。据此，青城山也是早期道教的发源地之一，被誉为道教的第五洞天——宝仙九室洞天。晋代时，山上始建道观，以后历代道人增修之，青城山遂发展成为道教名山。据杜光庭于唐昭宗乾宁二年(895)九月二十日撰写的《修青城山诸观功德记》介绍，他自唐僖宗中和元年(881)到唐昭宗乾宁二年(895)的十多年时间里，在青城山上与当地的一些官员和崇道之士筹集资金，动员劳力，依

① 《佛祖历代通载》卷二十，《大正藏》第49册，第695页。

② 杜光庭：《青城山记》，载《全唐文》卷九三二，上海古籍出版社1990年版，第四册，第4305页。

山之势，修复了丈人、常道、威仪、洞天等早已颓毁的道观，使青城山逐渐成为“或周天展醮，或黄箓开坛，报国为时，惟严与敬，固可以会真灵而福邦国”之地①。从《广成集》的《代陶福太保修浘口化请愿表》、《谢新殿修金箓道场表》、《谢恩宣示修丈人观殿功毕表》、《告修青城山丈人观醮词》、《紫霞洞修造毕告谢醮词》等文中，都可以清楚地看到杜光庭在为修建宫观而操劳。“杜光庭入蜀居青城山，而青城山祖庭为之一新。”②杜光庭久住青城山，对山上的“细户贫民”都关爱备至。为了建设一个富裕而美丽的青城山，他引导崇道的县令莫廷乂树立了“功德者，在道则功及幽明，德兼覆育”的思想，不仅在山民中建立起“恤孤茕，抚嫠弱，惩奸宄，戢豪强，冤讼平，逋窜服，彰善瘅恶，徇公灭私”③的社会道德规范，以促进社会风气的好转，而且还鼓励山民修渠垦田，种植作物，以促进经济的繁荣，从而使青城山成为“神仙之窟宅”。青城山作为道教胜地也逐渐繁荣起来。青城山上原有宫观七十多座，保留到今天的古老宫观主要有：长生观、常道观、建福宫、上清宫和祖师殿等，从这些宫观的历史中都可以寻觅到当年杜光庭活动的足迹。

正当杜光庭在青城山中大力弘道时，龙纪元年(889)唐昭宗李晔即位，藩镇割据进一步加剧，中原地区的政局也更加混乱。借朝廷无暇西顾之际，王建在四川发动了全面的进攻。在激烈的战斗中，王建开始利用道教的理论和神异之术来为

① 陈垣编：《道家金石略》，文物出版社 1988 年版，第 193 页。
② 王家祐：《道教论稿》，巴蜀书社 1987 年版，第 206 页。
③ 陈垣编：《道家金石略》，文物出版社 1988 年版，第 193 页。

自己服务，而杜光庭的道士身份和经国治邦的远见卓识受到了王建的赏识。891年，王建终于打败了敌对势力，把四川大部分地区占为己有，并建立了独立王国——前蜀政权。903年（前蜀天复三年）唐王朝封王建为蜀王。907年（后梁开平元年）朱晃称帝，改国号为梁，史称后梁。是年，唐王朝灭亡，但中原大地上继续着诸侯纷争的局面。同年九月，王建以成都为都城，自称皇帝，建立蜀国，史称前蜀。

当时的蜀国地势险要而物产富庶，因而吸引了许多原唐王朝的皇亲贵族、文人学士纷纷来此避难。王建称帝后，"授唐室旧臣王进等三十二人官爵有差，又宋玭等百余人咸见信用。帝虽目不知书，而好与儒生谈论，颇解其理。是时唐衣冠之族多避乱在蜀，帝礼而用焉，使修举政事，故典章文物有唐之遗风。"①王建在政权的组合中充分利用了唐朝的人才优势，"所用皆唐名臣世族"②，这就使得蜀地文化在相当程度上延续了唐王朝的贵族文化，尤其是宫廷文化的传统。唐王朝崇道，王建对道教也十分重视，"建霸蜀，召为皇子师"③，曾特命杜光庭为太子元膺之师。据《十国春秋》说："高祖（王建）常命为太子元膺之师。光庭荐儒者许寂、徐简夫以侍东宫，颇与议政事，相得甚欢。久之，迁户部侍郎。"④王建对杜光庭十分尊重，"建用张格乃唐相濬之子，其才术高于时而于故实未通。治蜀初，小大事，每令咨禀。盖光庭非止善辞藻而已，有

① 《十国春秋》卷三十五《前蜀本纪》，中华书局1983年版，第2册，第501页。

② 《新五代史》卷六十三《前蜀世家》。

③ 《历世真仙体道通鉴》卷四十《杜光庭》，《道藏》第5册，第330页。

④ 《十国春秋》卷四十七，中华书局1983年版，第2册，第674页。

经国之大才"[①]。王建曾特降恩旨，让杜光庭每遇朝贺，独入引对，不必与"道众僧人齐班"，因此事属于"礼加异等，事越常伦"的特例，故杜光庭专门写了《谢恩奉宣每遇朝贺不随二教独入引对表》[②]以表达自己的感激之情。王建又下令让史官将此谢恩表编入国史，以示对杜光庭的尊敬。王建之所以如此礼遇杜光庭，是因为"光庭博学，善属文，蜀主重之，颇与议政事"[③]。王建对杜光庭的经国治世的才能十分赞赏，他曾得意地说："昔汉有四皓，不如吾一先生足矣"[④]。过去汉孝惠帝虽有商山四皓，即四位德高望重、智广谋深的老年隐士，但还不如我只有一位杜先生就足够了。据此，王建又封杜光庭为上柱国蔡国公，金紫光禄大夫户部侍郎，左谏议大夫，又赐号"广成先生"，这就大大提高了杜光庭在蜀国中的社会地位。杜光庭作为蜀国主要的政治参谋，虽为青城山道士，实则位居人臣，故人称"山中宰相"。在王建统治时期，杜光庭弘扬道教的"经国理身"思想，积极辅佐徐宰相，使蜀地经济开始发展，社会相对稳定，文化逐渐繁荣，百姓生活得到改善，从而在前蜀的政治事务中发挥了一定的作用。

杜光庭虽然受到前蜀统治者王建的敬重，经常参与朝政，但他的兴趣却在如何更好地弘扬道教的"经国理身"的精神以回应道教面临的各种挑战上。

首先，杜光庭在入蜀之后就继续开展在长安时就着手的

① 《历世真仙体道通鉴》卷四十《杜光庭》，《道藏》第5册，第331页。

② 《广成集》卷一，《道藏》第11册，第232页。

③ 《资治通鉴》卷二七一《后梁纪六》。

④ 《历世真仙体道通鉴》卷四十《杜光庭》，《道藏》第5册，第330页。

整理道经、创作道书的工作。他在成都玉局化整理《太上黄箓斋仪》时就深为感叹地说：

> 自三古以降，迄于巨唐，宝轴灵文，或隐或见，或出于史册，或著在别传。至宋朝简寂先生校雠之际，述《珠囊经目》万八千卷。其后江表干戈，秦中兵革，真经秘册，流散者多。后周武帝，立通玄观，收集众经，犹及万卷。洎隋火版荡，唐室龙兴，剪扫氛祆，底宁寰宇。至开元之岁，经诀方兴，玄宗著《琼纲经目》，凡七千三百卷。复有《玉纬》别目，记传疏论，相兼九千余卷。寻值二胡猾夏，正教凌迟，两京秘藏，多遇焚烧。上元年中，所收经箓六千余卷。至大历年。申甫先生海内搜扬，京师缮写，又及七千卷。长庆之后，咸通之间，两街所写，才五千三百卷。近属巨寇凌犯，大驾南巡。两都烟煤，六合榛棘，真宫道宇，所在凋零，玉笈琅函，十无三二。余属兹艰会，漂寓成都。扈跸还京，淹留未几。再为搜捃，备涉艰难。新旧经诰，仅三千卷，未获编次。又属省方所得之经，寻亦亡坠。重游三蜀，更欲搜扬。累阻兵锋，未就前志。时大顺二年(891)辛亥八月三日庚辰，成都玉局化阅省科教，聊记云耳。[①]

这段记载不仅反映了《道藏》的修编与散失的过程，而且也反映了杜光庭在动荡年代急于搜集、整理道书的迫切心情。前

---

① 《太上黄箓斋仪》卷五十二，《道藏》第 9 册，第 346 页。

蜀高祖王建在立国后，就“作新宫，集四部书于中”，并听从宰相王锴的建议，“兴用文教”①，推行以文治世的政治方略，重视文化典籍的收藏与整理在蜀地蔚然成风。这种文化氛围正好为杜光庭整理道经创造了条件。杜光庭在搜集到“新旧经诰”三千卷之后，并不满足，故又“重游三蜀，更欲搜扬”，但因兵锋所阻，“未就前志”，只好根据已搜集到的道经，编成了《三洞藏》。陈国符先生在《道藏源流考》中特别写道：“至五季重建《道藏》，其可考者，一在蜀中，杜光庭建。一在天台桐柏宫，吴越忠懿王建。”②杜光庭正是通过修建《道藏》而阅读了大量的道书，对各派道法进行了深入的研究，从而才成为圆融道教各派教理的一代宗师。

其次，杜光庭积极开展斋醮科仪活动。斋醮科仪是道教所特有的一种集体性的宗教崇拜活动，其目的在于为人祈福消灾。唐僖宗入蜀后，特别希望太上老君能够保佑他重返长安，因此对道教的斋醮科仪十分重视，经常下诏让内臣、道士共修斋醮。杜光庭作为“道门领袖”积极参与其中，这从《广成集》中所收录的斋醮词中就可见一斑。值得注意的是，杜光庭所制定的斋醮科仪不仅简单易行，便于操作，而且还吸收了蜀地的民间信仰，特别关注人们所面临的现实问题，故备受教门内外人士的欢迎。在唐僖宗及后来蜀主王建、王衍的大力支持和杜光庭的积极努力下，道教的斋醮科仪活动在蜀地得到了充分的展开，既适应了社会的需要，也促进了道教自身的发展。有人认为，“五代道教的最大特点是，流传各地的道教由

① 《十国春秋》卷四十一，中华书局 1983 年版，第二册，第 605 页。

② 中华书局 1963 年版，第 127～128 页。

于同地方各色各样的民间信仰相接触，逐渐庶民化了。”①这与杜光庭利用斋醮科仪弘法传教的努力不无关系，其结果是大大地推动了道教在社会中的传播。

第三，杜光庭在积极开展斋醮活动的同时，还专注于整理道教的斋醮科仪。这是因为，在杜光庭生活的时代，张天师、陆修静所搜集的道门科教，由于年代久远，散落各处，找寻困难，几将废坠，特别不利于道教的发展。据金允中的《上清灵宝大法》卷四十记载：

> 广成先生编集斋科之时，身居翰苑，任兼执正，朝廷典籍，省府图书，两街道官，二京秘藏，悉可指索，皆得搜扬。所以著书立言，各有经据，天下后世，无不遵行。②

杜光庭为振兴道教，在长安时就利用自己“身居翰苑”的工作条件，广搜道经，考核真伪，条理始末，终于把“几将废坠”的道门斋醮科仪整理了出来。到蜀地后，杜光庭不仅积极参与斋醮科仪活动，而且还在整理道经的过程中，撰集修订道教的斋醮科仪，以将各道派的斋醮科仪统一起来。据初步统计，杜光庭一生撰集修订的斋醮科仪仅《道藏》中就保留了十多种，近二百卷。其中《太上黄箓斋仪》五十八卷始编于长安，完成于四川成都，前后花了二十多年的时间，可见他一生对斋醮科仪

① ［日］福井康顺等监修：《道教》，第一卷，朱越利等译，上海古籍出版社 1990 年版，第 49 页。

② 《道藏》第 31 册，第 625 页。

的倾心和用力的程度。后人整理成的《道门科范大全集》八十七卷是道教斋醮科仪的总集,其中有许多卷就题为“广成先生杜光庭删定”。杜光庭在使道教的斋醮科仪理论化、系统化的同时,还以陆修静所编的斋法为基础,会通上清经箓与正一法箓,将道教斋醮科仪的程式——表奏、词章、疏启、颂赞、咒语、发愿文等规范化、艺术化,使修道者有法可依,有章可循,并在宗教仪式的过程中得到一定的艺术熏陶。“广成斋仪成为道教斋醮法坛的范本,被视为科书的经典之作。”①杜光庭对斋醮科仪的整理使“天下羽褐永远受其赐”②。因此,“杜光庭是道教斋醮仪式的集大成者,也可以说是完成者,他所制定的道门科范,道教至今依然沿用。”③

919年(前蜀王衍乾德元年)王建死,其子王衍继承王位。王衍即位后,就在成都大兴土木,扩建宫苑,生活极端奢靡腐化。王衍自己追求玩乐享受,而把军国大事交给了王宗弼和宋光嗣。这二人利用掌权的机会,“但益家财,不恤民事”④,搞得蜀国政治一片黑暗,百姓怨声载道。同时,王衍还大力推行道教,效仿李唐王朝尊老子为圣祖。乾德五年(923),王衍特“起上清宫,塑王子晋像,尊以为圣祖至道玉宸皇帝,又塑建及衍像侍立于其左右,又于正殿塑玄元皇帝及唐诸帝,备法驾而朝之”⑤。王衍自己亲“受道箓于苑中”,尊杜光庭为“传真

① 张泽洪:《道教斋醮符咒仪式》,巴蜀书社1999年版,第42页。

② 《历代真仙体道通鉴》卷四十,《道藏》第5册,第330页。

③ 李养正:《道教概说》,中华书局1989年版,第129页。

④ 《旧五代史》卷一三六《僭伪列传三》。

⑤ 《新五代史》卷六十四《前蜀世家第三》。

天师，兼崇真馆大学士”[①]。杜光庭虽然得到新皇帝的青睐，支持王衍推行道教，但他看到王衍的花天酒地与荒淫无度所造成前蜀政治的黑暗，不愿与之同流合污，“未几解官，隐青城山。建飧和阁，奉行上清紫虚吞日月气法。”[②]杜光庭辞官后，隐居于青城山白云溪，以修身养性。王衍则继续追求神仙式的生活方式而置政事不顾。咸康元年(925)“九月，帝奉太后、太妃祷青城山。宫人皆衣云霞之衣，帝自制《甘州曲》，令宫人唱之，其辞哀怨，闻者凄惨。又历丈人观、玄都观、丹景山金华宫、至德寺，朝上清宫设醮祈福。”[③]然而，就在他游青城山回成都后不久，后唐就出兵四川，把前蜀消灭了。实际上，杜光庭早就看到以追求长生成仙为旗号而过着荒淫无度生活的王衍最终会落得一个亡国之君的下场。

老年的杜光庭自号登瀛子，或作东瀛子，一直修道于青城山中。后唐明宗长兴四年(933)，杜光庭八十四岁。有一天，他忽然对门人说：“青城山方创真宫工未毕，昨梦朝上帝以吾作岷峨主，司恐不久于世。”门人听罢，泪“皆沾襟”。“及真宫成时，后唐庄宗长兴四年[④]癸巳十一月，光庭八十四岁，一旦披法服作礼，辞天升堂，趺坐而化。颜色温晬，宛若其生，异香满室，久之乃散。”[⑤]根据这段资料记载，可见杜光庭于公元

---

① 《十国春秋》卷四十七，中华书局1983年版，第二册，第674页。但《历世真仙体道通鉴》卷四十，《道藏》第5册，第331页，为“崇文馆大学士”。

② 《十国春秋》卷四十七，中华书局1983年版，第二册，第674页。

③ 《十国春秋》卷三十七，中华书局1983年版，第二册，第544页。

④ “长兴”为五代后唐明宗的年号，这里的“后唐庄宗长兴四年癸巳”中“后唐庄宗”当为“后唐明宗”。

⑤ 《历世真仙体道通鉴》卷四十，《道藏》第5册，第331页。

933年十一月在青城山趺坐而化，据说“颜貌如生，人以为尸解，葬于清都观[①]后”[②]。

第四节　一生勤勉，著述甚丰

杜光庭一生以弘道为使命，他在回应道教所面临的各种挑战中，对内贯通道教诸派，对外融会儒佛道三教，通过对各种不同思想的融合与吸收而进行理论创新，他一生中撰写并整理了大量的有关道教的著作，对道教的发展起到了重要的推动作用。

英国学者李约瑟(Joseph Needhan)在研究中国科技史的过程中曾对道家、道教进行过比较深入的研究，他指出：“在唐代，真正的道家哲学出现了第二次的繁荣。在公元6世纪和10世纪之间，我们可以发现许多书籍，这些书籍以道家的实验研究所取得的新知识作为背景，复活了并扩大了许多旧教义。这些书籍应该好好读一读，值得人们更深入地研究。”[③]的确，从道教史的角度看，唐代是道教发展的繁荣期，这个时期留下的许多资料还有待于人们进一步的整理和研究，其中也包括杜光庭的著作。

① 青都观位于今天的祖师殿，清代彭洵在《青城山记》中说：“天师洞之南为三皇殿，为古黄帝祠遗址。又南为古偏桥，桥南三里为祖师殿。又南为白云溪。……以地考之，古无祖师殿，惟清都观在白云溪上，则今之祖师殿当即古清都观也。

② 《十国春秋》卷四十七，中华书局1983年版，第二册，第674页。

③ 《中国科学技术史》第二卷，科学出版社、上海古籍出版社1990年版，第474页。

杜光庭一生著述甚丰，据宋人张唐英的《蜀檮杌》卷上记载，杜光庭曾“有文千余卷，皆本无为之旨”[1]。据统计，保存到今天的杜光庭著作共有三十多种。《道藏》中收入了他的二十八种著作，其中《太上灵宝玉匮明真大斋忏方仪》与《太上灵宝玉匮明真斋忏方仪》为二仪同卷，实为二十七种、二百多卷。《全唐文》收入了杜光庭三百二十篇文章（与《道藏》中有的内容重复）。《全唐诗》收入了杜光庭三十余首诗文。《全五代文》、《通志略·艺文略》、《宋史·艺文志》、《十国春秋》等著名史籍对杜光庭的生平事迹与著作也多有介绍。下面将杜光庭的主要著作做一简要的梳理。

保存在《道藏》中的杜光庭著作主要有：

(1)《道德真经广圣义》五十卷，今存《道藏》第 14 册，题为“唐广成先生杜光庭述”。这是杜光庭依据唐玄宗注疏的《道德经》的“圣义”来发挥己见而写成的关于《道德经》的研究论著，是杜光庭的代表作。该书原为三十卷，收入《道藏》时依体例需要析为五十卷。在该书的《序》中，杜光庭从道教的基本信仰出发，对老君的事迹，《道德经》产生的社会文化背景作了介绍，特别对历代六十多家的《老子》注疏的意旨作了梳理和总结，为后人了解汉唐几百年间纷繁复杂的《老子》注疏的情况提供了一篇弥足珍贵的史料[2]。该书的卷一《叙经大意解疏序引》介绍了撰写此书的缘由，并将《道德经》的“大略宗

① 《蜀檮杌》卷上，载《四库全书·史部·载记类》，台湾商务印书馆影印文渊阁本，第 222 册，第 230 页。

② 参见拙文《论汉唐〈道德经〉注疏与老学思想的发展——以杜光庭〈道德真经广圣义·序〉为中心》，载《中国哲学史》2002 年第 4 期。

意”析为三十八条。卷二有《释老君事迹氏族降生年代》、《释老君圣唐册号》二篇，前者着重于神化老子，后者则记载了老君的历代名号及唐朝历代统治者崇老、封老的情况。卷三、卷四为《释御疏序》，卷五为《释疏题明道德义》，卷六到卷五十均为对《道德经》经文的释义。该书的基本体例是，先载《道德经》文，次列唐玄宗注，再列唐玄宗疏，最后是杜光庭的释义。因此，《道德真经广圣义》在体系上以“经”、“注”、“疏”、“义”区别之。杜光庭在引录唐玄宗的注疏后，在兼采众说的基础上，以“义曰”标识出自己的见解，虽然有时义解得有点繁琐，但文中对宇宙观、形神观、重玄学、心性论、修道论、经国理身等思想的论述，特别是运用重玄学的思维方法对老子思想所作的独到发挥与深刻辨析，不仅使该书颇具哲学意味，而且还在一定程度上提高了唐代道教的理论思维水平。此书后传入日本，“日本有旧抄本《广圣义》三十卷，见日本森立之《经籍访古志》、岛田翰《古文旧书考》”①。

(2)《广成集》十七卷，今存《道藏》第11册。《宋史·艺文志》将其析为一百卷。《广成集》是杜光庭所写的表章、诗词、序文、碑铭的总汇，故以杜光庭之号“广成”命名。该书特别表现了道教的上章祈祷词的特色。在《道藏》本中，卷一到卷三主要收录了各种上表五十六通，其中包括了为符瑞、恩赐、兴建、修斋、嗣位、吊丧等事上表皇帝，歌颂谢恩。卷四到卷五记载了斋词三十一通，有金箓、黄箓、明真、报恩、三元、受箓等。卷六到卷十七记载了醮词一百八十六通，有北帝、南斗、九曜、周天、本命、安宅、三皇、八节、太一、还愿等醮词，主

① 董恩林：《唐代〈老子〉诠释文献研究》，齐鲁书社2003年版，第210页。

要为王公大臣、信道民众修斋设醮所作，以为他们祈福消灾，延生保命。《广成集》的内容虽是道教的上章祈祷词，但它却以一种特殊的形式反映了唐末五代道教以斋醮科仪活动的方式积极参与社会生活的情况。由于一些上表书和斋醮词，如《贺收陇州表》、《贺太阳当亏不亏表》、《贺诛刘知俊表》、《宣示解泰边垂谢恩表》等记载了当时社会中的一些重大事件，还可为正史提供一种参考资料。同时，这些上表书和斋醮词也显示了杜光庭身为"道门领袖"的显赫地位。

(3)《太上老君说常清静经注》一卷，今存《道藏》第17册，题为"左右街弘教大师传真天师赐紫广成先生杜光庭注"。杜光庭的注是该经的最早注本。《太上老君说常清静经》，又称《太上混元上德皇帝说常清静经》，简称《常清静经》。作者不详，约成书于唐代。但由于该经托名太上老君，以"老君曰"起句，经后又有葛玄的赞语，说该经由东华帝君所授，经一代代人口口相传，直到葛玄才录于文字，因此，也有人认为该经为三国时的葛玄所撰。李养正先生经过考证而认为，"《清静经》至晚出现于中唐。不经过相当长一段时期的传播，该经也不会流传那么广泛，影响那么大，在道经中享有崇高地位，以至唐末、五代著名道教学者杜光庭也为之作注。故说成书于中唐之前，是较为合适的。"[①]该经的主旨为要人常守清静而入真道，这种以"清静为本"的思想，体现了唐代道教希望通过守静内观的修炼而"渐入真道"的新理路，其中"寂无所寂"、"空无所空"的思维方式又出自于重玄学，特别反映了唐代道教重视思辨的特点。杜光庭对该经的注释不仅大大地凸显了

① 李养正：《道教概说》，中华书局1989年版，第362页。

《常清静经》在道经中的地位，而且也引发了后世道教中出现的诵持此经就可以获得灵验的种种传说[①]。杜光庭之后，南宋的白玉蟾、王元晖、侯善渊，元代的李道纯、王道渊等皆为之作注。另外，《道藏》中还有一些作者不详的《常清静经》注。全真道士则将诵习《常清静经》作为早晚日常功课，从而使之在道教中得以广泛流传。

（4）《道教灵验记》十五卷，今存《道藏》第10册，题为“广成先生杜光庭集”。该书原有二十卷，据法国学者傅飞岚(Franciscus Verellen)考证，该书的“佚文有88%能够通过唯一保存在《云笈七签》卷120～122中的那些故事而得以复原”[②]，可见该书的基本内容几乎完整地保留了下来。杜光庭为了增加道教信仰的可信性以及对人们日常生活的影响，专门搜集道门中种种关于祸福报应的灵验故事整理成书，劝戒世人为善去恶，以获得生命长存。杜光庭在《自序》中说：“人为善者天降百祥，为不善者降百殃，罪福报应，犹影随形，历代以来，效验多矣”，故“成纪李裔之《道门集验记》十卷，始平苏怀楚《玄门灵验记》凡二十卷，俱行于世。今访诸耆旧，采之见闻，作《道教灵验记》凡二十卷，庶广慎徽之旨，以弘崇善之阶，直而不文，聊记其事。”[③]由此可见，在杜光庭生活的时代，就有《道门集验记》十卷和《玄门灵验记》二十卷（此二书早已佚

---

① 《道藏》中有无名氏的《常清静经》的注本，就记述了唐代的一些人诵读《常清静经》获得灵验的故事，以宣扬该经的灵验（参见《道藏》第17册，第143～164页）。

② ［法］傅飞岚：《〈道教灵验记〉——中国晚唐佛教护法传统的转换》，载《华学》第五辑，中山大学出版社2001年版，第54页。

③ 《道藏》第10册，第801页。

失,其内容不得而知)等神仙传记流行于世,杜光庭入蜀后又于民间“访诸耆旧,采之见闻”,进行糅合加工,才形成了《道教灵验记》。因此《道教灵验记》并非凭空而作,而是有所本的。该书流传到宋代,得到了宋真宗(997～1022 在位)的欣赏,收入由张君房主持编撰的《云笈七签》之中。宋真宗还特为该书御制序文①,以推而广之,从而使该书产生了极大的社会影响。

(5)《历代崇道记》一卷,又名《历代帝王崇道记》,今存《道藏》第 11 册。根据篇末题为“中和四年(884)十二月十五日上都太清宫文章应制弘教大师赐紫衣道士臣杜光庭上进谨记”,可知此书为杜光庭入蜀之前所作。书中记载了从周穆王以来历代帝王崇奉道教、建宫观、度道士之事。据考,其中周秦汉魏历代之事,大多为杜光庭根据历史传说所编,而唐朝帝王崇道之事则因有较多的史实资料为据而较为可信。例如,唐代统治者自称为是李耳的后代,加封老子为“玄元皇帝”,并因此而重视乃至礼敬道教。杜光庭写道,唐朝“从国初已来,所造宫观约一千九百余所,度道士计一万五千余人,其亲王贵主及公卿士庶或舍宅舍庄为观并不在其数”②。虽然其中不免有夸大之词,但也在某种程度上反映了道教在唐代的兴盛。杜光庭在唐王朝统治摇摇欲坠之时作此书,希望唐僖宗能够遵循历代帝王崇信道教的做法,使“大道垂休,圣祖昭祐,洪图延永,唐祚无疆”③,以挽救日益衰落的唐王朝。因此,杜光庭

① 见《云笈七签》卷一一七,载《道藏》第 22 册,第 808 页。

② 《道藏》第 11 册,第 7 页。

③ 《道藏》第 11 册,第 7 页。

撰集此书,既有崇道的宗教目的,也有一种利用道教信仰来为统治者服务的政治目的。

(6)《墉城集仙录》六卷,今存《道藏》第18册,题为"唐广成先生杜光庭集"。该书因专门记载了古今历史上三十七位女子得道成仙(因"湘江二妃"内含二人,故实有三十八人)的事迹而特别富有浪漫色彩和宗教意蕴。杜光庭说:"女仙以金母为尊,金母以墉城为治。"①故将女仙传记称之为《墉城集仙录》。关于该书的卷数,历代有不同的看法。宋代张君房编撰的《云笈七签》收录了此书,但所记载的女仙从数量到仙名都与《墉城集仙录》有异。《四库提要》认为,"此本前数卷皆袭《汉武帝内传》、陶弘景《真诰》之文,真伪盖不可知。疑君房所录为原本,而此本为后人杂摭他书砌合成编。"②再从《云笈七签》卷一一四所收录的杜光庭为该书所作的《序》看,原书应为十卷。南宋郑樵在《通志略·艺文略》中也明确地说:"《墉城集仙录》十卷,杜光庭集古今女子成仙者百九人。"③《宋史·艺文志》也说该书为十卷。因此,有人推论,"今《道藏》本仅六卷,所载女仙不过三、四十人,远不及原书之半。《七签》所载亦为原书节录本。盖两书皆非原本,因抄者取舍不同,故彼此互异。"④该书特别反映了杜光庭的女仙崇拜思想⑤。

---

① 《全唐文》卷九三二,上海古籍出版社1990年版,第四册,第4303页。

② [清]永瑢、纪昀编:《四库全书总目提要》,海南出版社1999年版,第760页。

③ 《通志略》,世界书局1936年版,第629页。

④ 任继愈主编:《道藏提要》,中国社会科学出版社1991年版,第564页。

⑤ 参见拙文《论道教女仙崇拜的特点——从杜光庭〈墉城集仙录〉谈起》,载《中国道教》2000年第1期。

(7)《神仙感遇传》五卷,今存《道藏》第 10 册,题为“广成先生杜光庭纂”。由于《宋史·艺文志》著录该书时称有十卷,而《道藏》的第五卷末称“后有阙文”,由此推论,今《道藏》的五卷是仅存的残卷。另外,《云笈七签》卷一一二有节录本二卷,可以相互参阅。《神仙感遇传》记载了七十五条古今凡人与神仙感应相遇的故事,每则都以遇仙者的名号为题。所记载的故事并非全凭构造,而是有所本的,例如,《虬须客》取自唐人的传奇小说,《李筌》取自《阴符经注序》,但为了宣扬道教神仙信仰,杜光庭又为这些故事绘上了神异的色彩。

(8)《录异记》八卷,今存《道藏》第 10 册,题为“光禄大夫尚书户部侍郎广成先生上柱国蔡国公臣杜光庭纂”。书中收录了古今一百多个怪异故事,大多为唐代的事。杜光庭将这些故事分为仙、异人、忠、孝、感应、异梦、鬼神、龙、异虎、异龟、异鼋、异蛇、异鱼、洞、异水、异石、墓等十七类。体例类似于晋张华撰《博物志》和干宝撰《搜神记》。杜光庭意在通过这些怪异故事来宣扬道教的善恶报应的思想。由于该书所收集的材料十分丰富,故对后人了解唐代道教信仰的特点以及在民间的影响具有一定的参考价值。

(9)《洞天福地岳渎名山记》一卷,今存《道藏》第 11 册,题为“唐广成先生杜光庭编”,卷首有杜光庭于天复辛酉(901 年)所作的《序》。该书系统地简述了道教的洞天福地岳渎名山的情况,先介绍仙山,然后是五岳、十大洞天、五岳镇海、三十六靖庐、三十六洞天、七十二福地、二十四化等。其中有关十洲三岛的记载可能本于东方朔集的《十洲记》,而有关十大洞天、三十六小洞天、二十四化等记载则被收入宋代张君房编撰的《云笈七签》卷二十七、卷二十八。

(10)《道门科范大全集》八十七卷，今存《道藏》第 31 册，是道教斋醮科仪的总集。书中卷二十五至卷四十五、卷六十三、卷六十五至卷六十九，皆题为"三洞经箓弟子仲励修(或编)"，还有几卷没有署作者名，其余的皆题为"广成先生杜光庭删定"。一般认为，该书的编修者是仲励。仲励的身份不详，有的说是南宋人①；有的说是明代人②。该书可能是仲励在杜光庭编撰的道门科仪的基础上增补编修而成的。因此，其中凡是标示出"杜光庭删定"字样的卷帙，仍可视为杜光庭的著作。综观全书，《道门科范大全集》收集了道教斋醮科仪四十种，归纳为十六类，可谓非常详备。

(11)《太上黄箓斋仪》五十八卷，今存《道藏》第 9 册。各卷首或题"杜光庭集"，或题"杜光庭删"。杜光庭所撰《太上黄箓斋仪》五十八卷是各类黄箓斋仪的汇编。根据该书中出现的三次编撰时间(卷五十四《镇坛真文玉诀》卷末有"庚子年(880)中元日集"，卷五十二《转经》末著录"大顺二年(891)辛亥八月庚辰成都玉局化阅省科教聊记云耳"，卷五十七《八天真文》著录"天复元年辛酉(901)十月五日癸未，天姥峰羽衣杜光庭宾圣序")，大致可知杜光庭约花费了二十年的时间才编成此书，可见其对黄箓斋仪的倾心程度。《太上黄箓斋仪》全书每卷一仪，共五十八种斋仪，可分为四部分：卷一至卷九为

---

① 参见胡孚琛主编：《中华道教大辞典》，中国社会科学出版社 1995 年版，第 300 页。

② "查本书卷二十五、二十六请称法位启文中列有九天金关及九天玉阙灵济洪恩真君尊号，此为明成祖(1403～1424)时对南唐徐知证、知谔兄弟之加封，则本书编成于明成祖之后。"(参见任继愈主编：《道藏提要》，中国社会科学出版社 1991 年版，第 966 页)

一般黄箓斋；卷十至卷四十为各种专门斋法的三时行道仪；卷四十一至卷四十八为各种忏悔仪；卷四十九至卷五十八为黄箓斋所用的各种杂仪。可见，杜光庭所记载的唐代道教黄箓斋仪的内容是十分丰富的。各种斋仪的节次、祝文、咒赞大多相同，形成了比较规范的程式。

(12)《太上三五正一盟威阅箓醮仪》一卷，今存《道藏》第18册，题为"广成先生杜光庭删定"。这是杜光庭根据早期天师道法箓改编而成的醮仪。"太上三五正一盟威"简称为"正一盟威"，指正一天师门下法箓之总汇，具有"禁戒科律"的作用。这部以"太上三五正一盟威"而命名的醮仪，主要叙述正一道士"依先师之法，简阅身中所佩正一盟威"①，使诸上仙灵官、功曹、使者、将军、吏兵各司其职，以助人营卫身命。该仪不仅有一般斋醮仪式的发炉、鸣法鼓等仪节，而且特别标明出官、出奏法箓吏兵、出诸部将军兵马等仪节。此阅箓醮仪还强调，人能依法奉行，则能上通神真，使心神开悟，通达玄微，调理阴阳，延年保命，成身合道，通神接真②。可见，这是一种以自我防护为特点的斋醮仪式。

(13)《太上三洞传授道德经紫虚箓拜表仪》一卷，今存《道藏》第18册，题为"广成先生杜光庭集"。这是杜光庭根据南北朝或唐初道教法箓改编而成的。书中专门介绍了传授《道德尊经》、《紫虚宝箓》、《河上公章句》、《想尔要戒》等道教经戒法箓的仪式，特别是道士建斋设醮时各种行为规则和仪节，以及法师向弟子传经的仪式。

---

① 《道藏》第18册，第281页。

② 参见《道藏》第18册，第285页。

(14)《洞神三皇七十二君斋方忏仪》一卷,今存《道藏》第18册,题为"广成先生杜光庭删定"。此仪为杜光庭根据南北朝三皇斋法改编而成,特别叙述了道士建坛设醮,行洞神三皇斋仪,醮祭"七十二君",为皇帝忏谢罪愆,祈福禳灾。其仪式有启告七十二君,北谢太一元君等。"七十二君"是指三十六位"四方九天帝君"、三十六位"四方九土皇君",皆为天地四方之神。

(15)《太上洞渊三昧神咒斋清旦行道仪》,今存《道藏》第9册,题为"广成先生杜光庭删定"。该仪记载了道士清晨行洞渊三昧神咒斋,转诵《太上洞渊神咒经》之科仪。行此斋仪的目的在于祝天下太平,亡灵得度,故可在皇室、民家通行使用。其仪节依次有运心归命三宝、唱华夏赞、诵入户咒、上五方香、上御案香、礼师存念、诵卫灵咒、鸣法鼓二十四通、发炉咒、各称法位、读词、礼方、忏方、念密咒、步虚旋行、礼三宝、重称法位、发愿文、复炉咒、学仙、出户咒、上香、回向赞、散如常仪等。

(16)《太上正一阅箓仪》一卷,今存《道藏》第18册,题为"广成先生杜光庭集"。其内容与《太上三五正一盟威阅箓醮仪》相类似,只是文字稍繁一些。疑《太上三五正一盟威阅箓醮仪》是其节录,"或二篇原为一书,有详略二本,两本可互相参阅。"[1]该仪介绍了正一阅箓的一般仪式。杜光庭认为,凡受正一箓,常以甲子、庚申、本命、三元、三会、五腊、八节、晦朔等日,清斋入靖,以卯酉时焚香,备办酒果。受箓者先展舒法箓于几案之上,然后澡浴更衣,入户上香,再次则持入户咒、上

① 任继愈主编:《道藏提要》,中国社会科学出版社1991年版,第573页。

洞案香、各称法位等，各有仪序[①]。

(17)《太上宣慈助化章》五卷，今存《道藏》第11册，题为"广成先生杜光庭集"。书中收集了汉魏六朝天师道上章范文二十三通，谓法师代弟子上章天官，乞求太上众真官将吏兵，可获福禳灾，救治疾病，超度亡灵。《太上宣慈助化章》其章文的格式及用语，大致与《赤松子章历》相同。所收文章，文词欠雅，与杜光庭撰的《广成集》中的表词、斋词、醮词文体不同，故有人认为，《太上宣慈助化章》"殆非杜光庭撰，而系光庭集前人之作"[②]。

(18)《太上灵宝玉匮明真大斋忏方仪》与《太上灵宝玉匮明真斋忏方仪》二仪同卷，今存《道藏》第9册，题为"广成先生杜光庭修"。明真斋主要用于忏悔前世今生所行过失，祈求神灵保佑"削消罪录，开度幽关，身入光明，上升天堂，跻登道果，永列真仙"[③]。并祝圣寿万寿无疆，天下太平，幽显蒙恩，得道之后，升入无形，与道合真。该仪只列举依次向十方天尊、圣真神仙归礼忏谢之文，并没有记载具体的仪式。其内容与《太上灵宝玉匮明真斋忏方仪》大致相同，但所列举的归礼十方天尊神灵的名号，比前篇要多，故而称"大斋忏方仪"。"二斋之别，盖在大小耳。小斋似用于民间，大斋用于皇家。"[④]

(19)《太上灵宝玉匮明真大斋言功仪》一卷，今存《道藏》第9册，题为"广成先生杜光庭修"。该仪主要用于"修灵宝九

① 《道藏》第18册，第286页。
② 任继愈主编：《道藏提要》，中国社会科学出版社1991年版，第445页。
③ 《道藏》第9册，第805页。
④ 任继愈主编：《道藏提要》，中国社会科学出版社1991年版，第379页。

幽玉匮明真迁神大斋"之后,功圆事毕,升坛拜表,祈请所祈诸神灵复职还官,言功设醮,重明功德,使营侍斋事有功勤者"列受功赏",故仪式比较复杂。

(20)《金箓斋忏方仪》一卷,今存《道藏》第9册,题为"广成先生杜光庭集"。忏方仪是依次分列礼忏及向十方天尊礼忏的启文,属于金箓斋的一种,主要用于为皇帝行斋,向十方无极、太上灵宝天尊、十极天君、诸天诸地、三光五岳,一切神仙诸灵官归命忏悔,祈愿"寰区永泰,文轨大同","兆民康乐,百谷滋繁,长臻有道之风,克畅无为之化,得道之后,升入无形,与道合真。"①

(21)《金箓斋启坛仪》一卷,今存《道藏》第9册,题为"杜光庭编"。金箓斋为道教诸斋之一,主要用于皇家祭祀。启坛仪则为开坛行斋之前,为皇帝、皇后、皇太子、诸王子、公主、文武大臣忏罪祈福,以求"宗庙安宁,帝图遐远。圣躬万寿,四海和平"②。

(22)《太上洞渊三昧神咒斋忏谢仪》一卷,今存《道藏》第9册,题为"广成先生杜光庭删定"。内载道士为人建斋行道,转读《太上洞渊三昧神咒经》,以期"首谢罪愆,断截魔瘟,清家安国,保护人民"③。其仪节分别有归礼十方天尊,忏谢祝咒,吟颂旋行等。与《太上洞渊三昧神咒斋十方忏仪》的仪式相同,只是祝文有所不同。

(23)《太上洞渊三昧神咒斋十方忏仪》一卷,今存《道藏》

① 《道藏》第9册,第83页。
② 《道藏》第9册,第69页。
③ 《道藏》第9册,第827页。

第 9 册，题为“广成先生杜光庭删定”。该经主要记载了道士为民家建三昧神咒大斋的行道礼仪，通过诵念忏文，以期救禳灾疾，却祸祈恩。其仪式为依次向十方天尊礼忏祝愿，并诵十方神咒，以为斋主祈愿福恩康泰。

(24)《太上洞神太元河图三元仰谢仪》一卷，今存《道藏》第 18 册，题为“广成先生杜光庭修”。此序首先讲述三元仰谢仪出于太上。“天道悯物，玄圣流慈，太上出河洛龟龙之书，青文绿甲之字，以授帝王，此盖教民致福谢过度厄解灾之法也。行之则上合天道，举无不应矣。”[①]然后宣称，凡是国有兵戈水火之灾，妖邪作怪，帝王国主不安，以至民间危急，皆可求道士行此仪，以通过告谢天地，玄感穹旻，以求可度厄解灾致福。“诸天之气，凝为星辰，结为山岳。天星通应，以掌人伦。故河图龙文，演之以示于世。世人知而修之，可以解灾致福耳。”[②]该仪正文分九章，详述从设置坛堂神位，至斋醮完成的全套仪式及方法。其仪式次序为：坛堂第一，神位第二，入坛第三，思神第四、上香第五、发炉第六、礼三十二天第七、忏告第八、复炉第九。

(25)《太上洞玄灵宝素灵真符》三卷，今存《道藏》第 6 册，题为“杜光庭编集”。该书收入各种符箓数以百计。上、中卷题为“陆先生受”，下卷题为“杜先生受”。意为该书是由陆修静传授、杜光庭增补而成的。《素灵真符》皆用朱书符箓，是一部专门用于治疗各种疾病的符书。

(26) 宋人蒋叔舆编撰的《无上黄箓大斋立成仪》五十七

---

① 《道藏》第 18 册，第 308 页。

② 《道藏》第 18 册，第 314 页。

卷，今存《道藏》第9册，各卷原题编辑修撰人不一，其中卷十九、卷二十题为杜光庭集，卷二十一题为杜光庭集、蒋叔舆修。

(27) 杜光庭还编撰《太上洞渊神咒经》二十卷并作《序》，今存《道藏》第6册。《太上洞渊神咒经》，简称《洞渊经》、《神咒经》，为图谶式的道教经典。《道藏》本二十卷，前十卷为六朝古本，后十卷为中晚唐道士增补①，故前后十卷的内容与风格都不一致。由此可见，该经非一人一时所作。《道藏》二十卷本前有杜光庭的《序》，谓西晋之末，中原乱离，饥馑瘟疫流行，金坛马迹山道士王纂②于静室之中飞章告天，感太上道君降临，以《神咒经》及三五大斋之诀授王纂，命其按而行之，以阴功济物，拯护万民。根据现在的研究，一般认为《太上洞渊神咒经》为东晋末以后产生，并在江南一带流行的一部六朝民间道经。如吉冈义丰、大渊忍尔、宫川尚志、山田利明、施博尔、李丰楙、唐长孺、卿希泰、刘国梁、左景权等先生都持此观点。但由于《太上洞渊神咒经》中记载了为数众多的仙人和鬼神，其可考者大多出于梁州、益州，而没有江南人士，因此，马承玉先生认为，这部经可能是东晋初年由蜀汉道士造作并主要在北方流传的民间道经。“当是永嘉丧乱后北方天师道与

---

① 此经的敦煌唐写本今存一、二、七、八、九、十卷。第一卷写于唐高宗麟德元年(664)。“此经唐初本只十卷，与《三洞奉道科戒营始》卷四著录‘《洞渊神咒经》十卷’相合。后十卷盖成立于中唐以后至唐末。”(任继愈主编：《道藏提要》，中国社会科学出版社1991年版，第253页)

② 法国学者克里斯廷·莫莉媛在《五世纪的一部道教启示录——洞渊神咒经》一书中认为，“王纂是个虚托人物。”(参见胡孚琛主编《道家文化大辞典》，中国社会科学出版社1995年版，第1792页)

李家道合流的产物，东晋南北朝时期，该经主要流行于北方。隋唐之际，该经顺应道派融合的潮流，通过融入上层道派的思想实现了‘正统化’，唐皇室为太子写经供养，又扩大了该经在全国的传播和影响。”[①]《太上洞渊神咒经》深受谶纬图书和佛教《孔雀王咒经》及《法华经》的影响[②]，以六十甲子言劫运循环，以“道言”的形式说明在遭逢劫末之岁时，会有各种恶鬼魔王降世，致使六夷来侵，疾病流行，人民当遭刀兵刑狱水灾之苦。这种“末世论”的说法特别反映了魏晋南北朝时期社会的动荡对民众心理的影响。这种“末世论”强调，只有信奉道教，供养经典，请道士做法事禀告上天，召神咒鬼，才能消灾去毒，禳病除祸。值得注意的是，经文中有“真君”(真君即为“木子弓口”李弘)化形降世、“李弘王治”拯救万民的谶语。反映了东晋至南北朝时期的道教打着“李弘”出世的谶语，以道教组织为形式号召民众进行反抗统治者起义的情况，也是这部道经在南北朝时期流行的重要原因。那么，为什么这部宣扬“李弘王治”而内含有犯上作乱特点的道经会在唐代得到重视？由于唐高宗与武则天所生的第一个儿子名叫“李弘”。据敦煌本 S2444 号、S3233 号的记载：“麟德元年七月二十一日奉敕为皇太子于灵应观写。”唐高宗敕使李文暕为皇太子写经，且每本三校，态度十分认真，之所以这样做，据唐长孺先生的看法：“麟德元年为太子写《洞渊神咒经》可能正为了表示李弘

① 《从敦煌写本看〈洞渊神咒经〉在北方的传播》，载陈鼓应主编《道家文化研究》第十三辑，上海古籍出版社 1998 年版，第 200 页。

② ［日］吉冈丰义：《道教经典史论》第二编《经典之研究》第一章《六朝之图谶道经》。(参见任继愈主编《道藏提要》，中国社会科学出版社 1991 年版，第 253 页)

是应谶当王，废忠立弘合乎天意，也就在这年，杀害了徙居黔州的废太子忠”。[①] 但李弘还没有来得及践位，就去世了，于是，唐王朝又一次为李弘大规模的写经[②]。由于敦煌道士积极参与了写经之事，故该经传到了敦煌并得以保存下来。由此可见，宫廷斗争是《太上洞渊神咒经》得以在上层社会传播的重要原因。但唐代道士所增益的十卷，偏重于以伏魔咒鬼之术来宣扬“道”的助国教化功能与早期的十卷的内容已不太一致。杜光庭作为唐末时期的“道门领袖”，他编撰《太上洞渊神咒经》，从某种意义上说，也希望以道教来维护唐王朝的统治。同时，该经还有“真君出世”建立太平盛世的内容，被认为“是乱世思治在道教著述上的反映”。[③]

存于《道藏》之外的杜光庭著作主要有：

《仙传拾遗》四十卷。宋代李昉等编《太平广记》时，引用的杜光庭著作有《墉城集仙录》、《神仙感遇传》、《仙传拾遗》、《录异记》等，但《道藏》中却没有收录《仙传拾遗》。《仙传拾遗》可能为补《神仙感遇传》而作，故名“拾遗”，实际上是摭拾唐代小说中拟为神仙之人，杂凑而成。因故事性较强，得以列入小说类。[④] 原书已佚，今人严一萍有辑佚本五卷，收入《道教研究资料》第一辑(台北，艺文印书馆 1974 年版)，记载了从

---

① 唐长孺：《史籍与道经中所见的李弘》，载《魏晋南北朝史论拾遗》，中华书局 1983 年版，第 208～217 页。

② 据汤用彤先生对敦煌本 S1523《御制一切道经序》的考证，认为李弘死后皇家曾为他写经三十六部，超过七万卷。(《从〈一切道经〉说到武则天》载《汤用彤学术论文集》，中华书局 1983 年版，第 350 页)

③ 《中国道教》(二)，东方出版中心 1994 年版，第 134 页。

④ 参见王汝涛等选注：《太平广记选》上，齐鲁书社 1980 年版，第 427 页。

上古至唐代的九十九人的修道成仙事迹，其中有一些唐人事迹是现存的道教传记中所没有的，故具有比较珍贵的史料价值。

《王氏神仙传》，又称《緱岭会真王氏神仙传》，宋晁公武《郡斋读书志》记载为四卷，《通志·艺文略》著录为五卷。该书题为“右伪蜀杜光庭纂。光庭集王氏男真女仙五十五人以谄王建。其后又有王虚中续纂三十人附于后。”[①]主要讲述了从上古至唐代王氏家族的男女五十五人修道的事迹，多为神话传说。《王氏神仙传》大概是杜光庭为迎合蜀国王氏统治者的需要而“杜撰”的。原书已佚，今人严一萍有辑佚本，共录有三十八人，收入《道教研究资料》第一辑，台北，艺文印书馆1974年版。

《全唐文》中录有杜光庭撰写的《序》文17篇，可见他对道经编撰与整理之功。它们是：

《道德真经广圣义序》，载《全唐文》卷九三一

《太上洞神太元河图三元仰谢仪序》，载《全唐文》卷九三一

《道德真经元德纂序》，载《全唐文》卷九三一

《太上洞元灵宝素灵真符序》，载《全唐文》卷九三一

《天坛王屋山圣迹序》，载《全唐文》卷九三一

《太上洞元灵宝无量度人上品妙经序》，载《全唐文》卷九三二

《录异记序》，载《全唐文》卷九三二

① [宋]晁公武：《郡斋读书志》卷三下，载《四庫全書·子部·杂家类》，台湾商务印书馆影印文渊阁本，第674册，第236～237页。

《墉城集仙录序》，载《全唐文》卷九三二

《玉函经序》，载《全唐文》卷九三二

《洞渊神咒经序》，载《全唐文》卷九三二

《洞天福地岳渎名山记序》，载《全唐文》卷九三二

《青城山记》，载《全唐文》卷九三二

《道教灵验记序》，载《全唐文》卷九三二

《豆圌山记》，载《全唐文》卷九三四

《麻姑洞记》，载《全唐文》卷九三四

《东西女学洞记》，载《全唐文》卷九三四

《毛仙翁传序》，载《全唐文》卷九四四

另外，

《全唐文》卷九三四～九三六录有杜光庭所写的斋词 24 篇

卷九三六～九四四录有杜光庭所写的醮词 136 篇

卷九三四～九四四录有杜光庭所写的青词 56 篇

卷九三二和卷九四四录有杜光庭所写的忏文 3 篇

卷九二六有《纪道德赋》

卷九三三有《历代崇道记》

这些著作从不同的角度展示了杜光庭作为一名“道门领袖”的风采。①

南宋郑樵所撰《通志》二百卷是综合了宋以前历代史料而成的通史，在该书的《艺文略》中记载了杜光庭撰注的二十种著作的目录，它们是：

---

① 参见《〈全唐文〉宗教类篇目分类索引》，载《世界宗教研究》1981 年第 4 期。

撰《道德真经广圣义》三十卷

注《阴符经注》一卷

撰《阴符经》一卷

集《墉城集仙录》十卷（杜光庭集古今女子成仙者百九人）

撰《仙传拾遗》四十卷

撰《缑氏岭会真王氏神仙传》五卷

撰《道教灵验记》二十卷

撰《历代帝王崇道记》一卷

撰《道经降代传授年载记》一卷

撰《混元图》十卷

撰《玄门枢要》一卷

撰《道门枢要》一卷

撰《安镇城邑宫阙醮仪》一卷

撰《太上黄箓斋坛真文玉诀仪》一卷

撰《醮章奏议》十八卷

撰《灵宝明真斋忏灯仪》一卷

撰《太上河图内元经禳灾九坛醮仪》一卷

撰《灵宝安宅斋仪》一卷

撰《灵宝自然行道仪》一卷

撰《圣祖历代应见图》三卷①

其中有一些著作是《道藏》中没有的，这对我们全面了解杜光庭的著作具有一定的参考价值。

从杜光庭众多的著作可见，他曾对哲学理论、思想源流、修道方法、斋醮科仪、神仙信仰等都作过比较系统的研究，涉

① 参见《通志略》，世界书局 1936 年版。

及的学术层面很广，所获得的创作成就很多。杜光庭的哲学著作思维缜密，论证性强，表现出较强的思辨性。而他的一些弘扬道教神仙信仰的著作虽然神怪之气浓厚，但又因其优美的文学笔调，鲜明的人物性格描写和恰当地运用历史资料而成为颇具文学色彩的宗教著作。

同时，杜光庭还是一位诗人和传奇小说家。《全唐诗》中存有他的诗作一卷①。陈尚君辑校的《全唐诗补编》中也收有杜光庭《题天坛》诗一首②。另外，在杜光庭所编撰的各种道书中，共有诗文一百五十余首③。杜光庭所撰写的各种词章因文辞典雅，格式规范而成为后世道门中章表书写之典范④。他的传奇小说《虬髯客传》更是成为唐代传奇小说中的佳品而广为流传⑤。杜光庭还擅长书法，"喜自录所为诗文，而字皆楷书。人争得之，故其书因诗文而有传。要是得烟霞气味，虽

---

① 据考，其中有一部分可能是经他修订的。（参见周勋初主编：《唐诗大辞典》，江苏古籍出版社 1990 年版，第 153 页）

② 陈尚君辑录：《全唐诗补编》中华书局 1992 年版，第 499 页。

③ 陈尚君辑录的《全唐诗续拾》卷五十一收录了诗词一百五十四首又三句，列于杜光庭名下，并做了如下说明："以上从《道藏》中杜光庭编撰整理诸书中录出的诗歌，虽未必皆为杜光庭之作，但皆可信为唐或唐以前人之作，今姑录存于杜光庭名下，祈读者引用时予以注意之。"（载《全唐诗补编》第 1535 页）

④ 参见张泽洪：《道教斋醮符咒仪式》，巴蜀书社 1999 年版，第 47 页。

⑤ 鲁迅先生在《中国小说史略》中说："杜光庭之《虬髯客传》流传乃独广，光庭为蜀道士，事王衍，多所著述，大抵诞谩，此传则记杨素妓人之执红拂者识李靖于布衣时，相约遁去，道中又逢虬髯客，知其不凡，推资财，授兵法，令佐太宗兴唐，而自率海贼入扶余国杀其主，自立为王云。后世乐此故事，至作画图，谓之三侠；在曲则明凌初成有《虬髯翁》，张凤翼、张太和皆有《红拂记》。"（《鲁迅全集》第 9 册，人民文学出版社 1973 年版，第 229 页）

不可以拟伦羲、献，而迈往绝人，亦非世俗所能到也。”[1]这大概也是杜光庭的著作能够在漫长的历史中得以保留下来的重要原因之一。

需要说明的是，杜光庭虽然留下了众多的著作，但它们大多没有经过今人的校勘整理，再加上有时杜光庭的一篇文章既收在《道藏》中，也收在《全唐文》等其它史籍中，需要进行校读后才能使用，杜光庭的一些斋醮著作又收录于别人的著作中，需要辨析真伪后才能使用。这些都给杜光庭思想研究带来一定的难度。本书将以《道藏》中的道教经典为基本的研究资料，来了解杜光庭道教思想产生的文化背景及思想发展的脉络。

有关杜光庭的生平事迹，最为系统的记载是元代赵道一所撰的《历世真仙体道通鉴》卷四十《杜光庭》，今存《道藏》第5册。南宋吕太古、马道逸编《道门通教必用集》卷一《历代宗师略传》中也对杜光庭的生平事迹有一简略介绍，今存《道藏》第32册。同时，笔者还对《全唐文》、《十国春秋》、《五代史补》、《蜀梼杌》、《蜀中广记》、《幸蜀记》、《宣和书谱》、《全唐诗》以及天台山志、王屋山志、青城山志等地方志中的有关杜光庭的记载进行了认真的研究和细致的梳理。地方志、笔记和野史中经常会保留一些具有历史原貌而又被正史避讳的史实，或为人们所疏忽的一些东西，因而在学术研究中有其特殊地位。但笔者在使用这些资料时，力图将它们放在同一尺度下来衡量。因为地方志、笔记和野史中会有一些道听途说的东

① 《宣和书谱》卷五，载《四库全书·子部·艺术类》，台湾商务印书馆影印文渊阁本，第813册，第232页。

西，或夸大歪曲的内容，所以笔者尽量将所搜集的资料进行相互验证，以确定材料本身的可信性。笔者认为，历史的事实有时就是在矛盾的陈述中清理出来的，比照各种互相矛盾的记录，对时间、地点、人物、事件等一一核实，是考察历史的基本方法，也是笔者研究杜光庭生平事迹和思想特点的基本进路。

第三章　对汉唐老学思想的总结与发展

道教思想杂而多端，但老子思想却始终是道教思想的基础与核心。虽然从魏晋南北朝至隋唐，道教内部一直存在着一种贬低老子、唯重三洞的倾向，但随着唐王朝将老子奉为圣祖，“朝廷上的道教，最有影响的道团的信仰，全社会的意识，都认为道教的核心崇拜对象是老子及其《道德经》。”[①]杜光庭的道教思想也主要是通过注疏老子《道德经》而加以发挥的，这集中体现在他的代表作《道德真经广圣义》中。《道德真经广圣义》以义释《道德经》的方式推广唐玄宗注疏《道德经》的圣义来发挥道教思想，“形成了‘以道教解老子’与‘以老子解道教’的双向并作的特有风格。”[②]这部富有哲理的宗教著作

① 任继愈主编：《中国哲学发展史》(隋唐)，人民出版社 1994 年版，第 360 页。

② 郑志明：《杜光庭〈道德真经广圣义〉的神人观》，载《道家与道教·第二届国际学术研讨会论文集(道教卷)》，广东人民出版社 2001 年版，第 224 页。

奠定了杜光庭在道教思想史上的重要地位。唐天复元年(901年)，杜光庭完成了《道德真经广圣义》三十卷后在《序》中写道："但以疏注之中，引经合义，周书鲁史，互有发明，四始漆园，或申属类，后学披卷，多瞢本源，辄采摭众书，研寻篇轴。随有比况，咸得备书，纂成《广圣义》三十卷。"[①]该书完成后，就以巨大的篇幅和睿智的思想独树一帜，引起世人的瞩目。前蜀任知玄专门拿出自己的俸钱，雇用良工，开雕印制，从而使该书在社会上流通开来。

《道德真经广圣义》五十卷[②]是依据唐玄宗《道德经》注疏的"圣义"而发挥己见所作的一部《道德经》注疏，因释义详尽而在历代《道德经》各注疏本中篇幅最大、内容最丰，以至于被后人誉为汉唐注老著作的集大成者，"是当时道教徒对《道德经》研究的总结性巨著。"[③]该书在理论建构上有一个重要特点，就是作者在前人的《道德经》注疏的基础上，通过"以理说经"的方式而建构起一个精致的、着意探究事物本体的思想体系，从而为人的存在提供意义世界，为道教的进一步发展提供理论基础。

值得注意的是，杜光庭的《道德真经广圣义》有一篇《序》，其中不仅详细记述了从汉至唐历代六十余家《道德经》注疏本，而且对历代注疏本的名称、作者、卷数及宗旨意趣作了独到的分析与评价，实际上是对汉唐道教老学作了一个全面的总结。由于杜光庭对汉唐老学的总结是他思想

① 《道藏》第14册，第310页。

② 《道德真经广圣义》原作为三十卷，后收入《道藏》时析为五十卷。

③ 孙昌武：《道教与唐代文学》，人民文学出版社2001年版，第25页。

发展的基础，因此，要研究杜光庭思想及其在唐宋道教转型中所起的作用，首先也应该追本溯源，厘清从汉代到唐代几百年间道教对老子思想的诠释和发挥，只有在汉唐老学思想的演进中，才能从历史与逻辑的层面上把握杜光庭思想出现之必然性及其基本特点。故本章先将《道德真经广圣义》《序》文所提供的《道德经》注疏目录放到中国思想文化发展的历史背景中钩沉索隐，既展现汉唐老学思想通过注疏方式而曲折发展的基本理路，也阐明杜光庭是如何在评判前人注老的宗旨意趣的基础上，在自己的《道德真经广圣义》中别立新解，将道教哲学推向了一个新的理论高度，从而为道教的跨时代发展提供了理论准备。然后，本书将分章从宇宙论、重玄学、心性论和修道论等方面来具体展开对杜光庭思想的研究。

第一节　对历代《道德经》注疏的梳理

如果回视历史就可见，在先秦诸子百家中，对后世影响最大的是儒道两家。在道家著作中，影响最大的无疑是老子《道德经》。虽然道家作为一个学派在汉代以后就日趋衰微，但其思想却通过一代代学人对老庄等道家著作的注疏与诠释而保存了下来，并对中国文化产生了深远的影响①。需要指出的是，道教在创立之初，就将《老子》五千言奉为立教之本，从太

① 汤一介先生在《论魏晋玄学到初唐重玄学》一文中就提出："注重历代对《老子》、《庄子》注释，是全面了解中国哲学发展的至关重要问题。"（载陈鼓应主编《道家文化研究》第十九辑，北京三联书店 2002 年版，第 21 页）

平道首领张角"奉事黄老道"①,到五斗米道的张修"使人为奸令、祭酒,祭酒主以《老子》五千文,使都习,号为奸令"②,并出现了祭酒宣讲《老子》的注本《想尔注》。这样,崇拜老子和《道德经》不仅成为早期道教信仰的主要内容,而且在历史发展过程中,老子、《道德经》和道教构成了三位一体的关系,以至于在历史上人们经常将"老学"视为道教思想的同义语③。如果说,"老学是在老子思想基础上形成的一种思想体系"④,那么,在汉唐时期,道教老学又是通过怎样的注疏和诠释而获得持续发展的理论动力的呢?

杜光庭的《道德真经广圣义》的《序》中有一份记载甚详的《道德经》诠疏笺注目录,可以给我们有益的提示。由于这份目录对汉唐历代六十余家注老著作的情况作了基本总结,因此,虽然篇幅较长,仍引用如下:

> 此《道德经》自函关所授,累代尊行,哲后明君,鸿儒硕学,诠疏笺注六十余家,则有节解上下(老君与尹喜解)、内解上下(尹喜以内修之旨解注)、想尔二卷(三天法师张道陵所注)、河上公章句(汉文帝时降居陕州河滨,今有庙见存)、严君平指归十四卷(汉成帝时蜀人名遵)、山阳王弼注(字辅嗣,魏时为尚书郎)、南阳何晏(字平叔,魏驸马都尉)、河南郭象(字

① 《后汉书》卷七十一《皇甫嵩传》。

② 《三国志》卷八《张鲁传》注引《典略》。

③ 参见牟钟鉴:《走进中国精神》,华文出版社1999年版,第96页。

④ 熊铁基、马良怀、刘韶军:《中国老学史》,福建人民出版社1997年版,第518页。

子玄，向秀弟子，魏晋时人)、颖川钟会(字士季，魏明帝时人)、隐士孙登(字公和，魏文、明二帝时人)、晋仆射太山羊祜(字叔子，注为四卷)、沙门罗什(本西胡人，苻坚时自玉门关入中国，注二卷)、沙门图澄(后赵时西国胡僧也，注上下二卷)、沙门僧肇(晋时人，注四卷)、梁隐居陶弘景(武帝时人，贞白先生注四卷)、范阳卢裕(后魏国子博士，一名白头翁，注二卷)、草莱臣刘仁会(后魏伊州梁县人，注二卷)、吴郡征士顾欢(字景怡，南齐博士，注四卷)，松灵仙人(隐青溪山，无名氏年代)、晋人河东裴楚恩(注二卷)、秦人京兆杜弼(注二卷)、宋人河南张凭(字长宗，明帝太常博士，注四卷)、梁武帝(萧衍注《道德经》四卷，证以因果为义)、梁简文帝(萧纲，作《道德述义》十卷)、清河张嗣(注四卷，不知年代)、梁道士臧玄静(字道宗，作疏四卷)、梁道士孟安排(号大孟，作经义二卷)、梁道士孟智周(号小孟，注五卷)、梁道士窦略(注四卷，与武帝、罗什所宗无异)、陈道士诸糅(作玄览六卷)、隋道士刘进喜(作疏六卷)，隋道士李播(注上下二卷)、唐太史令傅奕(注二卷并作音义)、唐嵩山道士魏征(作要义五卷，为太宗丞相)、法师宗文明(作义泉五卷)、仙人胡超(作义疏十卷，西山得道)、道士安丘(作指归五卷)、道士尹文操(作简要义五卷)、法师韦録(字处玄，注兼义四卷)、道士王玄辨(作河上公释义一十卷)，谏议大夫肃明观主尹愔(作新义十五卷)、道士徐邈(注四卷)、直翰林道士何思远(作旨趣二卷、玄示八卷)、衡岳道士薛吉昌(作金绳十卷、事数一卷）、洪源先生王鞮（注二卷，玄珠三卷，口诀二卷）、法师赵坚（作讲疏六卷）、太子司议郎杨上善（高宗时人，作《道德集注真言》二十卷）、吏部侍郎贾至（作述义十一卷，金钮一卷）、道士车（玄）弼（作疏七卷）、任真子李荣（注上下二卷）、成都道士黎元兴（作注义四卷）、太原少尹王光庭（作契源注二卷）、道士张惠超（作志玄疏四卷）、龚法师（作集解四卷）、通义郡道士任太玄（注二卷）、道士冲虚先生殿中监申甫（作疏五卷）、岷山道士张君相（作集解四卷）、道士成玄英（作讲疏六卷）、汉州刺史王真（作论兵述义上下二卷）、道士符少明（作道谱策二卷）、玄宗皇帝所注道德上下二卷（讲疏六卷），即今所广疏矣。[①]

如果我们考之于史籍，就可见杜光庭所记载的《道德经》诠疏笺注目录无论在种类上，还是在卷数上都超过了后来出现于宋代的《旧唐书·经籍志》和《新唐书·艺文志》，也比明版《道藏》中所收录《道德经》注疏要多。明版《道藏》的“太玄部”主要收录的就是老子《道德经》以及注疏《道德经》而形成的道书，大约有五十余种，三百多卷。这是我们今天能够看到的情况[②]。这说明随着时间的流逝，许多注老著作因种种原因而佚失了，杜光庭《道德经》诠疏笺注目录却为后人保留了一份弥足珍贵的老学史料，其中透露出的许多信息都具有重

① 《道德真经广圣义·序》，《道藏》第14册，第309页。
② 参见朱越利：《道藏分类解题》，华夏出版社1996年版。

要的学术价值,例如:

第一,杜光庭所记载的六十多家注经者具有复杂的身份。其中有三分之二是道士,余下的三分之一:有隐士,如严君平、孙登等;有佛教僧人,如鸠摩罗什、佛图澄、僧肇等;有玄学家,如王弼、何晏、郭象等;有官吏,如傅奕、魏征、贾至等;还有梁武帝、梁简文帝、唐玄宗这样的一代君王。这说明,推动汉唐老学思想发展的主力是道教学者。道教学者对老子之道进行宗教性诠释以作为道教信仰的理论依据无疑成为汉唐老学思想发展之主脉。同时,具有各种社会身份和文化背景的人参加到注老解老的队伍中,又显示出注疏《道德经》并非是道教的专利。

第二,杜光庭指出汉唐历代六十余家《道德经》诠疏笺注具有不同的指归意趣。“所释之理,诸家不同;或深了重玄,不滞空有;或溺推因果,偏执三生;或引合儒宗,或趣归空寂。莫不并探骊室,竞掇珠玑;俱陟钟山,争窥珪瓒。”[①]杜光庭认为,这与《道德经》本身包含众义,内容十分丰富,从而为后人的注疏留下广阔的阐释空间有关。他说:

> 《道德尊经》,包含众义,指归意趣,随有君宗。河上公、严君平,皆明理国之道;松灵仙人、魏代孙登、梁朝陶隐居、南齐顾欢,皆明理身之道;符坚时罗什、后赵图澄、梁武帝、梁道士窦略,皆明事理因果之道;梁朝道士孟智周、臧玄静、陈朝道士诸糅、隋朝道士刘进喜、唐朝道士成玄英、蔡子晃、黄玄赜、李荣、

① 《道德真经广圣义·序》,《道藏》第14册,第310页。

车玄弼、张惠超、黎元兴，皆明重玄之道；何晏、钟会、杜元凯、王辅嗣、张嗣、羊祐、卢氏、刘仁会，皆明虚极无为、理家理国之道。此明注解之人意不同也。①

从杜光庭显示的“注解之人意不同”这一文化现象中，可见汉唐老学中形成了道家派、道教派、玄学派、佛学派、重玄派等不同的流派，这是由历代注老者从自己特定的知识背景和文化视角出发，根据自己的理解而通过注疏来呈现《道德经》的“指归意趣”而造成的。杜光庭进一步指出，“注解之人意不同”并非是随意的发挥，而是与当时中国思想文化发展中出现的“诸家禀学立宗不同”相联系的。

又诸家禀学立宗不同：严君平以虚玄为宗；顾欢以无为为宗；孟智周、臧玄静以道德为宗；梁武帝以非有非无为宗；孙登以重玄为宗。宗旨之中，孙氏为妙矣。②

杜光庭特别采用了“虚玄”、“无为”、“道德”、“非有非无”、“重玄”等名词术语来分判各家立宗之旨趣，从而在客观上展示了汉唐老学在理论上多向度发展的实情。

第三，从杜光庭的《道德经》诠疏笺注目录中可见，吸取道

① 《道德真经广圣义》卷五，《道藏》第 14 册，第 340～341 页。

② 《道德真经广圣义》卷五，《道藏》第 14 册，第 341 页。需要说明的是，初唐道教学者成玄英也有类似的说法：“夫释义解经，宜识其宗致。然古今注疏，玄情各别。而严君平《旨归》以玄虚为宗；顾征君《堂诰》以无为为宗；孟智周、玄静以道德为宗；梁武帝以非有非无为宗；晋世孙登‘托重玄以寄宗’。虽复众家不同，今以孙氏为正。”（《道德经开题序诀义疏》，敦煌卷子 P. 2353）杜光庭在此可能参考了成玄英的说法。

家、玄学、儒学、佛教等思想来诠释《道德经》已构成了汉唐老学思想发展的一种学术特色，只不过“禀学立宗”之倾向各有不同罢了。汉唐老学思想中呈现出的各种异质文化的相互碰撞与融合在客观上成为促进汉唐老学思想繁荣与发展的动因。

但需要说明的是，《道德经》注疏卷帙浩繁，撰者众多，杜光庭的记载难免有纰缪疏误，例如，对孟安排等个别注疏者的生活年代把握得就不够准确，对松灵仙人、王弼、何晏、钟会、郭象、孙登等人注疏的名称和卷数也未能标明。另外，还有个别注疏者的身份也值得再推敲，例如，杜光庭认为，“隐士孙登，字公和，魏文、明二帝时人”，而生活在杜光庭之前的成玄英就有“晋世孙登云‘托重玄以寄宗’”[①]的说法，认为孙登是晋时人，蒙文通先生则考证说：“杜以孙登为魏人，殆疑为与嵇（康）、阮（籍）同时居苏门之孙登，此为大谬。注《老》之孙登乃东晋人。”[②]究竟如何，因缺少资料佐证，学术界至今仍有争议[③]，需要作进一步研究。这些都要求我们在引用杜光庭的著录时必须详加明辨。

---

① 敦煌经卷 P2353 号成玄英《道德经开题序诀义疏》，黄永武主编《敦煌宝藏》，第 119 册，台湾新文丰出版公司，第 546 页。

② 《道教史琐谈》，《中国哲学》第四辑，北京三联书店 1980 年版。

③ 例如，卢国龙先生沿续蒙文通的思路而断言杜光庭“误将曹魏时的隐士孙登当成了晋朝的重玄孙登”（卢国龙：《中国重玄学》，人民中国出版社 1993 年版，第 2 页）。但韩国学者崔珍皙先生又提出了不同看法，他在《对于孙登问题的一个浅见》一文中说：“杜光庭不可能把东晋孙登误认为‘魏代孙登’有两个主要的原因。其一，杜光庭在对隐士孙登的附注中明确地说：‘字公和，魏文明二帝时人’。其二，杜光庭把孙登的‘宗趣指归’看作‘明理身之道’，这与孙登向嵇康强调‘保身之道’实乃一脉相通也。”（陈鼓应主编：《道教文化研究》第十九辑，北京三联书店 2002 年版，第 132 页）

第二节　对诸家注老之旨趣的分判

杜光庭在《序》中详载汉唐《道德经》注疏目录的目的并非是要作经籍志，而是要在梳理老学发展之理路的基础上，凸现各种注疏"所释之理，诸家不同"，通过对各家宗旨意趣的分判而将唐玄宗的注疏奉为圭臬，从而为自己撰写《广圣义》提供一种理论依据。这就决定了他的注疏必然要反映汉唐老学思想如何通过注疏的方式而曲折发展。如果我们将杜光庭的这篇《序》文所提供的《道德经》注疏目录放到中国思想文化发展的历史背景中钩沉索隐，就可以看到言简意赅的《道德经》从汉代始就受到了"哲后明君，鸿儒硕学"们的喜爱，由"累代尊行"而推动了老学思想持续而多向度的发展。

从历史上看，道教在创立之初就奉老子为教主，与老子思想结下了不解之缘。"东汉以来，《老子》一书注本繁多，仅在道教徒中流行的，就有《老子河上公章句》、《老子想尔注》、《老子五千文》、《老子节解》等。"[①]有关这几本书的作者及创作的年代，至今学界仍是众说纷纭。但值得重视的是，杜光庭明确指出了它们的作者，是为一家之说，可供参考。

杜光庭认为，汉代出现的《道德经》注本《河上公注》[②]和《老子指归》在"指归意趣"上具有共同特征，就是"皆明理国之

① 王卡：《〈老子道德经序诀〉考》，载《世界宗教研究》1983年第3期。

② 唐代陆德明在撰写《经典释文·叙录》时，著录《河上公注》四卷，并叙述了该书的来历，但却谓其作者"不详其名"。后刘知几提出《河上公注》为伪书以来，关于《河上公注》的产生年代和作者，可谓众说纷纭，至今未有定论。

道”。这就凸显出汉代老学注重治世理国的特点。但同时杜光庭又进一步指出两书之间的差异：“蜀严道德沈冥，言其识量深厚，玄德隐微非常”，故俗人难以理解，未得广传。而《河上公注》二卷“以为道德尊经并包万法，囿制三才，理国理家之宗，修身修道之要，无所不摄，无所不周”①，它既注重理国理家，又有利于修身修道，从而与道教的终极理想不谋而合。杜光庭一语道出以理国修身为指归是《河上公注》的重要特点，因此他认为，“河虽或略，亦足明其至妙”②。

而在早期五斗米道中，比较流行的是《老子想尔注》。《老子想尔注》虽以老子为旗号，但从道教的基本宗旨出发，曲解《老子》，自立教义，以为建构道教信仰提供理论论证。杜光庭明确指出，早期五斗米道造作的、并奉为道徒必读之书的《老子想尔注》为“三天法师张道陵所注”，具有“述修身”的特点③。

杜光庭对汉代比较流行的一些注老著作的指归意趣的看法虽为一家之言，但由此却显示出道家思想向道教的过渡是将“道”之内涵由学术转向宗教，其契机就是对“修身”炼形的重视。而最早促成这一转化的直接原因则是对《道德经》所进行的宗教性诠释。在这种转化过程中，道教老学也随之而诞生。道教老学是道教学者站在信仰的立场上，用道教的得道成仙的思想来诠释《道德经》而逐渐形成的一门学问。这种诠释不仅将老子的哲学之道演化为

① 《道德真经广圣义》卷一，《道藏》第14册，第311页。
② 《道德真经广圣义》卷一，《道藏》第14册，第311页。
③ 《道德真经广圣义》卷一，《道藏》第14册，第310页。

宗教之道，而且也为道教的创立与持续发展奠定了思想和信仰基础。

杜光庭又列举了魏晋南北朝时期的注老著作。他指出“松灵仙人、魏代孙登、梁朝陶隐居、南齐顾欢，皆明理身之道”，而玄学家何晏、王弼、郭象和钟会的注老著作的“指归意趣”是“皆明虚极无为、理家理国之道”。这就展现出魏晋时期的道教与玄学从不同的角度发挥《道德经》义旨而形成了两大学派。从玄学的角度来看，无论是何晏著《道德论》、王弼著《老子注》和《老子指略》倡导的“以无为本”，钟会《老子注》提倡“有无相资，俱不可废”，还是郭象融会老庄而提出的“独化于玄冥之境”，以他们为代表的魏晋玄学主要是融合儒道而发展了老庄道家的自然人生论，因而被称作新道家。特别是王弼的《老子注》倡“贵无论”而开魏晋玄学的“虚极无为”之先风，对后世影响极大。它与《河上公注》一起，成为自古以来最受重视的《道德经》注本。从道教的角度看，随着魏晋玄学在江南的盛行，东晋时期，江南地区出现了以造作经书、传授经法为首务的道教经箓派和以追求烧炼服食丹药而达到长生不死之境的道教丹鼎派。经箓派由上清、灵宝和三皇三大经系组成，它在创立之初曾力图抛开《老子》而借鉴佛教教义创立自成一体的道教信仰体系，因此，在经文中出现了贬低《老子》，抬高自身的倾向，而最终也没有把《老子》收入三洞经书之中。以葛洪为代表的丹鼎派则明确地认为，“五千文虽出老子，然皆泛论较略耳。其中了不肯首尾全举其事，有可承接者也。但暗诵此经，而不得要道，直为徒劳耳，又况不及者乎？至于文子庄子关令尹喜之徒，其属文笔，虽祖述黄老，宪章玄虚，但演其大旨，永无至言。或复齐死生，谓无异以存活为徭役，以殂殁为休息，其去神仙，已千亿里矣。岂足耽玩哉？”①葛洪不仅认为《老子》“泛论较略”，不宜修仙，而且认为《庄子》等道家之书所倡导的“齐生死”的精神与道教的神仙之旨差异千里。

当时道教中出现的明贬老庄、暗学佛教的做法，虽然促进了道教从依附老庄思想中独立出来而自创理论体系，但其理论体系的基点仍然是依据道教的得道成仙思想而对老庄作宗教性的发挥。当时一些著名道士都力图以“理身之道”来诠释《道德经》义旨，以期使之与道教所追求的炼形成仙的终极理想相契合。炼形成仙既是道教信仰的核心，也是道教解决人的生命问题时所提出的一个美好理想。道教为了实现这一理想而发明了种种道术，希望以技术性的方法来无限地延长人的生命。问题在于，人虽然可以采用种种方法来延长生命，但人有生必有死，这是不以人的意志为转移的客观规律。道教丹鼎派企图“假求于外物以自坚固”来无限地延长生命，这就在客观上使无限之道与有限之肉体的矛盾凸现出来。

随着佛教理论的发展和宗教势力在中土的扩大，南北朝时，社会上出现了沙门道士激烈交锋，相互弹射的局面。佛教对道教的肉体长生说大加攻击，并特别指出道教得道成仙的理想与老庄思想的相违背，认为“若乃练服金丹，餐霞饵玉，灵升羽蜕，尸解形化，斯尤乖老庄立言本理。”②道教这才逐渐意识到，托神所造作的道书虽然种类繁多，卷帙庞大，但巫觋之

---

① 《抱朴子内篇·释滞》，王明：《抱朴子内篇校释》，中华书局 1985 年版，第 151 页。

② 《广弘明集》卷八，《大正藏》第 52 册，第 139 页。

术弥漫，理论上难以精圆，真正能够与佛教相抗衡的，还是具有浓厚思辨性的《道德经》。

值得注意的是，佛教在批评道教的同时，却在悄悄地吸取着中国传统文化。这是因为佛教在两汉之际传入中国后，就面临着一个如何适应中土社会的精神与文化需要的问题。佛教的中国化，"从思想理论上看，大致可以概括为佛教的方术灵神化、儒学化和老庄玄学化等三个方面。"①在佛教中国化的过程中，内蕴着中国传统文化精神而极具思辨性的《道德经》引起了佛教徒的广泛关注。杜光庭打破了宗门之见，不仅记载了佛教高僧鸠摩罗什、佛图澄、僧肇等人的《道德经》注疏，而且还指出这些注疏的主要特点是"皆明事理因果之道"，简要地概括了佛教徒注老的指归意趣。据《旧唐书·经籍志》中记载，鸠摩罗什有《老子注》②。而罗什的弟子僧肇早年"志好玄微，每以庄、老为心要"③，但僧肇是否曾注有《道德经》四卷，学术界至今还有争论。汤用彤先生通过考证就认为，"所谓肇公之《老子注》，同是伪书也。"④但僧肇的代表作

① 洪修平：《禅宗思想的形成与发展》(修订版)，江苏古籍出版社2000年，第2页。

② 李霖集：《道德真经取善集》中收有鸠摩罗什所注的《老子》十余条(载《道藏》第13册)。汤用彤先生查《取善集》中所引鸠摩罗什注文义，认为其中"颇有可注意之思想，如注'大盈若冲'句曰：'空而能正曰冲'；又如注'以其不争，故天下莫能与之争'句曰：'心形既空，孰能与无物者争'？又如注'复归于无极'句曰：'……若能去智守愚，动与机合，德行相应，为物楷式，显则成行，隐复归道，道本不穷，故成无极。一是智慧无极，二是慧命无极'。这些思想都或与佛教般若思想有关。"(《汤用彤学术论文集》，中华书局1983年版，第408页)

③ 《高僧传》卷六《僧肇传》。

④ 《汉魏两晋南北朝佛教史》，中华书局1983年版，第235～236页。

《肇论》一书具有浓厚的老庄化色彩却是无可置疑的事实。此外，杜光庭还将虔信佛教的梁武帝萧衍的《道德经注》和梁简文帝萧纲的《道德经述义》与佛教徒注老著作的宗旨意趣归为一类。杜光庭的这些记载显示出佛教徒在推进中国佛教发展时，自觉与不自觉地对中国传统文化的吸收与依附。这种以佛解老的思路不仅给老学发展带来了方法论上的启迪，而且提醒道教去珍视自家宝藏。

当南北朝道教兴起改革浪潮时，北魏道士寇谦之托太上老君之名而造作《老君音诵诫经》作为改革的理论依据。南朝宋朝道士陆修静在搜集道经，建立三洞体系，对道教进行自我改革以求更新发展时，也重新回视老子，著有《道德经杂说》[①]，以提升道教的理论水平。这样，如何融合各种道书之教义而建立一个以老子思想为核心的经教体系就成为当时道教理论发展的重心。

在南北朝道教理论探讨之风日盛的氛围中，通过诠释《道德经》来发挥道教义理就顺理成章地成为道教的一种重要的学术形式。在当时众多的道教流派中，比较重视阐释《道德经》义理的有太玄派，而灵宝派也把目光转向了《道德经》。“灵宝派、太玄派的动向促进了隋代重玄派的成立，对于《道德经》在唐代被尊崇的情势的形成，也给予了有力的影响。”[②]据杜光庭记载，“梁朝道士孟智周、臧玄静、陈朝道士诸糅、隋朝

① 此书早已佚失，杜光庭也没有记载。虽然今天我们已无从详知该书的内容，但透过书名，还是可知该书大概是依据《道德经》而发的议论。

② [日]砂山稔：《道教与老子》，载[日]福井康顺等监修《道教》第2卷，上海古籍出版社1992年版，第28页。

道士刘进喜、唐朝道士成玄英、蔡子晃、黄元赜、李荣、车玄弼、张惠超、黎元兴，皆明重玄之道。”这就呈现了一个历史事实，南朝道教中出现了以“重玄之道”注疏《道德经》的思潮，这一思潮发展到初唐很快进入了高潮。杜光庭在《道德真经广圣义·序》中就记载了臧玄静《道德经疏》四卷、孟安排《道德经义》二卷[①]、孟智周《老子注》五卷等颇具重玄学意味的著作。所谓“重玄”语出于《道德经》第一章“玄之又玄，众妙之门”。“重玄之道”通过两个思想主题道体论和道性论和一个双遣兼忘的方法来形容“道”的幽冥玄远的状态[②]，标示出当时的道教希望通过吸取佛教“非有非无”的中观思想来注释老庄，以促使道教思想发生转型——从注重探索、实践形而下之术，转到建构形而上之道，从而促进道教从人的内在心性中去开拓生命超越的新理路。这就为道教老学理论在唐宋时期的转型与繁荣奠定了理论基础。

唐代道教之所以大规模地注疏和研究老庄，与唐王朝的倡导分不开。唐王朝尊奉老子，将《老》、《庄》、《列》、《文》等道家著作升格为“经”，甚至规定“道士通《道德经》者，给地三十亩”[③]，以经济为导向来促进道教学术的繁荣。据《旧

① 杜光庭认为孟安排为大孟，是南朝梁代人。朱法满编《要修科仪戒律钞》卷十五云：“大孟先生，讳景翼，字辅明。”(《道藏》第 6 册，第 993 页。)陈国符先生据此认为孟安排应为南朝道士孟景翼(参见《道藏源流考》，中华书局 1963 年版，第 2 页)。近年来，随着对孟安排编集的《道教义枢》研究的展开，现在学界一般认为，孟安排应为唐代人(参见王宗昱：《〈道教义枢〉研究》，上海文化出版社 2001 年版，第 1～3 页)。

② 卢国龙：《道教哲学》华夏出版社 1999 年版，第 242 页。

③ 《集古今佛道论衡》卷丙，《大正藏》第 52 册，第 386 页。

唐书》记载，唐太宗不仅令颜师古考订、统一儒家《五经》的文字字义，而且还令傅奕和魏征注《老子》。据杜光庭记载，“傅奕注二卷并作音义”，“魏征作要义五卷”，都反映了唐太宗对《道德经》的重视。唐高宗在仪凤三年(678)下诏：“自今以后，《道德经》并为上经，贡举人皆须兼通。”[①]唐玄宗不仅让道士司马承祯刊正《老子》的文句，而且自己还亲自为《道德经》作注，颁令让天下士人奉读，甚至将其列为崇玄馆的教材，建立道举制度。这样，注疏《道德经》在唐代成为由官方发起的一项文化运动。杜光庭记载的书目中唐代注疏就有三十家，又以“玄宗皇帝所注道德上下二卷(讲疏六卷)”为终结，这绝不是偶然的。

杜光庭在辨析诸家“指归意趣”之后，并没有站在道教的立场排斥异说，而是以一种十分开放的心态来对待之，认为各家学说“莫不并探骊室，竞掇珠玑”，都是探究《道德经》奥秘之成就。但杜光庭着力强调的是，“横亘古今，独立宇宙，虽诸家染翰，未穷众妙之门，多士研精，莫造重玄之境”[②]，认为在各家各派之中，孙登开创的重玄学的义旨最为精妙，“孙登以重玄为宗，宗旨之中，孙氏为妙矣”[③]，而唐玄宗依“重玄之道”所作的《道德经》注疏，则代表了以重玄学注老的最高水平。杜光庭的这种观点实际上表明，内蕴丰富的汉唐老学是他撰写《道德真经广圣义》的文化背景与理论基础。

---

① 《旧唐书》卷二十三《礼仪志》。

② 《道德真经广圣义》卷一，《道藏》第 14 册，第 310 页。

③ 《道德真经广圣义》卷五，《道藏》第 14 册，第 341 页。

第三节　对老学思想的总结与发展

如果说唐玄宗的《道德经》注疏[①]标志着官方对老学思想的一个阶段性总结，那么杜光庭的《道德真经广圣义》则是对唐玄宗"圣义"的进一步发挥。虽然杜光庭所记录的《道德经》注疏目录只到唐玄宗的注疏为止，但如果我们再考之于唐玄宗之后的注老著作及其他史料，仍然可以见到唐代老学思想阶段性发展的全貌，以及注老诸家宗旨意趣的进一步丰富化对杜光庭思想所产生的影响。

唐初统治者出于治理国政的需要，首先推行"明理国之道"的《河上公注》，傅奕和魏征的注本都是以《河上公注》为依据，着重阐发《道德经》中经邦治国的思想，这是唐代老学的第一个阶段。随着唐代佛教的兴盛，道教运用佛教中观学"非有非无"的方法来注老，佛道的融合提升了唐代老学的思辨水平。第二个阶段的代表作就是成玄英的《道德经疏》和李荣的《道德真经注》，他们将颇具思辨色彩的重玄学推向了高潮。第三个阶段以唐玄宗的《道德经》注疏为代表，强调内以修身，外以治国，用重玄学的方法进一步发挥《河上公注》的精神。杜光庭将唐玄宗的《道德经》注疏奉为注老的最高典范，称之为"冠九流而首出，垂万古而不刊"[②]，故其后出现的一些注老著作就没有收录。第四个阶段，注老著作的指归意趣呈现出

---

① 《唐玄宗御制道德真经疏》十卷和《唐玄宗御注道德真经》四卷，见《道藏》第 11 册。

② 《道德真经广圣义·序》，《道藏》第 14 册，第 310 页。

多向度发展的趋势：有的讲“清心养气，安国保家之术”，如李约《道德真经新注》[1]，不仅否认道教的肉体长生不死之说，而且对“寿”字进行了新的诠释；有的将修身理国扩大到用兵之道，如王真《道德经论兵要义疏》[2]；有的放弃以佛解老，转而以儒解老，如陆希声《道德真经传》[3]引用唐代儒家的“性情”思想去注《老子》，将老子之道归结为“性情”，从而塑造出一个披上儒服的老子；还有的依据清净无为思想来讲理身理国，如强思齐的《道德真经玄德纂疏》[4]。第五个阶段以唐末杜光庭的《道德真经广圣义》为代表。杜光庭以唐玄宗《道德经》注疏为文本而总结前人的注老思想，在汇集、评判各种老学思想的基础上别立新解，使《道德真经广圣义》成为唐代老学思想的集大成著作[5]。

那么，杜光庭是如何在评判前人注老的宗旨意趣的基础上，在自己的《道德真经广圣义》创作中别立新解，从而将道教老学研究推向了一个新的理论高度的呢?

理论的发展首先在于方法上的创新。从注老的方法上看，杜光庭不仅对各家的注老方法做了总结与发展，而且他在以道教的理念进一步发挥唐玄宗《道德经》注疏的义理时，既

① 《道藏》第 12 册。

② 《道藏》第 13 册。

③ 《道藏》第 12 册。

④ 《道藏》第 13 册。

⑤ 关于唐代老学思想的发展，学者们曾做过一些研究：如李申先生提出唐代老学思想发展的“四阶段说”(参见《唐代的〈老子〉注疏》，载《道家文化研究》第二辑，上海古籍出版社 1992 年版，第 304 页)。日本学者中岛隆藏《从现存唐代〈道德经〉诸注看唐代老学思想的演变》对唐代老学思想演变的情况也作了梳理(载《宗教学研究》1992 年第 1～2 期)。

沿用老庄的思维方法，又引玄学之思辨，还采用佛教之中观来诠释老子之道，融合儒佛道三教来发挥道教之学，例如，他以“本迹”、“理教”、“境智”、“人法”、“生成”、“有无”、“因果”等“七义”来通释“道德义”，强调“以上七义，互相交络，二而不二，一而不一，是知道德为正体”①，其中就包含着浓厚的玄学和佛学的色彩，他对老子的思想所作的独到阐发，其论证之详细，引文之丰富，使《道德真经广圣义》成为唐代各《老子》注本中篇幅最大、内容最丰的著作。特别是他站在道教的立场上，在玄学与佛学中寻找道教可资借鉴的理论资源，自觉地将融会各种思想作为自己进行理论创新的方法，才使自己成为唐代老学思想的集大成者。

从注老所依据的文本看，杜光庭采用了唐王朝认定的标准注本，即“从创业到开元年间的《河上公注》和其后的《玄宗注疏》”②，这是别有深意的。版本的选择是为了更好地表达他对老学义旨的理解和发挥。《河上公注》在《老子》注本中成书较早，影响较大，成为后世比较通行的《道德经》注本，也是唐玄宗注老和杜光庭写作《道德真经广圣义》所采用的文本。《河上公注》“主要内容是以汉代流行的黄老学派无为治国、清静养生的观点解释《老子》经文。天道与人事相通，治国与治身之道相同，二者皆本于清虚无为的自然之道。”③然而在唐初时，《老子》注疏应当采用什么注疏本还曾引起过争论。开

① 《道德真经广圣义》卷五，《道藏》第14册，第338页。

② [日]中岛隆藏：《从现存唐代〈道德经〉诸注看唐代老学思想的演变》，载《宗教学研究》1992年第1～2期。

③ 参见王卡点校：《老子道德经河上公章句》前言，中华书局1993年版，第8页。

元七年(719),唐玄宗特别向臣下询问《道德经》注疏本应采用河上公注本还是王弼注本。《史通》的作者刘知几在比较了两者的优劣之后认为"王弼所著,义旨为优",主张推行王弼注本,而《史记索隐》的作者司马贞则认为,由于《河上公注》"小足以修身洁诫,大可以宁人安国"[①],既具有养神修身的作用,又具有安邦治国的政治价值,故更优。这一争论的结果当然是司马贞的意见占了上风。但唐玄宗既不满王弼注,也不满《河上公注》,杜光庭写道:"圣旨叹,道德隐奥之文,上下玄妙之趣,未有了达解释之人,自蜀严、河公之后,注疏者去圣越远。"[②]于是,唐玄宗亲自作注,让近臣做疏释。从开元二年(714)到二十三年(735),花费了二十年的时间才得以完成。这样,唐代虽然出现了众多的《老子》注本,但真正有影响的主要是二个本子,即《河上公注》和唐玄宗的注疏本。这两个本子的共同特点是都将经国理身奉为圭臬,而后者又融儒佛道三教为一炉。杜光庭正是通过对这两个文本的义释来进行理论创新的。

从注老的宗旨意趣上看,杜光庭是通过凸显"经国理身"的思想来推动道教理论更新发展的,因此他特别推崇唐玄宗的注疏,这其中除了有推崇皇旨的意图外,更与他赞赏玄宗皇帝以"修身理国为宗"的解经倾向有关。杜光庭说:

> 躬注八十一章,制疏六卷,内则修身之本,囊括无遗;外即理国之方,洪纤毕举。宸藻遐布,夺五云

① 《唐会要》卷七十七《论经义》。

② 《道德真经广圣义》卷一,《道藏》第14册,第311页。

之华；天光涣临，增两曜之色。[1]

杜光庭在唐末动荡社会中，既强调通过修身养性以得道升玄，又十分向往一种合道而太平的理想社会。他沿着唐玄宗的思路，对“经国理身”作了进一步的阐释。他的“经国”思想中所表现出来的济世利人的精神，在金元时期兴起的全真道的“真行”中得到了充分的体现，而他从“身国同构”出发，将“理身”作为“经国”之本，主张通过“返本复性”，即回归人的内在的“真性”来寻求超越之途，强调“性命双修”，又促进了唐宋道教的理论转型，推动道教追随中国哲学发展的趋势而完成了本体论向心性论的过渡，从而为宋代道教老学的新走向开拓了道路。因此，“杜光庭的《道德真经广圣义》既是对玄宗老学的继承，同时也有较大的发展，其‘广’的成分甚重。”[2]杜光庭正是通过总结老学的发展而为自己建构道教思想理论体系奠定了基础。

① 《道德真经广圣义》卷一，《道藏》第 14 册，第 310 页。

② 熊铁基、马良怀、刘韶军：《中国老学史》，福建人民出版社 1995 年版，第 284 页。

第四章 宇宙论的特色

"道"是老子哲学中的一个最重要的概念，也是杜光庭哲学的理论基础。但是，当我们细究杜光庭的《道德真经广圣义》等著作，就会发现他对"道"的诠释存在着两种不同的倾向：一种是从对"道"的信仰出发，把"道"人格化，宣称"大道之身，即老君也，万化之父母，自然之极尊也"[①]，将太上老君视之为"道"的化身，奉之为创造宇宙、主宰万物的最高神灵；另一种则是沿续了汉魏以来以"元气"为宇宙本源的传统，以气解"道"，宣扬"大道元气，造化自然"。基于对道的这两种不同解释，杜光庭的宇宙论中也表现出了两条不同的线索：一是从神学上提出带有神喻启示特点的宇宙神创说，以彰显"道"的主宰性、神圣性与超越性；二是从哲学上建构了以"道气"为本的宇宙生成论，力图对宇宙世界以及人的生存作出一个根本性的解释，从而为人的修道实

① 《道德真经广圣义》卷二，《道藏》第14册，第316页。

践提供依据。这两条线索相互交涉，共同构成了杜光庭的宇宙观的基本特色。

第一节　太上老君创世论

宇宙是如何起源的？是通过超自然的途径“被创造”出来的？还是通过自然的途径演化而来的？天地万物和人产生发展的依据是什么？天地人之间是什么关系？对宇宙的本源及其发展变化的原因的追问是所有民族文化创生的基点。童年的人类尽管思维能力十分低下，但生存的需要却驱使他们自觉或不自觉地对与人密切相关的宇宙自然现象进行猜测与想像，不断地创造出五花八门的关于宇宙起源的神话、诗歌和传说。这些多少带点神秘性、先验性和荒诞性的神话、诗歌和传说，却为后来的宗教宇宙观的创生提供了丰富的文化资源。“在人类意识的黎明时期，宗教是人的宇宙观的主要棱镜，几乎是人解释世界的唯一手段。”①虽然不同的宗教都建构了自己独具特色的创世说，但至今为止，“创世问题”仍然是人类尚未彻底解决的宇宙之谜。有什么样的创世说就会有什么样的宇宙论和人生论，也就会有什么样的宗教解脱论，这似乎是人类思维逻辑发展之必然。在各种宗教的宇宙起源说中，最著名的莫过于《圣经·创世记》了。道教虽然并没有像基督教那样生动而明确的宇宙神创说，但道教在探讨、追述宇宙与人的起源以及人与天地万物的关系时，也提出了自己带有神喻特

---

① ［美］丹尼尔·贝尔：《资本主义文化矛盾》，北京三联书店 1989 年版，第 29 页。

点的老君创世说，以表达一种对宇宙起源的看法，杜光庭也不例外。

杜光庭在他的著作中大力宣扬了太上老君创世说。他说："太上老君乃阴阳之主首，万神之帝君，元气之父母，天地之本根，先王之师匠。"[①]将老子神化为宇宙的创世主，这并非是杜光庭的首创。道教在创立之初就有神化老子的倾向，并将其视为宇宙的创造者。五斗米道所出的道经《老子想尔注》就明确提出："一者，道也。……一在天地外，入在天地间，但往来人身中耳。……一散形为气，聚形为太上老君。常治昆仑，或言虚无，或言自然，或言无名，皆同一耳。"[②]强调"一"就是"道"，"道"散形为气，聚形就成了栩栩如生的太上老君。后来道教中盛行的"一气化三清"的说法，可能就是由此思路通过想像而形成的。这种将道、气与老子的化身太上老君相联系的做法，深受汉代哲学中流行的元气论的影响，其对老子神性的界定是建立在元气神格化的基础之上的，这显然与基督教所信仰的全智全能的上帝有所不同，反映了中国人"观物取象"的思维方式，即使是塑造高高在上、虚无而微妙的神灵，也还是希望通过某一具体的东西来进行。这种思维方式为道教在宇宙观上形成宇宙神创说与宇宙生成论这两条不同倾向的发展线索埋下了伏笔，也为杜光庭建构道教的宇宙神创说提供了思路和依据。

有人认为，"以学术为重心的中国宗教——释道两教不承认神灵创世，虽然他们也认为人生是虚无、苦难和罪恶，但他

---

① 《道德真经广圣义》卷二，《道藏》第14册，第318页

② 饶宗颐：《老子想尔注校证》，上海古籍出版社1991年版，第12页。

们并不认为这虚无、苦难和罪恶是人与神对立的结果，而是人们没有勘破那宇宙和人生之因缘和合成阴阳交感的本质。”[①]如果考察一下道教史，就可见事实并非如此。道教的宇宙观中始终存在着神创说这条发展线索。

事实上，道教发展到魏晋时期，就已建立起了自己独特的宇宙神创说，这主要体现在传为西晋王浮所作的《老子化胡经》和东晋葛洪的《枕中书》等道书中。饶宗颐先生在《论道教创世记》一文中通过对敦煌文献的分析和出土文物的考证而认为，“道教经典本无所谓《创世记》的专著，对于人类的原始，道教徒所造的宇宙论，自来却非常关心。道教起于蜀中，汉人传说第一位开天辟地的人物盘古氏，最先竟始出现于四川”，而西晋道士王浮参照佛书所造作的《化胡经》，“特别是第十卷多言及荒古创世之事，可能即出自《盘古传》”，其中提到了一些类似于希伯来之《创世记》中的富有代表性的观念，例如在“第十一变词”中提到了“选擢种民”、“洪水神话”，以及类似于挪亚的“伏羲”，而“伏羲和女娲是汉人心目中人类的开端”，这反映了人类思维方式的某种相似性。饶先生据此而认为，“自王浮而后，道教经典撰述花样多端，层出不穷，逐渐有类似创世之说，间亦吸收盘古神话，如道书《元始上真众仙记》引《真书》。”[②]

这里提到的《元始上真众仙记》一卷，又题为《葛洪枕中

① 顾伟康：《论古代中国淡薄的宗教观念和发达的宗教存在》，载《上海社会科学院学术季刊》1992 年，第 1 期。

② 陈鼓应主编：《道家文化研究》第 16 辑，北京三联书店 1999 年版，第 1～3 页。

书》,或称《枕中书》,柳存仁先生很重视此书,认为它可视为道教的创世记[①]。此书虽题为葛洪撰,但实为后人的伪托,应是六朝上清派的著作[②]。书中假托葛洪之口,叙述了葛洪于罗浮山夜遇玄都太真王下降授之以《真书》的事。《真书》中借用了传统的盘古开天地的神话,表达了道教类似于创世说的观点,认为"昔二仪未分,溟涬鸿濛,未有成形,天地日月未具,状如鸡子,混沌玄黄。已有盘古真人,天地之精,自号元始天王,游乎其中。"[③]这里,只是把盘古称为"真人",并加号为"元始天王"而已,正如饶宗颐先生所说:"这则是道教化的盘古"[④]。需要注意的是,《枕中书》的创世之神是元始天王而并非太上老君,这不仅反映了六朝时期南方道教在信仰上的特点,而且为后来道教确立"三清"为道教的最高神奠定了基础[⑤]。然而,从"道"即"老子"的思想出发,太上老君在道教神创说中一向具有重要地位。这些都为杜光庭倡导的太上老君神创说提供了基本素材。

道教所信仰的神灵绝不是一种抽象意义上的存在,它必须在与自然、社会和人生的关系中表现出来。因此,道教在论述太上老君存在的同时,必然要涉及到其属性以及与宇宙万

---

① 柳存仁:《道教史探源》,北京大学出版社2000年版,第6~13页。

② 参阅任继愈主编:《道藏提要》,中国社会科学出版社1991年版,第121页。

③ 《元始上真众仙记》,《道藏》第3册,第269页。

④ 饶宗颐:《论道教创世记》,载陈鼓应主编《道家文化研究》第16辑,北京三联书店1999年版,第6页。

⑤ 参见王卡:《元始天王与盘古氏开天辟地》,载《世界宗教研究》1989年第3期。

物的关系。南北朝时,道教中就出现了专门讲述太上老君如何从无到有创造宇宙天地万物乃至于人的道书——《太上老君开天经》。经中说,在混沌未分、天地未辟之时,“老君犹处空玄,寂寥之外,玄虚之中,视之不见,听之不闻。若言有,不见其形;若言无,万物从之而生。”这样一个无声无形犹如处于“空玄”状态的太上老君,实际上就是《道德经》中的核心观念“道”的化身。太上老君创世时,由“虚空而下,为太初之师,口吐《开天经》,一部四十八万卷,一卷有四十八万字,一字辟方一百里,以教太初。太初始,分别天地清浊,剖判溟涬洪濛,置立形象。”然后再口吐《乾坤经》,创造天地,“清气为天,浊气为地”,阴阳“在天成象,日月星辰是也;在地成形,五岳四渎是也;在人成生,心肝五脏是也。”[①]太上老君的创世是一个漫长的过程,经历了“洪元”、“混元”、“太初”、“太始”、“太素”、“混沌”、“九宫”、“元皇”等阶段。人类社会也经历了三皇五帝,以及夏商周三王的统治。太上老君在每个世代都变化下降,传经授法,治理天下,不仅劝民专修善道,而且还教民造火冶炼、种植采药、造房做车、织布制衣等生活技能,从而推动了人类社会的发展[②]。

如果说,哲学起源于对事物背后普遍本质的探求,那么,宗教则起源于对信仰对象背后的普遍本质的概括。当道教将老子奉之为太上老君,老子也就从人转化为“道”,

① 《太上老君开天经》,《道藏》第34册,第618页。李养正先生认为,“道教的创世纪,以《太上老君开天经》讲得最为集中,最为清楚。”(《道教概说》,中华书局1989年版,第225页)

② 参见《太上老君开天经》,《道藏》第34册,第618~619页。

"道"然后再从理性的最终根源、形而上学的最高思想转化为宗教的崇拜对象。杜光庭正是以此为基点来建构老君创世说的。

杜光庭对老子的描绘虽然主要是继承了前人的说法而并无太多的创新,但他进一步将以往关于老子的种种神化加以系统化,使老君创世说更为生动而富有神圣性。这种老君创世说不仅具有一定的说服力,而且更能打动人心,从而更好地迎合了唐末五代社会崇拜老子的风尚。

首先,杜光庭运用文学手法对老子的出身作了神话般的生动描述。杜光庭将老子的母亲神化为"圣母元君":"圣母元君者,乃洞阴玄和之气凝化成人,亦号玄妙玉女。""老君乘日精驾九龙,氤氲渐小,如九色弹丸,自天而下,托孕于元君之胎。"圣母未婚而孕,与基督教的圣母玛利亚何其相似。"元君怀孕八十一年后,因攀李树而生诞于左胁","元君以其生而白首,故号老子"。"老君既生,能行九步,步生莲花。"老子出生后即能行走,"左手指天,右手指地,言曰天上天下,唯我独尊,世间之苦,何足乐闻",这与佛教对释迦牟尼的神化又是十分雷同。老子"诞于左胁,时有九龙自地涌出,腾跃空中,吐水而浴老君焉"。"老君既生,能行九步,步生莲花,以乘其足,日月扬辉,万灵侍卫,即指李树曰:此余姓也,遂为李氏。"[①]杜光庭在《道德真经广圣义》卷二"释老君事迹氏族降生年代"中也有相类似的、更为详尽的说法[②]。杜光庭搜集了民间各种关于老子的传说而加以系统化,运用丰富的想像和夸张的笔法,

① 以上引文见《墉城集仙录》卷一,《道藏》第18册,第165页。

② 参见《道德真经广圣义》卷二,《道藏》第14册,第316~324页。

为历史上原本只是“任周藏室之史”的老子披上了一层神秘的面纱而升华为道教的集道、神、人三位一体的神灵——太上老君。正如德国哲学家费尔巴哈在描述基督教所信仰的上帝的本质时所言：“上帝是人格，但他却又应当是上帝，应当是普遍的存在者而不是人格的存在者。”①从这一点看，太上老君的本质与基督教信仰的上帝又十分相似。

其次，杜光庭对老君的创世降迹行教的功绩、应显变化的灵异作了阐述。他说：“太上老君降迹行教，远近有四：其一历劫禀形，随方演化，即千二百号，百八十名，散在诸经，可得征验矣；其二此劫开皇之始，运道之功，孕育乾坤，胞胎日月，为造化之本，为天地之根，播气分光，生成品汇，自五太之首，逮殷周之前，为帝王师，代代应见。……；其三老君以商阳甲之代，降神寓胎，武丁之年，诞生于亳，即今真源县九龙井太清宫是其地也，或隐或显，潜化群方。……；其四将化流沙，与尹喜期会于西蜀青羊之肆，示现降生。”②在上述老子降迹的四大功绩中，第二项无疑具有创世的意义。因为如果宇宙的发生有一个绝对的开端，时间就会有边际，那么，时间如何开始？又如何结束？这也就成为一个不可回避的“宇宙开端”问题。在时间的起点上，杜光庭不仅极力塑造了一个超在之神太上老君作为宇宙的造物主，而且还进一步强调了太上老君于无中创造了道教的三十六天：“既分诸天，即以三十六天，滓阴之气，下为三十六地，每天立一天帝，每地立一地皇，七十二君

① ［德］费尔巴哈：《基督教的本质》，商务印书馆 1984 年版，第 280 页。
② 《道德真经广圣义》卷一，《道藏》第 14 册，第 309 页。

同禀命于老君矣。”[①]太上老君在创天造地之后，还创造了日月星辰、风雨雷云、四时寒暑、人伦礼仪等，因此，“老君乃天地之根本，万物莫不由之而生成”[②]。这种说法似乎就是《圣经·创世记》中“起初，上帝创造天地”的“中国化”之翻版。但杜光庭强调太上老君本是由“道”与“气”凝聚而成的，同时又通过“道”与“气”自然而然地化生宇宙，“大道元气，造化自然，强为之容，即老君也。虚无为体，自然为性，莫能使之然，莫能使之不然。不知其所以然，不知其所以不然，故曰：自然而然。”[③]这与基督教的创世说又有了显著的差异。

第三，杜光庭以解释老子的名号为由，强调老子不仅是圣人，而且也是神灵，不仅创世，而且化导世俗。“老子，即太上老君也。太上谓证果尊位。”[④]太上老君是老子的称号，表明老子是至上的神灵。“老君为道化之宗元，弘睿圣之至德，阐微妙无名之道，为强名演畅之词，将以恢振玄风，化导于代，理深义奥，故谓玄言。居万圣之先，故谓元圣矣。”[⑤]老君是“道”的化身，弘“德”的元圣，既是具有神性的人，也是具有人性的神。杜光庭对老君的各种名号作了汇总，并“就老君位号之中分为三十，假以解名号之由起”[⑥]，论述了老君的种种事迹。这三十种名号分别是：起无始、体自然、见真身、应法号、启师资、历劫运、造天地、登位统、随机赴感、演上清、传灵宝、出洞

① 《道德真经广圣义》卷一，《道藏》第14册，第318页。
② 《道德真经广圣义》卷二，《道藏》第14册，第317页。
③ 《道德真经广圣义》卷二，《道藏》第14册，第316页。
④ 《道德真经广圣义》卷二，《道藏》第14册，第316页。
⑤ 《道德真经广圣义》卷一，《道藏》第14册，第311页。
⑥ 《道德真经广圣义》卷二，《道藏》第14册，第316页。

神、垂文象、示好生、教陶铸、制法度、作形器、崆峒演道、衡岳授经、江滨应化、姑射宣真、传道德、教理水、述长生、寄胎慧、显降生、彰圣号、明胄胤、兴帝业、册鸿名等。[1] 这里，从第一至第九说明了老君所具有的创世神人的特点，“老君挺生空洞，变化自然，智慧无穷，圣德周备。形既莫测，号亦无边。在天为万天之主，在圣为万圣之君，在仙为万仙之总，在真为万真之先，在星为天皇大帝，在教为太上老君。”[2]从第十以后，则显示了老君如何通过各种应化身来造福于人类，以说明老君先天就具有神性，然后才以“道”来应化众生。由于老君的存在，宇宙才得以开始，万物才得以出现，人类才得以衍生，文明才得以进化，人们修道成仙也才成为可能。

第四，杜光庭从哲学上来说明太上老君具有超验、终极的性质。杜光庭强调，太上老君之所以是宇宙的创造主，与其本身所具有的“无始”、“无因”等超验的特性密切相关，他说：“老君生于无始，起于无因，为万道之先，元气之祖也。无光无象，无音无声，无色无绪，幽幽冥冥，其中有精，其精甚真，弥纶无外，故称大道。大道之身，即老君也。万化之父母，自然之极尊也。”[3]太上老君在本体上是绝对独立的，他超越了因果规律的束缚，不是任何一种原因所造成的，却又是一切存在的终极原因。太上老君具有自存性，他起于无始却能够成为宇宙万物的最后根源。太上老君以无为本，但却是“万化之父母”。记得古希腊哲学家亚里士多德在《形而上学》第一卷第

① 参见《道德真经广圣义》卷二，《道藏》第 14 册，第 316～323 页。
② 《道德真经广圣义》卷二，《道藏》第 14 册，第 317 页。
③ 《道德真经广圣义》卷二，《道藏》第 14 册，第 316 页。

一章开宗明义的第一句话就是“求知是人的本性”[①]。当人们在向自然求知，追溯事物产生的根源时，根据因果律，必然要在思维逻辑上追踪产生世界的第一因是什么。杜光庭对宇宙神创说的探讨实际上也是在追踪第一因，当他将无始、无因、无象的太上老君作为一切有始、有因、有形的事物的最终根源时，也就必然地、唯一地把产生宇宙万物的第一因落实到了太上老君，这也就与亚里士多德相似，认为最后有一个不带任何物质的形式，即“第一推动者”，它就是理性，就是上帝[②]。

但杜光庭所描绘的宇宙神创说与《圣经·创世记》又有所不同。在他这里，太上老君只是无声、无形、无象的“道”的化身，“老君乃无生之至精，兆形之至灵也。昔于空洞中，结气凝真，强为之容。体大无边，相好众备。自然之尊，上无所攀，下无所摄。处虚空之中，如日月之光也。”[③]太上老君由“结气凝真”而成，因而他并不像上帝那样亲自动手来造万物乃至于人，但他却能创化宇宙，应世神化，垂世立教，引导人们效法自然，修道成仙。

值得注意的是，杜光庭不但是一个宗教家，因而致力于为道教信仰作论证，而且他也是一个哲学家，因而他也致力于对宇宙世界作理性的探究与思考。杜光庭的宇宙神创说张扬了太上老君的创世，从理论上说，宇宙的本源应当在时空上具有自足性，如果以“道”作为宇宙的最终本源，而“宇宙”正是古代

---

① 《形而上学》，商务印书馆 1959 年版，第 1 页。

② 参见汪子嵩等编著：《欧洲哲学史简编》，人民出版社 1972 年版，第 20 页。

③ 《道德真经广圣义》卷一，《道藏》第 14 册，第 317 页。

哲学家所指说的无限的时空——"四方上下谓之宇，往古来今谓之宙"①的话，那么，"道"当然也就是自满自足的，既没有起点，也没有终点，但与此同时，这种理论又暗含着宇宙万物的起源是以某一时间点为开端的，"老君生于万物之首，起于无始之前，经历劫运，甚为久远"②，而"大道吐气，布于虚无，为天地之本始"③，天地又是有本始的，这样，如何解决这两者之间的矛盾，理性地说明无限之道与有限之物的关系，如何更好地说明天地人的本质及其关系，就为杜光庭借鉴前人的道气说而提出宇宙生成论开辟了思路。

第二节　宇宙自然生化论

杜光庭在对老子和道加以神化的同时，仍然继承了传统道教重气的思路。他曾说"大道元气，造化自然，强为之容，即老君也。"④这种将"大道元气"神格化为太上老君的思想，反映了道教将自然界的那些能激起人的依赖感的自然现象加以拟人化，使人在对其形成依赖感的同时，又将这些自然现象异化为高高在上的神明的思路。但是，由于"道"本身具有丰富的内涵，而以气解道又是老子以来道家道教学说的一个重要特色，因此，在杜光庭那里，他又通过释老而对"道"进行多方面诠释，从而形成了以道气论为基点的内蕴丰厚的宇宙生成

① 《淮南子·齐俗训》。
② 《道德真经广圣义》卷二，《道藏》第14册，第317页。
③ 《道德真经广圣义》卷六，《道藏》第14册，第343页。
④ 《道德真经广圣义》卷二，《道藏》第14册，第316页。

论，这成为杜光庭在宇宙神创说之外的另一条发展线索。

杜光庭在神创说之外另外提出一条宇宙生成论线索，这与他通过诠释老子《道德经》来表达其道教思想也有密切的关系。因为杜光庭宇宙论的基点是老子哲学，而老子哲学的一个重要特点就是破除了神创说而主张自然生成论[①]。老子强调“以道莅天下，其鬼不神”[②]，以道为万物之根源，重视万物依赖于气去自生自长而取消了造物主的存在，从而飘溢出无神论的倾向[③]。老子的这种思想对杜光庭有着至关重要的影响。杜光庭一方面通过将“道”人格化为太上老君而坚持宇宙神创说，强调太上老君是道教的最高神灵，世界的创造者，是超越于万物之上的主宰者，“老君乃天地之根本，万物莫不由之而生成，故立乎不疾之途，游于无待之场，御空洞以升降，乘阴阳以陶埏，分布清浊，开辟乾坤，悬三光，育群品。天地得之以分判，日月因之以运行，四时得之以代谢，五行得之以相生。”[④]另一方面，他又基于对自然界的经验性认识，继承了道教重气的传统而将“道”诠释为“虚无之气”，他说：

道者，虚无之气也，混沌之宗，乾坤之祖，能有能

---

① 陈鼓应先生就认为：“老子关于宇宙创生的说法，在思想史上也具有重大意义。‘道’的预设，破除了神造之说，他说‘道’为‘象帝之先’（四章），他不给‘上帝’留下地盘；他说‘天法道，道法自然’（二十五章），人格神的观念在他哲学的园地上销声匿迹；他说‘天地不仁，以万物为刍狗”（五章），他这种自然放任的思想，把人从古代宗教迷信的桎梏下彻底地解放出来。”（《老庄新论》，上海古籍出版社 1992 年版，第 37～38 页）

② 《老子》第 60 章。

③ 参见陈鼓应：《老庄新论》，上海古籍出版社 1992 年版，第 262 页。

④ 《道德真经广圣义》卷二，《道藏》第 14 册，第 317 页。

> 无，包罗天地。道本无形，莫之能名，无形之形，是谓真形；无象之象，是谓真象。先天地而不为老，无形而自彰，无象而自立，无为而自化，故曰大道。经云：视之不见，故曰无形。杳杳冥冥，其中有精，混混沌沌，分为阴阳，故为天地也。①

杜光庭从道就是虚无之元气出发，对宇宙世界的本质作出一种普遍性的解释，以说明“道”作为万物之宗祖，虽无形无象却能够无形而自彰，无象而自立，化生出千姿百态、生生不息的大千世界。以上对老子之“道”的两重性的诠释，不仅使杜光庭的宇宙起源论上的两条发展线索相互交涉，而且使杜光庭发展出自己独特的宇宙生成论。

如果说，老子的“道”为“万物之宗”的思想在认识宇宙本源问题上迈出了非常关键性的一步，那么，杜光庭则在诠释老子思想时对道与万物的关系作了进一步具体的论述和说明。《老子》在追寻宇宙的本源时，超越了《易经》、《洪范》以某种具体的元素——阴阳、五行、气作为宇宙之源的局限，而是把目光投向了更为广阔的空间和更为久远的时间。正是在拨开了芸芸万物之异相而概括出其所具有的同一性的基础上，才提出了抽象的道，“道冲而用之或不盈，渊兮似万物之宗”②，并将道作为天地万物赖以存在的普遍依据和内在本质。在此基础上，杜光庭进一步张扬老子的“道先物后”的思想，以说明道与万物的关系。他说：“大道之用，居乎物先。物象未彰，乾坤未辟，而道在

① 《太上老君说常清静妙注》，《道藏》第 17 册，第 183 页。

② 《老子》第四章。

其先也。运道之用,施道之功,而后有天地万物也。”[①]

杜光庭虽然标立了一个超言绝象的“道”作为宇宙的本源,但他也看到“道者,至虚至极,非形非声”[②],正因为至虚,所以才能不为物所滞碍而永恒常在,是为“常道”。然而,“至虚”的道又如何能生成万物呢?在杜光庭看来,道所谓的“至虚”并不是不存在,它的无形无象无情恰恰是最真实的存在,是一切存在者之所以存在的最终根源。道的这种“不得指而定名”的无规定性的“恍惚”所体现的意义就在于,道虽然是真实的存在,但它在“无中生有”的创世过程中并不是独立的、不依赖任何事物的。也就是说,“虚无不能生物,明物得虚无微妙之气,而能自生,是自得也。任其自得,故谓之德也。”[③]这是杜光庭在解释《庄子·天地篇》“物得以生谓之德”时所说的。杜光庭援引《庄子》是要说明,形而上之“道”要创生出气象万千的宇宙世界就必须借助于某一种具体的物质形态来进行活动。

于是,杜光庭就借助于“虚无微妙之气”来沟通形而上之道与形而下之物的联系,以期解决无限之道与有限之物之间的矛盾。他在诠释《老子》的“道生一,一生二,二生三,三生万物”[④]时,特别注重描绘“独立而不改,周行而不殆”[⑤]的“道”如何一步步地借助于“气”而化生出天地人来:

道以无形无名,不无不有,自然妙化而生乎一。

---

① 《道德真经广圣义》卷二十一,《道藏》第 14 册,第 413 页。

② 《道德真经广圣义》卷六,《道藏》第 14 册,第 342 页。

③ 《道德真经广圣义》卷四,《道藏》第 14 册,第 334 页。

④ 《老子》第四十二章。

⑤ 《老子》第二十五章。

一者，道之子也。天得以清，地得以宁，人得以长存，万物得以生。故此妙一，修道者守之、抱之、存之、得之，以为证道之根矣。所言一者，即前始气为天也。一生二者，即玄气为地也。二生三者，即元气为人也。所以冲和妙气，生化二仪，凝阴阳之华，成清浊之体。然后人伦毕备，品物无遗，四序调平，五行运象，若交感而顺，则物保其常，或否塞而逆，则物罹其患。①

杜光庭认为，“道”作为天地万物的最高抽象，是先于具体有形的万物而存在的。“道，通也。通以一气生化万物。以生物故，故谓万物之母。”②道以“通”为特性，“通以一气生化万物”，在宇宙演化过程中展现出事物的多样性和特殊性，因此，道并非是单纯的“一”，而是“一”与“多”的统一。在宇宙生成的逻辑起点上，道是无形无名、不无不有的虚极之妙本，而一旦借助于“始气”而为“天”，“玄气”而为“地”，“元气”而为“人”时，此时此刻的“道”就通过“气”而与天地万物及人结成了一种生成关系。“大道吐气，布于虚无，为天地之本始。……天地始无名无氏，然后降迹，渐令兆形，由此而天地生，气象立矣。”③杜光庭认为，“道”的本质主要是通过“气”表现出来的，因而他将道与气合二为一，运用了“道气”的概念。“万物之生也，道气生之，阴阳气长养之。一昼一夜，一阴一阳，更相递代，养育万物。……万物各成其形，非妙道冲和之气，无以生也。虽有寒暑而无道气者，

① 《道德真经广圣义》卷三十三，《道藏》第 14 册，第 479 页。
② 《道德真经广圣义》卷四，《道藏》第 14 册，第 334 页。
③ 《道德真经广圣义》卷六，《道藏》第 14 册，第 343 页。

亦殂落矣。二气更为内外,故万物负之、抱之、不可离矣。”[①]这不仅突出了“道气”在造化大自然的过程中的作用,而且也预示了道与气聚合之际,就是宇宙万物的创生之时。

杜光庭认为,宇宙万物之所以生,就在于“道气”生之,阴阳二气相激相荡而给予其生生不息的活力。天地万物虽然秉有道,但由于落入了具体的形态之中,即为有限。有限即有生死,这是道与万物的根本区别。“万物与人同资于道,道以运气,气以致和,虽有识无情,肖形各异,生之与死,禀受不殊,而道在则能生,道去则为死。”[②]道无生死而物有生死,所以言生死者,属于形,而不属于道。万物与道合则生,离则死。但道是一切事物的总根源。“道之功也,生成不息,运用无穷,秋毫之微,庶类之众,皆资道气,假借而后能生能成,贷假借于物也。”[③]由于气的种类繁多,上下贯通,不断变化,从而使宇宙万物既统一于道,又形成了多样性和层次性。“道之深也,无不吞纳,无不制围。圆盖之高,方舆之厚,日月之照,动植之繁,皆道气所育,居大道之内,故为万物之奥。”[④]因此,在杜光庭的思想中,道与气一方面因各具特点而相互区别,另一方面,它们又通过万物而紧密联系,相互贯通。“元气无形不可名也。经云,道隐无名,乃生于天地,故曰道生一,一生二,二生三,三生万物。万物者,五行之子孙也,三才者,万物之父母也,道者,三才之祖宗也。”[⑤]万物没有道就无法生,没有气就

① 《道德真经广圣义》卷三十三,《道藏》第14册,第479页。
② 《道德真经广圣义》卷四十八,《道藏》第14册,第555页。
③ 《道德真经广圣义》卷三十二,《道藏》第14册,第478页。
④ 《道德真经广圣义》卷五,《道藏》第14册,第529页。
⑤ 《太上老君说常清静经注》,《道藏》第17册,第183页。

不能成，道气乃天地万物的祖宗。

由于“道气”是宇宙万物的起源和发展变化的动因，故在杜光庭的宇宙生成论中有着举足轻重的影响。如果追根溯源，“道气”一词并非杜光庭的发明。在《老子想尔注》中就出现了将道、气视为具有同一性的“道气”概念。

> 道气在间，清微不见，含血之类，莫不钦仰。[①]
>
> 道气常上下，经营天地内外，所以不见，清微故也；上则不皦，下则不忽，忽有声也。[②]

道气是最根本的，它虽然“清微不见”，但天地万物、人的精神和形体都是由它决定的。这种“道气”概念后来在南北朝隋唐道教中被广泛地运用于炼气养生的修道实践中。然而，随着佛道冲突的日益加剧，佛教抓住了道教的“道气”概念大作文章，贬低道教将形而下之气作为至极之道加以崇拜，故而是在理论上难以圆融的低级宗教。佛道二教围绕此进行了一场旷日持久的论辩。例如，僧人法琳在《辩正论》中就以道气关系为突破口，运用佛教理论对神仙道教进行了有理有据的批评，揭开了原先被道士们所珍视的道行其气乃生万物的宇宙生化论和“保气行气”以致长生的修道术的神秘面纱，以说明神仙道教所宣扬的通过“保气而得道”，从理论上讲是行不通的[③]。佛教的批评在一定程度上击中了道教的要害，危及了道教仙学的理论基础。

---

① 饶宗颐：《老子想尔注校证》，上海古籍出版社 1991 年版，第 8 页。

② 饶宗颐：《老子想尔注校证》，上海古籍出版社 1991 年版，第 17 页。

③ 参见《辩正论》卷六，《大正藏》第 52 册。

这就促使道教进行自我反省，并促使道教吸收佛教思想，在以“气”解“道”的同时也以“理”释“道”，力图从形而上的层面上提升自己的理论水平，以至于在唐代重玄学中形成了论“理”的倾向。例如，成玄英一方面使用“道气”概念，提出“专精道气，致得柔和之理，故如婴儿之无欲”[①]，以为修道成仙提供理论说明；另一方面又强调：“道者，虚通之妙理，众生之正性也”[②]，从而赋予了万物存在的根据“道”以“虚通妙理”的含义。通过对“道”的这一富有佛学意味的解释，以子之矛抵子之盾，来回应佛教的批评。

因此，在唐代道教中，以“理”释“道”一度流行[③]。道教以“理”释“道”原是有本可依的，先秦思想家就曾以“理”解“道”[④]，但由于受到了佛教的刺激，从成玄英、李荣、到唐玄宗、杜光庭所说的“理”却打上了佛教的烙印。例如，有人甚至认为成玄英的“理”在一定意义上就是佛教“涅槃”、“诸法

① 《道德真经疏》卷三，参见《道藏》第 13 册，第 380 页。

② 参见强思齐：《道德真经玄德纂疏》卷十六，成玄英疏，《道藏》第 13 册，第 499 页。

③ 参见李大华：《重玄学说的论理倾向》，载陈鼓应主编：《道家文化研究》第十九辑，北京三联书店 2002 年版。

④ 例如，《庄子》提出：“道，理也。”但《庄子》所说的“理”是指行道的具体方法。如疱丁解牛时“依乎天理”就能得乎道，“知道者必达于理”（《养生主》）。韩非子在《解老》中将道与理相联系，“道者，万物之所然也，万理之所稽也。理者，成物之文也；道者，万物之所以成也。故曰：道，理之者也。”强调道是万物自然生化的根据，理则是万物体道所显现的各种属性，客观事物因各具其理才得以互相区分。“万物各异理，而道尽稽万物之理。”道是永恒不变的，弘大而无形，虚无而飘渺，故难以认识。理却是可见可识的，并随着具体事物的生灭而变化。由此出发，韩非提出了“缘道理以从事者，无不能成”的认识论命题，强调只要因随万物自然之理，就能通过认识“理”而把握事物的本质。

实相”的本体转化①。他们通过以“理”释“道”使飘渺之道一方面落实在具体的事理当中;另一方面又使道融化在人们的日常行为之中。杜光庭就认为:“穷极万物深妙之理,究尽生灵所禀之性。物理既穷,生性又尽,以至于一也。”②只有穷极万物之理,才能穷尽人之本性,最终达到与道合一的境界。因此,杜光庭将“理”作为贯通道与物的中介。“夫其道也,极虚通之妙致,穷化济之神功,理贯生成,义该因果,纵之于已,则物我兼忘。荡之于怀,则有无双绝。”③道虽然是存在于万物之前的“极虚通之妙致”,但它的“穷化之神功”通过“理”却可得以显现,道与万物是以“理贯生成”为中介的,这就用“理”改变了传统道教简单地以“气”为中介的宇宙生成论。

虽然这种以“理”释“道”的思路提升了道教的理论水平,可以在某种程度上弥合道教理论上的内在矛盾,但气化说毕竟是传统道教理论的核心,离开了“气”,道教从某种意义上也就失去了其独具的魅力。因此,杜光庭在以“理”释“道”的同时并没有放弃以“气”释“道”,而是通过赋予“道气”以新的内涵,既继承了道教重气的传统,强调道通过气化生万物,造化出生生不息的大自然,又以“理”释“道”,从而呼应了当时道教理论发展的要求。日本学者麦谷邦夫曾认为:“玄宗的《老子》注、疏和杜光庭的《道德真经广圣义》等再度提出‘道’与

---

① 参见韩国学者崔珍皙:《重玄学对宋明理学的影响》,载《道家与道教·第二届国际学术研讨会论文集》,广东人民出版社 2001 年版,第 334 页。

② 《道德真经广圣义》卷四,《道藏》第 14 册,第 332 页。

③ 《道德真经广圣义》卷五,《道藏》第 14 册,第 337 页。

‘气’同一性的主张，返回到道教教义原来的思想基础上去。”[①]这一看法并不全面，因为杜光庭所说的“道气”已经不是简单地“返回到道教教义原来的思想基础上去”，而是经过了“理”的洗礼。

由于“理”不仅存在于万物之中，而且与道圆融为一，使万物的存在变得有意义，这就在根本上提升了道气说的理论水平。在宇宙生化的过程中，“道”作为事物的根本，它具有不生不灭、不偏不滞的形上意义，以“无”而彰显出事物普遍的、必然的和稳定的本质；“气”是事物的外在呈现和表相特征，以“有”来表现千变万化的事物；而“理”则是事物本身的规定性。杜光庭从老子的“有无相生”出发而认为，“气”终不可脱离“道”而自化自生，它仅是“道”的经验存在和具体作用，“理”作为“万物深妙之理”，使虚无之道落实到了具体的事物之中。这样，虚无之道就内涵着深妙之理与微妙之气。

杜光庭所建构的道→气→天→地→人的宇宙自然生成图式，既显示了“道”支配下的宇宙是一个不断演化着的宇宙，也说明了宇宙万物都是以道为本，以气为用，以理为则的。万事万物都是由气的激荡化合、阴阳的清浊变化而成的，“万物之生也，道德禀之以气，乾坤禀之以形。气禀道德之功，形资天地之化。因寒暑之运，假阴阳之资，以生以成，以终以始。生成终始，斯谓势乎。乾知太始者，始，初也。乾是天，为阳气。万物初得天阳之气而生坤，作成物者。坤是地，为阴气。万物得地阴气而形，既分动植形位，然赖寒暑之气以成其功。然生

① 《南北朝隋唐初道教教义学管窥》，载《日本学者论中国哲学史》，中华书局 1986 年版，第 278 页。

化之本，皆本于道，岂天地寒暑能生化哉？”[①]杜光庭在自然一本然的意义上指出，万物不管在具体形态上有多么大的差异，在时间和空间上有多么大的距离，由于“生化之本，皆本于道”，运之于气，因此，它们之间都具有某种相关性和相通性，具有相互生发、相互转化的可能性。

通过“道气”，杜光庭更好地说明了“道气在天地之前，天地生道气之后”[②]这样一种“大道元气，造化自然”的宇宙生成过程。“杜光庭综各家所长，提出‘道气’范畴，认为在宇宙本原上执著道而无气，容易流于虚无放诞，不合道家精神；执著气而无道，容易混同具体物质形态，不合重玄义旨。只有以‘道—气’精神与物质的绝对同一的二元体作为宇宙万象的本原，才能避二端之弊，并进而分析了道、气同一的内在根据，认为道的特性在‘通’，气的特性在‘生’，生体现了变化，通体现了规律性。”[③]道是事物变化的根据，气是按照道的法则进行变化的。如果说，道的特性在于“通”，气的特性在于“生”的话，那么，道与气就是绝对同一的二元体。从哲学层面上看，“道气”的主要特征在于构成了有与无的关系，从而成为“造化自然”之源。从神学层面上看，“道气”又是太上老君“通生万物”的工具。“老君将欲明冲和道气，通生万物，历叙得一之妙，以明生化之由。”[④]

在杜光庭那里，道既是人格化的神灵、宇宙世界的造物

---

① 《道德真经广圣义》卷三十七，《道藏》第14册，第500～501卷。

② 《道德真经广圣义》卷四，《道藏》第14册，第334页。

③ 李大华：《略论隋唐老庄学》，载陈鼓应主编《道家文化研究》第一辑，上海古籍出版社1992年版。

④ 《道德真经广圣义》卷三十一，《道藏》第14册，第463页。

主,又是宇宙万物的最终本源和逻辑发展的起点。自然界既是被有意识地创造出来的,是合乎目的的产物,又是自然造化,纯粹自然进化的结果。这种由对道的不同解释而造成的矛盾使杜光庭的宇宙观的两条发展线索纵横交错成为必然,其中既有对老子的"无中生有"的思想所作的宗教性发挥,又有沿着传统道教元气论的思路强调"道气皆降之,气存则物生"的思想,但在终极本源的"道"那里,相互矛盾的两层含义借助于"气"又融为一体。"生成者,生则为道,……道以应气化生万物,以应气为体。"①杜光庭将道气圆融为一体,让其集本源义、本体义为一身。

从本源论的层面上看,道气是万物生化之源,"混元以其道气化生,分布形兆,乃为天地。而道气在天地之前,天地生道气之后"②。从本体论的层面上看,道气是万物存在的本体与依据,它遍在于万物,并与万物构成了不即不离的关系。可见,杜光庭在论证大道元气造化出千姿百态的自然界时,既坚持了传统道教崇尚"气"的立场,以符合人们物物相生的思维方式,又满足了道教从"理"的层面上,凸显"道"的规则性和形而上之超越性,以避免佛教的"形而下"之讥。

宇宙神创说与宇宙生成论交织在杜光庭的思想体系中,使其宇宙论表现出了一定的内在矛盾。但正如罗素所说的,"研究一个哲学家的时候,……有两件事必须牢记:即,一个人的见解与理论只要是值得研究的,那么就可以假定这个人具有某些智慧;但是同时,大概也并没有人在任何一个题目上

① 《道德真经广圣义》卷五,《道藏》第 14 册,第 338 页。

② 《道德真经广圣义》卷四,《道藏》第 14 册,第 334 页。

达到过完全的最后的真理。当一个有智慧的人表现出来一种在我们看来显然是荒谬的观点的时候，我们不应该努力去证明这种观点多少总是真的，而是应该努力去理解它何以竟会看起来似乎是真的。这种运用历史的与心理的想象力的方法，可以立刻开扩我们的思想领域；而同时又能帮助我们认识到，我们自己所为之而欢欣鼓舞的许多偏见，对于心灵气质不同的另一个时代，将会显得是何等之愚蠢。"[①]因此，我们一方面应该揭示出杜光庭宇宙论思想中所表现出来的内在矛盾，另一方面也应该将杜光庭的思想放到当时的道教思想发展中来加以考察，以了解他"何以竟会看起来似乎是真的"，从而开扩我们的思想领域。

第三节　有无之辨的本体论

对世界统一性基础的探究是哲学思维的基本任务，这种探究大致可以分成两种方式：一种是从生成论的角度来探讨宇宙万物的起源与发展；一种是从本体论的层面来揭示宇宙万物的存在根据和内在本质。如果借用《庄子》的话来说就是"迹"与"所以迹"的问题。"夫六经，先王之陈迹也，岂其所以迹哉。"[②]存在，是指事物的陈迹；所以存在，是指事物的本质、真性。杜光庭不仅关注宇宙的生成，万物的存在，而且致力于探讨千姿百态的宇宙万物赖以存在的共同基础究竟是什么。

---

① ［英］罗素：《西方哲学史》上册，商务印书馆 1963 年版，第 67 页。

② 《庄子·天运》。郭象在《庄子注》中对此更有发挥，他说："所以迹者，真性也；夫任物之真性者，其迹则六经也。"（《庄子·天运注》）

而杜光庭对宇宙本体的探讨仍然是以老子哲学为理论基点的。老子哲学是围绕着“道”而展开的，老子之道主要地具有本源的意义，但同时也表达了一定的本体论思想，“道”也可视为是统摄宇宙自然和社会人生的最高本体，而这个“道”是通过有和无得以彰显的。“老子以‘无’、‘有’来指称‘道’，用以描绘道由无形质落向有形质的活动过程。就道的无形质、无限性而言，是‘无’；就‘道’的实存性、含蕴万有而言，是‘有’；‘无’为究极之意，‘有’为统摄万有之意。”①杜光庭正是从老子的有无之道出发来建构起以无为本、以有为迹的宇宙本体论思想的。

杜光庭运用有、无概念而对“道”所进行的本体论探究，从某种意义上说也是一种用哲学范畴来再现宇宙万物的方式。在这种再现方式中，杜光庭所要表达的是对宇宙事物的本然状态和人的本性的认识，由此而标示出道教所认为的唯一正确的人类的生存方式。杜光庭将道视为具有“无形而自彰，无象而自立，无为而自化”②的独立品格的宇宙本体，正是凭借着这种独立品格，“道”才能借助于气而“自无而生有，造化以成形”③，既先天地万物而存在，又成为万物存在的最终理由，并体现在万物之中。就“道”本真的存在形式而言，“道”是“无”，具有超越的形上性。由于“物禀道生，道为物本”④，因此，本体之道的“无”又是“无中之有，有中之无”⑤。杜光庭在

① 陈鼓应：《老庄新论》，上海古籍出版社 1992 年版，第 70 页。
② 《太上老君说常清静经注》，《道藏》第 17 册，第 183 页。
③ 《太上老君说常清静经注》，《道藏》第 17 册，第 183 页。
④ 《道德真经广圣义》卷三十七，《道藏》第 14 册，第 503 页。
⑤ 《道德真经广圣义》卷十九，《道藏》第 14 册，第 402 页。

义疏《老子》“道之为物，惟恍惟惚”时指出：

> 道者，虚无之称也。以虚无而能开通于物，故称曰，道无不通也，无不由也。若处于有，则为物滞碍不可常通。道既虚无为体，无则不为滞碍。言万物皆由之而通，亦况道路以为称也。寂然无体也。而天覆地载，日照月临，冬寒夏暑，春生秋杀，万象运动，皆由道而然，不可谓之无也。及乎穷其动用，考彼生成，岂见其所营为，岂知其所运化，不可谓之有也。乃是无中之有，有中之无，不得指而定名，故谓之为恍惚尔。①

就道与万物的关系而言，道“以虚无而能开通于物”，是一切存在者所以存在的终极基础或本体。可见，杜光庭所说的本体并不是像西方哲学中流行的那种将本体与现象相对立，通过强调本体即现象背后的唯一实在而否认事物的实在性。例如，康德就夸大现象与本质的对立，认为本质是不依赖主体的“自在之物”，是真实的，但又是处于人们的认识范围以外，是人们无法认识的东西。由此而造成了本体与现象、客体与主体的二元对立②。张岱年先生指出：“印度哲学及西洋哲学讲本体，更有真实义，以为现象是假是幻，本体是真是实。本体者何？即是唯一的究竟实在。这种观念，在中国本来的哲学

① 《道德真经广圣义》卷十九，《道藏》第 14 册，第 402 页。

② 参见汪子嵩、张世英、任华等编著：《欧洲哲学史简编》，人民出版社 1972 年版，第 123～124 页。

中，实在没有。中国哲人讲本根与事物的区别，不在于实幻之不同，而在于本末、原流、根支之不同。”[①]杜光庭也像中国古代大多数哲学家那样，通过本根来说本体，“虽认为本根必非万物中之一物，但不承认本根与物有殊绝的判离。本根虽非物，而亦非离于物，本根与物之间，没有绝对的对立；而体与用，有其统一。”[②]如果以树根与枝叶的关系来形容这种“本体与现象”的统一，那就是由树根长出的枝叶在生成之后，仍然需要依赖于树根不断地输送养分才能得以郁葱繁茂。

杜光庭认为，道通过气化生了万物，在“无中生有”之后，它作为宇宙万物之根本仍具有一种绝对的统一性，故道无处不在，无处不有。“非独人资玄牝运气，乃得长生。天地之大，亦须资道气运养，乃能清宁无改矣。”[③]同时，“道”作为最高本体并不是绝对的虚空或空无，相反，它犹如不断向枝叶输入养分的树根，是一种具有无限能量的最真实、最根本的存在，并通过“资有以彰其功”[④]而显示其存在。可见，“道”是形而上之宇宙本体，相对于形而下的现象世界而言，道是“无”，故可以长存。“万物从无而生众形，由道而立，先道而后形，道在形之上，形在道之下，故自形而上谓之道，自形而下谓之器。形虽处道器两畔之际，形在器上，不在道也。既有形质，可为器用。故云，形而下者谓之器。夫道者无也，形者有也。有故有极，无故长存。”[⑤]作为天地万物的基础——“道”虽以“无”为

① 张岱年：《中国哲学大纲》，中国社会科学出版社 1982 年版，第 9 页。
② 张岱年：《中国哲学大纲》，中国社会科学出版社 1982 年版，第 13 页。
③ 《道德真经广圣义》卷九，《道藏》第 14 册，第 359 页。
④ 《道德真经广圣义》卷十二，《道藏》第 14 册，第 370 页。
⑤ 《道德真经广圣义》卷六，《道藏》第 14 册，第 371 页。

特性,但这个“无”只是对某种不可直观的抽象存在的笼统把握,并不是真正的“空无”,它作为天地万物的内在依据永恒地存在着。

从历史上看,“无”字本身就包含着丰富的内涵。庞朴先生在《说“無”》一文中曾对“无”字进行了专门考察,他认为,古籍中曾有三个“无”字:“亡”、“無”、“无”。如细细究之,它们的本义不同,出现的次序也有先后。最先出现的是“亡”字,其含义为“先有而后无”,直接与“有”相对立,是有的消失。其次出现的是“無”字,其含义为“似无而实有”。“無”起源于古人通过舞蹈来表现他们与“似无而实有”的神灵的沟通,而主持舞事的人则为“巫”。“巫,祝也。女能事无形,以舞降神者也。”[①]由此,“巫”、“無”和“舞”音同而形近,但“巫是主体,無是对象,舞是联结主体与对象的手段,巫、無、舞,是一件事的三个方面,因而,这三个字,不仅发一个音,原本也是一个形”[②],但却具有不同的意义。在这种巫文化的影响下,人们用“無”来说明那些视之不见、听之不闻,无形无象,但又具有神秘性、普遍性、超越性的存在。大约到战国后期,人们才形成了“无而纯无”的绝对空无的概念,用“无”字来表示。庞朴先生认为,“即使按最保守的估计,老子也应是战国中期人。其时,人们尚未达到‘无’的认识,因此,《老子》中的‘有生于无’的‘无’,便不可能是‘无之而无’的‘无’,而只能是‘無’”。[③] 通过对“无”字的考察,可见杜

---

① [汉]许慎撰:《说文解字》,中华书局1963年版,第100页。

② 载庞朴:《稂莠集——中国文化与哲学论集》,上海人民出版社1988年版,第326页。

③ 载庞朴:《稂莠集——中国文化与哲学论集》,上海人民出版社1988年版,第334页。

光庭所说的“无”是依据老子的“似无而实有”的“無”字而来的，因此，从表面上看，道是无，但实际上则是有与无的辩证统一。

事实上，就老子之道的本义而言，也应当是有与无的辩证统一。湖北荆门郭店楚墓出土的竹简《老子》也证明了这一点。《老子甲本》[①]中说，“返也者，道动也。溺（弱）也者，道之甬（用）也。天下之勿（物）生於又（有），生于亡（无）。”[②]这句论述道与万物关系的句子与通行本《老子》第四十章“天下万物生于有，有生于无”的最大的不同是缺失了一个“有”字，从而显现出“天下之物生于有，生于无”的句式。陈鼓应先生认为：“郭店三组竹简《老子》，以甲篇最接近祖本，而它为我们提供的思考空间也最大。其中有四处由于和通行本或帛本在字句上的出入，引发我们对原本《老子》有着不同的认识和诠释。”[③]这四处之一就是《老子》第四十章论道与万物关系的句子。陈先生认为：“虽一字之差，但在哲学解释上具有重大的差别意义。因为前者是属于万物生成论问题，而后者则属于本体论范畴。从《老子》整体思想来看，当以简本为是，而今本‘有生于无’之说，显然与第1章‘无名天地之始，有名万物之母’无法对应。1章的‘无’、‘有’是‘同出而异名’地指称道

① 郭店楚墓竹简《老子》被整理者分为甲、乙、丙三组。考古学研究表明，从墓葬形制和器物特征判断，郭店楚墓具有战国中期偏晚的特点，其墓葬年代当在公元前4世纪中期至前3世纪初。荆门市博物馆《荆门郭店一号楚墓》，载《文物》1997年，第7期。

② 荆门市博物馆编：《郭店楚墓竹简》，文物出版社1998年版，第113页。

③ 陈鼓应：《从郭店简本看〈老子〉尚仁及守中思想》，载《道家文化研究》第十七集，北京三联书店1999年版，第74～75页。

的，而40章衍出‘有’字，遂导致学者在解释上的困扰。”[①]由此可见，‘有’与‘无’是道的一体之两面，它们相互结合共同来指称“道”。但“无”着重在于发明形而上之道体，而“有”则表现为形而下之器用。道体与器用虽然不能分离，但二者却有先后、内外之别。

再分析一下杜光庭的思想，就可看出，他也认为，道的深奥真义或玄妙之处就在于它既是“无”，也是“有”。道的这种有与无的辩证统一主要体现在，“无者道之本，有者道之末。因本而生末，故天地万物形焉。形而相生，是生于有矣。考其所以，察其所由，皆资道而生，是万有生于妙无矣。能自有而复无者，几于道矣。”[②]由于有、无的参与，道与万物之间就不再是简单的由气而物的直线式的因果相生的关系，而且还有一种复杂的本末、体用关系。

本末、体用是典型的中国哲学的本体论范畴。在魏晋玄学时，玄学家往往以本为体，以末为用，从而将本末、体用联系起来。例如王弼在《老子注》中就认为，“本在无为，母在无名，弃本舍母而适其子(万物)，功虽大焉，必有不济”[③]，强调有形的万物对于无形的本体而言，是第二位的。因此他又说：“《老子》之书，其几乎可一言而蔽之。噫！崇本息末而已

---

① 陈鼓应：《从郭店简本看〈老子〉尚仁及守中思想》，载《道家文化研究》第十七集，北京三联书店1999年版，第79页。

② 《道德真经广圣义》卷三十二，《道藏》第14册，第472页。

③ 《老子道德经注》第三十八章，楼宇烈校释：《王弼集校释》上册，中华书局1980年版，第94页。

矣。”[①]王弼用“崇本息末”的思想来表达万物只有依赖于“无”才能显现出自己的尊贵，才能发挥出自己的作用，“万物虽贵，以无为用，不能舍无以为体也。舍无以为体，则失其为大矣。”[②]唐代时，玄学的这种本末、体用思想经过儒佛道三教从不同角度进行的深入阐扬而得到了普遍流行和继续发展，以至于成为唐代哲学的主题之一。如果从道教思想的角度看，成玄英就提出了“即体即用”的“本末一体”的思想：“夫玄道窈冥，真宗微妙。故俄而用，则非有无而有无，用而体，则有无非有无也。是以有无不定，体用无恒，谁能决定无耶？谁能决定有耶？此又就有无之用明非有非无之体者也。”[③]成玄英强调探讨有无问题的目的在于通过有无之用去认识、明了非有非无之道体的玄妙性，以为人修道提供理论依据。司马承祯又进一步将人心与道体相联系，“夫心之为物也，即体非有，随用非无，不驰而速，不召而至”[④]，强调从人心着眼，体用有无应当是相即不二的。

杜光庭正是在前人思想的基础上，通过有无之辨，对“体用五别”和“本迹二别”作了细细的辨析，进一步深化了对本末体用的认识。他说：

---

① 《老子指略》，楼宇烈校释《王弼集校释》上册，中华书局 1980 年版，第 198 页。

② 《老子道德经注》第三十八章，楼宇烈校释《王弼集校释》上册，中华书局 1980 年版，第 94 页。

③ ［清］郭庆藩辑：《庄子集释》卷一下《齐物论疏第二》，中华书局 1961 年版，第 81 页。

④ 《坐忘论·泰定六》，《道藏》第 22 册，第 896 页。

今于体用门中，分为五别：一曰以无为体，以有为用，可道为体，道本无也，可名为用，名涉有也；二曰以有为体，以无为用，室车器以有为体，以无为用，用其无也；三曰以无为体，以无为用，自然为体，因缘为用，此皆无也；四曰以有为体，以有为用，天地为体，万物为用，此皆有也；五曰以非有非无为体，非有非无为用，道为体，德为用也。又于本迹门中，分为二别：以无为本，以有为迹，无名有名也。以有为本，以无为迹，互相明也。万物自有而终归于无也。夫以玄源澄寂，妙本杳冥，非言象可求，非无有可质，固亦讨论理绝，拟议道穷，而设教引凡。①

杜光庭提出的“体用五别”实际上就是通过介绍有与无的五种结合方式来显示道与万物之间存在着的体用关系，以说明道不能离物，离物就没有意义，物也不能离道，离道就没有存在的根据。这五种有无关系以一种体用不定的方式所显现出来的意义，如果用哲学话语来说就是，“体”是内在的、最根本的，“用”是“体”的外在表现。杜光庭对“体用五别”的论述也就在一定程度上说明了既没有离开本体的作用，也没有脱离作用的本体，体用之间无论有怎样复杂的变化都是相即不二的。本体就体现在作用之中，故“无”就体现在万事万物之有迹之中，但本体又不等于作用，“无”也不等于万事万物之有迹。

杜光庭还通过本迹门中以无为本、以有为迹和以有为本、

① 《道德真经广圣义》卷七，《道藏》第 14 册，第 344～345 页。

以无为迹这两种关系来说明了两点：第一、“道”如何由本降迹而与万物构成了本末关系。“物(此物指的就是道——引者注[①])是妙无之本，象为妙有之迹。既从本而降迹，则是道生万法。”[②]道在从本降迹化生万物之后，就与万物构成了不即不离的本末关系。“本迹者，相生之义也。有本则迹生，因迹以见本，无本则迹不可显，无迹则本不可求。迹随事而立，以为本迹。本者，根也。迹者，末也。”[③]由此而揭示出了本迹之间存在着的本末关系，以及事物之间之所以存在着千差万别的原因。凡是迹，即为有形，有形即可显象，“随事而立”，即有规定性，故为末。凡是本，即为无形，无形则不可求，却是万物存在的根本依据。这种本末关系强调了万物之间虽然存在着差异，但其共性却是以道为本。

第二、通过“万物自有而终归于无”[④]，从本迹关系上来说明万物(有)可以通过“循迹归本”复归于本根(无)，即回归到其最初的原点(道)上的道理。“循迹归本，则万法复宗于道，言自妙有，却归妙无，无始无终，常生常化矣。”[⑤]杜光庭从天人合一的思想出发，认为人与天地万物同本于道，人的生成与天地的形成具有相似性。人如果“循迹归本”，就可以自“妙有”而复归于“妙无”，达到与道合一，从而超越生死的局限。这种“循迹归本”的思路为道教的内丹修炼提供

① 唐玄宗在注疏《老子》“恍兮惚兮，其中有物”时说：“物者，即上道之为物，谓妙本也。”(《道藏》第 14 册，第 402 页)

② 《道德真经广圣义》卷十九，《道藏》第 14 册，第 402～403 页。

③ 《道德真经广圣义》卷六，《道藏》第 14 册，第 341 页。

④ 《道德真经广圣义》卷七，《道藏》第 14 册，第 345 页。

⑤ 《道德真经广圣义》卷十九，《道藏》第 14 册，第 403 页。

了理论依据。

虽然杜光庭通过“本迹二别”展示了“顺化”和“逆反”这两种相反相成的路径，但他更从本体论的角度强调体用本末的统一性，所以他又说：“分而为二者，体与用也，混而为一者，归妙本也。”[①]意思是说，本末体用，分而言之，是有无二分，本迹二别。合而论之，“妙本”可以将有与无、道与物统一起来，使之相即而不离。

这里，杜光庭沿用了唐代道教思想家频繁使用的“妙本”一词来说明“道”的特性[②]。如果说，成玄英的“‘妙本’是从‘道’一词中包含的根源性的实在和生成作用两义中，只抽出根源性的实在一义而形成的概念”，那么，唐玄宗“只承认‘妙本’才是表达世界根源性的终极存在的唯一概念的明确意识。”[③]虽然成玄英与唐玄宗所使用的“妙本”有些微差异，但其共同之处都是表达道的“根源性的终极存在”。而杜光庭在《道德真经广圣义》中，则对唐玄宗的“妙本，道也，至道降气，为物根本，故称妙本”的思想作了进一步的发挥，并用“惟道为本，故云妙本”[④]来说明“天人万物，含识有情，至于蜎翘动植，未有不资道化功用而有其生也，得不尊之贵之宗于妙本乎”[⑤]

---

① 《道德真经广圣义》卷四，《道藏》第 14 册，第 335 页。

② 例如，成玄英就多次以“妙本”来说“道”。日本学者砂山稔在《道教和老子》一文中曾提出，“这个妙本，在成玄英的《道德经》解释里，是仅次于‘重玄’而受重视的概念，即天地万物的‘玄妙本源’的意思。”（福井康顺等监修《道教》，朱越利等译，上海古籍出版社 1992 年版，第二卷，第 35 页）

③ ［日］麦谷邦夫：《唐玄宗〈道德真经〉注疏中的“妙本”》，载《世界宗教研究》1990 年，第 2 期。

④ 《道德真经广圣义》卷三十七，《道藏》第 14 册，第 500 页。

⑤ 《道德真经广圣义》卷三十七，《道藏》第 14 册，第 502 页。

的道理，赋予“妙本”以本体性的意义。

杜光庭以有无概念为基点而把宇宙的统一性归之为“妙本”，不仅表现出浓厚的宇宙本体论的色彩，而且为贯通天地人并突出人的修道的依据提供了理论基础。

第四节　道生德畜的自然论

如果说，《老子》作为一部原创性的著作，它对有无之道的论证旨在说明宇宙万物原本就是一种以人无法理解和言说的方式存在，而不是刻意要从理性的层面来回答世界的本质究竟是什么，那么，杜光庭在《道德真经广圣义》中对老子“道生”、“德畜”思想的阐发，以及对“自然无为”原则的强调，则是为了在天人合一的大框架下进一步完善道教的宇宙观，并以这种宇宙观作为道教探索如何达到修道成仙目的的理论根据。

无论是以“道先德后”为文本结构的通行本《老子》，还是1973年长沙马王堆汉墓出土的以“德先道后”为基本次第的帛书《老子》，都反映了老子是以“道生”和“德畜”来说明道与万物之关系的。老子说：“道生之，德畜之，物形之，势成之。是以万物莫不尊道而贵德。道之尊，德之贵，夫莫之命而常自然。”①“道”为万物之基，其基本功能在于生养万物。“德”即为“得道”，“德者，万类之本性也。”②可见，老子在对殷周时期“道”的概念进行更新发展的同时，也改革了“德”的内涵，从而

---

① 《老子》第51章。

② 高亨：《老子正诂》，中国书店1988年版，第8页。

为先秦思想实现"哲学的突破"①奠定了重要基础。如果说,"德"在周人那里主要是一个崇高的伦理道德观念②,那么,老子所说的"德"则主要是从哲学的层面强调万物得之于"道",并与"道"构成了一对范畴。若没有"道",就不会有"德"之用;若没有"德",也不能显示"道"的存在和力量。"这个形而上的实存之'道',当它生物成物之时,就开始向下落实,而为成物之'德'。"③形而上之"道"通过从无到有地生化万物而落实到经验世界,作用于宇宙、社会和人生,便是"德"。"既富于德,则合于道。道为德体,则澹寂无为,德为道用,则施行有作。"④可见,"道"为万物能够得以生长之根本,"德"则是道体现在万事万物之中促使其生长变化的品性。道之所以尊,德

① "'哲学的突破'的观念可以上溯至韦伯(Max Weber)有关宗教社会学的论著之中。但对此说最为清楚的发挥者,则当推美国当代社会学家帕森思(Talcott Parsons)。……所谓'哲学的突破'即对构成人类处境之宇宙的本质发生了一种理性的认识,而这种认识所达到的层次之高,则是从来都未曾有的。与这种认识随之而俱来的是对人类处境的本身及其基本意义有了新的解释。"(余英时著《士与中国文化》1987年版,第28页)与"哲学的突破"相近的提法,还有德国哲学家卡尔·雅斯贝斯在提出他著名的"轴心时代"的新史学观念时所用的"超越的突破"(参见其著《历史的起源与目标》,华夏出版社1989年版,第8～14页)

② 因为,从历史发展的视域看,在甲骨文、金文中就有"德"字。"从西周到春秋的用法来看,德的基本含义有二,一是指一般意义上的行为、心意,二是指具有道德意义的行为、心意。""在西周文献中已明显地把德作为道德的意义使用,或加形容词以颂美之,或加动词以实现之、彰明之。"(参见陈来著《古代宗教与伦理——儒家思想的根源》,三联书店1996年版,第291页、第296页)可见,"德"在周人那里主要是一个崇高的伦理道德观念,以表明对天意或天道的遵从与实践。

③ 陈鼓应:《老庄新论》上海古籍出版社1992年版,第21页。

④ 《道德真经广圣义》卷二十四,《道藏》第14册,第427页。

之所以贵，就在于它们能够顺任自然，“生而不有，为而不恃，长而不宰，是谓玄德。”[①]道的深远幽渺的德性就是“自然无为”。

受此影响，杜光庭进一步认为，“道以通物，以无为义。德者不失，以有为功。道无则能遣物有累，德有则能祛世空惑”[②]，强调了道与德的区别与联系。道“以无为义”而通于客观世界的万事万物之中，并能“遣物有累”，而“德”则“以有为功”，以积极顺道发展为要，并能“祛世空惑”。“故离道无德，离德无道，道是德义，德是道义。经云：长短相形是也。”[③]道与德是相互依存，密不可分的，“道德相须，不可散也”[④]。道与德的配合使整个宇宙万物在生灭变化中显现出一种稳定和谐的秩序。

杜光庭又指出，道与德虽然相须不可分，但两者毕竟还是有先有后的，因为“德为道用，故次于道”[⑤]。道居先，德居后，与道相比，德是第二位的：“道非德无以显，德非道无以明，道无为无形，故居化物之先，德有用有为，故在生化之后。道居先，故处于上。德居后，故处于下。”[⑥]道是万物之本，而德的作用就在于表现了道的存在。“德者，道之用也，道不立则德无以生，德不崇则道无以明。道以虚通为义，德以剋获受名。

① 《老子》第五十一章。

② 《道德真经广圣义》卷五，《道藏》第14册，第337页。

③ 《道德真经广圣义》卷五，《道藏》第14册，第337页。

④ 《道德真经广圣义》卷三十，《道藏》第14册，第456页。

⑤ 《道德真经广圣义》卷二十，《道藏》第14册，第409页。

⑥ 《道德真经广圣义》卷四，《道藏》第14册，第335页。

道能通物，物能得道。物得其所得，故谓之德。”[①]“德”使道在万物中得以显现，又使万事万物乃至于人都因生命中蕴含着道而有了根基，人更因追求得道而使生命活泼向上。

杜光庭对“道生”、“德畜”的论述一方面明显地沿袭着老子的思路，以有无释道德，强调道为德之本，德为道之用，两者须臾不可分。另一方面，杜光庭又顺应了唐代道教义学的发展趋势，对道德的内涵又作了贴近时代需要的阐释。他说：“今于道德义中分三门解释。”“道有三义者，理也，通也，导也。”“德三义者，得也，成也，不丧也。”[②]“道德六义”并非是杜光庭的发明，生活于武则天时代的孟安排编集的《道教义枢》一书中就将“道德义”放在首位，并对道与德的字义作了认真的梳理，提出了“道德六义”：

> 道者，理也，通也，导也。德者，得也，成也，不丧也。言理者，谓理实虚无。……言通者，谓能通生万法，变通无壅。……言导者，谓导执令忘，引凡令圣。……德言得者，谓得于道果。……言成者，谓成济众生，令成极道。此就果为名。亦资成空行。此就因为目。……言不丧者，谓上德不失德，故云不丧也。[③]

《道教义枢》提出“道德六义”是对佛教的批评所作出的回应。

---

① 《道德真经广圣义》卷三十，《道藏》第 14 册，第 456 页。

② 《道德真经广圣义》卷五，《道藏》第 14 册，第 337 页。

③ 《道藏》第 24 册，第 804 页。

这种以“理”释“道”比起以“气”释道，显然更具有虚玄性、思辨性和超验性，故在初唐一度成为重玄学的重要思想，不仅在道教界有着特别的影响，而且也得到了佛教界的认可，从而使原来佛教与道教围绕着道体所展开的争论也逐渐平息下来了①。

这种“道德六义”的思想也为杜光庭所继承。杜光庭根据臧玄静的“道者，通物以无为”的说法，又引用了儒、道经典中有关道与德的论述而对“道德六义”说作了进一步的讨论和发挥，并指出“此六义者，互可相通”：

> 所谓理者，理实虚无，言一切皆无，故云道在一切。有解云：理者，兼通善恶。善道亦名道，恶道亦名道，善恶性空，不乖此义。……所谓通者，谓能通生万法，变通无壅。《河上公》云：道，四通也。所谓导者，导执令忘，引凡入圣。《自然经》云：导末归本，本即真性，末即妄情也。德有三义，所谓德者，得于道果。《太平经》云：德者，正相得也。所谓成者，成济众生，令成极道。……所谓不丧者，谓德不失也。故云不丧。《太平经》云，常德不丧是也。此六义者，互可相通。《西升经》云：道德混沌，玄妙同也。道中有德义者。《升玄经》云：德等无等，等无等是道也。故云，道有得义，道有成义者。《河上公》

① 日本学者麦谷邦夫认为：“到了七世纪末，‘道者，理也，通也’这个定义，不论道教、佛教都予以承认了。这样，原来围绕着‘道’体而引起的道佛二教的争论逐渐也就平息下来了。”(《南北朝隋唐初道教教义学管窥》，载《日本学者论中国哲学史》，中华书局1986年版，第277页)

云：非但生之，乃复长之成之。道有不丧义者，既言常道，常即不丧也。德中又有理义者。《生神经》云：感应理常。通应既是德，故得有理义也。德有通义者。《河上公》云：德，一也。一至布气，而畜养之。德有导义者，谓有开导之德。《论语》云：道之以德是也。此就通门，则如前解也。但道之言通，通无所通，而无所不通。德之言得，得无所得，而无所不得。故能忘己忘功，生物成物。[①]

杜光庭的这段论述可视为是对《道教义枢》中的"道德六义"的进一步发挥[②]。

在杜光庭那里，"道"虽然仍从理、通、导三个方面来加以解释，但却具有了新的涵义：(1)从本体论上看，道是理，杜光庭虽然沿用了《道教义枢》的"理实虚无"的说法，但他又通过"一切皆无"来强调"道在一切"。(2)从生成论上看，道是通，能够"通生万法，变通无壅"，但杜光庭更强调"道之言通，通无所通，而无所不通"，以重玄学的"双遣"方法来展示道的强大的生化功能。(3)从修道论上看，道是导，能够"导执令忘，引凡入圣"，但杜光庭又引用《自然经》的"导末归本，本即真性，末即妄情"来说明"导"的具体内涵是引导众生去妄情归真性，从而"引凡入圣"，复归于道。

---

① 《道德真经广圣义》卷五，《道藏》第 14 册，第 337 页。

② 王宗昱先生认为："杜光庭《道德真经广圣义》第五卷实际是综合了成玄英注疏和《道教义枢》并作了进一步发展。他认为道德两个概念是互通的，因此道有德义，德亦有道义。"(《〈道教义枢〉研究》，上海文化出版社 2001 年版，第 63 页)

杜光庭作为一个宗教家,他对宇宙自然的探讨当然不只是为了获得关于宇宙起源和发展的知识,而是为了通过关注“道”如何经由“德”而落实到人的生活层面,以使人领悟道德的“自然无为”之性并将其作为行事的准则。因此,在杜光庭那里,“德”虽然还是《道教义枢》所说的得、成和不丧三种意思,但他又作了进一步的发挥:(1)从宇宙观上看,“德言得者,谓得于道果”,但杜光庭更强调,德具有顺从道而畜养万物的功用,“德为道之用,生畜于物,皆道之动用功尔”①。“德”的这种畜养万物的功用就是“得”。“德者,人之所得是也。夫三才万物资道,妙用各得,生成无不遂性。故谓之德。”②(2)从生命观上看,杜光庭从“德”能够“成济众生,令成极道”的思想出发,认为德与道在人的生命中具有直接的同一性,“道与德有相资相禀之义”③,因此,“顺于道”者,就能成为“有德之人”:“道无名也,唯德是显之。德无本也,自道而成之。至人能顺于道,德乃彰矣。故云甚有德之人,唯能顺于道。”④从根本上说,得道之人也是一个道德完善之人。(3)从修养论上看,杜光庭在以“不丧”释“德”的同时,又将“德”作为修道的“道阶”。如果说,“不丧”即“德不失”,“德不失”即保有“常道”,那么,“正性全德”的过程即为通过“修性返德”,沿着“道阶”攀缘向上的过程。“至德之本,即妙道也。故言修性返德,自有归无。……正性全德,德为道阶,此乃还冥至道也。”⑤

① 《道德真经广圣义》卷三十七,《道藏》第 14 册,第 502 页。
② 《道德真经广圣义》卷四,《道藏》第 14 册,第 334 页。
③ 《道德真经广圣义》卷五,《道藏》第 14 册,第 337 页。
④ 《道德真经广圣义》卷十九,《道藏》第 14 册,第 402 页。
⑤ 《道德真经广圣义》卷十九,《道藏》第 14 册,第 403 页。

在分别阐述了“道三义”和“德三义”之后，杜光庭又借用了重玄学“非有非无”的论证方法来强调“道德六义”之间的“互可相通”关系。因此，也可以反过来说，道有“德”的得义、成义和不丧义，而德也有“道”的理义、通义和导义。杜光庭最后得出结论：“道德一体，而具二义。一而不一，二而不二。”① “道者，因生以立称。德者，从教以言名。道者，德之通。德者，道之功。有德故称道，有道故称德。”②这就十分清楚地表达了他对道与德相即不离关系的看法。

杜光庭进一步指出，相即不离的道与德是万化之本，而道生德畜完全是一个自然无为的过程，“道德之功，不恃不宰，可谓深玄矣”③。而道生德畜的自然无为，是由作为万法之根本的“道”的本性所决定的。“道生德畜为化之本也，一切之法因道而生，故云源也。”④杜光庭还特别运用重玄学的“三一学说”⑤对“道”深加剖析：

---

① 《道德真经广圣义》卷五，《道藏》第 14 册，第 338 页。

② 《道德真经广圣义》卷五，《道藏》第 14 册，第 338 页。

③ 《道德真经广圣义》卷三十七，《道藏》第 14 册，第 503 页。

④ 《道德真经广圣义》卷三，《道藏》第 14 册，第 331 页。

⑤ 对老子的夷、希、微三义的解读，构成了道教的三一学说。《太平经》对老子的“三义”进行了发挥，“元气有三名，太阳、太阴、中和。形体有三名，天、地、人。天有三名，日、月、星，北极为中也。地有三名，为山、川、平土。人有三名，父、母、子。治有三名，君、臣、民。”（《和三气兴帝王法》，王明编《太平经合校》，中华书局 1960 年版，第 19 页）认为天下万物都可一分为三。三者之间又相须而立，相得乃成，形成一个共同体。这种“三合相通”、“三统共生”的观念在南北朝至唐代道教义学中发展为三一学说。以三一学说来说明宇宙本体之真相，成为“重玄学最醒目的标志”。（参见李刚著《道教重玄学之界定及其所讨论的主要理论课题》，载陈鼓应主编《道家文化研究》第十九辑，北京三联书店 2002 年版，第 108 页）

> 明大道以虚无为体，自然为性，道为妙用。散而言之，即一为三，合而言之，混三为一。通谓之虚无自然，大道归一体耳。非是相生相法之理，互有先后、优劣之殊也。非自然无以明道之性，非虚无无以明道之体，非通生无以明道之用，熟详兹妙，可谓诣于深玄之关键也。①

"虚无"是道之本，"自然"是道之性，"通生"是道之用。三者之间既相互区别，又相互联系，散则为三，合则是一。在这里，杜光庭既借用佛教的有关思辨，强调道之本是超越一切色相、廓然无物的"虚无"，以提升道的超越性，又以"通生"来说明道与万物的关联性，从而使形而上的超越之"道"落实到了形而下的器物的层面，更主张道是一种自然而然的本然状态，以坚持道教的基本立场，而与以"因缘"为标识的佛教相区别。杜光庭认为，只有明了"道"的一而为三、三而为一的特点，才能明了"深玄之关键"。

杜光庭认为，道的本性是"自然无为"，而道的这种自然无为之性又通过宇宙万物自然而然地体现出来。他说："莫能使之然，莫能使之不然。不知其所以然，不知其所以不然，故曰自然而然。"②"道职生成，天职包覆，地职厚载，而乾坤之象，著品物之形，列王居其间，行道之化，顺天之时，法地之宜，

① 《道德真经广圣义》卷二十一，《道藏》第14册，第417页。

② 《道德真经广圣义》卷二，《道藏》第14卷，第316页。

民则安静而自理。生化而有常，清静而无扰，合大道自然之理也。”[①]从时间上看，“道无古今”，而万物则有始终；从状态上看，“天道任于自然”，而又“无为而无不为”，“杳冥真道，化育群情，物有始终，道无今古，常为物本，而道本无为也。”[②]正是由于天道自然无为，所以它才能善胜万物：“天道任于自然，因无胜负，四时代谢，不令而行，六气推迁，不言而信，物不违天，则为善胜也。”[③]

如果说，老子的“自然无为”主要是从哲学的层面作了强调，那么，杜光庭则进一步从宗教的层面来说明，人应该遵循老子的“自然无为”而进行修道，以达到国泰身安乃至与道泯然相合：“老君垂教，以清静为用，无为为宗。清静则国泰身安，无为则道成人化。夫道德无为也，天地成焉，万化行焉，万物生焉。……圣人虚心以原道德，静气以存神明。……洞入虚无，泯然合道。”[④]

杜光庭关于“自然无为”的思想既是对老子思想的继承和发展，也是对唐代佛、道教之间关于道与自然关系问题争论的一个回应。在唐代佛道之争中，道与自然的关系问题屡次被佛教徒提出，并借此来批评道教，认为“道法自然”就意味着道效法自然或道从自然中生，那么道教所信奉的道哪里还是最根本的呢？例如，佛教徒法琳就指出：“纵使有道，不能自生。从自然生，从自然出。道本自然，则道有所待。既因他有，即

① 《道德真经广圣义》卷二十一，《道藏》第14卷，第416页。
② 《道德真经广圣义》卷十九，《道藏》第14册，第403页。
③ 《道德真经广圣义》卷四十七，《道藏》第14卷，第551页。
④ 《道德真经广圣义》卷三十四，《道藏》第14册，第483页。

是无常。……自然无称，穷极之辞。道是智慧灵知之号。用智不及无智，有形不及无形。道是有义，不及自然之无义也。”[①]道不能自生，有待于自然，便因“他有”而成“无常”。佛教徒的批评，促使道教学者不断地从理论上来完善自己的学说。成玄英、李荣和唐玄宗都曾运用重玄学的方法来说明道与自然的关系。杜光庭在前人的基础上，进一步强调“道法自然”即道本性自然，并非是道效法自然，他批评那种将道看作是由“自然”派生的观点是曲解了道经之理。他说：“疑惑之人，不达经理，乃谓大道仿法自然，若有自然居于道之上，则是域中兼自然有五大也。”[②]老子说“人法地，地法天，天法道，道法自然”而又说“域中有四大”却并没有加上“自然”而说“域中有五大”，显然，“疑惑之人”的看法原本就是不符合老子本意的。因此，杜光庭指出，“以道为自然之子，无为之孙，皆为妄见”。[③] 杜光庭通过强调道与自然无为的合一性，既高扬了道的至高无上性，又说明了修道养生的要旨在于“道法自然，无为清静”[④]。这样，“自然无为”就不仅是杜光庭对道的本性的一种表述，而且也成为他修道思想的一个重要特色。

---

① 《辩正论》卷六，《大正藏》第 52 册，第 537 页。
② 《道德真经广圣义》卷二十一，《道藏》第 14 卷，第 416 页。
③ 《道德真经广圣义》卷二十一，《道藏》第 14 卷，第 416 页。
④ 《道德真经广圣义》卷二十一，《道藏》第 14 卷，第 412 页。

第五章　重玄学的运用

在唐代，重玄学[①]在道教学者那里被纯熟地运用着，成为道教理论中一支独特的学术思潮，重玄学的思辨方法也成为道教实现精神超越的一种修道手段。杜光庭也曾运用“有无

① 对重玄学的内涵与性质究竟应当如何界定，学术界至今看法不一：有的称之为“道教‘重玄’哲学”（任继愈主编：《中国道教史》，上海人民出版社 1990 年版，第六章“隋唐道教‘重玄’哲学”、李大华：《道教‘重玄’哲学论》，载《哲学研究》1994 年第 9 期），有的称之为“道教重玄学”（卢国龙：《中国重玄学》人民中国出版社 1993 年版，第 3 页），有的称之为“老学重玄学”（詹石窗：《“老学重玄学”简论》，载《世界宗教研究》1987 年，第 3 期），有的称之为“道家重玄学”（何建明：《道家思想的历史转折》，华中师范大学出版社 1997 年版，第 13 页），有的称之为“重玄派”（[日]麦谷邦夫：《南北朝隋唐初道教教义学管窥》，载《日本学者论中国哲学史》，中华书局 1986 年版），有的称之为“重玄学派”（蒙文通：《校理老子成玄英疏叙录——兼论晋唐道家之重玄学派》，载《蒙文通文集》第一卷《古学甄微》，巴蜀书社 1987 年版，第 343～360 页），有的称之为“重玄宗”（“重玄宗是道教中以‘重玄’思想注解《道德经》而闻名于世的一个学派。”卿希泰主编：《中国道教史》第二卷，四川人民出版社 1992 年版，第 171 页）。种种看法，可谓见仁见智，莫衷一是。这种争论恰恰反映出重玄学本身的复杂性。笔者认为，（转下页）

双遣”的重玄学方法来说明主体之人应当如何通过修心、忘言而在当下心境上来实现精神超越。如果说，唐玄宗御制的《道德真经》注疏是重玄学的佳作，那么，杜光庭在推广唐玄宗注疏“圣义”时所作的《道德真经广圣义》在这方面也毫不逊色，以至于有人认为“杜光庭较全面地清理、总结、吸收了前人的注老成果，又在更为深刻和广阔的程度上吸收了儒家和佛家的思想，将其与道家、道教理论进行贯通融合，通过注疏《道德经》等道家经典的形式，阐发、建构了他的重玄学理论体

(接上页)从重玄学的倡导者来看，既有道家学者，如张志和、无能子(何建明先生认为，“中唐张志和、唐末无能子等都阐明重玄之道。”《道家思想的历史转折》，华中师范大学出版社 1997 年版，第 27 页)也有道教学者，如杜光庭就指出，在孙登“以重玄为宗”之后，又有“梁朝道士孟智周、臧玄静、陈朝道士刘进喜，唐朝道士成玄英、蔡子晃、黄玄颐、李荣、车玄弼、张惠超、黎元兴，皆明重玄之道。”(《道德真经广圣义》卷五，《道藏》第 14 册，第 340 页)虽然道教学者在重玄学中占大多数，但只要有例外存在，那么，在重玄学前无论是冠之以“道家”还是“道教”都不太合适。从重玄学的内涵来看，重玄学是以“重玄”为宗旨对老子的“玄之又玄”进行的哲学思辨与义理探究，特别是采用佛教的中观学“非有非无”的思辨方法来阐释道体有无、道性自然、性命修炼等问题。重玄学既以《老子》为解释对象，也以《庄子》为基本文本。例如，唐人成玄英既作《老子道德经注》、《老子开题序诀义疏》，也作《南华真经注疏》，其中对“重玄”思想都作了精妙的阐发，因此以“老学重玄学”来概括重玄学显然也不周当。从重玄学的学术传承看，重玄学只是在魏晋南北朝到唐宋这段历史时期内，人们比较热衷于采用的一种解释老庄思想的一种思维方法，它虽然形成了一股带有时尚特点的学术思潮，但并没有建立一个严密的学术传承系统，也没有形成有组织形式的道派，可见，用“重玄宗”或“重玄派”来称呼这一学术思潮显然也不太贴切。因此，本书只以“重玄学”称呼之。

系。”[①]从表面上看，杜光庭的重玄学思想是零碎而散乱的，并没有建立起一个完整的重玄学理论体系，但他在义疏《道德经》时，像大多数唐代道教思想家那样自觉地运用重玄学的理论与方法来沟通宇宙论和心性论，从而追随唐代道教哲学由宇宙本体论转向心性论的发展趋势，完成了宇宙本体论向以道性论为核心的心性论的转型。同时，杜光庭又以重玄学为中介将心性论与修道论结合起来，使心性论成为修道论的理论基础，从而促进了道教从向外追寻长生之路，回归到从自我心境中来探求如何实现生命的超越。因此，重玄学是杜光庭思想体系中不可或缺的一个重要环节。

第一节　重玄学的源与流

杜光庭的重玄学是对前人思想的继承与发展。极具思辨性的重玄学有着深厚的思想渊源和丰富的理论养料，其中既包括《庄子》“坐忘”、“无心”等心悟思想，又有魏晋玄学有无之辨的哲学精神，还有佛教般若学的有无双遣说和三论宗的中道实相论，同时，它的形成还与“道教灵宝派及道教太玄部经典有关”[②]。可以说，“重玄”一词是综合了以上数种思想与方法来阐释《老子》第一章“玄之又玄”的句义时所形成的一个内蕴极为丰富的术语。《老子》开篇云：

---

① 胡孚琛、吕锡琛：《道学通论》，社会科学文献出版社 1999 年版，第 222 页。

② 参见李刚：《道教重玄学之界定及其所讨论的主要理论课题》，载陈鼓应主编：《道家文化研究》第十九辑，北京三联书店 2002 年版，第 103 页。

> 道可道，非常道。名可名，非常名。无，名天地之始。有，名万物之母。故常无，欲以观其妙。常有，欲以观其徼。此两者同出而异名，同谓之玄，玄之又玄，众妙之门。①

"玄之又玄"是玄妙又玄妙、幽深又幽深的意思，以此来形容道的玄妙和幽深以及道与天地万物的微妙关系。然而，重玄学家诠解"玄之又玄"则另辟蹊径。《太玄真一本际经》提出，"于空于有，无所滞著，名之为玄。又遣此玄，都无所得，故名重玄，众妙之门。"②即认为，既不执著于有，也不执著于无，最终连不执著于有无也要遣除，这才叫做重玄，由此而彰显出重玄学最重要的特点就是通过"有无双遣"而达到玄道自至的境界。这样，"重玄"既是一种"有无双遣"的方法，也是一种通过修道所达到的境界。"所谓'重玄'，进入了宗教神秘主义的范围，其实质在于通过宗教的摄念调心，由主体去契证'妙本'，'契入重玄'，而达'与道合真'的信仰鹄的。"③重玄学是以"重玄"为宗来阐发道教义理的，它在理论渊源上表现出了两个重要特点：一是受玄学的影响，解庄诠老；二是受佛教的影响，援佛入道。这两者水乳交融般地体现在杜光庭的重玄学之中，复归老庄与采用中道成为杜光庭重玄学的理论基点。

杜光庭在撰写《道德真经广圣义》时，曾对重玄学的形成

---

① 《老子》第一章。

② 敦煌经卷 P3674 号《本际经》卷八《最圣品》。强昱先生认为，"《本际经》与大约同时问世的《道门大论》，共同标志着重玄学的诞生。"(《〈本际经〉的重玄学思想研究》，载《世界宗教研究》2001 年第 3 期)

③ 任继愈主编：《中国道教史》，上海人民出版社 1990 年版，第 256 页。

与发展作了历史回顾。他指出，生活于魏文、明二帝时的孙登是重玄学的开山祖，孙登“以重玄为宗”解释《老子》，从而奠定了重玄学发展的基石。汉唐注老者有六十余家，其宗旨意趣可归为六宗，其中“孙登以重玄为宗，宗旨之中，孙氏为妙”①。这里，杜光庭明显地表现出对重玄学的欣赏。杜光庭还指出，在孙登之后，又有“梁朝道士孟智周、臧玄静、陈朝道士刘进喜，唐朝道士成玄英、蔡子晃、黄玄赜、李荣、车玄弼、张惠超、黎元兴，皆明重玄之道”②。通过介绍魏晋南北朝到唐代的老学思想家的《道德经》注疏，杜光庭不仅大致构勒出重玄学的发展脉络，而且指出在重玄学中还有宗重玄明理身之道和宗道德明重玄之道的差异。杜光庭的这些看法至今仍为人们所重视，以至于有人认为：“最早对道教重玄学作界定的是唐末五代的杜光庭。”③那么，杜光庭又是如何在继承前人思想的基础上，通过注释《道德经》而进一步推动重玄学发展的呢？

重玄学虽然萌芽于魏晋时期，但直到隋代《本际经》的出现才标志着重玄学理论体系的初步建立，后经唐代学者成玄英、李荣、王玄览、唐玄宗等人的努力而逐渐兴盛，成为唐代道教哲学中最富有思辨性的部分。虽然有人认为“唐玄宗集诸臣僚道士作《道德经》注疏，则完成了重玄家《老子》学的终结”④，但笔者认为，事实上，唐玄宗喜好重玄学，导致了重玄学的兴盛而并非“重玄家《老子》学的终结”，因为在唐玄宗之

① 《道德真经广圣义·序》，《道藏》第14册，第309页。

② 《道德真经广圣义》卷五，《道藏》第14册，第340页。

③ 李刚：《道教重玄学之界定及其所讨论的主要理论课题》，载陈鼓应主编：《道家文化研究》第十九辑，北京三联书店2002年版，第91页。

④ 卢国龙：《中国重玄学》绪论，人民中国出版社1993年版，第4页。

后，直到唐末，重玄学依然以注老的形式在继续发展。最为典型的例子有两个：一是生活于唐末的道士强思齐所撰的《道德真经玄德纂疏》；二是与强思齐大约同时代的杜光庭所著的《道德真经广圣义》①。

如果读一下杜光庭在前蜀王衍乾德二年(902)专为强思齐的《道德真经玄德纂疏》所作的《序》，就可见强思齐对前人重玄学的总结与发展。杜光庭在《序》中写道，在生前就曾得到唐僖宗宠赐紫衣、后来又受到前蜀高祖王建赐予"玄德大师"称号的强思齐"每探讨幽玄，发挥流俗，期以谭讲之力，少报圣明之恩，手攒所讲《道德》二经，疏采诸家之善者"，在多年讲论《道德经》的基础上，强思齐按照自己对《道德经》不同章节的理解而对诸家注疏作了选择，他在历代众多的注老著作中选择了六种，即《河上公章句》、《老子节解》、严君平的《老子指归》、李荣的《老子注》、成玄英的《老子疏》和唐玄宗的《道德真经注疏》，最后以"明皇御注为宗，盖取乎文约而义该，词捷而理当者，勒成二十卷"来阐发"重玄至道"之旨趣。成玄英、李荣、唐玄宗等都是唐代重玄学的主唱者，强思齐通过对他们注疏的汇编并采诸家之善，显然推进了重玄学的发展。② 杜

① 李刚先生也曾认为："重玄派自梁陈以来渐兴，至唐初而达于高峰，宗奉重玄的学者人数也最多，唐天宝以后余绪犹存，直到杜光庭仍主张以重玄之道解老。"(《道教重玄学之界定及其所讨论的主要理论课题》，载陈鼓应主编《道家文化研究》第十九辑，北京三联书店 2002 年版，第 92 页)

② 何建明先生也曾认为，"强思齐在晚唐努力复兴重玄思辨哲学，首先便体现在他在自觉地接受成玄英、李荣、王玄览、唐玄宗等人所标榜的道家重玄学'双遣'思维方法的基础之上，对唐代前期重玄道体论思想的积极继承和推展。"(见其著《道家思想的历史转折》，华中师范大学出版社 1997 年版，第 148 页)

光庭也认为,由于该书"揽之易晓,传之无穷,后之学者知强君之深意焉"[1],并乐意为之题名《道德真经玄德纂疏》。

杜光庭的《道德真经广圣义》所"广"的虽然是唐玄宗的"圣义",但实际上却包含了对成玄英、李荣、王玄览、唐玄宗、强思齐的重玄学的"接着说",他在综合前人思想的基础上的创新之处主要表现在:

第一,杜光庭通过解庄诠老而进一步在重玄学中融入了心性论的内容。杜光庭不仅采用重玄学的方法来帮助世俗之人消除偏执,而且还通过弘扬老庄哲学的内在超越精神,以帮助人们在心性上寻找"与道为一"之路。杜光庭一方面运用老子的"正言若反"的否定性思维方式,来帮助人们来理解一切外在的东西都是虚幻的假相,有所执著即有所偏废,只有无所偏执,才能契入中道,"执者失之,但无偏执,自契中道,便入玄妙正观之门矣。"[2]另一方面,他又吸取了庄子的"无心"、"坐忘"等思想,他说:

> 修道之士,黜嗜欲,隳聪明,凝然无心,淡然无味,收视返听,万虑都冥,然后虚空生胎,吻合自然,观化之初,穷物之始,浩然动息,与道为一矣。[3]

杜光庭要人放弃对外物的追求而"收视返听",回归于内心世

---

① 杜光庭:《道德真经玄德纂疏·序》,《道藏》第13册,第357页。

② 《道德真经广圣义》卷七,《道藏》第14册,第346页。

③ 《毛仙翁传》,《全唐文》卷九四四,上海古籍出版社1990年版,第四册,第4351页。

界，再通过内不资于心、外不资于物的“凝然无心”的“心斋”功夫，以使心保持寂然不动的状态。一旦心“万虑都冥”，即是达到“与道为一”的境界了。杜光庭通过复归于老庄思想中寻找理论资源，又加以贴近时代需要的理论阐发，使重玄学与心性论有机地结合起来。

第二，杜光庭运用重玄学“有无双遣”的方法来深化玄学谈有论无的哲学思辨，并期望以此来解决无限之道与有限之肉体的矛盾。如果说魏晋玄学从王弼的贵无论、裴頠的崇有论到郭象的独化论，都是以有无问题为基点而展开理论探究，都力图建立一种能够统一有与无的理论体系来克服现实生活中名教与自然相背离的矛盾，那么，唐代重玄学家成玄英则通过非有非无的方法，来破除玄学家对有与无的执著，“有欲之人，唯滞于有；无欲之士，又滞于无。故说一玄，以遣双执。又恐行者，滞于此玄，今说又玄，更祛后病，既而非但不滞于滞，亦乃不滞于不滞，此则遣之又遣，故曰玄之又玄。”[①]成玄英用重玄学的方法破除了玄学家对有无的执著之后，又将“道”释为“虚通之妙理，众生之正性”，不仅沟通天人关系，而且为人的“穷理尽性”提供了理论依据。杜光庭站在道教的立场上，继承成玄英的思路，用重玄学的方法继续探讨有无的关系问题。他一方面强调道的非有非无，认为“道之为无，亦无此无。德之为有，亦无此有。斯则无有，无无，执病都尽，乃契重玄，方为双绝”[②]，但另一方面，如果说，玄学家所说的“无”是无规

① 参见强思齐纂：《道德真经玄德纂疏》卷一，成玄英疏，《道藏》第13册，第361页。

② 《道德真经广圣义》卷五，《道藏》第14册，第338页。

定性的"无"[1]，那么，杜光庭同时又强调了道对有无的统合，从而在他那里，"无"也就成了"不无之无"，他说："道是不无之无，既能理有，亦能理无。"[2]杜光庭用重玄学的方法将有无辩证地统一起来，进一步深化了玄学的哲学思辨，但他又不像玄学家那样以哲学来关注社会问题，而是依据唐玄宗提出的"法性清净，是曰重玄"[3]的看法，力图通过对有与无的思辨来解决人所面临的无限之道与有限之肉体的矛盾，他从"仙道无不无，有不有"[4]出发，希望破除对有和无的任何执著，以自然无为的态度通过有无双遣以直契重玄。他说："至道自然，亦非有为，亦非无为。故至道自然，湛寂清静，混而不杂，和而不同，非有非无。凡学仙之士，无以执非，俱无执见，则自达真道。"[5]

第三，杜光庭采用了佛教般若学非有非无的中道观，主张以"有无双遣"的方法，建构一条有别于传统道教丹鼎派通过服食丹药以求长生不死的修仙新路径。显然，这不是对佛教般若学中道观的简单运用。在佛教中，"中道"意指脱离"两边"，即两个极端，而走不偏不倚道路的观点或方法。虽然，印度大小乘佛教对"中道"的解释并不一致，但都认为它是佛教

---

① 汤一介先生曾认为，"成玄英的本体论与王弼的本体论最为显著的不同在于，王弼以无规定性的'无'作为天地万物的本体，而成玄英以有规定性的'理'（虚通之实理）作为天地万物之本体。"（见其著《论魏晋玄学到初唐重玄学》，载陈鼓应主编《道家文化研究》第十九辑，北京三联书店 2002 年版，第 17 页）

② 《道德真经广圣义》卷五，《道藏》第 14 册，第 338 页。

③ 《道德真经广圣义》卷二十三，《道藏》第 14 册，第 420 页。

④ 《道德真经广圣义》卷五，《道藏》第 14 册，第 338 页。

⑤ 《太上老君说常清静经注》，《道藏》第 17 册，第 188 页。

最高的“真理”，有时与真如、法性、实相、佛性同义[①]。佛教传入中土后，中国佛学家僧肇一方面接受了鸠摩罗什所传的大乘中观般若学的思想，另一方面又借助于《老子》的有无思想来解释“中道”，著《肇论》而主张非有非无的中道空观[②]，通过非有非无的双重否定，得意而忘言，以直契中道实相，体悟涅槃之真谛。这种中道空观所包含的有、无、亦有亦无、非有非无等“四句”，乃是为了泯除众生执著于有、无对待的迷执邪见，以凸显真谛的不可言说性，后来成为中国佛教三论宗的中道实相说的基本主旨[③]。道教重玄学在理论建构中也大量地借鉴了佛教“离四句，绝百非”的思想，建立起自己的中道观。如成玄英在《庄子·大宗师疏》中说：“夫道，超此四句，离彼百非，名言道断，心知处灭。虽复三绝，未穷其妙。而三绝之

---

① 任继愈主编：《宗教词典》，上海辞书出版社1981年版，第188页。

② 僧肇认为，从根本上说，万物因众缘会聚而有，也因众缘离散而无，其有其无，都如梦如幻，毫无真实性可言。万法并无自性，万物也没有内在不变的规定性，故自性空。“欲言其有，有非真生；欲言其无，事象既形。象形不即无，非真非实有。然则不真空义，显于兹矣。”（《肇论·不真空论》，石峻等编：《中国佛教思想资料选编》第1卷，中华书局1981年版，第146页）“有者有于无，无者无于有。有无所以称有，无有所以称无。然则有生于无，无生于有，离有无无，离无无有。有无相生，其犹高下相倾，有高必有下，有下必有高矣。然则有无虽殊，俱未免于有也。”（《肇论·涅槃无名论》，石峻等编：《中国佛教思想资料选编》第一卷，中华书局1981年版，第161页）

③ 三论宗以“空”立论，强调诸法性空的中道实相说，它强调诸法都是因缘和合而生，故没有自性，无自性故性空无所得，但为了引导众生明白而用假名以说有。这样，不离性空而有缘起诸法，虽有缘起诸法，只是假法，故仍无所得，毕竟是空。空，被认为是一切事物的真实本相，是超越有无的中道，即中道实相。吕徵先生认为：“三论的立说则更发扬了性空而无碍于缘起的中道精神。”（吕徵：《中国佛学源流略讲》，中华书局1979年版，第312页）

外，道之根本，所谓重玄之域，众妙之门，意亦难得而差言之矣。”①成玄英所谓的“三绝”，乃是“一者绝有，一者绝无，三者非有非无，故谓之三绝也。夫玄冥之境，虽妙未极，故至乎三绝，方造重玄也”②，表达了只有用绝有绝无、非有非无的方法遣除偏执，才能符合“中道”的精神。杜光庭也认为，只有既不执于有，亦不执于无，有无双遣，方能与之言道：“合乎阴阳天地，非无非有，非有非无，无所局滞，始可与言道矣。”③但他虽然采用了“离四句，绝百非”的中道观，却不是对它简单地运用，而是通过将道内置于人心，认为“心之理也，必在乎道”④，强调“明妙道常在，不始不终，了悟玄言，即契中道矣”⑤。由于在“非有非无”的思辨方法中加入了心悟的成分，因此，修仙的路径也就通过重玄学的“有无双遣”的方法，而落实到了复归于了悟“湛寂清静”之真道的心性修炼上来。

杜光庭对重玄学的重视也受到了整个唐代道教思想文化发展的影响。从思想发展史上看，重玄学作为唐代道教中具有创新意识的一种学术思潮，其新颖的观点，独特的思维方式，直接促进了道教理论与实践上的变化。唐代道教学者大都运用重玄学的方法来重新阐释人的生命现象，使传统道教所宣扬的肉体成仙说急剧衰落。在这种形势下，杜光庭从重

---

① [清]郭庆藩辑：《庄子集释》卷三上《大宗师第六》，中华书局 1961 年版，第 257 页。

② [清]郭庆藩辑：《庄子集释》卷三上《大宗师第六》，中华书局 1961 年版，第 257 页。

③ 《道德真经广圣义》卷三十六，《道藏》第 14 册，第 494 页。

④ 《道德真经广圣义》卷十九，《道藏》第 14 册，第 404 页。

⑤ 《道德真经广圣义》卷十九，《道藏》第 14 册，第 403 页。

玄学出发，通过宣扬“修道即为修心”来积极促进道教仙学的转型。他强调“修心之法，执之则滞著，忘之则失归，宗在于不执不忘，惟精惟一尔。”[①]从追求肉体长生到关注心性修炼，这就促进了道教哲学大踏步地向内丹心性论方向迈进，为唐末五代道教内丹心性论的兴起并在宋代之后迅速发展并主导了道教发展的方向开拓了道路。

从政治上看，杜光庭之所以重视重玄学，与唐玄宗全力提倡崇道尊老，要求大家奉读《道德经》，并积极地以重玄学为指导来注疏《道德经》也有密切的关系。唐玄宗注《老》当然不纯是个人喜好，他实际上还希望借助于老子道的思想来为自己的政治统治服务。唐末时，作为“道门领袖”的杜光庭面对着唐王朝日益衰微的事实，也希望借助于弘扬老子思想来收笼流散的民心，重振社会的纲纪，复兴初唐的太平盛世，因此他在“广”唐玄宗“圣义”时，也自觉或不自觉地沿用了唐玄宗的重玄思想。重玄学在杜光庭的手中有一定的“神道设教”的政治目的，更是他实现“经国理身”理想的重要理论工具。

从文化交流上看，重玄学出现与发展既是多种文化因素融会的产物[②]，也是道教面对佛教的挑战而奋起反击的结果。

---

① 《道德真经广圣义》卷四十九，《道藏》第 14 册，561 页。

② 汤一介先生就曾从文化融合的角度提出唐初重玄学是道家思想第三期发展的观点。他说：“如果说先秦道家（老子、庄子等）是道家思想的第一期发展，魏晋玄学为道家思想的第二期发展，意欲在道家思想的基础上调和儒道两家思想，那么唐初重玄学或可以被视为道家思想的第三期，它是在魏晋玄学的基础上吸收当时在中国有影响的佛教般若学和涅槃佛性学以及南北朝道教理论所建立的新的道家（道教）学说。”（《论魏晋玄学到初唐重玄学》，载陈鼓应主编：《道家文化研究》第十九辑，北京三联书店 2002 年版，第 21 页）这一观点可以帮助我们更好地认识重玄学的特点。

杜光庭的重玄思想也深受这样的文化背景的影响。值得探讨的问题是，唐代佛教宗派林立，佛学的内容十分丰富，道教为什么偏偏选用了三论宗所弘扬的般若学中道观？笔者认为，这既与“中道观”以非有非无的双重否定直契实相的理论特点以及其“破邪显正”的方法在论辩中的作用有关，也与它的文化传播的地域性特点相联。从重玄学的传播地域看，南朝时，倡扬重玄学的道教学者主要活动在南方的江浙一带。唐初以后，重玄学者主要在长安和巴蜀一带活动。这与佛教般若三论思想的传播地域的流变密切相关。佛教三论宗虽然由僧人吉藏于隋大业年间（605～618）创立于长安，但其宗源则可追溯到古印度。三论宗以古印度龙树的《中论》、《十二门论》和提婆的《百论》为基本经典而得名，又以主张“诸法性空”、“中道实相”为理论特点。后秦时，鸠摩罗什（344～413）将此三论传入中国，其学经其弟子僧叡、僧肇、竺道生等人弘传，在当时一度成为显学，此为北地三论学。南北朝时，南朝宋、梁时僧人僧朗从北地南下，来到江南，住在建康（今江苏南京）郊外的摄山大弘三论之学，经其弟子僧诠，再传弟子法朗、慧布、智辩、慧勇等人的传承，三论学在江南一带得以流行[①]，从而影响到道教学者宋文明、臧玄靖、孟智周等人的思想。三论宗的创始人吉藏生于金陵（今江苏南京），早年主要在江浙一带活动，曾在会稽（今浙江绍兴）嘉祥寺讲经说法，被问道者尊称为“嘉祥大师”。后来，吉藏来到扬州，住慧日寺，与时为晋王的杨广交往密切。隋朝建立后，他移居长安日严寺，完成了“三

① 参见洪修平：《中国佛教文化历程》江苏教育出版社 1995 年版，第 223 页。

论”的注疏并著有《三论玄义》、《中论疏》、《百论疏》、《十二门论疏》、《大乘玄论》、《二谛义》等著作，立“破邪显正”、“真俗二谛”等来发挥“中道实相”说，创立了三论宗。唐初，长安成为三论宗的主要传播地。值得注意的是，此时道教重玄学的一些代表人物如蔡晃、成玄英等也在长安活动。唐太宗时，曾下诏让道士蔡晃、成玄英与佛教唯识宗的创始人玄奘共同合作将《老子》翻译成梵文。蔡晃、成玄英还特别提出，应该引用《中论》和《百论》的思想来对译《老子》。“诸道士等并引用佛经《中》、《百》等论，以通玄极”[1]，但却遭到固守佛教经典原义的玄奘的强烈反对，最终译事未成。从这一事件中可以看到，当时的道教学者对三论思想的重视。随着唐王朝的日益强盛，长安与巴蜀之间的交流也逐渐增多。据史料记载，唐代的著名道士李荣、王玄览、黎元兴、张君相都是巴蜀人，又都曾在长安和蜀地活动，弘扬重玄学，因此，蜀地也成为重玄学的重镇。唐末，杜光庭先在长安，后又入蜀，他在撰写《道德真经广圣义》对老学思想进行理论总结时，受到地域文化的影响而推崇重玄学也就成为情理之中的事了。

从重玄学的内容上看，如果说，重玄学可以概括为道体论和道性论这两大主题以及展示这两大主题的双遣兼忘的方法，那么，在杜光庭那里，虽然“双遣”与“兼忘”的方法经常相联使用，但由于“双遣”本身所具有的辩证特点，故多用于道体论，即通过有无双遣，遣之又遣以至于无为来彰显道之本体；而“兼忘”所具有的修持证悟的特点，则多用于道性论，即通过“兼忘”来泯灭是非，齐一物我，复归于清静本性。杜光庭的重

① 道宣：《集古今佛道论衡》卷丙，《大正藏》第52册，第386页。

玄学不仅采用了佛教的中道观，而且还大量使用了老庄的名词术语，特别是复归到老庄从人的心境上追求精神超越的思想上。因此，在杜光庭的重玄学中，心境与重玄是不可分离的。

第二节　有无双遣显道体

杜光庭不仅运用重玄学“有无双遣”的方法来深化玄学的哲学思辨，以解决无限之道与有限之肉体的矛盾，而且还运用“有无双遣”的方法来彰显道体的非有非无、既有既无的特性，由此而说明道体所具有的超越性和现实性两个层面。并吸取了佛教有关“空”的思想，用“二空俱无”、“非空为空”来深化道教的道体论。

就道体的现实性层面看，杜光庭用“既有既无”来论述道与万物既有本源生成的关系，也有本体的关系，由此而将道与现实之域联系起来。他说：“夫道之无也，资有以彰其功，无此有则道功不彰矣。物之有也，资道以禀其质，无此道则物不生矣。”[①]道同时具有“无”与“有”两种基本属性，这是老子思想的本有特征，老子由此而沟通了道与万物之间的关系。“无”是指道本身所具有的无限性与超越性，“有”则是强调虚无之“道”作为万物的本源性和本体性。由此而衍生出的道体有无的问题为后来历代注老家所关注。

汉代哲学元气自然论流行，思想家在注释老子《道德经》时，经常采用元气来理解老子所说的“有生于无”，认为元气是

---

① 《道德真经广圣义》卷十二，《道藏》第 14 册，第 370 页。

一种最原初、最根本的物质，元气分为阴阳二气，阴阳二气的相互运动而产生了天地万物。由于这种宇宙生成论仅局限在现象界考察问题，因而到魏晋时期，玄学家就不再满足于这种认识，他们注老或偏重于有或偏重于无，力图运用本末体用等范畴深入到事物内部，探究事物之本、万物之性究竟如何。例如，王弼就认为道是无，他说："道者，无之称也。无不通也，无不由也，况之曰道。寂然无体，不可为象。"[1]道正因为是没有任何规定性的"无"才能成为有规定性的万物的本体。王弼通过"以无为本"而将老子之道进一步本体化，但他对"无"的过分推崇又引发出人们不同的看法。裴頠在《崇有论》中就认为，"夫总混群本，宗极之道也。"[2]道作为天地万物的本体并不是绝对的虚无，而毋宁就是万物本身，因为"至无者无以能生，故始生者自生也，自生而必体有，则有遗而生亏矣。"[3]"无"不能生"有"，只有"有"才能生"有"。如果"无"是空无一物的虚无，那么，这种空无一物的"无"是无法生成万有并成为万有存在的根据的。裴頠对"有"的推崇和对贵无论的批评，导致了玄学中形成了贵无论与崇有论之别。贵无论与崇有论在道体有无的问题上各执一端而难以达成一致，曾遭到时人的批评。孙盛在《老聃非大贤论》中就指出，"昔裴逸民作《崇有》、《贵无》二论，时谈者或以为不达虚胜之道者，或以为矫时流遁者。余以为尚无既失之矣，崇有亦未为得也。"[4]孙盛认

① 楼宇烈校释：《王弼集校释》上册，中华书局1980版，第110页。
② 《晋书》卷三十五《裴秀传》。
③ 《晋书》卷三十五《裴秀传》。
④ 《广弘明集》卷五，《大正藏》第52册，第120页。

为，无论是“贵无”，还是“崇有”，都是各执一方，不达圆化之道。据此，唐代道教学者在批评“魏晋英儒，滞玄通于有无之际”[①]时，又希望超出玄学执著于“有”与“无”的对立，而以重玄学的方法来说明道体既是非有非无，又是既有既无的存在，力图在某种程度上消弥长期以来的争论，并凸显出道体有无浑然一体的玄妙性。

杜光庭继承并发展了唐代重玄学家的思想，不仅以“既有既无”来说明“道”的本源性、本根性，更强调作为本体的道虽然具有超越于一切事物的特征，但却是最真实、最终极的永恒存在。他说：“自上而下谓之降，妙本之道，出乎虚无。虚无之体，清浮在上，欲生化品物，运道神功于妙无之中而生妙有。妙有融化，自上而下，降于人间，兆见物象。妙无为本，妙有为迹。本则澹然常存，迹乃资生运用，由是言之，一切物象，皆由道生，一切形类，皆道之子矣。”[②]这里，杜光庭既从本源论的角度谈到了“妙无之中而生妙有”，以强调道与万物的生成关系；同时又以“妙无为本，妙有为迹”来强调道是天地万物乃至于人的存在的本体，用有无、本迹来说明道是超绝名相的终极本体，以解决“妙本”在“从本降迹”化生万物之后，万物如何继续保持并体现道的本性。杜光庭努力将“道”放到万物之本的位置上，通过强调其妙本之真性，不仅为天地人的存在提供了最终极的依据，而且也为人的存在及修道成仙提供了依据。

就道体的超越性层面看，杜光庭强调道体是“非有非无”的，无可执著、不可言说。他说：“非无非有非名为道，道本无

① 李荣：《道德真经注·序》，《道藏》第14册，第37页。
② 《道德真经广圣义》卷十九，《道藏》第14册，第402页。

形之形，真之能名。德本无象之象，是谓真象。杳杳冥冥，其中有精，其精甚真，非无为也。万法俱无，是为空无。空无之道，亦非自然。破此空无，还归于无也。”[①]只有通过“有无双遣”、不执言象的方法才能彰显道体的超越性，杜光庭说：“道之至也，微妙玄通，不可以有推，不可以无喻，去此之外，不名为道。”[②]在他看来，任何有为、有执的做法，都是对道的遮蔽。因此，执著有或无，就无法使修道者得道。“世人不能知道，妄动营为，非道营为，必至隳败，或妄于教体，执著有无，不能任以自然。守常知分，有执必失，有为必败，此乃常理也。欲使化理之君，无为则无败。修道之士，无执则无失也。”[③]这种“有执必失”、“有为必败”的思想是基于杜光庭对道体非有非无之特性的理解，而杜光庭的这种理解，实际上也与他当时对世态人情的看法有关。生活在唐末五代的杜光庭深感“世态纷纶，真心难固，嗜欲牵役，妙道易忘，始从事而立功，忽进退而生惑，亦缘有为、有执，所以败于垂成尔。”[④]面对纷纷扰扰的世俗世界，面对欲望无边的世人之心，如果采用重玄学“有无双遣”的方法，就能帮助人们彻底破除对世俗的种种执著，走出日常经验性的思考范围。只有不执著，超越分别，才能直契无所不在，所在皆无的真道。

在杜光庭的重玄学中，道体既是非有非无，同时又是既有既无，道本身是超越性与现实性的辩证统一。“道者，若执有

① 《太上老君说常清静经注》，《道藏》第17册，第186页。
② 《道德真经广圣义》卷一九，《道藏》第14册，第403页。
③ 《道德真经广圣义》卷四十三，《道藏》第14册，第534页。
④ 《道德真经广圣义》卷四十三，《道藏》第14册，第535页。

见有名，即非上德也。本不有不无，不虚不实，应用即有，昧用即无。”[①]杜光庭在诠释老子的“道可道”时，还通过有无体用来说明道体的这一特性，他说：“标宗一字是无为无形道之体也。可道二字是有生有化道之用也。三字之中，立自体用。体则妙不可极，用则广不可量，故为虚极之妙本也。”[②]这里，杜光庭通过对“常道”（标宗之道）和“可道”的讨论来说明道具有“虚极”和“生化”两方面的含义，由此而展示了两种对道的理解。前者为“向上”一路，通向超越之境，为人修道成仙指明了方向；后者为“向下”一路，联通现实之域，展现了道生万物并为万物乃至人之本的特性。[③]

杜光庭对道体的理解在很大程度上沿袭了《本际经》的思路，吸收了许多佛教中观学派关于“空”的思想和论证方法。《本际经》中说：

> 所言道者，通达无碍，犹如虚空，非有非无，非愚非智，非因非果，非凡非圣，非色非心，非相非非相，即一切法亦无所即，何以故？一切法性即是无性。法性、道性，俱毕竟空，是空亦空，空空亦空，空无分别，分别空故，是无分别，亦复皆空。空无二故，故言其即。[④]

---

① 《太上老君说常清静经注》，《道藏》第 17 册，第 188 页。

② 《道德真经广圣义》卷六，《道藏》第 14 册，第 342 页。

③ 参见李作勋的博士论文《隋唐道教心性论研究》打印稿，第 27 页。

④ 敦煌道经 P3280 号《本际经》卷九《秘密藏品》，黄永武主编《敦煌宝藏》第 127 册，台湾新文丰出版公司，第 284 页。

《本际经》运用“非有非无”的方法来说明，道的体性虽为一切诸法存在的根据，但却是不落两边、超越了一切有无、智愚、凡圣、因果、色心的“毕竟空”，这显然大量地借鉴吸收了佛教的思想。但《本际经》又将这种“毕竟空”放到道教的语境中来加以表达，认为道性即是自然，即是“毕竟空”。“道性者即真实空，……而为一切诸法根本。无造无作，名曰无为。自然而然，不可使然，不可不然，故曰自然。悟此真性，名为悟道。”①由此而将佛教的“空”与道教的“自然”观念结合起来。

把佛教的“空”与道家的“自然”联系起来的做法在汉代佛经翻译中就已出现了。在东汉译出的《光赞般若经》中就用“自然”来解释“空”，认为“一切诸法为无所有，则谓自然”②。如果说，佛教在初传时期是用中国传统的“自然”概念来帮助人理解佛教的“空”，那么，唐代道教则是借助于佛教“空”的思辨来发挥“自然”的内涵。《本际经》用“空”来彰显道体的“非有非无”的超越性，又用“自然”来突显道体的无造无作、自然而然。《本际经》不仅将“自然”视为是道体的根本属性，而且将道体与人性联系了起来，认为“悟此真性，名为悟道”，从而将悟道视为人通过“非有非无”方法摒弃种种烦恼，在自然而然的无执著状态中恢复人的本来清静之性。《本际经》的这种思想影响了唐代许多道教重玄学家，也成为杜光庭重玄学的主要内容。

杜光庭在注释《太上老君说常清静经》中的“观空亦空，空

---

① 敦煌经卷 P2806 号《太玄真一本际经》卷四《道性品》，黄永武主编《敦煌宝藏》第 124 册，台湾新文丰出版公司，第 264 页。

② 《大正藏》第 8 册，第 172 页。

无所空”时，曾进一步采用佛教的“空”来形容道体的无名无象，无可执著。他说：“空者，真空也。空法之相，乃有二种。有大空，有小空。大空者，无为不为之理。小空者，破有归无，以无为为无，是名小空。此二空俱无，即自然不染正性，乃成真道也。”①杜光庭认为，“空法之相”有“大空”与“小空”之分：小空为遣有，“破有归无，以无为为无”；大空为遣无，追求“无为不为之理”，但它们仍处于遣有遣无的层次，因此，人需要摒弃小空、大空，由“二空俱无”，才能体悟道体本有的“自然不染正性”。

在遣有遣无之后，杜光庭又借注释“所空既无，无无亦无”而强调破斥空无也只是化导众生的一种手段而已。他说：“空者，亦非大非小，喻如道性，本无长短，亦无尘垢，悟即谓之真空，不悟谓之假相，非为至道。……道法自然，本无空假。天尊慈悲，乃立空假之相。”②道体本来是没有长短、空假之分的，用“空”来诠释道体真性，乃是一种“善巧方便，随机应化，教导人天，皆归至道”的比喻，实际上，“所说空相，亦非空相，空相是道之妙用，应道用即有，不用即无。非无非有非名为道。道本无形之形，真之能名。德本无象之象，是谓真象。杳杳冥冥，其中有精，其精甚真，非无为也。万法俱无，是为空无，空无之道，亦非自然。破此空无，还归于无也。”③这样，杜光庭通过“有无双遣”来破此空无，对“二空俱无”也不能执著，从而进一步强调了道体空无所空，无无亦无，不可执著的

① 《太上老君说常清静经注》，《道藏》第 17 册，第 186 页。
② 《太上老君说常清静经注》，《道藏》第 17 册，第 186 页。
③ 《太上老君说常清静经注》，《道藏》第 17 册，第 186 页。

道理。

杜光庭认为，前面所说的是“空寂之理”，但对道体把握还必须通过遣有、遣无、又遣中的重玄学方法来破除对有、无、非有非无、亦有亦无等种种执见。这样，杜光庭所说的“有无双遣”就不仅是一种形而上的玄思，一种哲学思考的维度，更是要人从清理自己的日常生活的思维模式和经验习惯入手，以摆脱有为、有执而走出的本性沉沦之困境。“二空俱无”仍然是有所执著，因此还要在此基础上进一步遣滞，这样才能最终彰显“湛然常存”的真道。杜光庭在注释“无无既无，湛然常寂”时又说：“无无者，无执也。虽无执见，归于寂法，寂法亦无，非为寂也，亦非空也，亦非无也。非空为空，谓之真空。非无为无，是无中之法，法亦俱无，归于真寂。真寂亦无，非为无法，不有不无，非空非色，假名称见，化导众生，种种分别，皆为执见，执见既无，名曰自然清静。非为空寂之法，空寂既无，则湛然常存，豁然无碍，即谓之真常之道也。”[①]这里，杜光庭用“非空为空，谓之真空”进一步排遣了对“二空俱无”的执著。在他看来，先明“空寂之理”，再明“空寂俱无”，这样就能“自然无欲，即成真道”[②]。

杜光庭作为一名道士，他用“有无双遣”的重玄学方法彰显道体的最终目的还是为了说明修道得道的问题。因此，他在以空诠道的基础上，还将“空”与人的“性命”相结合，从而既强调了“有无双遣”的方法在人的修道中的作用。他认为，“空无大小，亦无所去。有著即显，无著即隐。空法之相，即随影

① 《太上老君说常清静经注》，《道藏》第17册，第186页。
② 《太上老君说常清静经注》，《道藏》第17册，第186页。

而见形，若言无见，即断灭其法，长存如水似镜，在人之身，掌人之性命。”[①]人只要用“二空俱无”、“非空为空”的方法来体悟这种“空法之相”，就能了悟人本有的道性。他在注释《常清静经》“真常应物，真常得性，常应常静，常清静矣。如此清静，渐入真道，既入真道，名为得道”[②]时，随顺唐代道教丹学的发展趋势，进一步将道体引入心性，运用重玄学的方法强调修道即是修心。他说：“道性既清静，乃得真性，既得真性，返归于无得之理也。”[③]他不仅将“清静”作为道性的根本特征，而且用“有无双遣”的方法要求心性清静，认为只有这样，才能得道成仙：“既入真道，名悟修真，炼凡成真，炼真成神。神真者，道也。故与天地同寿，日月齐明，造化万物，故名为得道也。”这样，杜光庭不仅丰富了重玄学的内容，而且推进了道体重玄向道性重玄的演化，并为道教的长生成仙说开出了新的路径。

第三节　心寂境忘玄道至

既然修道就是修心，那么，如何修心？或者说，如何在主体自心上修道？这就成为杜光庭关注的另一个重要问题。从杜光庭对“有无双遣”的运用中可以看出，他希望依托于重玄学来强调心寂境忘，以建立一种有别于传统道教仙学的思想与修道实践。在他的理论体系中，他的重玄学也成为一种在人的心境上展开的体道、悟道的方法。杜光庭对境与心关系

① 《太上老君说常清静经注》，《道藏》第 17 册，第 186 页。
② 《太上老君说常清静经注》，《道藏》第 17 册，第 186～187 页。
③ 《太上老君说常清静经注》，《道藏》第 17 册，第 187 页。

的探讨，一般并不涉及宇宙的生成或构成问题，而主要是在缜密精妙的重玄学的逻辑思辨中，关注现实之人如何通过"心寂境忘"来泯灭是非，齐一物我，超越生命的局限，以达到"玄道自至"的境界。

从境与心的关系上看，杜光庭认为，境为客观外境，心指主观内心。"心"作为思维主体，在杜光庭那里有着比较复杂的含义，它既指主体之人的自我意识，也指人的认知能力，还指人的情感欲望等心理活动，同时，还潜在地具有道性，从而与天地万物之性相通。杜光庭认为，心不是静止不动的，而是在"惠照"中不断地反映着丰富多彩的外境，在变动不居中表现出无限的创造性。"心之惠照，无不周偏(遍)。因境则知生，无境则知灭。所以役心用智者，因境而起也。境正则心与知皆正，境邪则心与知皆邪。苦乐死生，吉凶善恶，皆由于此也。故心者，入虚室则欲心生，入清庙则敬心生。万境所牵，心随境散。善之与恶，得不戒而慎之乎?"[①]杜光庭认为，由于"心之惠照，无不周遍"，因此，心境的关系在很大程度上取决于修心的功夫，"心随境散"就是说明"境"对"心"有牵累的作用。既然境对心起着重要的影响作用，使人"因境则知生，无境则知灭"，如果"役心用智"，那么，心就会随境而转，境邪则心邪，境正则心正。因此，"身心耽著外境，忧苦自生于内"[②]。

在杜光庭看来，道非有非无，故不可执著，只有在破执之中才能得道。同时，道也在人心之中，只有做到自然无欲，才能自然体道。但世俗之人往往"因境役心"，舍己傚人，为物所

① 《道德真经广圣义》卷二十七，《道藏》第 14 册，第 444 页。
② 《太上老君说常清静经注》，《道藏》第 17 册，第 189 页。

累，甚至炫耀自己的智慧，破坏了自心的本然状态，从而使自心道性不得显现。他说："世人因境役心，乃至分别，察他人之善恶，考身外之短长，不求所以知而求所以不知，舍己傚人，以衒其智。"①当人感于外物，人之智贯穿于心的运思过程中，就会使分别、执著、计较之心渐起，就会破坏本性清静的人心。他强调："性本清静，无欲无营，为物所感，因境生欲，感于外而动于内，得不慎其所感哉。"②本来清静的心感于外而动于内，因境而生出种种欲念，使人内心中净染交织、妄真并存。因此，杜光庭叹息道，"天下每每大乱，罪在好智矣。"③

杜光庭认为，"心"既是众妙之门，又是众恶之本；既是引发人的情感欲望，导致忧苦产生的根源，又是为善去恶以求得道成仙的门径。从这种对"心"的理解出发，杜光庭的重玄学就并不是一种思维游戏，而是一种关涉到人如何修道的问题。正是由此出发，他提出了"心寂境忘"。他说：

> 修复其性，于法不住，行相之中，亦不滞著，次来者修，次修者灭，灭空离有，等一清静，故无心迹可得而见。于内曰心，心既寂矣。于外曰境，境亦忘之。所以心寂境忘，两途不滞。既于心而悟，非假远求。④

① 《道德真经广圣义》卷二十七，《道藏》第 14 册，第 444 页。
② 《道德真经广圣义》卷六，《道藏》第 14 册，第 343 页。
③ 《道德真经广圣义》卷十七，《道藏》第 14 册，第 392 页。
④ 《道德真经广圣义》卷二十三，《道藏》第 14 册，第 421 页。

所谓“寂”，就是寂静；所谓“忘”，就是摒弃、忘却。“心寂境忘”既是修道求道的途径与方法，也是修道的根本之要求，同时也可以说是遣除了内在之心与外在之境种种束缚之后所达到的境界，而这种境界的到来是自然而然的，用杜光庭的话来说，是“玄道自至”①。

问题在于，人在修复其性的过程中怎样才能使心不随物转，不随境驰，从而在“于法不住”中做到“心寂境忘”、“玄道自至”呢？对此，杜光庭运用重玄学的方法，通过诠释《庄子》中的“心斋”、“坐忘”、“无心”等内修思想而作了说明。

首先，杜光庭用“遗其色声，忘其境智”来诠释“心斋”。“心斋”本是《庄子》中的一个重要思想，“若一志，无听之以耳而听之以心，无听之以心而听之以气！耳止于听，心止于符。气也者，虚而待物者也。唯道集虚。虚者，心斋也。”②这是要人排除心中的杂念，使心志纯一，然后虚以待物。杜光庭则发挥说：“此言心虚则嗜欲无入，神清则玄览无疵。遗其色声，忘其境智。境智忘而玄道自至，色声一而物相尽空，心止于符，气合于漠。此谓之心斋也。”③智，唐玄宗解释为：“智者，役用以知物”，并认为“智则有所不知”④。杜光庭则不仅用“心斋”的工夫来破除随境而起的攀缘之心和哀乐之情，而且还要在心上遣忘境智。只有在心上通过境智“双忘”，才能既不执著于外在之境，也不任用自己的心智，“色声一而物相尽

① 《道德真经广圣义》卷三十九，《道藏》第14册，第514页。

② 《庄子·人间世》。

③ 《道德真经广圣义》卷三十九，《道藏》第14册，第514页。

④ 见《道德真经广圣义》卷二十七引，《道藏》第14册，第444页。

空”，从而使“心泰志定，境不能诱，终日指挥，未始不晏如也”[①]。如果境智遣忘不掉，就说明主体之心对外在之境还有所执著。哪怕只要还有一点点执著，都不能契入真道。而只要境智双忘，那么便会“玄道自至”。

其次，杜光庭用“忘身”、“忘心”和“外忘万境，内息一心”来诠释“坐忘”，甚至主张要“灭心忘外”。杜光庭说：“坐忘遗照者，安坐忘身之谓也。外忘万境，内息一心，心若死灰，形如槁木。不知肢体之有，不知视听之用，隳肢体，黜聪明，遗形去智，以至于大通。通无不通，汎然无主，此达人之忘心也。”[②]“坐忘”本是指凝神静坐、浑然忘掉物我的精神境界，《庄子·大宗师》说：“堕肢体，黜聪明，离形去知，同于大通，此谓坐忘。”[③]庄子认为，通过静坐修养，忘掉自己的形体，停止一切思维活动，达到“离形去知”，就可以与大道融通为一。庄子的“坐忘”后来成为道教的一种重要的修炼方法。上清派第十二代宗师司司马承祯就曾著有《坐忘论》、《天隐子》，吸取佛教天台宗止观并重、定慧双修的思想来发挥庄子的“坐忘”思想。司马承祯说：“坐忘者，因存想而得也，因存想而忘也。……于

① 《道德真经广圣义》卷八，《道藏》第14册，第352页。

② 《道德真经广圣义》卷十三，《道藏》第14册，第376页。

③ 徐复观先生在《中国艺术精神》中认为：庄子所说的“‘堕肢体’、‘离形’，实指的是摆脱由生理而来的欲望。‘黜聪明’、‘去知’，实指的是摆脱普通所谓的知识活动。庄子的‘离形’，并不是根本否定欲望，而是不让欲望得到知识的推波助澜，以至溢出于各自性分之外。在性分之内的欲望，庄子即视为性分之自身，同样加以承认的。所以在坐忘的境界中，以‘忘知’最为枢要。忘知，是忘掉分解性的、概念性的知识活动。”（转引之陈鼓应：《庄子今注今译》，中华书局1983年版，第206页）

是彼我两忘,了无所照。”[①]他不仅强调修身炼气,涵神养心,而且认为长生久视的关键在于“彼我两忘”,表现出了上清派道士对重玄学“兼忘”方法的运用。杜光庭既是上清派的传人,也是晚唐重玄学的代表人物,因此,他既用“外忘万境,内息一心”将庄子的“坐忘”阐扬为人应当既不为外境刺激所动,也不为内心物欲所牵,以强调保持淡泊虚无的心境。他还进一步以“灭心忘外”对司马承祯的“彼我两忘”作了扬弃。他说:“修道之士,先除其色,反神照内。次除其尘,灭心忘外。尘者,染之于心,关之于念,即名为尘。故六根所起,则为六尘染。六粗尘净,犹有六细尘染。六细尘净,复有六轻尘染。六轻尘净,方契于道,见于无色,闻于无声,味于无味,入于无形,了于无为,乃谓之证道果也。”[②]如果说,“外忘万境,内息一心”是让人在坐忘的过程中,抛弃一切意念,既忘外境,又忘内心,那么,“灭心忘外”则要人在排除了对内心外境的执著之后,进一步做到“功行既忘,忘心亦遣,无为之智,了能自明,既达兼忘,总合于道。”[③]杜光庭认为,“道”的深义只能心照而无法用言语表达出来,“至道深微,不可以言宣,止可以心照。既因照得,悟其照亦忘。故曰:坐忘遗照,此皆大乘之道也。”[④]只有通过“坐忘”做到“既因照得,悟其照亦忘”的遣之又遣,才能进入无是非、无分别的“玄道”之境。

最后,杜光庭以“心无其心”来发挥庄子的“无心”思想。

---

① 《天隐子》,《道藏》第21册,第700页。

② 《道德真经广圣义》卷十二,《道藏》第14册,373页。

③ 《道德真经广圣义》卷三十六,《道藏》第14册,第494页。

④ 《道德真经广圣义》卷四,《道藏》第14册,第333页。

他在解释《常清静经》“能遣之者，内观其心，心无其心”时说：“圣人设法教人修道即修心也，修心即修道也。心无所著，即无心可观。既无心可观，则无所用，无所修，即凝然合道。故心无其心，乃为清静之道矣。”[1]这种“心无其心”主要是通过否定性思维方式“双遣”来实现的。如果追根溯源，《庄子》主张的“虚忘其心”以达到“虚室生白”之境[2]，可以说是杜光庭的“心无其心”的理论渊薮。庄子所说的“无心”，郭象在《庄子注》中解释为：“莫若无心，既遣是非，又遣其遣。遣之又遣之以至于无遣，然后无遣无不遣而是非自去矣。”[3]主张“无心”就是通过“遣之又遣之以至于无遣”来摒弃一切杂念，使心灵进入一种无思无虑的清寂境界。杜光庭通过强调“心无其心”，要人保持“心无所著”的自然清静状态，真正做到“心寂境忘”。

杜光庭所宣扬的“心寂境忘”非常强调一个“忘”字，他说：“摄迹忘名，已得其妙，于妙恐滞，故复忘之，是本迹俱忘，又忘此忘，总合乎道。有欲既遣，无欲亦忘，不滞有无，不执中道，是契都忘之者尔。”[4]即通过既忘外境，又忘内心，忘之又忘而使人由纷纷扰扰的、令人痛苦不堪的现实世界而进入安祥宁静的“心寂境忘”而合道境界。因此，“忘”既成为在心理经验中展开的一种去除有执的重要方法，也成为“玄道自至”的重要前提。

---

① 《太上老君常清静经注》，《道藏》第17册，第185页。

② 《庄子·人世间》。

③ [西晋]郭象《齐物论注》，[清]郭庆藩《庄子集释》第一册，中华书局1961年版，第79页。

④ 《道德真经广圣义》卷六，《道藏》第14册，第344页。

如果从现代心理学的角度来看,合理的遗忘对人保持身心健康是有益的,甚至是必要的。一个人如果不具备遗忘功能,大脑就可能因载承的信息过多而精神负担过重,这不但会使人陷入色声等低级欲望之中而使人身心疲惫,更有甚者还会使人产生精神分裂。虽然杜光庭所说的“心寂境忘”也许也具有通过遗忘种种痛苦和烦恼以保持大脑的健康,使人的身心得以安然愉快,但他从信仰的角度宣扬的“心寂境忘”并不仅是要人忘记人生的烦恼,更是要人忘掉那些与自己的宗教修行目标关系不大的世俗事务,以保持修行的纯粹性,甚至连自我也忘掉。一旦“心寂境忘”、“玄道自至”时,道教追求的理想之境也就实现了。这种通过层层否定而达到肯定,以直契根本目标的思维方式,构成了杜光庭重玄学的鲜明特征。

第四节 言、理、道之辨

道教所信仰的对象“道”具有不可言说、不可思议的超验性,因而人们通过言语既无法全真地表达它,也无法真正地把握它。对此,杜光庭也作了强调,他说,“非文字能诠,非言句能述。老君曰:道若可献则臣献于君,道若可传则父传于子,斯固非可言传也。”[①]言语作为工具性的媒介,其本身的作用是有限的,它可以描述事物及事物之理,但难以诠释超越于具体事物之上的道。“至道高妙,不可言诠,约妙与深,以玄为证言,深妙玄远,以明道体。故谓之玄。”[②]因此,言语在道面前

① 《道德真经广圣义》卷四,《道藏》第 14 册,第 333 页。

② 《道德真经广圣义》卷三,《道藏》第 14 册,第 324 页。

常常显得那么的无能为力。英国神学家约翰·麦奎利(John Macquarrie)就认为:“在许多宗教中,已出现了这种信念:宗教经验中最重要的东西是不能言说的,或者说,撞击着人们宗教生活的实在不同于日常的客观经验,它超越了我们的理解能力,因此我们对它只有沉默。”①但道教并没有完全沉默,道教重玄学的主要特征之一,就是力图运用“有无双遣”的方法通过否定之否定来表达不可言说的道。杜光庭在继承前人的道言之辨的基础上,对于道与言的关系做出了自己独到的解说,从而丰富了重玄学的内容。

杜光庭对道与言的关系的基本看法是:“法者,所以诠道也。悟道则忘法。言者,所以观意也。得意而忘言。若滞于法,则道不能通。滞于言,则意不可尽。故令于法不滞,转更增修。于言不滞,旋新悟入。”②即认为,言语教法可以用来诠道、观意,但要悟道、得意则必须忘言、忘法,因为任何言语在超言绝相的“道”面前都会显得苍白无力而不周全,如果人执著于言,则意不可尽;执著于法,则道不能通。只有“于言不滞”,才能“旋新悟入”。

杜光庭认为,一般人并不懂得上述道理,他们“执滞于言教”,结果导致了“失至道之宗”。他说:“执滞于言教,则致不通,失至道之宗。迷言教之说,能明筌蹄之用,则无封执之迷,亦无飘骤之害,而彰散润之德。”③杜光庭以《庄子》的“筌蹄之

---

① 《谈论上帝——神学的语言与逻辑之考察》,安国庆、高师宁译,四川人民出版社 1997 年版,第 13 页。

② 《道德真经广圣义》卷一十四,《道藏》第 14 册,第 383 页。

③ 《道德真经广圣义》卷二十,《道藏》第 14 册,第 408 页。

喻”来说明,“言以明理”,因而“教必因言”;但是,如果“执于言”,则“又非教意”了。他说:

教必因言,言以明理。执言滞教,未曰通途。在乎忘言,以祛其执,既得理矣。不滞于言,是了筌蹄也。筌蹄者,庄子曰筌者,所以在鱼,得鱼而忘筌。蹄者,所以在兔,得兔而忘蹄。言者,所以在意,得意而忘言。吾安得失忘言之人而与之言哉。筌者,以竹为之取鱼之器也。蹄者,以绳为之取兔之器也。鱼兔既得,则筌蹄可忘,若执筌蹄,乃非鱼兔矣。若执于言又非教意矣。①

在杜光庭看来,虽然言语的功能就是明理,理必须要借助于言语教法才能得以彰显,但言语教法仅为明理的工具与媒介而不是教法之理本身。言语教法的最终目的在于通过媒介和工具去把握终极之道。若执言滞教,执著于言语,拘泥于文字,那只会离言语所表达的意义越来越远,最终导致人忘记隐于言教背后的“至道”而误入迷途。因此,必须“忘言以祛其执”,才能得理、得意而不失道。

由是,杜光庭通过重玄学的方法进一步发挥庄子学说中的“得鱼忘筌”、“得兔忘蹄”而强调了忘言以契真道,他说:

取鱼之器曰筌,以竹为之。取兔之器曰蹄,以绳为之。取鱼则器包其身,故谓之筌,言其可生全而致

① 《道德真经广圣义》卷二十,《道藏》第14册,第407页。

> 之也。取兔则绳束其足,故谓之蹄,言可致足而致之也。愚人不知,筌蹄可取鱼兔。执筌蹄以为鱼兔,失之远矣。言者,所以宣理教者,所以告人,道不可无言而悟,因言以宣之。法不可不告而悟,故立教以告之。愚人不知,言教所以悟道,执言教以为道,亦失之远矣。夫至虚至静,方能集道,滞言束教,何以契真?至虚以忘言,至静以忘教,不可执矣。①

在这里,杜光庭一方面强调,“道不可无言而悟,因言以宣之”,只有采用“以筌取鱼”,“以蹄取兔”的方法,以言语来立教宣道,才能帮助人悟“道”;另一方面,他又强调“执言教以为道,亦失之远矣”,要求人们“得鱼忘筌”、“得兔忘蹄”,不要僵硬地拘泥于言语文字,而应该忘言忘教以契真道。

道作为一种终极性的存在,它既是万物之本,又存在于人的心灵之中,是心灵的一种本真状态。因此,杜光庭在说明应该“忘言契道”时特别强调了心悟。如何心悟?他在解释唐玄宗的“穷理尽性,闭缘息想”时引《周易》的“穷理尽性以至于命”作了发挥。“易云:穷理尽性以至于命。穷者,穷极万物深妙之理,究尽生灵所禀之性,物理既穷,生性又尽,以至于一也。”②这里,杜光庭通过把万物之理与众生之性相沟通而把穷理悟道落实到了心性的修炼上来。由于玄理真性不可以言诠,因此,心悟也就必须“闭缘息想”以降伏其心,最终才能“穷达妙理,了尽真性”。他对闭缘息想作了细致的解说:

① 《道德真经广圣义》卷二十,《道藏》第14册,第409页。
② 《道德真经广圣义》卷四,《道藏》第14册,第332页。

穷理者,极其玄理。尽性者,究其真性,玄理真性,考幽洞深,可以神鉴,不可以言诠也。闭缘息想者,随境生欲,谓之缘,因心系念,谓之想。于此门中分为四别。一曰意随善境而生善欲,谓之善缘。二曰意随恶境而生恶欲,谓之恶缘。三曰心系善念而生善想。四曰心系恶念而生恶想,虽同因境所起,分为善恶。夫初修道者。既闭恶缘,又息恶想,以降其心。心澄气定,想念真正,稍入道分。善缘善想,亦复忘之,穷达妙理,了尽真性。想缘俱忘,乃可得道。故云,穷理尽性,闭缘息想也。①

穷理是穷极万物之理,尽性是究尽生灵之真性。杜光庭沿续道教的传统,以客观世界为大宇宙,以人之一身为小宇宙,从天人合一的思路出发而提出穷万物之理与尽众生本性是彼此联系、相互统一的,对于“考幽洞深”的玄理真性,只可以“神鉴”,而不可言诠,因而他强调“闭缘息想”。缘是“随境生欲”,指人心随境而生起各种欲望;想是“因心系念”,指心产生各种念头。“闭缘息想”就是要人止息各种欲望和念头,以回归人心本来的真性。

值得注意的是,杜光庭在这里运用重玄学而将缘和想依照善、恶“分为四别”而作了解说:善缘、恶缘、善想、恶想。他认为,修道先须闭息恶缘、恶想,以做到心澄气定,想念真正,稍入道分;然后还应进一步忘却善缘、善想,才能最终穷达妙理,了尽真性。他特别强调了“想缘俱忘,乃可得道”。如果

① 《道德真经广圣义》卷四,《道藏》第14册,第332～333页。

说，闭息恶缘、恶想为遣有，忘却善缘、善想为遣无，那么，在遣有遣无的基础上，“想缘俱忘”就是非有非无，杜光庭通过重玄学的方法使心从向外追求转向了反归于自心。

在杜光庭看来，这种“忘言契道”的心悟是建立在心的直觉之上的，表现为一种以塞兑、闭目而摒弃了种种外来的感觉后所形成的一种特殊的内心体验。杜光庭说：“欲忘言者，塞其兑。兑，口也。言语理绝，自契忘言矣。欲忘象者，闭其门。门，目也。形象混冥，自契忘形矣。塞兑则辩说不施，固无滞于言教。”①他从塞兑忘言、闭目忘象出发进一步将言与道放到心中来加以辩证，“无为之要诀之于心，以言而传斯非道矣。《西升经》云：‘道可以心得，不可以言传。’《易》曰：‘得理而忘言，得意而忘象。’滞于辩说非道也哉。”②杜光庭认为，至道存在于人心，如果用形形色色的名言来传道，所传之言就不再是道。道只可用心来悟，却不能以言来传。

针对“教必因言，言以明理”而道又不可说的这种“说不可说”的悖论，杜光庭主张，“修道之士，因经而悟理，因悟而忘言，了达妙门，不执言教”③。他强调，“道之要者，在乎得言而忘言，知道而行道。行之既得，教亦俱忘。守一则不烦，无为则不乱，故博于言教者，去道远矣。岂能得玄妙之道兮。”④得道之要就在于得言而忘言，知道而行道。言教虽能帮助人明理悟道，但从根本上说，道是不可言说的，因此，博于言教只会

---

① 《道德真经广圣义》卷三十九，《道藏》第 14 册，第 515 页。

② 《道德真经广圣义》卷三十九，《道藏》第 14 册，第 514 页。

③ 《道德真经广圣义》卷十二，《道藏》第 14 册，第 371 页。

④ 《道德真经广圣义》卷五十，《道藏》第 14 册，第 565 页。

离道愈远，执著于言教只会妨碍悟道。杜光庭还从名与道、本与迹的关系对“说不可说”作了阐释，以引导人摄迹返本、复归于道：

> 道显而名立，名立而欲生。此乃有道可言，有名可谓，有欲之机，兴于此矣。是迹从本而生也。若摄迹者，弃欲忘名，复归妙本。于道忘道，于名忘名，是谓还本矣。徇情者，逐欲忘本，以至沦滑，能返乎物初，可与言乎至道矣。①

他还借《老子》第一章“名可名，非常名”来加以发挥：

> 名者，正言也。标宗一字，为名之本。可名二字，为名之迹。迹散在物，称谓万殊。由迹归本，乃合于道，是知道为名之本，名为道之末。本末相生，以成化也。②

名是用来显道的。道显则名立，名立则人的欲望随之而生。由于道为名之本，名为道之末，因此要复归于道，不仅要弃欲忘名，而且还要“于道忘道，于名忘名”，乃可合于道。

总之，杜光庭的重玄学运用“有无双遣”的方法，通过对心境、言道关系的辨证，以说明主体之人要真正了悟至理真道，就必须通过对有、无的层层否定，最终“既绝俗学，不矜其智，

① 《道德真经广圣义》卷六，《道藏》第14册，第344页。
② 《道德真经广圣义》卷六，《道藏》第14册，第342页。

不著有为，不著有法，不止于有，不滞于无，空有都忘，深入玄要矣。”[①]杜光庭把灭除世俗烦恼视为是“不止于有”，将遣除人的心智视为是“不滞于无”，强调只有遣之又遣，“空有都忘”，才能真正“深入玄要”，达到契道的目的，而这都是在修心过程中实现的。一旦心寂境忘，实际上玄道也就会自然而至。这样，杜光庭通过重玄学而引导人们在心境上实现精神超越，也就为道教心性论的建构提供了理论进路。

① 《道德真经广圣义》卷十八，《道藏》第14册，第400页。

第六章　心性论的建构

杜光庭运用重玄学的“有无双遣”彰显了道体，又将普遍绝对的“道”置于人的心中，并将修道落实在了修心上。这样，杜光庭就很自然地将重玄学的思辨转向了对人的生命现象的思考，以探讨道教在创立之初就特别关注的问题：人的生命是如何形成的？人为何生而有异？人的生命是否能够永存？个体的生命如何超越现实的痛苦和生死的局限而契合于生生不息的大道？杜光庭对这些问题的探讨，不仅使重玄学所追求的“心寂境忘”、“玄道自至”具体落实到了心性炼养上，而且从心性、道性的角度将道与众生联系了起来，明确地将道教心性论建立在对“道性”的深入探讨上。杜光庭从“一切众生皆有道性”的思想出发，来说明众生性与道性是相即不离的，并在总结前人的形神观的基础上，运用“道气”的概念来说明人的生命是由禀道受气而来，得道则生，失道则死，因此，通过“返性归元”就能从内外束缚中解脱出来。杜光庭的道性论以认识自我和顺应自然为基本特征，据此而提出了复归于人的清虚自然本性的思想。这种对天道的淡化和对性命的强调在客观上促进了唐末五代内丹心性学的兴起。

第一节　对道性论的继承

在杜光庭生活的时代，道教哲学的重心已经由宇宙本体论过渡到了以道性论为核心的心性论。心性论是人对自身的认识，是研究人的本质的问题，因此，心性论既与人性论相关，又比人性论涉及的范围更宽泛。虽然唐代道教的心性论仍然沿用老子“致虚守静”、“涤除玄览”的思路和庄子的“坐忘”、“心斋”的认识方法，但它更强调以心体道，并运用重玄学“有无双遣”的方法将修道归为修心，由此而建立起了比较系统的道教心性论。道教心性论是以道性论为中心而展开的。道性是指潜藏在宇宙万物和生命中的潜在性的道，它是一切众生修道的基础①。道性论既从本体论上来证明人与万物在本性上同源于道，又从心性论出发来探讨道性与众生性之间的异同与联系，以为众生提供修道而能够得道的理论依据。杜光庭对心性论的建构，正是以前人提出的“一切众生皆有道性”为理论基点的。

纵观道教史，道性由贯通天、地、人而最终被落实到“一切众生皆有道性”，并由此而成为众生修道的基础，这经历了一个历史发展的过程。有人认为，“道性思想是南北朝末

① 参见胡孚琛主编：《道教文化大辞典》，中国社会科学出版社 1995 年版，第 463 页。

期以后，道教界开始出现的一个积极学习佛教运动的一部分，这个潮流有两个重要特点，一是对佛教不抱敌意，并大量吸收佛教思想，另一则是藉用佛学概念和语言，大举发展道教哲学。"[①]但如果追根溯源，实际上有关"道性"思想的萌芽在老子提出的"道生万物"、"道法自然"，庄子提出的道无所不在，甚至"在蝼蚁"、"在稊稗"、"在瓦甓"、"在屎溺"[②]的论述中就已初露端倪。就现有资料看，"道性"一词的正式出现，首见于汉代的《老子河上公注》，其中在注释老子"道法自然"时，明确提出了"道性自然，无所法也"[③]的思想，这里的道性意谓道的本性是自然。其后的《老子想尔注》也使用了"道性"这一概念，提出了"道性不为恶事，故能神，无所不作，道人当法之"[④]的说法，从道性与人性的比较出发，强调道的本性为纯粹的善，故神通广大，无所不能，学道者应当效法之。但这些思想在汉代重"气"的文化语境中并没有得到长足的发展。

魏晋神仙道教在形神关系上追求形体的永固，从而导致了肉体长生成仙说在社会上盛行。以葛洪为代表的神仙道教以"保肉体之真"为目的，以服药养气为得道成仙的根本方法，其他的斋戒、拜神等宗教活动和遵循儒家忠孝仁信等伦理行为，都是围绕着肉体长生而展开的。葛洪那

---

① 陈弱水：《隋代唐初道性思想的特色与历史意义》，载《第四届唐代文化学术研讨会论文集》，台湾成功大学 1999 年版，第 485 页。

② 《庄子·知北游》。

③ 王卡点校：《老子道德经河上公章句》卷二《象元第二十五》，中华书局 1993 年版，第 103 页。

④ 饶宗颐：《老子想尔注校证》，上海古籍出版社 1991 年版，第 44 页。

经过玄学洗礼的仙学,不仅为道教建构一种全境的生活方式提供了理论指导,而且也凸显出魏晋神仙道教追求肉体长存的特点。但是,就在各种炼丹术在理论上不断完善发展的同时,其在实践中出现的种种弊端也逐渐暴露出来。服食金丹,不仅不能"假求于外物以自坚固",延长生命,有时反而会损害身体,加速死亡。欲求长生,反而速死,这一惨痛的现实,使人们逐渐认识到肉体成仙的虚幻性,也促使道教寻找新的修道之路,道性问题又重新引起了人们的重视。

随着南北朝道教义学的发展,人们对自身的认识也逐渐深入,对形神关系的理解也日益丰富,这就促使道教仙学也开始朝不同的方向发展:有的继续保持对服食金丹大药的追求,例如茅山道士陶弘景在注重修形养神的同时,仍以"摄养无亏,兼饵良药,则百年耆寿"①为指导而努力炼制丹药,成为继葛洪之后南朝最著名的炼丹家。也有的以斋戒为求道之本、升仙之途,如南天师道的代表人物陆修静强调:"夫感天地,致群神,通仙道,洞至真,解积世罪,……莫过乎斋转经者也。夫斋直是求道之本,莫不由斯成矣!"②北天师道宗师寇谦之也宣扬"长生至道,仙圣相传,口诀授要不载于文籍,自非斋功念定通神,何能招致乘风驾龙,仙官临顾,接而升腾?……诸欲修学长生之人,好共寻诸《诵诫》,建功香火,斋练功成,感彻之后,长生可

① 《养性延命录·序》,《道藏》第18册,第474页。
② 《洞玄灵宝斋说光烛戒罚灯祝愿仪》,《道藏》第9册,第824页。

剋。”[①]还有的则强调通过内修的方法以求飞仙，如奉《上清大洞真经》和《黄庭经》为主要经典的上清派，就强调通过行气思神之术调整人的身心，来排除种种鬼魅对生命的干扰，以达到长生久视的目的。更值得注意的是，此时的道教还从重视“神”在人的生命中的作用出发而提出了道性观念，并将道性作为成仙之本，例如宋文明、臧玄靖就认为人心中有道性，迷其本性的是凡人，悟其本性的便是仙人，因此，修道的关键就是要在心性上下功夫，从人的心性层面去追求生命的超越。

道教的道性观念的出现深受佛教的影响。在魏晋南北朝时期，随着佛教般若性空理论的发展和涅槃佛性论的盛行，中国佛教逐渐将成佛从对外在的宇宙实相的体认转为对人自身本性的证悟，更突出了众生的自性自度。《涅槃经》提出的“一切众生皆有佛性”的思想，经过晋宋时的僧人竺道生大力阐扬而盛行一时。受当时佛教反本求宗、见性成佛思想的启发，道教学者不仅提出了“道性”说，而且也大力强调一切众生皆有道性，从而通过转换佛教的概念、借鉴佛教的佛性论而建立起了道教的道性论。

南北朝至隋唐，道教中出现了许多深受佛教影响的论述道性问题的道经。例如，约出于南北朝时期的《升玄内教经》就吸取了佛教的思想，以“无所有性”、“法性空”来解释“道性”，“臣知道反俗，何以故？法性空故。”[②]“法性空”的概念显然得之于佛教。这里所说的“空”并非是不存在(无)，而是说

① 《老君音诵诫经》，《道藏》第18册，第215页。

② 《道教义枢》卷八《道性义》第二十九所引，《道藏》第24册，第832页。

存在的不真实，如僧肇所说的“不真空”。这种“法性空”如落实到道性论上，也就出现了“得其真性，虚无淡泊，守一安神。见诸虚伪，无真实法。深解世间，无所有性”①的思想。而出于隋代的《太玄真一本际经》卷四《道性品》就沿此思路运用重玄学的方法专门论述了道性问题：

> 言道性者，即真实空，非空不空，亦不不空。道性众生(性)皆与自然同也。非法非非法，非物非非物，非人非非人，非因非非因，非果非非果，非始非非始，非终非非终，非本非末，而为一切诸法根本，无造无作，名曰无为。②

并强调，“自然而然，不可使然，不可不然，故曰自然。悟此真性，名为悟道。”③这里，道教以吸收了佛教思辨的重玄学“双非”的语调明确地将悟道修仙定位在人排遣一切外在的追求，顺应自然而获得心灵的觉悟上。《海空经》则从佛教的众生平等的思想出发来阐释道性，认为“众生道性，不一不二，究竟平等，犹如虚空，一切众生同共有之”④，强调众生都有成道的可能性。从表面上看，这些都是非常典

① 敦煌经卷 S107 号《太上洞玄灵宝升玄内教经》卷一，黄永武主编《敦煌宝藏》，第 1 册，台湾新文丰出版公司，第 546 页。

② 敦煌经卷 P2806 号《太玄真一本际经》卷四《道性品》，黄永武主编《敦煌宝藏》，第 124 册，台湾新文丰出版公司，第 264 页。

③ 敦煌经卷 P2806 号《太玄真一本际经》卷四《道性品》，黄永武主编《敦煌宝藏》，第 124 册，台湾新文丰出版公司，第 264 页。

④ 《太上一乘海空智藏经》卷二，《道藏》第 1 册，第 621 页。

型的佛教化了的道性论，但实际上，道教在借鉴佛教中观学说来诠道性、显道体时，并没有放弃自己本有的道生万物及道体遍在实有的观念，因此又与佛性论有了根本的区别。

在深受佛教影响的同时，道教也吸取了儒家的心性思想来丰富自己的学说。例如，陶弘景在《真诰》中就依据《中庸》的性命观念来释“道”，他在引裴清灵《道授》的“见而谓之妙，成而谓之道，用而谓之性。性与道之体，体好至道，道使之然也”时专门作注说：“此说人体自然，与道炁合。所以天命谓性，率性谓道，修道谓性。今道教以使性成真，则同于道矣。”[①]正是以道为基点而又会通儒佛，道教才建立起了自己的心性学说。

南北朝时主要流行在南方道教中的道性论呈现出许多独具的特点，这些特点都对杜光庭基于道性论而建构的心性论有着重要的影响。综合起来看，这些特点可以概括为如下几个方面：

第一，以“清虚自然为体”来界定“道性”。这不仅规定了道性的本质特征，而且还强调了修心得道就是复归于“清虚自然”的本性。例如，南朝梁道士宋文明在《道德义渊》中对《河上公注》所提出的“道性自然”说作进一步发挥时指出：“论道性以清虚自然为体，一切含识，各有其分。先禀妙一，以成其神，次受天命，以生其身。身性等差，分各有限。天之所命，各尽其极。……今论道性，则但就本识清虚

① 《道藏》第20册，第516页。

以为言。若谈物性，则兼取受命形质以为语也。”[①]他指出道性以“清虚自然”为体，这就在本体论的层面将“清虚自然”作为“一切含识”的共同本性，同时又从生命构成上对道性与物性做了区分：道性仅指本识（即心性）具有的清虚自然之性，而物性则兼有受命形质，由此而推导出修道之要就在于从心性上复归于清虚自然之道性。这样，在传统道教的形神双修中就更突出了对心性修炼的要求。杜光庭正是由此而进一步把修道转向了复归于人本有的清静道性。

第二，强调一切众生皆有道性。六朝道书《洞玄灵宝本相运度劫期经》就借鉴佛教的佛性论而明确提出了“大千之载，一切众生悉有道性”、“一切众生得道成仙，号曰世尊”等说法，将道性视为一切众生皆有的禀赋于道或能够与道同一的不变之性。这一命题不仅从心性的角度将道性与众生性连结在一起，而且推论出众生所拥有的道性是众生能够得道、悟道的依据，这就向每一个人敞开了修道成仙的大门。这种因拥有“道性”而可以得道成仙的观念在先秦道家典籍和汉代道书中是很难找到的，这无疑是道教在借鉴了佛教佛性论之后形成的新命题。这种因拥有“道性”而可以得道成仙的观念在先秦道家典籍和汉代道书中是很难找到的，这无疑是道教在借鉴了佛教佛性论之后形成的新命题，后为杜光庭所继承，并进一步阐扬之。

第三，以“空”释道性。早期灵宝经《太上洞玄灵宝开演秘密藏经》中说：“一切法性即是无性，法性道性俱毕竟空。”

---

① 敦煌经卷 S1438 号《道教义》，黄永武主编《敦煌宝藏》第 10 册，台湾新文丰出版公司，第 641 页。

这种对道性的诠释明显地受到了佛教般若性空思想的影响。佛教所说的“毕竟空”的本义是指“诸法本无自性”(僧肇语),皆由因缘所生,故本性皆空。但道教与佛教的不同之处在于,佛教强调一切皆空,要人不执著;道教则继承老子的归根复命的思想,强调众生只有通过修道去除心中的烦恼污染,才能复归于本来“毕竟空”的道性。这种以“空”释“道性”的结果就是改变了传统道教对肉体不死的追求,这对道教把修道定位在修心以追求精神超越上起到了引导作用。

第四,以善与恶来释道性。宋文明曾说:“道性之体,冥默难见,从恶则没,从善则显。所以然者,万物之性有三:一曰阴,二曰阳,三曰和。《玄女》云:阳和清虚,阴气滞浊;阳和多善,阴分多恶。故性之多阳,知者多善,(性之)多阴,知者多恶。恶则乖道,多善则合真。合真则道性显,乖道则道性没。”他不仅以气的变化为中介来说明万物之性有阴、阳、和三种,阳和为善,阴气为恶,道性从善则显,从恶则没,以说明现实之人为何同禀清虚道性却有善恶之分的原因,而且还以对善恶的取舍为基准来区分物性、人性和兽性。他说:“夫一切有识,皆含道性,何以明之?夫有识所以异于无识者,以其心识明暗,能有取舍,非如木石,虽有本性,而不能取舍也。既心有取,则生有变。若为善则致福,故从虫兽以为人,为恶则招罪,故从人而堕虫兽。人虫既其交拔,则道性理然通有也。”一切有识,包括人类与虫兽皆通有道性。有识之所以异于无识,就在于其能运用心识,对善恶有所取舍。这种说法因突出了人所具有的为善去恶的能力,不仅为道教强调复归于本来清虚自然的道性提供了切实可行的进路,而且张扬了道教的伦理教化功能。这种思想后来被杜光庭发扬光大。

从历史上看，南朝道教对道性的论述已比较系统[①]，这在客观上导致了道性论在当时的盛行，并为唐代道教以"道性"为中心建起自己的心性论奠定了理论基础。随着中国哲学的主题由本体论向心性论推进，唐代的道教学者又从无识是否有道性、道性与众生性的关系、道性在生命修炼中的地位与作用等不同的角度丰富了道性论的内容，深化了道性论的思想。例如，孟安排编集的《道教义枢》中强调"一切含识乃至畜生果木石者，皆有道性"[②]，上清派宗师潘师正也明确提出"一切有形，皆含道性"[③]。这种主张"果木石者"和"一切有形"皆有道性的"无识有道性"说既受到佛教的影响，也是道教本身的"道无所不在"思想发展的结果。与此同时，在道与众生的关系问题上，王玄览提出："道与众生，亦常亦异，亦常亦不常"，以"性"为基点来说明两者是既相同又相异的辩证关系。司马承祯和吴筠等人则在传统道教炼形养命的基础上进一步突出了心、性、神等范畴，通过宣扬净除心垢，返本复性，推动了道教理论向追求精神超越的方向迅速发展。而成玄英、李荣等人则通过吸取佛教般若中观学，运用非有非无、非空不空的重玄学方法来辨析道与德、道与物、心与神、心与性等概念，通过对"无心"的强调，要人保持虚静无为的自然状态。

在唐代道教中，对道性进行比较全面阐述的是孟安排编

① 宋文明就在《道德义渊》中将"自然道性"分为六重：序本文、明性体、诠善恶、说显没、论通有、述回变，并进行了比较系统的分析（参见敦煌经卷 S1438 号《道教义》，黄永武主编《敦煌宝藏》，第 10 册，台湾新文丰出版公司）。

② 《道藏》第 24 册，第 832 页。

③ 《道门经法相承次·序》，《道藏》第 24 册，第 786 页。

集的《道教义枢》卷二十九《道性义》。《道教义枢》[1]对道性的看法虽然是承《玄门大义》[2]而来，但通过总结自《真诰》的思想至《本际经》这一阶段的道性教义[3]，在学理上深化了道性论，不仅对唐代道教心性论的发展产生了至关重要的影响，而且在一定程度上成为杜光庭道性论思想的理论基础。

《道教义枢》主要从三个方面对道性作了诠释：一是强调道性乃修道而可以得道成仙的可能性。《道性义》开篇即云："道性者，理存真极，义实圆通，虽复冥寂一源，而亦周备万物。烦惑所覆，暂滞凡因，障累若消，还登圣果。"[4]道性理存真极，周备万物，本来清静，潜于人心之中，"众生本有法身，众德具

① 《道教义枢》十卷，由唐青溪道士孟安排编集。孟安排在该书的序言中称，《道教义枢》是以《玄门大义》为底本，"芟夷繁冗，广引众经，以事类之"，借以"显至道之教方，标大义之枢要，勒成十卷，凡三十七条"。即道德、法身、三宝、位业、三洞、七部、十二部、两半、道意、十善、因果、五荫、六情、三业、十恶、三一、二观、三乘、六通、四达、六度、四等、三界、五道、混元、理教、境智、自然、道性、福田、净土、三世、五浊、动寂、感应、有无、假实。其中三乘、四等、四达、六通、六度今已佚，实存三十二条。(参见《道藏》，第24册)

② 《玄门大义》是出现于隋唐时期的一部道书，其主要内容是汇集各种道经道书，故篇幅浩大。据《道藏阙经目录》介绍，《玄门大义》有二十卷。现《道藏》中有《洞玄灵宝玄门大义》一卷，主要阐释道教三乘十二部经的名义。据考为《玄门大义》的残卷。《道教义枢》就是在《玄门大义》的基础上，删繁从简，又增引了部分旧道经和一些新出道经的内容而形成的。孟安排在《序言》中说："惟《玄门大义》盛论斯致。但以其文浩博，学者罕能精研，遂使修证迷位业之阶差，谈讲昧理教之深浅。今依准此论，芟夷繁冗，广引众经，以事类之，名曰《道教义枢》。显至道之教方，标《大义》之枢要，勒成十卷，凡三十七条。"(《道藏》第24册，第804页)

③ 参见王宗昱：《〈道教义枢〉研究》，上海文化出版社2001年版，第257页。

④ 《道藏》第24册，第831页。

足，常乐宛然”，故道性为众生所本有。但人心中虽有道性，但人被世俗的烦恼所障覆，沉沦于凡尘而不能体道成仙，“若本具众德，岂被惑覆？遂为惑覆，何德可尊？”故道性又非本有，而是因修而始有。道性是本有，还是始有，是当时道教受佛教影响而热烈讨论的一个问题。孟安排认为，笼统地说道性是本有，还是始有，都是有所偏执，因为道性既是本有，也是始有。这就既强调了“众生之本，本来清净”，又论证了修道去欲是得道成仙的基本前提。这种思想后来为杜光庭的道性论所继承和发展。

二是强调道性的不因不果。“道性以清虚自然为体。……究竟诸法正性，不有不无，不因不果，不色不心，无得无失。能了此性，即成真道。自然真空，即是道性。”[①]如果说，“道名在果，即指圆极法身，性语在因，谓有得果之性”，那么，就会割裂道与性之间的关系，使道性变得不完满了，因为“若道定在果，性定在因，则性非真道，真道非性，何谓众生有道性耶？”对道性的正确理解应当是，“无在而无所不在，在因即因，在果即果，在因即为因性，在果即为果性，且寻道性正理，非有非无，何名何性？”[②]强调道性的不因不果，凸显出了心性修养的重要性。杜光庭正是从此出发来说明道性既是众生得道之因，也是众生成道之果。

三是强调道性有隐显之分。“道性体义者，显时说为道果，隐时名为道性。”[③]人们之所以会认为“道定在果，性定在

① 《道藏》第 24 册，第 832 页。
② 《道藏》第 24 册，第 831 页。
③ 《道藏》第 24 册，第 832 页。

因”，乃是因为他们没有懂得道体是非有非无、无始无终的存在，潜隐时即为道性，显现时即为道果。当众生通过修道而悟得“诸法本性清净”，也就归根复命而得到了真实圆满的道果。这种道性的隐显不仅从理论上说明了道性与众生性的区别与联系，而且也论证了众生得道成仙的可能性与必然性，这成为杜光庭论证众生皆有道性、皆能修道成仙的基本依据。

杜光庭在前人思想的基础上特别强调了“一切众生皆有道性”，突出了人的修道的重要性。他指出：“道本自然，无所不入，十方诸天，莫不皆弘至道。普天之内，皆为造化。蠢动含生，皆有道性。若能明解，即名为得道者也。”①含生本是佛教用语，指含有心识的有情众生。杜光庭对此也专门作了解释，他说：“物者，有质可见总谓之物，该约也。动者，谓鳞甲羽毛裸虫飞走之属也。植者，谓山川草木之属。有情者，谓有形而有情识者也。无情者，谓有其形而无情识者也。此物之众，拘于亿兆之类，然不得冲和道气所运，则不能生，不能成矣。”②他强调以自然为性的“道”是普天之内的造化之本，动物植物、有情无情皆为冲和道气的产物。杜光庭的道性论虽然从强调“道”的神圣性和绝对性出发，张扬了道性的遍在性，但道教毕竟是宗教，其道性理论最终还是为其宗教信仰服务的，具体地说，是为得道成仙作理论论证的，因而其重心最终必然要落实到人的修道成仙上。杜光庭提出“蠢动含生，皆有道性”，正是为了突出地强调有形有情识的芸芸众生通过修道而能够成仙的可能性，这就凸现出杜光庭的道性论注重的是

① 《太上老君说常清静经注》，《道藏》第 17 册，第 187 页。

② 《道德真经广圣义》卷三十一，《道藏》第 14 册，第 464 页。

人的解脱。

杜光庭对“一切众生皆有道性”的强调还反映了他力图使道教教义能够适应时代发展的需要。在动荡的唐末五代，理想与现实的冲突使整个社会处于信仰－伦理的危机之中，如何重整道教信仰以适应社会意识形态的需要和人们的精神需要就成为杜光庭十分关注的问题。杜光庭通过对“一切众生皆有道性”的阐扬而将人的心性问题凸显出来。他说：“一切众生，不得真道者，皆为情染意动，妄有所思，思有所感。感者，感其情而妄动于意，意动于思而妄生于心。人若妄心不生，自然清静。又云，妄动者，亡也。皆亡失其道性。故逐境而感情妄动，其心故不得真道。”①一切众生必须去除感情妄动，才能回归自然清静的道性。这不仅把成仙的主动权放到了每一个人自己的手中，而且也将不变的道性与众生可变的心联系在了一起。他强调，“心灵则道降，道降则神灵，神灵则圣也。神明既圣，即可升也。升者，登也，登于上界。”②这种从人的内在之心来寻找长生之路的做法在客观上使道教仙学的内涵产生了根本性的变化，也给生活在动荡时代的人们提供了宗教的寄托和精神的慰藉。

既然一切众生皆有道性，那么，人如何通过修道而显扬自心潜在的道性以与玄道相冥合，从而开辟生命的新境界呢？杜光庭进一步从道与气、形与神的角度，对人的现实生命展开了说明。

---

① 《太上老君说常清静经注》，《道藏》第 17 册，第 188 页。

② 《太上老君说常清静经注》，《道藏》第 17 册，第 193 页。

第二节 对生命观的探讨

杜光庭在宣扬“一切众生皆有道性”的道性论的同时，也沿袭着传统道教的思路而从形神关系探讨了人的生命问题。在他看来，人的生命是由禀道受气、得俱形神而来的，因此，只有通过形神双修，才能合道而长生。他说：“世人修道，当外固其形，以宝其有，内存其神，以宗其无，渐契妙无，然后合于道，可以长生尔。”[①]这样，形神关系就成为杜光庭论述人的生死以及如何超越生死而达到道教理想境界的根本问题。但值得注意的是，杜光庭所说的形神双修是在对心、道、性、命等概念作出比较系统的探究的基础上而形成的，因此，与传统道教所主张的形神双修相比又增加了许多心性论的内容，这主要表现为，将修心炼性与炼气修命结合在一起。

杜光庭将形与神作为一对相联构的概念，主要是用来说明人的生命存在状态以为修道长生提供依据。如果将形神观放到中国传统思想的发展中加以考察，就可见形神说最早源于道家。庄子就曾提出，“神将守形，形乃长生”[②]，主张形神相即不离才能够保形长生。《吕氏春秋·尽数》则主张，“精神安乎形，而年寿得长焉。”只有让精神不离形体，人的寿命才能长久。由于道家注重养生，而养生之道贵在安神保形，只有形全才能使神旺，因此，形神关系就成为他们探索人的生命现象的一个重要进路，这一做法也为道教所继承。

① 《道德真经广圣义》卷十一，《道藏》第 14 册，第 371 页。

② 《庄子·在宥》。

道教在创立之初，就崇奉贵生，信仰神仙，对人的生命现象表现出了非凡的兴趣。虽然神仙信仰并非道教所创，这一特殊的文化现象的形成，是与生活在远古时代的人们对其生存状况及生命现象的强烈关注联系在一起的，但对“神仙”的信仰和对贵生的重视却发展成为道教魅力四射的特征，也成为杜光庭道性论的理论重心之所在。道教主张形神相合而生，形散神离则死，若能永保形神合一，就可至长生不死。但是，执著于肉体的长生，还是追求精神的超越，也就是说，在形神关系中是重神还是重形，却形成了道教长生成仙说中不同的发展倾向。如果说，魏晋神仙道教比较注重追求肉体的永存，那么，从南北朝到唐代道教中则出现了多元化的发展倾向。例如，上清派在注重服食养气，继续保持追求肉体成仙老传统的同时，强调神气妙合而成仙；司马承祯既讲肉体成仙，又讲精神不死，表现出新旧交融的性质；成玄英则反对传统的肉体成仙说，提倡在修心养性上下功夫，将得道成仙归结为心性的彻悟、精神的解脱，认为宇宙万象乃至人的肉体皆为虚幻，人如果能“虚其心，既外无可欲之境，内无能欲之心，心境两忘，故即心无心也”①，这样就能在精神上达到与道合一的境界。

杜光庭在吸收前人形神观的基础上提出了自己对形神关系的看法。他从老子的“道大，天大，地大，人亦大。域中有四大，而人居其一焉”②的思想出发，推天道以明人事，在人与天

① 参见强思齐纂：《道德真经玄德纂疏》卷一，成玄英疏，《道藏》第13册，第366页。

② 《老子》第二十五章。

地的联构中来探寻形神关系，以说明人的生命的本质特征。他说："太极者，形质已具也。形质既具，遂分两仪，人生其中，乃为三才也。"①从宇宙化生之初的原始本源"太极"出发，杜光庭进一步以形质为基点来说明人的生命是由禀道受气、得俱形神而来的，他说：

> 身之生也，因道禀神而生其形。夫神者，阴阳之妙也。形者，阴之体也。气者，阳之灵也。人身既生，假神以运，因气以屈伸，神气全则生，神气亡则死。故形为神之宅，神为形之主，岂可厌而去之耶。且所生我身，大约有三：一曰精，二曰神，三曰气。受生之始，道付之以气，天付之以神，地付之以精。三者相合而生其形，人当受精养气存神则能长生。若一者散越，则错乱而成疾，耗竭而致亡。不爱此三者，是散而弃之也。气散神往，身其死矣。得不戒而保之哉。此三者能生其身，故曰所生也。②

人因道禀神而生形体，精气神兼备就有了活泼泼的生命。这里，杜光庭在论述禀道受气时又用了传统的精气神三个概念，认为精气神三要素有机地结合才能构成现实的人。

用精气神来说明人的生命构成，实际上在秦汉时期就流行于医学与哲学中，也是早期道教生命观的基本理论。杜光庭所说的"人当受精养气存神则能长生"的观点，就深受道教

① 《道德真经广圣义》卷六，《道藏》卷 14 册，第 343 页。
② 《道德真经广圣义》卷四十六，《道藏》第 14 册，第 549 页。

现存的最早的一部道经《太平经》的影响。《太平经》认为,“三气共一,为神根也。一为精,一为神,一为气。此三者,共一位也,本天地人之气。神者受之于天,精者受之于地,气者受之于中和,相与共为一道。故神者乘气而行,精者居其中也。三者相助为治。故人欲寿者,乃当爱气尊神重精也。”[①]《太平经》曾花费了大量的笔墨,专门论述了人欲长生久活,就必须爱气尊神重精,使精气神三合于道。如果说,人的生命是由精气神相合而成的,那么,人欲长生久活,就必须守气合神,使精神不离形体。这样,《太平经》实际上又将人的生命分为形体和精神两部分。“人有一身,与精神常合并也。形者乃主死,精神者乃主生。常合即吉,去则凶。无精神则死,有精神则生。常合即为一,可以长存也。”[②]长生之道的关键就在于如何保持精神的长存并使之与形体相合为一。精气神三要素后被道教奉为构成生命的“三宝”,这显然要比用“气”[③]或用阴阳变化[④]来说明人的生命的构成要来得深刻。杜光庭吸收了《太平经》的观点,并针对唐末五代时人们的需要而表达了自己的形神观。

首先,他强调了精气神三者缺一不可,认为精气神三者混

① 王明编:《太平经合校》卷一五四至一七〇,中华书局 1960 年版,第 728 页。

② 王明编:《太平经合校》卷一三七至一五三,中华书局 1960 年版,第 716 页。

③ 《庄子·知北游》曰:“人之生,气之聚也。聚则为生,散则为死。”以气的聚散变化来说明人的生死现象。

④ 《周易·系辞上》认为“一阴一阳之谓道”。《老子》中有“万物负阴而抱阳,冲气以为和。”从阴阳的消长变化来说明事物产生发展的根本原因。

合于身，才能构成现实的人，精气神同时也就成为人修道长生的基础。他说：

> 以有无相感而为精神气，三者共生于人，故世人得之则生，失之则死。神者，天之阳气所生，人之动静对答，运用计智是也。精者，地之气，百谷之实，五味之华，结聚而成是也。气者，中和之气也，道一妙用降人身中，呼吸温暖以养于人是也。三者混合而成于身，是谓混而为一也。[①]

精气神结合的同时，道的妙用也就降于人身，所以人的修道，虽然是精气神的修炼，或者说是形神的双修，但根本上还是修道而求得道。

其次，杜光庭将人放到与宇宙万物的关系中来加以考察，以说明人的生命与万物相比具有的共通性和独特性。他从《周易》的“三才”[②]观念出发而强调天、地、人是构成宇宙世界的三种要素，“三才”之间以道为中介，既相互区别，又相互联系，处于一种参赞化育的关系之中，共同构成了一个完整而又多姿多彩的宇宙世界。杜光庭认为，道不但运天地阴阳之气来化生万物、沟通天地人“三才”，而且通过天地阴阳之气的变化造就出了形神兼备的男人和女人。他说：

---

① 《道德真经广圣义》卷十四，《道藏》第 14 册，第 379 页。

② 三才，又称三材。最早提出三才的是《周易・系辞》：“易之为书也，广大悉备，有天道焉，有人道焉，有地道焉。兼三才而两之，故六。六者非它也，三材之道也。”

> 男者，阳也。女者，阴也。夫人在于母腹之中，受胎之日皆禀天地阴阳之气，以成其形。禀天地纯阳之气者，以成其男。十月之中，常在母左腋下者，男也。禀天地纯阴之气者，以成其女。十月之中，常在母右腋下者，女也。女之水性，极阴之气，故为静也。男之火性，极阳之气，故为动也。动者飞升上应于天，静者浊滞下应于地。故云，天尊地卑，乾坤定矣。男尊女卑，阴阳分矣。故曰男动女静。①

杜光庭一方面运用阴阳之气、水火之性、动静之别等来描绘男女在生理上的差异，以说明男尊女卑是由天地、阴阳决定的，另一方面又认为，人作为“三才”之一，与万物相比，最大的差别就在于人有灵智。他说：“人者，三才之中，最灵之智，用天法地，无所不能。亦自妙本分气而生，若失性任情，则离本而湮灭。若修性返德，则得道而超腾。其冲和之气，禀于身中，修之则存，甚真甚信也。”②人与天地万物共存共在而构成了宇宙之全体，但在天地人三才中，只有人才能凭借着自己的灵智，积极主动地参与到天地的造化中去赞天地之化育，“惟道集虚，虚心则道集于怀也。道集于怀则神与化游，心与天通，万物自化于下，圣人自安于上。”③圣人可以尽己之性、尽人之性、尽物之性，使道集于怀而赞天地之化育。人的这种主观能动性是天地万物所不具备的。据此，杜光庭赞叹地说：“惟人

① 《太上老君说常清静经注》，《道藏》第17册，第184页。
② 《道德真经广圣义》卷十九，《道藏》卷14册，第403页。
③ 《道德真经广圣义》卷八，《道藏》卷14册，第353页。

万物之灵者。”①

第三，杜光庭从天地人一体同源的思想出发来说明人如果洞察了宇宙天地间的阴阳变化之道，就可以通过反观自身的形体构造而掌握生死变化的规律。杜光庭认为，道无所不在，气无所不有，生命现象也非人所独有，天地万物与人均禀道受气而来，“万物与人同资于道。道以运气，气以致和，虽有识无情，肖形各异，生之与死，禀受不殊。而道在则能生，道去则为死。”②在杜光庭看来，人与天地万物虽各具个性特点，可谓“有识无情，肖形各异”，但从根本上说，它们是同资于道、共本于气的，在本质上是相同的。道遍在于万物，使万物“生之与死，禀受不殊”，但唯有人能够仰观俯察，从天人合一的角度来反观自身，从而效法天地之道而长生永存。“王之正也，总二气之柄，居万灵之首，顺阴阳之序，法天地之宜，仰观俯察，顺考古道，清以则天，静以应地，故清静其化，无为其心而斋于三大(指天、地、王)也。此三大皆局于一方之德，无圆通冲用之能，故我妙道，通贯三大而为之主矣。”③杜光庭认为，既然禀道受气是生命之源，形与神又是支撑人的生命的两大支柱，那么，通过把握人体内部精气神的变化并进行修炼，就能形神俱全而得道成仙，长生不死。对此，他曾做过具体的论述，认为：“人之生也，禀天地之气为神为形，禀元一之气为液为精。天气减耗，神将散矣。地气减耗，形将病矣。元气减耗，命将竭矣。故帝一迴元之道，溯流百脉，上补泥丸，脑实则神全，神

① 《道德真经广圣义》卷三十一，《道藏》卷 14 册，第 466 页。

② 《道德真经广圣义》卷四十八，《道藏》卷 14 册，第 555 页。

③ 《道德真经广圣义》卷二十一，《道藏》第 14 册，第 415 页。

全则形全。形全者,百关调于内,邪气亡于外,髓凝为骨,肠化为筋,绝粹不杂而长生可致矣。”[①]

第四,杜光庭特别强调了形神的相生相成,并期望通过形神相藉的修炼而自然与道合真。他在强调“保固形神”时曾引用各种道经来加以论证:“故引《西升经》之言,我身乃神之车,神之舍,神之主。主人安静,神即居之,躁动神即去之。又云:神生形,形成神,形不得神,不能自生。神不得形,不能自成。形神合同,更相生,更相成,此事表里相应之道。”[②]他又引《内观经》来强调形神俱妙以与道合真:“人能清静,内修至道,制伏其心。心既安静,其神则生。神生则形固,形固成神。神藉形而成,形藉神而生。形神相藉,安静修功,形固神全。故云形神俱妙,内外相应,自然与道合真也。”[③]

杜光庭的形神观用传统道教的精气神来加以发挥的同时,又运用了心神等概念来说明“制伏其心”的重要性,并从中去寻求实现生命超越的途径。他认为,“气者所以生身也,心之所以总神也”[④],而“心神本来清静,皆因世欲之所牵也”[⑤],因此,在形神修炼中,杜光庭特别强调“神”的重要性。他说:“人之生也,皆由于神。神镇则生,神断则死,所以积气为精,积精为神,积神则长生矣。”[⑥]认为心既安静,其神则生,神生则形固,形固则神全,最终才能与道相合而突破肉体之身的

---

① 《道德真经广圣义》卷三十九,《道藏》第 14 册,第 512 页。

② 《太上老君说常清静经注》,《道藏》第 17 册,第 192 页。

③ 《太上老君说常清静经注》,《道藏》第 17 册,第 193 页。

④ 《道德真经广圣义》卷二十,《道藏》第 14 册,第 408 页。

⑤ 《太上老君说常清静经注》,《道藏》第 17 册,第 184 页。

⑥ 《墉城集仙录》卷一,《道藏》第 18 册,第 167 页。

局限。

杜光庭的形神观在一定意义上也有复归老庄的倾向。老庄思想的理论基点是道，道的含义之一就是生命的根本和源泉。老子《道德经》五千言，虽然没有直接谈论人的生命的起源，但它肯定了人的形神都是由道而来的，"道"是生命的起点和生命的最高境界。从"道法自然"出发，老子强调了"返朴归真"，认为"归根曰静，静曰复命"，将对人的本真之性——"道"的复归作为理想境界，因而才有"常德不离，复归于婴儿"[①]等说法。"复归于婴儿"仅是一个形象的比喻，老子借用婴儿作为生命本真状态的象征——自然天真，无知无欲，表示一种有着无限发展潜能的精神状态。因此，"复归"从表面上看是复归到"道"的原始自然状态中去，但实际上这并非是简单的回复，而是指人超越种种外在的束缚而回到心灵的本真之境。

庄子对无形之道如何化生为有形的生命更有具体而细致的解释，《庄子·天地》中说：

> 泰初有无，无有无名，一之所起，有一而未形。物得以生，谓之德；未形者有分，且然无间，谓之命；留动而生物，物成生理，谓之形；形体保神，各有仪则，谓之性。性修反德，德至同于初。同乃虚，虚乃大。

道→德→命→形→性，这是道从无到有、从形而上到形而下生化万物乃至人的过程。虽然人从未形到有形的过程中一步步

---

① 《老子》第二十八章。

地获得了命、形、性，但人在形而下之境中，因欲望的无限膨胀而常会失掉自然本真的赤子之心。庄子从德重于形的观点出发[①]，认为人的肉体生命总是有限度的，有生必有死，这是无法抗拒的自然规律，但人可以顺乎自然，通过修性养生而“终其天年”[②]。因此，庄子虽也注重“保身”、“全生”，但并不追求肉体生命的无限延长，而是向往复归于“德至同于初”的境界。“德至同于初”也就是返归自然之道，达到心灵的自由与解脱。用庄子的话来说，也就是通过“心斋”、“坐忘”而达到“天地与我并生，而万物与我为一”[③]的境界。

杜光庭的形神观是对老庄思想的进一步发挥，他认为，“天地万物皆形而相生者也。理身养神以存形，形可长久；劳形而役神，神将不守。神因形而生，神从道而禀。神形俱全，可以得道，形灭神游，道何求哉？”[④]他不仅主张通过形神双修而得道，而且还强调“道以妙无生成万物，谓之自然。物之生物，形之生形，谓之因缘。言物之形兆，大若天地，微若昆虫，皆资自然妙道气化而成，然而因形缘类，更相生，更相成。修道者，纵心虚漠，抱一复元则能存，已有之形致无涯之寿。形与道合，反于无形，变化适其宜，死生不能累，则可谓自有而归无也。”[⑤]道以妙无而生成天地万物，人也是资自然妙道气化而成，因此，人只有纵心虚漠，抱一复元，才能使形与道合，反

① 在《庄子·德充符》里，庄子假设了一些形体不全的人，却以德行为贵，以说明德重于形。

② 《庄子·人间世》。

③ 《庄子·齐物论》。

④ 《道德真经广圣义》卷三十二，《道藏》第 14 册，第 472 页。

⑤ 《道德真经广圣义》卷三十二，《道藏》第 14 册，第 472～473 页。

于无形，而超越于生死的局限。杜光庭的形神观还为人的生命存在确立了心性本体，在客观上进一步推动了得道成仙之途从形神并重转向了性命双修。

第三节 对生死观的论述

杜光庭认为："有形之物，有情无情之众，禀冲和道气则生，失冲和道气则死也。"[①]就人而言，人禀道受气、得俱形神，也就具有了现实的生命，那么，如何使生命得以延续甚至长生不死呢？杜光庭从得道则生、失道则死的思想出发，进一步探讨了人如何通过修道而实现与道合一。站在道教贵生重生的立场上，杜光庭对人的生死现象给予了深切的关注。在他的著述中所蕴含的对人的生命本质的深刻体认和对生命痛苦的极力排遣，都表达了他希望从人的生命本真——道性出发来建构人生理想的努力。

万事万物都在经历着一个从生到死的新陈代谢的发展过程，人也不例外。这种"物壮则老"[②]的自然规律必然导致一个冷酷无情的事实：走向死亡！一旦人类经验到大量的死亡现象，特别是死亡将剥夺人一生苦心建造、惨淡经营的一切，这种痛苦的经验积累必然沉淀于人心，促使人自觉或不自觉地去思考、去探索生死的奥秘。人生最大的问题莫过于生死，对与生死相关的人生问题的系统思考形成了许多不同的哲学与宗教，而如何超越有限而走向生命的永恒则构成了许多宗

① 《道德真经广圣义》卷三十一，《道藏》卷 14 册，第 466 页。
② 《老子》第三十章。

教教义的基本内涵。

道教从创立之初，就特别注重人的生死问题，并积极地从“道”的角度去寻找生命超越之途，力图从理论上和实践上去探索长生成仙的可能性。从葛洪的《抱朴子》到陶弘景的《登真隐诀》，从《黄庭经》到《老子西升经》，道士们发明了种种道术希望来无限地延长人的生命以夺天地造化之功。魏晋时期盛行一时的神仙道教与社会上士大夫中出现的追寻神仙的热潮相呼应，都表达了时人对生命永恒的热切向往与追求。杜光庭在前人思想的基础上，宣扬“理身者，宝气啬神，气全神王，形神交固则命纪遐延，斯神仙可致也”[①]，并对人如何通过“形神交固”来超越生死的局限作出了自己的回答，强调了得道则生，失道则死。

杜光庭认为，人的自然寿命是有限度的，但修道而得道就可以无限地延长寿命，而失道则会大大地缩短人的寿命。他说：“人之生也，天与之算，四万三千二百算主日也，与之纪，一百二十纪主年也。此为生人一期之数矣。得金丹不死之道者，则延而过之，无修养之益，有减夺之过者，则不足而夭枉之矣。”[②]在他看来，人的自然寿命是一百二十岁左右。如果通过修行而获得了金丹不死之道，那么，就可以超过这一寿限，得道而成仙。如果无修养之益，则会缩短寿命，夭枉而死。所以他又说：“人之死生虽赋以天命，然亦系其所履。君子察其所履而知其寿夭。”[③]这样，修道的重要性就在对生命有限的

① 《道德真经广圣义》卷三十六，《道藏》卷 14 册，第 496 页。
② 《道德真经广圣义》卷二十七，《道藏》第 14 册，第 446 页。
③ 《道德真经广圣义》卷二十七，《道藏》卷 14 册，第 446 页。

悲剧性认识中凸显了出来。

杜光庭既积极地提倡修道养生，以求延年益寿，又主张人应当以明智的态度来对待“死亡”。他认为，生与死是一体之两面，“《阴符》所谓生者死之根，死者生之根，是阴阳相胜之义，终始之机也。”[①]人只有明白了生与死的辩证关系，才可以在活着的时候以一种超然的心态面对死亡。换言之，得道则生就意味着，只有不执著于延生，才能使“生自延矣”。杜光庭在诠释《老子》“出生入死，生之徒十有三，死之徒十有三”[②]时说：

> 将生不以为乐而安其生，此生之徒也。夫当其生也，不以利欲乱其心，不以厚养伤其性，安于澹默，顺其冲和，则神守于形，气保于神，志和于气，心寂于志，静定其心，如此则不求于延生，生自延矣。不求于进道，道自至矣。

> 将死不以为忧而顺其死，此死之徒也。达人处世，了悟有无，知道之运化委和，所禀有厚薄。厚于阳和之气者则寿，薄于淳粹者则夭。知寿夭皆由于分则生死可齐矣。生死既齐则忧乐不入，泰然而身心无挠也。[③]

① 《道德真经广圣义》卷三十四，《道藏》卷 14 册，第 488 页。

② 《老子》第五十章。

③ 《道德真经广圣义》卷三十六，《道藏》第 14 册，第 497 页。

杜光庭以有无相生、道之运化、气之厚薄等来消解人对生死的迷情，排遣人对忧乐的执著。他强调，人如果能懂得寿夭皆由于性分决定的道理，就可以齐生死，生死既齐就可以使忧乐之情不入，泰然处之而身心无挠，因此，人完全不必贪生怕死，更不必垂死挣扎，而应当“将死不以为忧而顺其死”。在顺道而行中，由生死可齐自然地达到与道相冥之境。

为了进一步论述这个道理，杜光庭特别举了《庄子·至乐》中“骷髅见梦于庄子”的故事来说明，人在活着的时候，还应当通过了达生与死的辩证关系而在心理上摆脱对生命局限的恐惧。他说：“庄子以世人乐生者为生所拘，乐死者为死所系，滞于生死，所以有死有生。唯至人在生无生，不为生之所系，在死无死，不为死之所拘，既而不系不拘，故能无生无死。然而变而生也，不可以止，变而死也，不可以留，但冥契大道，则为达生死尔。”[①]这里，杜光庭运用重玄学的方法来说明，世人滞于生死，所以有死有生，而只有至人做到了在生无生，在死无死，才能达到无生无死，冥契大道。正因为此，死在“骷髅”的眼中也可以是一种快乐：“骷髅见梦于庄子，曰：死，无君于上，无臣于下，无四时之事，泛然以天地为春秋，虽南面而王，乐不能过矣”。[②] 如果说，庄子所说的死是摆脱了人世的种种烦扰后的自得其乐，那么，杜光庭则从道教得道成仙的信仰出发，一方面要人在精神上“了达生死”，另一方面还要人通过“修真炼形”以“出死之表”。他说：“其出死之表，长生为期

① 《道德真经广圣义》卷三十六，《道藏》第14册，第497页。
② 《道德真经广圣义》卷三十六，《道藏》第14册，第497页。

者，在乎修真炼形，可以与语议其玄要尔。”[①]由此而构勒出道教与道家在生死观上的根本区别。

道家认为，生命的局限就在于个体之人对生死的忧患和对喜怒哀乐之情的执著，因而才有老子只说长生久视而不言“不死”，也才有庄子妻死“鼓盆而歌”的寓言。但道教则认为，生命的局限在于死，因而希望能通过采用种种方术来延长人的生命，以“出死之表”。但如何“出死之表”？传统道教很重要的一点就是强调肉体不死，但杜光庭从道性论出发进一步认为，生命本身不仅表现为肉体性的存在，而且也表现为一种精神性的存在。因此，如何脱离苦难、摆脱束缚所引发出的人生超越问题，就既包括对肉体有限的超越，也包括对精神束缚的超越。这样就为汲取道家资源来发展道教的长生理想、依道性论而提出心性炼养开启了大门。

杜光庭已深刻地认识到，一切有形的生命存在的时空都是有限的。“元精播气，大冶匠形，禀阳和则出生，归阴寂则入死，将明辍死延生之路，丧生趣死之由。”[②]由于生命是由“元精播气，大冶匠形”而成，都将禀“阳和”而出生，归“阴寂”而入死，因此，只有明了“辍死延生之路，丧生趣死之由”，才能找到超越生死局限的路径。杜光庭说：

人之生也，参天而两地与气为一。天地所以长存者，无为也，人所以生化者，有为也。情以动之，智以役之，是非以感之，喜怒以战之，取舍以弊之，驭努以劳

① 《道德真经广圣义》卷三十六，《道藏》第14册，第497页。

② 《道德真经广圣义》卷三十六，《道藏》第14册，第497页。

> 之。气耗于内，神疲于外，气竭而形衰，形凋而神逝，以至于死矣。故曰委和而生，乘顺而死，率以为常也。[①]

杜光庭将人与天地相比较来说明，人之所以不能像天地那样长存，就在于天地无为，自然任运，而人却积极有为，使气耗于内，神疲于外，最终导致气竭而形衰，形凋而神逝，以至于死矣。因此，他在诠释《道德经》“天下有始以为天下母，既得其母以知其子，既知其子复守其母，殁身不殆”[②]时，极力宣扬守道而得道、得道则生的道理，他说：“既知身之所禀，道生我身，即洗心返神，复守其道，无是非之惑，绝声利之尘，终身行之，道可得矣。”[③]既然知道人的生命是由禀道而来，那么，人就应该在现实生活中，洗心返神，复守其道，这样就能“无是非之惑，绝声利之尘”，坚持如此，人的生命就能因得道而获得超越。

据此，杜光庭还批评了那些执著于生反而失道则死的愚迷之人。他说：“愚迷之人不知生生者不生，化化者不化，以生为乐，以死为哀，畏死贪生，故养生过分，希生乖其道，则反丧其生。”[④]本来，出生入死是一己之小我的生命旅程，但愚迷之人妄自分离、割裂生死关系，从“畏死贪生”的心理出发而过分地执著于养生，结果反而违背了生命的自然之道，导致了生命力的萎缩，反丧其生。杜光庭认为，这种做法是不足取的。

接下来的一个问题是，既然“一切众生皆有道性”，人的生

---

① 《毛仙翁传》，《全唐文》卷九四四，上海古籍出版社 1990 年版，第四册，第 4351 页。

② 《老子》第五十章。

③ 《道德真经广圣义》卷三十七，《道藏》第 14 册，第 503 页。

④ 《道德真经广圣义》卷三十六，《道藏》第 14 册，第 498 页。

命都是共秉于道,同源于气,本源相同,为什么就现实的人来看却又是外形美丑不一,性分贤愚不同,寿命长短有别呢?杜光庭认为,人之所以有美丑之长相、贤愚之性分之不同,主要是由所受之气的清浊决定的。他说:

> 人之生也,禀天地之灵,得清明冲朗之气,为圣为贤。得浊滞烦昧之气,为愚为贱。圣贤则神智广博,愚昧则性识昏蒙。由是有性分之不同也。老君谓孔子曰:易之生人及万物鸟兽昆虫,各有奇偶,谓气不同。而凡人莫知其情,唯达道德者,能原其本焉。①

圣贤之人得清明之气,故神智广博。愚昧之人得浊昧之气,故性识昏蒙。只有通达道德者,才能明白这个根本的道理。据此,杜光庭强调,道教"设教"的目的就是要让人拨开纷繁的物象世界而深入到生命的本源,以明了人的"气有清浊,性有智愚";同时,"道无弃物,常善救人",智愚之人又皆可修道而成真,他说:"人之生也,气有清浊,性有智愚,虽大块肇分,元精育物,富贵贫贱,寿夭妍媸,得之自然,赋以定分,皆不可移也。然道无弃物,常善救人,故当设教以诱之,垂法以训之,使启迪昏蒙,恭悟真正,琢玉成器,披沙得金,斯之谓矣。"②可见,在颇具命定论色彩的大框架下,杜光庭强调了道教的"设教"、"垂法"就是要引导人将有限的生命投入到无限的大道之中,

① 《道德真经广圣义》卷八,《道藏》第14册,第352页。
② 《道德真经广圣义》卷三十二,《道藏》第14册,第473页。

以实现生命的超越。

杜光庭指出，“清浊之气生育万物，世人若求长生之道，炼阴为阳，炼凡成圣，皆因清自浊之所生，动因静之所起。清浊者，道之别名也。学仙之人，能坚守于至道，一切万物自然归之。”[①]由于人的生命是由禀道受气而来的，能坚守至道就意味着可以得道而长生，因此，就生命的发展趋向而言，应当是由道出发而复归于道的过程，或曰自无而显有又摄迹还本复归于无的过程。他说：“初则妙本降生，自无而显有，次复摄迹还本，自有而归无。”[②]这样，就现实的人生来说，就处于一种未完成状态之中，这种未完成状态标示出人生就是一个修道的过程。他说：

> 人之受生，禀道为本，所禀之性，无杂无尘，故云正也。既生之后，其正迁讹，染习世尘，沦迷俗境，正道乃丧，邪幻日侵，老君戒云：修道之士，当须息累欲之机，归静笃之趣，乃可致虚极之道尔。[③]

这就是说，人的生命以禀道为本，但人所本有的无杂无尘的道性却并不与人性完全同一，因为人出生之后，就受“沉重的肉体”的支配而落入“染习世尘，沦迷俗境”之中，使“正道乃丧”。而由于本来清静的道性隐潜于人性之中，是人的本有之性，因此，人通过修道又可以重归于无杂无尘的“虚极之道”，以实现

① 《太上老君说常清静经注》，《道藏》第 17 册，第 184 页。
② 《道德真经广圣义》卷十九，《道藏》第 14 册，第 403 页。
③ 《道德真经广圣义》卷十五，《道藏》卷 14 册，第 384 页。

生命的本真,完成真正的人生。所以杜光庭又说“人能归于根本,是谓调复性命之道”①。

这样,杜光庭就把表征宇宙终极实体的“道”与作为修道者内在的“性”联系了起来。“‘道’就是被阐明、体现出来的‘性’。‘道’与‘性’不是两个不相干的东西,而是一个东西的两种状态:自在的状态叫做‘性’,人人都有;自觉的状态叫做‘道’,只有‘圣人’才有。要使自在的‘性’发展为自觉的‘道’,要经过‘修养’。”②如果说,“性”是从主体之人的角度来显示人的天然禀赋,那么,修道的目的就在于返性复性,而返性复性的过程也就是道性由隐到显的过程,这个过程将通过主体的修性炼心来实现。如果从这个角度来理解“性”的话,“性”就是动态的人生与不变之道的中介与桥梁,同时也是众生能够“返性归元”的现实基础。杜光庭所倡导的道性论就是要引导人们通过修道去情而返归清静的道性,使动态的人生趋向于虚极之道,而修道去情,必须在自心自性上下功夫,这就使他的道性论最终落实到了心性论。

第四节　对心性清静的强调

杜光庭的心性论并不是一种枯燥的抽象说教,而是力图通过生命的成长来显示修道的必要性与重要性。因此,他的心性论虽然以“清静”为标识,以重玄学的“有无双遣”为方法,但其中却充盈着一种生命气息。“学人之心,若能安静,自然

① 《太上老君说常清静经注》,《道藏》第 17 册,第 184 页。

② 孙叔平:《中国哲学史稿》上册,上海人民出版社 1980 年版,第 115 页。

无染于尘垢，清静而保固形神。”[①]他将“心性”的清静作为保固形神以得道成仙的基础，因此而宣扬，人“为得其真道”就应当常守“清静”。他说：“道本无形，莫之能名，得悟之者，唯己自知，善人常能守于清静，即皆为得其真道者也。”[②]可见，杜光庭探讨心性的最终目的并不是要建构一个关于超验实体和超验世界的学说体系，而是要为信仰者提供一种如何实现生命超越的理论说明。

生命超越如何可能？杜光庭反复地申说，本来清静的道性不仅是宇宙本体的体现，而且还是众生能够得道成仙的根本依据。他说：“道性无杂，真一寂寥，故清静也。玄深不测，如彼澄泉，故湛然也。寂然不动，无为也。感而遂通，无不为也。无为者，妙本之体也。无不为者，妙本之用也。体用相资而万化生矣。若扣之不通，感之不应，寂然无象，不能生成。此虽无为，何益于玄化乎？……当在为而无为，以制其动，在无为而为，以检其静。不离于正道，无滞于回邪，可与言清静之源矣。”[③]这虽是对唐玄宗的“道性清静，妙本湛然，故常无为也”[④]思想的发挥，但杜光庭又进一步指出了道性还具有玄深不测、寂然不动、感而遂通、无为而无不为等特性，并由此而将“清静”与“变动”联系起来进行讨论，使变动的生命与清静的道性相联而具有了超越的可能性。

同时，杜光庭又用“清净”一词来形容道性的性质。他

---

① 《太上老君说常清静经注》，《道藏》第 17 册，第 192 页。
② 《太上老君说常清静经注》，《道藏》第 17 册，第 189 页。
③ 《道德真经广圣义》卷二十九，《道藏》第 14 册，第 454 页。
④ 《道德真经广圣义》卷二十九，《道藏》第 14 册，第 453 页。

沿用了唐玄宗借用佛教名词“法性”[1]来指称道性的思路，对“法性清净”作了进一步的发挥。他说：“法性清净，本合于道。道分元气，而生于人。灵府智性，元本清净。既生之后，有诸染欲，渎乱其真，故去道日远矣。善修行之人，闭其六欲，息其五情，除诸见法，灭诸有相，内虚灵台而索其真性，复归元本则清净矣。虽约教法，三乘之行，修复其性，于法不住，行相之中，亦不滞著。次来者修，次修者灭，灭空离有，等一清净。”[2]这段话虽然是对唐玄宗所说的“法性清净，是曰重玄”的义疏，但其中所包含的“法性”即为道性，通过“返性归元”即可契合本来清净道性的思想却为个体生命的超越提供了一种理论依据。杜光庭认为，道性既具有超越性，又具有内在性。超越性是指以清净为本的道性在本质上具有形而上的属性和普遍的广在性。内在性则是指道性可以通过人的“灵府智性”来显现，故强调“一切众生皆有道性”。“元本清净”的道性是人本来就具有的，但由于后天的污染，又需要依靠修道来复归于“元本清净”的道性。这里，杜光庭特别用“清净”一词来说明了道性本有的特征，并将“清净”与“染欲”对立起来，以强调去除染欲、修复其性是

① 法性本为佛教名词，与实相、真如、佛性、涅槃等概念具有同等性质，“佛性、法性、真如、实际等，并是佛性之异名。”（吉藏：《大乘玄论》卷三，《大正藏》第 45 册，第 41 页）着重事物恒常不变的本质、本体。唐玄宗借用佛教的“法性”来指称“于诸法中体了真性”（参见《道德真经广圣义》卷二十三，《道藏》第 14 册，第 420 页），又称“正性”、“道性”。何建明先生认为，唐玄宗所说的“法性”就是人之“正性”，即先天所禀资于“妙本”之道而获得的“自然之性”。（《道家思想的历史转折》，华中师范大学出版社 1997 年版，第 105 页）此说可以参考。

② 《道德真经广圣义》卷二十三，《道藏》第 14 册，第 420～421 页。

"返性归元"的主要进路。

道性的"清静"是从动与静的角度上说的，而"清净"则是从净与染的角度上说的，杜光庭运用它们从不同的侧面来说明"道性"既是"清净"的，又具有"寂静"的本性。如果说，以动静释道性是对老庄道家思想的继承①，那么，以净染诠道性则在很大程度上受到了佛教的影响②，由此可见，杜光庭所说的

---

① 《老子》中有"我无为而民自化，我好静而民自正"（第五十七章）、"清静可以为天下正"（第四十五章）等说法，将"清静"与"无为"相联系，强调清静无为之道是治国的最好方法。

② 佛教就有净染的观念。净，指远离烦恼，清净之义；染，指烦恼污秽之义，故又称不净。佛教常用净染来说明心性问题。例如在印度部派佛教中，大众部中的各部一般都主张"众生心性本净，客尘所污"（《随相论》，《大正藏》第32册，第163页），由此而主张"心性本净"。上座部中的说一切有部，反对"心性本净"的看法，而把心分为净心和染心两种。所谓解脱就是以净心取代染心。但上座部中的化地部、法藏部与分别论者的观点又与说一切有部不同，而持与大众部相近的观点，主张"心性清净，为客尘染"（《舍利弗阿毗昙论》卷二十七《绪分假心品》，《大正藏》第28册，第697页），但与大众部不同的是，他们所说的染心、净心始终指同一个心，这个心由染到净，性体始终不变，即无论心是否有污染，都不影响心的清净本性。后来，大乘佛教基本上采用了"心性本净"的看法，但各派对此的解释却有很大的不同。空宗主张用"性空"来解说"心的本净"，有宗以"真如"体性清净来说"心的本净"。而佛性－如来藏系的思想，则把"心"与法性、佛性、解脱等联系在一起，作出了新的发挥。这样，早期佛教"假说"为业报与解脱主体的清净心经过与虚构的绝对精神实体佛性－如来藏合而为一，也就具有了精神实体的意义，从而把心抬高到了宇宙人生之本体的地位。就人生而言，它是"真我"；就万法而言，它是真如、法性；就解脱而言，它又是菩提、法身。这种思想对中国佛学的影响很大（参见洪修平：《禅宗思想的形成与发展》（修订版）第一章，第三节，江苏古籍出版社2000年版）。同时，佛教的这种净染观也深刻影响到了道教。道教不仅将净、染与心相联系，而且用"清净"来说明道性，并将去除烦恼客尘的污染作为修道的重要方法，这种修道即为修心的思想成为道教道性论的重要内容。

道性是沿续了唐玄宗融合了佛道两家思想的做法[①]而形成的一个内涵丰富的道教概念。

杜光庭的道性论虽然以唐玄宗的思想为出发点，但他对道性的讨论主要还是为了站在道教的立场上来解释人的问题，因此他特别关注生活于具体时空中的人是如何被外境事物所牵引而陷于情欲之中，使人心乱其真，从而造成了清净本寂的道性与人的尘世经验的矛盾，人又如何落于经验性的意识之中，执著于外境事物对人心的污染而生起的种种情欲，以及如何用道教信仰来引导陷于情欲之中而“去道日远”的有限个体通过“返性归元”重新回归与道合一之境。所谓“返性归元”，就是要抵御外物的引诱，去除内心的欲念，通过“虚心念道”以回归清净的心性之本然。也就是说，“返性归元”的重心在于强调众生与其终极本体——道的同一是依赖于人的主体之心的觉悟来实现的。杜光庭说：“人能虚心念道，道必集其虚”[②]，“人能觉悟，悟则本性，谓之得道也”[③]。通过将“道”心性化，不仅使道含有了主体之心的意义，而且也使主体之心具有了超越的意义。

---

① 何建明先生曾认为：“唐玄宗在阐发‘道性’、‘正性’和‘法性’的特征时，有时将‘清静’之性与‘清净’之性合一而用，并没有什么严格的区分界限。……这里不排除有在古代‘净’与‘静’有时相通用的因素，……但更重要的，还是唐玄宗自觉地融合了佛教与道教思想的结果。‘清静’与‘清净’之间所存在着的一而二，二而一的关系，不仅既说明了‘道性’的不同特征，又说明了‘道性’不同特征之间的共同性，而且既符合原始道家和道教的‘清静’之言，又符合佛教的‘清净’之言，这显然是唐玄宗调和佛道观念的一种反映。”（何建明：《道家思想的历史转折》，华中师范大学出版社 1997 年版，第 108 页）

② 《道德真经广圣义》卷十五，《道藏》第 14 册，第 3 页。

③ 《太上老君说常清静经注》，《道藏》第 17 册，第 189 页。

值得注意的是，杜光庭对“返性归元”的讨论是以性与情关系为中心展开的，具体地说，就是落实在如何去情返性、保持心性清静上。而杜光庭对性情问题的讨论又大量地借鉴了中国古代哲学的性情说并形成了自己独到的见解。

从历史上看，《老子》中没有“性”字，《庄子》内七篇也不谈“性”，只有外、杂篇才谈“性”。虽然道家关于“性”的概念出现得比较晚，但实际上，老庄从道生万物的思想出发，都主张人与万物同禀于道，故有共同的自然本性，因此，人不应该用人为的仁义礼智等外在的规范去约束人的自然本性，用人为的方法去损害物的自然本性，而应当让它们各自顺其自然而发展，达到各有所德。“所以老庄之所谓德，亦即他们之所谓性，对自己具体的生命而言，是赋有一种超越的性质。”①老庄所宣扬的这种自然人性论成为杜光庭对“性”的基本看法②。

杜光庭对“性”的看法中也隐含着儒家思想。儒家的创始人孔子罕言性与天道，在《论语》中，“性”字只出现过二次。一次是孔子自己说的：“性相近也，习相远也。”③另一次是其弟

① 徐复观：《中国人性论史》，上海三联书店 2001 年版，第 370 页。

② 《庄子》中没有“自然”的名词性用法，但它一般用“天地”等与“自然”内涵等值的词来表示自然世界。颜世安先生认为，自然在庄子哲学中有两层基本含义。第一，自然是在一种生活方式，即归隐田园的生活方式和通过修炼引发生命内在资源的生活。在这层意义上，自然代表了生命的理想。第二，自然是一种神秘和经验方式中展开的宇宙本体。这种神秘经验方式有些类似审美，但它的主要旨趣是体察世界的深不可测。这个在神秘经验方式中展现的自然世界就是“道”。(《生命·自然·道》，载《道教文化研究》第一辑，上海古籍出版社 1992 年版，第 102 页)杜光庭对道性的看法似乎就是依照着这种对自然和生命的理想而展开的，但其中所体现出的神秘经验方式又具有了浓厚的宗教性色彩。

③ 《论语·阳货》。

子子贡说的："夫子之言性与天道，不可得而闻也。"[①]由此可见，孔子对性与天道等形而上的问题是不太感兴趣的。虽然孔子并没有明说"性"是什么，但"孔子对仁的开辟，不仅奠定了尔后正统的人性论的方向，并且也由此而奠定了中国正统文化的基本性格。"[②]后来孟子提出性善论，荀子又提出性恶论，性善性恶虽然内涵不同，但却殊途同归地强调了后天教化的重要性，即以仁义礼智等伦理道德规范来引导人们自觉地克制情欲使人性趋向于善。杜光庭就是将为善去恶作为"返性归元"的道德前提的。

性与情的关系自先秦以来就有"性善情恶"、"性静情动"等不同的说法。值得注意的是，近年在湖北荆门出土的郭店楚墓竹简中，有先秦儒家的佚籍《性自命出》，其中显露出了早期儒家心性论具有"尚情"的特点。《性自命出》通过对道、情、命、性等概念的论述来说明情与性的关系。"喜怒哀悲之气，性也。及其见于外，则勿（物）取之也。性自命出，命自天降，道始于情，情生于性。始者近情，终者近义。"[③]这里的"道"是指"人道"，即人与人的关系原则，意谓人与人的关系是从建立感情开始的[④]。庞朴先生由此而认为，简文释性为情，情受到

① 《论语·公冶长》。

② 徐复观：《中国人性论史》，上海三联书店 2001 年版，第 89 页。

③ 荆门市博物馆编《郭店楚墓竹简》，文物出版社 1998 年版，第 179 页。

④ 有学者曾对此作过如下分析："道之所以为道，其始近情，即近性，其终则近义。这样的一种道是立人之道，是率性尚情，与仁义相合之道。由性情到人义，是由内到外的过程。人道合内外之情义，是人之所以为人的根本。"（丁四新著《郭店楚墓竹简思想研究》，东方出版 2000 年版，第 184 页）

绝大的重视，具有唯情主义的味道[1]。陈鼓应先生也曾认为，“《性自命出》可以说是仅见的一篇古代尚情之作，这一文化遗产可惜未被后儒所继承”[2]。笔者认为，《性自命出》一方面释性为情，强调“哀、乐，其性相近也，是故其心不远”[3]，认为人心把内在之性引发出来转化为外在的喜怒哀乐之情，因此，心既是性和情的中介，又对二者起着统摄作用；但另一方面，《性自命出》也说：“凡道，心术为主”，因此提出了“闻道反己，修身者也”[4]，从而将心术作为“修身”的基础，将“反己”作为“闻道”的重要环节。杜光庭是否读过《性自命出》不得而知，但他显然没有受到尚情思想的影响，他对性情问题的探讨最终是落实到去情复性上的。当然，从思维途径上看，杜光庭的“返性归元”与《性自命出》的“闻道反己”也有些微相似之处。杜光庭提出的“返性归元”就是基于对人如何在心上去除各种情欲对人身心的异化以复归到清净本寂的道性等问题的思考。

从思想上看，杜光庭的道性论还受到了唐代儒家思想家所阐发的人性论的影响。韩愈从孟子、荀子、扬雄关于人性的观点出发而提出了性三品说。他说：“孟子之言性曰：人之性善。荀子之言性曰：人之性恶。扬子之言性曰：人之性善恶混。……皆举其中而遗其上下者也，得其一而失其二者。”[5]

---

① 庞朴在《孔孟之间——郭店楚简中的儒家心性论》一文中认为，《性自命出》勾勒出了儒家早期心性说的轮廓（《中国社会科学》1998年第5期）。

② 陈鼓应：《〈太一生水〉与〈性自命出〉发微》，载《道家文化研究》第十七辑，北京三联书店1999年版，第407页。

③ 荆门市博物馆编：《郭店楚墓竹简》，文物出版社1998年版，第180页。

④ 荆门市博物馆编：《郭店楚墓竹简》，文物出版社1998年版，第181页。

⑤ 《原性》。

韩愈认为，孟子、荀子、扬雄关于人性的观点都是片面的，因为“性也者，与生俱生也；情也者，接于物而生也。性之品有三，而其所以为性者五；情之品有三，而其所以为情者七。”[①]他从先天之性出发而将人性分为三品：上品性善，下品性恶，中品可善可恶。与此相应，情也分为上中下三品。韩愈认为，上品之性生来就为善，中品之性可善可恶，故通过修养可以转恶为善，下品之性生来为恶，是不可以改变的，这就否认了一部分人后天修养的可能性。韩愈的学生李翱则在吸取佛、道思想的基础上，在《复性书》中进一步对性情问题进行了讨论。他认为：“人之所以为圣人者，性也；人之所以惑其性者，情也。喜、怒、哀、惧、爱、恶、欲七者，皆为情之所为也。情既昏，性斯匿矣。”[②]李翱从《中庸》的“天命之谓性”的思想出发，明确地提出每个人都具有善性，这种善性是人能够成为圣人的依据，但由于人的善性又被“七情”所扰乱，就像泥沙使清水变混，烟雾使火光不明一样，因此，圣人与凡人的区别就在于是否能够灭其情、复其性。“妄情灭息，本性清明，周流六虚，所以谓之能复其性也。”[③]修道的目的就是通过“弗虑弗思”来消灭邪情以达到“正思”，从而复归于一种寂静不动的神秘境界。“是故诚者，圣人性之也。寂然不动，广大清明，照乎天地，感而遂通天下之故，行止语默无不处于极也。复其性者，贤人循之而不已者也，不已则能归其源矣。”[④]李翱的“《复性书》是在汉儒性

① 《原性》。
② 《复性书》上。
③ 《复性书》中。
④ 《复性书》上。

善情恶说的大背景下，借了佛教思想的架构，利用道家、道教的材料，依循儒家的基本价值建构一套崭新的儒家心性修养理论。"[①]李翱借助于佛、道心性论的思想使儒家人性论学说推陈出新，同时，他所提出的"复性论"又反过来对儒佛道三教思想的发展产生了深远的影响。杜光庭对去除贪欲、"返性归元"的强调很自然地就将修道转变为人的内在的心性修养，与李翱的"复性论"有着异曲同工之妙。

需要注意的是，李翱的复性论中存在着内在的矛盾。例如，既然"性与情不相无"，即天赋的性与后天的情共存共在，那么，圣人是否有惑性之情呢？再例如，既然"情不自情，因性而情"，那么由善性所发动并决定的情怎么会有恶的呢？由此而引出了第三个矛盾：既然"性不自性，由情以明"[②]，那么，由恶情所体现的内在之性还会是善性吗？[③] 李翱已意识到这些内在矛盾的存在，他甚至提出"邪与妄则无所因矣"[④]，即邪妄之恶是由"无所因"而产生的，试图通过强调善恶具有不同的根源来消弥矛盾，但为了建立他的复性理论，以为所有的人都能获得精神解脱敞开大门，他仍然坚持性善情恶论，并在佛教的"心生则种种法生，心灭则种种法灭"思想的基础上，主张"弗虑弗思，情则不生；情既不生，乃为正思。正思者，无虑无

① 陈弱水：《复性书思想渊源再探——汉唐心性观念史之一章》，载《历史语言研究所集刊》第六十九本，第 3 分册，台北，1988 年版，第 471 页。

② 以上引言均见《复性书》上。

③ 参见任继愈主编：《中国哲学发展史》（隋唐），人民出版社 1994 年版，第 553 页。

④ 《复性书》中。

思也”[①]，强调通过取消思虑来达到灭情复性的目的。

实际上，在李翱之前的唐代道教的道性论中也存在着类似的两难问题：从众生性与道性的关系来看，如果众生性即是道性，道内在于众生，那么，众生不假修习，言行举止当下就应当合道。如果众生性不是道性，那么，即使通过艰苦修行而得来的道仍然是身外之道，而不是内在之道性。为了解决这一矛盾，《本际经》就曾借用佛教思想来说明道性本来的清净自然之性是以“非空不空，亦不不空”的状态而存在的，以帮助人们来勘破对“实有”的执著，以明了“众生根本相，毕竟如虚空。道性众生性，皆与自然同”[②]的道理。《太上一乘海空智藏经》卷一《序品》中则要人以一种非有非无的眼光来看待道性，“道性之有，非世间有，（是谓妙有），道性之无，非世间无，是谓妙无。”[③]而唐代一些道教思想家则明确提出用道性与众生性相即不二的思想来弥合这一矛盾，例如，王玄览就认为：

> 众生无常性，所以因修而得道；其道无常性，所以感应众生修。众生不自名，因道始得名，其道不自名，乃因众生而得名。若因之始得名，明知道中有众生，众生中有道。所以众生非是道，能修而得者，所以道非是众生，能应众生修。是故即道是众生，即众生是道，起即一时起，忘即一时忘。[④]

---

① 《复性书》中。

② 敦煌经卷 P2806《太玄真一本际经》卷四《道性品》，黄永武主编《敦煌宝藏》，台湾新文丰出版公司，第 124 册，第 264 页。

③ 《道藏》第 1 册，第 611 页。

④ 《玄珠录》卷上，《道藏》第 23 册，第 621 页。

王玄览从修道的角度探讨了道性与众生性的关系。从道的层面上看，道体虽空，无有常性，但却能感应众生修行，“道体实是空，不与空同，空但能空，不能应物，道体虽空，空能应物。”①从众生的层面上看，众生因禀道而生，故众生虽无常性，但却能因修而得道。王玄览认为，由于众生之名是因道而有，道也因众生而得其名，故众生中有道，道中亦有众生。众生性与道性应当是相即不二的。换言之，从本体的角度看，道与众生具有同一性，都以“清虚自然为体”。从现象的角度看，由于现实之人生活于尘世中，因此，道性与众生性不是固定不变的关系，“众生无常故，所以须假修；道是无常故，众生修即得。”②王玄览不仅以“非有非无”的重玄学方法来看待道性与众生性的关系，而且还将道性作为众生的“神”、“心源”、“清净心”、“妙心”，是众生禀赋于道或与道相契的不变之性，以作为人修道而能得道的根本依据。这种看法很快成为唐代道教的时尚。

杜光庭虽然也主张性善情恶论，但他又引入了“元气”来贯通道性与众生性。他在《太上老君常清静经注》中诠释“常清静经”时说：“清者，元也。静者，气也。经则法也。一则为圣人之径路；二则为神仙之梯凳。凡学道之人，皆因经戒而成真圣。圣人未有不假经戒而立，不因元气而成道者也。”③道性以清静为特性，清静即为元气。如果人人都有元气，那么，人人也就都拥有了清静的道性。杜光庭在谈论道性问题时引

① 《玄珠录》卷上，《道藏》第 23 册，第 625 页。

② 《玄珠录》卷上，《道藏》第 23 册，第 625 页。

③ 《太上老君说常清静经注》，《道藏》第 17 册，第 182 页。

入“元气”的概念，这是他对道教固有的重气传统的继承，同时“因元气而成道”的思想也标示出道性与佛性在内涵上的根本区别，及其与儒家复性论的差异。据此，有人认为，“把修身归于修心、复性等等，这种倾向发展下去，将使道教走向儒教。儒教吸取了道教的营养，也将变得更加成熟。这是从李翱《复性书》始，到宋明理学的发展道路。在这个发展道路上，一部分道教徒为了保持自己的基地，不致被儒教同化，从而重新拣起了长生成仙说。其代表作是杜光庭的《道德真经广圣义》。”①

杜光庭的道性论以认识自我和顺应自然为基本特征，据此而提出的“性本情末说”又为他倡导修心而复归于人本来的清静道性提供了理论依据。杜光庭说：“禀道之性，本来清静，及生之后，渐染诸尘，障翳内心，迷失真道。”②人生来而禀有清静道性，可一旦生活于尘世之中，人随境而生起的种种感情欲望就障迷了人心，使人迷失了本有的清静道性。为此，他特别采用了佛教的“六根”、“五欲”等思想来细细地说明后天的种种情欲如何障迷人先天的清静道性，使人正性流散，随念生邪，走向沉论，并为人们指出修心复性的路径。他说：

> 六根者，一曰眼根，能见诸境。二曰耳根，能闻诸声。三曰意根，能生攀缘。四曰鼻根，能辨香臭。五曰舌根，能知诸味。六曰身根，能生诸恼。以此六

---

① 任继愈主编：《中国哲学发展史》（隋唐），人民出版社1994年版，第375页。

② 《道德真经广圣义》卷十五，《道藏》第14册，第385页。

> 种生诸罪因，展转相生，障弊真性，喻如草木结花吐实相生不穷。寻其所起，不离六种。如根生物，名曰六根。五欲者，眼欲诸色，耳欲诸声，鼻欲诸香，口欲诸味，心生众欲，障弊五情，烦恼萦缠，皆由此起。内心悦慕谓之爱，外境著心谓之染，因境生心谓之欲，制止不已谓之奔，意想交侵谓之竞。正性流散，随念生邪，以生邪故，乖失正本。①

基于“六根”而产生的“五欲”，使人陷于爱、染、欲、奔、竞等情欲之中，烦恼萦缠，丧失道性。他说：“随念生邪，既云失道。欲其妙道却复于身者，当须守雌柔贞静之行，笃厚恬和之性，以制其情。情者，末也。性者，本也。自性而生情，则随境为欲。自情而养性，则息念归元。归元则五欲不生，六根不动，无厌其气，无狭其心，则妙本之道自致于身矣。”②杜光庭在这里指出，性与情是人心的两个方面，“自道所禀谓之性，性之所迁谓之情”③。性是禀道而来，以清静为特点而潜存于人心之中，是众妙之门。自性而来的情却与性相对，随境奔流而处于妄动之中，乖道背本，是众恶之源。杜光庭从道性清静出发，强调性本情末，并将性视为善，情视为恶。

为什么本来清静的道性或元气一旦成就了有形质的人之后就变得污浊了呢？杜光庭又承唐代道教思想家的看法④，

---

① 《道德真经广圣义》卷十五，《道藏》第 14 册，第 385 页。

② 《道德真经广圣义》卷十五，《道藏》第 14 册，第 385 页。

③ 《道德真经广圣义》卷十九，《道藏》第 14 册，第 403 页。

④ 唐代道教思想家如吴筠的《玄纲论》、司马承祯的《天隐子》不仅对性情问题有所讨论，而且还主张性静情动，故性善情恶。

用“性静情动”来揭示后天之情对先天之性的破坏，导致人弃本求末，丧失了自我的清静本性。他说：“妄者，动也。情浮意动，心生所妄。动者，思之因；妄者，乱之本也。一切众生，不得真道者，皆为情染意动，妄有所思，思有所感。感者，感其情而妄动于意。意动其思而妄生于心。人若妄心不生，自然清静。”[①]当人陷于随境逐欲，依物牵引而情浮意动时，就会妄生于心，从而丧失真道，所以说“妄动者，亡也。皆亡失其道性。故逐境而感，情妄动其心，故不得真道”[②]。

正是从上述思想出发，杜光庭提出了通过“摄情归本”来“返性归元”，使自我心性与至道冥然相契。他说：

> 人能摄情断念，返性归元，即为至德之士矣。至德之本，即妙道也。故言修性返德，自有归无。情之所迁者，有也。摄情归本者，无也。既能断彼妄情，返于正性。正性全德，德为道阶，此乃还冥至道也。[③]

虽然杜光庭将人的修道进路定于“断彼妄情，返于正性”，但他也意识到，由于性静情动，去情复性并非是一件易事，它需要人努力修心以穿越纷繁情欲所构织的重重屏障，才能去情复性，回归众生清静的心性，亦即道性。这种从人的内在心性上寻求超越的自救方法，一方面反映在杜光庭对唐代比较流行

① 《太上老君常清静经注》，《道藏》第17册，第188页。
② 《太上老君常清静经注》，《道藏》第17册，第188页。
③ 《道德真经广圣义》卷十九，《道藏》第14册，第403页。

的外丹术的放弃，另一方面又体现了杜光庭力图通过对儒佛道三家心性论的吸收与综合，希望从道的本来意义上去探索道性与众生性的关系，从“道性”——人的不变的本质上为人的修道提供理论依据。

第七章　修道论的进路

基于以道性论为核心的心性论，如何把修道者从内外束缚中解脱出来以回归人本有的清静道性就成为杜光庭修道论所关注的重点[1]。杜光庭既放弃老子冷眼旁观、批判现实的态度，也不学庄子逍遥山林、与世无争的隐逸做法，更转变了魏晋神仙道教以炼制服食丹药来追求肉体长生的仙道内涵，而是在道性论的基础上强调，“理身之道，先理其心，心之理也，必在乎道。得道则心理，失道则心乱”[2]，由此而在种类繁多的道教修仙方法中，选择了性命双修作为得道成仙的根本进路，希望以此来帮助人们去除情欲，恢复身心清静。同时，

---

① 法国学者傅飞岚(Franciscus Verellen)认为：“杜光庭对得道长生的可能性、可想像性及条件等问题没有作出任何论证或理念上的争辩，代之却是对成功或失败之求道者的个人经历、职业及生活的叙事性描述。”(《道教视野中的社会史：杜光庭(850～933)论晚唐和五代社会》，香港文星图书有限公司 2001 年版，第 18 页)笔者认为，这一看法是不全面的。

② 《道德真经广圣义》卷十九，《道藏》第 14 册，第 404 页。

他还从性有利钝、悟有顿渐出发，对修道的阶次与步骤提出了自己独到的看法。

第一节　对仙道多途的阐发

道教是一种崇奉多神并主张人能修炼成仙的宗教。它从天人一体同源的思想出发，从人自身来追寻生命无限存在的可能性，既注重人当下的现实生命的质量，更希望采用种种特异的方法来延长人的生命，甚至于达到长生不死。因此，从道教的终极理想看，它必然飘逸着一种超世脱俗的精神，但从实现终极理想的途径看，它的实证性又必须落实到现实生活之中。杜光庭在《墉城集仙录》中，就借用“圣母元君”之口，对如何契道而成仙的方法与途径作了细致的解说：“道之无形，用术以济人。人之有灵，因修而契道。人能学之，则变化自然矣。道之要者，在深简而易矣。功术之秘者，唯符、药与气也。”[①]他强调，道虽然是无形的，但人却可以凭借着特定的方法和途径，通过修真悟道来消除自然时空对生命的限定，使个体生命与道相契。

因此，在杜光庭的道教仙学中，除了有对形而上之道的信仰外，也有一些可操作性的“法”与“术”。在道教中，所谓“法”既指修道的具体方法，更指企图控制或支配超自然力量而采取的种种神秘方法；所谓“术”即是指行道或修道的特殊技巧。“道者，虚通之至真也；术者，变化之玄伎也。”[②]如果说，“道”

---

① 《墉城集仙录》卷一，《道藏》第18册，第167页。

② 《墉城集仙录》卷一，《道藏》第18册，第167页。

是“法”与“术”的核心与灵魂，那么，“法”与“术”就是传播和实证“道”的手段或工具，所以在道教中也常有“法术”或“道术”的说法。

道是恒定不变的，“法术”或“道术”则会应人们的需要和技术的发展处于不断的变化和完善之中，从而形成繁多的种类。在道教仙学中，人的身体相对于天地大宇宙而言，被视为是一个复杂而精妙的微观小宇宙，杜光庭曾用金木水火土风来解说身体这个小宇宙，他说：“木神为肝，火神为心，土神为脾，金神为肺，水神为肾，风神为胆，六家共成人身，故有五脏六腑，九宫十二室，四肢五体，三膲九窍，百八十关机，三百六十骨节，各随而居之，故能动作、视息、饮食、语言，别好恶，知是非也。一家不和，即为病矣。人生各有岁月日时，随其所属星宿，以定其贫富贵贱，生命长短焉。然六家之物，有合则有散，有生则有死，有成则有败，有盛则有衰，此物之常数也。身有应败之患，神有应散之期，命有必尽之势，甚可畏也。”[1]对于具体的修道者来说，抽象的理智不足以概括丰富的生命体验，仙学的普遍原则一旦为具有独特的生命存在和生活经历的个体之人所践履就会表现出一种相对性——仙道多途。

杜光庭通过“神仙之道百数”来说明“证道虽一，修习或殊”，并强调了“我命在我，长生自致”的道理。他说：

得道去世，或隐或显，证道虽一，修习或殊，故云神仙之道百数，非一途所限，非一法所拘也。或为真

① 《墉城集仙录》卷一，《道藏》第 18 册，第 166 页。

人之友，或为天帝之宾，倏忽而龙驾来迎，参差而云骈遐迈者，则谷希、长里、青光、赤松之例是也。或受书禀箓，阴景炼形，灵肉再生，前功克懋者，则五老、上帝、四极、真王之例是也。或精诚不易，试难不移，目注崑邱，心朝大帝，而得道者，黄观、韦道、微傅君之例是也。况复大洞七变，八禀三图，胎精斑符，隐芝曲素，玉精金液，黄水秘符，赤树青英，环刚绛实，白羽皇象，九转八琼，服之而化凤化龙，饵之而为金为玉，复有金铛玉佩之诀。三皇八景之文，华丹素奏之灵，神虎金真之要，飞行之羽，超虚摄空，流金之光，摄神制逆，翱翔则翠羽元翮，控御则飞盖曲晨。七十四方之所修，靡亏毫发。三十七色之所授，渐备羽仪。至或降九锡以腾凌，践七试而贞介，资师秘诀，证自我心，历象不能易其坚，雷霆不能骇其听，富贵不能惑其志，声色不能诱其衷，此则我命在我，长生自致。①

“得道成仙”是修道者的终极目标，它表达了人们的一种美好理想，希望无限地延长生命，以至于长生不死。这也是道教对人类的最大诱惑！问题在于，需要采用什么样的方法与途径才能实现即世而超越的理想呢？这里，杜光庭以优美的文字描绘了修道的各种方法与途径。他认为，修道者根器有异，身体有别，成仙之途亦当有殊，而绝不拘于一法，取于一术。至

---

① 《墉城集仙录·序》，载《全唐文》卷九三二，上海古籍出版社 1990 年版，第四册，第 4303 页。

于在“神仙之道百数”中选择哪一种道术来进行修炼，则应当由修道者根据自己的情况来决定。

由于道本身既广大又精微，人的生命既复杂又奇妙，因此，杜光庭所阐述的“仙道多途”与他对人的理解密切相关。正如当代基督教神学家麦奎利所说：“神学话语所构筑的任何景象，都是深深地植根于人在历史和具体生存中所拥有的经验之中的。”[①]杜光庭认为，人无论是圣贤，还是愚贱，无论他们的身体素质和社会地位是如何的不同，其身心活动的时空领域都是广阔的。人既是社会群体中的人，又是自然的个体之人，人既有生物性的情欲，又有与生俱来的道性，人所具有的多面性之间又有着难以割裂的内在统一性。因此，道教只有提供不同的“修证之理”，才能满足修道者多方面的需要，才能对广大信众产生强烈而持久的吸引力。正是从此出发，杜光庭希冀通过宣扬“仙道多途”，既满足人们多样化的需要，也以此来推动道教仙学的发展。他曾说：

> 夫立功之义，盖亦多途，或拯溺扶危，济生度死，苟利于物，可以劝行，或内视养神，吐纳炼藏，服饵道引，猿经鸟伸，遗利忘名，退身让物，皆修道之初门也。既得其门，务在勤久，勤而能久，可以积其善功矣。[②]

---

① 参见孙亦平主编：《西方宗教学名著提要》，江西人民出版社 2001 年版，第 913 页。

② 《道德真经广圣义》卷三十六，《道藏》第 14 册，第 494 页。

杜光庭生动地诠释了道教的修道是围绕着内以养生、外以度世而展开的，具有自利利他的特点。作为社会的人，他应当以自己的道力“拯溺扶危，济生度死”来有利于社会，作为个体的人，则应当通过“内视养神，吐纳炼藏，服饵道引，猿经鸟伸，遗利忘名，退身让物”等身心的修炼来优化自己的生命。同时，杜光庭也指出，以上各种道术仅为“修道之初门”，修道而能够得道的关键还在于入门之后“务在勤久，勤而能久”。

杜光庭还列举了当时道门中主要采用的修道方法，对仙道多途又进一步作了细致的解说，以为人们修道提供指导。他说：

> 大道好生，诱人垂法千门，炼性万行。修心因悟乃修，因修乃证。修证之理，泛举其纲，则有吐纳元和，咽漱云液，茹松食柏，绝粒饵芝。或隐朝上清，密伺玄斗。或五金八石。或水玉流珠，阴鼎阳炉，五华九转。或素文丹篆，檄召鬼神，金钮青丝，质盟天地，则有正一道德，升玄洞神，灵宝明真，三清众法并革。凡登道证品升真，又有奔二景，朝五辰，据极攀魁，骛纲飞纪，吞日咽月，制魄拘魂，八道望云，九真受事，升玄卧斗，方诸洞房，左右灵飞，阴阳六甲，三部八景，二十四真，存服三元，注想三一，紫房黄阙，降景朱婴。紫虚南岳之篇，青童东海之诀，内视五藏，下制六天，导引吞符，御风养气，腾举之道，溢于真经。或修励一门，便可得道，遂能拔玄祖于长夜，飞我身于太虚，瞬息而历九陔，那憩若士顾面而周六合，岂

> 让鸿蒙而世之大迷，不能耽味，即曰神仙之事，非积学可求。[①]

杜光庭在此罗列的“修证之理”可谓琳琅满目，有行气、服食、辟谷、存思、注想、内视、拜神、金丹、符箓、导引等。他以大道“垂法千门，炼性万行”来彰显“仙道多途”，以说明修道之人可以根据自己的情况“修励一门”，但神仙之事，绝非积学可求，必须“因修乃证”。

在杜光庭之前，道教中对修道成仙一般有四种说法：一曰飞升，二曰隐化，三曰尸解，四曰鬼仙，都比较注重追求肉体的永存。然而在现实生活中，肉体永存仅是人们所期望实现的美好理想，理想并不等于现实，这就使得人们往往对道教信仰持有怀疑的态度，甚至敬而远之，从而在客观上制约了道教仙学的发展。杜光庭虽然也依照传统的说法把修道成仙的品秩分为四种，但却对其中的鬼仙作了新的诠释。他说：“夫神仙之上者，云车羽盖，形神俱飞；其次牝谷幽林，隐景潜化；其次解化托象，蛐蜕蝉飞”；第四种就是“得为鬼仙”而入仙界者：

> 又有积功未备，累德未彰，或至孝至忠，至贞至烈，或心不忘道，功未及人，寒栖独炼于己身，善行不加于幽显者，太上以其有志，太极以其推诚，限尽而终，魂神受福者，得为散爽之鬼，地司不判，鬼录不书，逍遥福乡，逸乐遂志，年充数足，得为鬼仙。然后

① 《道德真经广圣义》卷十四，《道藏》第14册，第383页。

升阴景之中，居王者之秩，积功累德，亦入仙阶矣。①

这里所强调的实际上是生前行善，死后成仙。“这对于道教的神仙思想来说，无疑是一个发展。它既克服了以往只讲即身成仙，白日飞升，事实上不能兑现，虽然借造神话传说，也令人难以信服的困难；又解决了由于成仙的要求太高，使人可望而不可及，只有极少数所谓秉赋特殊或前世在天上挂了号的人，才被说成能升入天界的这一困境。现在杜光庭明确倡导在生行善，死后成仙的说教，虽然在生行了善，死后能否成仙，仍无从证明，但却容易吸引那些相信灵魂不死的人，且又简便可行。这就更有利于道教的广泛传布和发展。”②显然，杜光庭的这种成仙的理论，不仅简单易行，而且还可以给那些热切期望成仙者以一种精神上的安慰，鼓励他们不要因为神仙渺茫而失去信心，放弃努力。正如他自己所说：“如此，则善不徒施，仙固可学，功无巨细，行无洪纤，在立功而不休，为善而不倦也。修习之志，得不勖哉？”③

在种类繁多的修道之术中，杜光庭特别强调，符、气、药三者为“致道之要机”。他说：“符者，三光之灵文，天之真信也。药者，五行之华英，地之精液也。气者，阴阳之和粹，万物之灵爽也。此三者致道之要机，求仙之所宝也。人能兼之，可以常

① 《墉城集仙录·序》，载《全唐文》卷九三二，上海古籍出版社 1990 年版，第四册，第 4303 页。

② 卿希泰主编：《中国道教史》第二卷，四川人民出版社 1996 年版，第 441 页。

③ 《墉城集仙录·序》，载《全唐文》卷九三二，上海古籍出版社 1990 年版，第四册，第 4303 页。

存，度人无量矣。”[1]杜光庭还借元君之口，对符、气、药三者之所以能够致仙的原因作了介绍。他说：“道以何达？弘之在人。夫药能炼形，符能致神，神归则心通，形坚则气固，神全气固形复坚者，命可全也。命全然后化气变精，洞入无形，飞行虚空，存亡自然，乃能长久长存也。”[2]符、气、药的神奇在于它们能够对构成人的生命的精、气、神产生作用，使人神全气固形坚，由命全而达到长久长存。

道教一向推崇金丹大药，认为它是“仙道之极”[3]。杜光庭也认为丹药能“令人长生”，他曾对著名的“九转还丹”的种类和致仙的功效作过细致的介绍，他说：“一曰白雪，二曰雄雌，三曰白华，四曰金液，五曰丹华，六曰五色，七曰泥汞，八曰金精，九曰九鼎，皆名九转还丹。得一丹者，可以长生，不必尽须作也。神丹之道，三化五转至九而止，若草木之药，埋之则腐，煮之则烂，烧之则焦，不能自生，何能生人？金丹之道，即反于此。烧之愈精，冶之愈妙，故能令人长生，因使老君炼丹以示世人修道之本。”[4]金丹与草木在古人的经验中有着鲜明的反差，一个最为稳固，一个极易腐朽。由于金丹具有稳固不变的性质，因此，古人运用类比推理而形成了物性转移的思想，认为人如果服食了金丹就能具有与它一样的不易败朽的性质，甚至可以变得像金丹一样坚固。葛洪说：“夫金丹之为

① 《墉城集仙录》卷一，《道藏》第 18 册，第 167 页。

② 《墉城集仙录》卷一，《道藏》第 18 册，第 167 页。

③ 葛洪说：“余考览养性之书，鸠集久视之方，曾所披涉篇卷，以千计矣，莫不皆以还丹金液为大要者焉。然则此二事，盖仙道之极也。服此而不仙，则古来无仙矣。”（王明：《抱朴子内篇校释》卷四《金丹》，中华书局 1985 年版，第 70 页）

④ 《墉城集仙录》卷一，《道藏》第 18 册，第 167 页。

物，烧之愈久，变化愈妙。黄金入火，百炼不消，埋之，毕天不朽。服此二物，炼人身体，故能令人不老不死。此盖假求于外物以自坚固。”[①]这种物性转移的思想，虽然反映了人们对生命无限的向往，但毕竟仅是美好的理想而已。到了唐代时，金丹的负作用已经充分暴露，它的弊端也引起了人们的高度重视。虽然杜光庭在描述丹药的性质和功效时仍沿用了传统道教的一些看法，认为金丹术能令人长生，所以“老君教人习道，内外俱修，既炼金丹，又习真气。”[②]但从总体上看，杜光庭并不提倡服食金丹，他甚至曾这样说：“或饵金石，以毒其中，……本欲希生，反之于死！”[③]鉴于对丹药负作用的认识，杜光庭比较注重“绝谷食气”。

谷与气本是维持人的生命不可缺少的两大营养，然而道教却说：“黄帝曰，食谷者智而夭，食气者神而寿，不食者不死。”[④]问题是，食谷何以会导致人夭死？道教认为，人身体中有“三尸”，亦名“三虫”或“三彭”。上尸居于“脑宫”，好宝物；中尸居于“明堂”，好五味；下尸居于“腹胃”，好色欲。“三尸”居于人体之中，依赖于人体中的谷气而生存，使“人之情欲，熙熙如华，叶茂盛也。茂盛则不久，枯落熙熙，则必致伤生。”[⑤]“三尸”不仅致人伤生，而且还会塞人三关之口，断人三命之根。于是，杜光庭采用佛教词语把“三尸”称为“三毒”。他说：

① 《抱朴子内篇·金丹》，王明：《抱朴子内篇校释》，中华书局 1985 年版，第 71 页。

② 《道德真经广圣义》卷二，《道藏》第 14 册，第 320 页。

③ 《道德真经广圣义》卷四十八，《道藏》第 14 册，第 555 页。

④ 司马承祯：《服气精义论》，《道藏》第 18 册，第 447 页。

⑤ 《道德真经广圣义》卷十五，《道藏》第 14 册，第 386 页。

“三毒者，乃三尸也。彭琚、彭瓆、彭矫。上尸好华饰，中尸好滋味，下尸好淫欲。人若能断得其华饰，远其滋味，绝其淫欲，去此三事，谓之曰三毒消灭。三毒既灭，则神和气畅精固，三元安静，三业不生，自然清静。”[①]“三尸”既然是人欲之源，那么，道教就设想，如果人不食五谷，不就能断绝“三尸”赖以生存的谷气吗？如果“三尸”不存，那么，人体中的欲望不也就会随之而消失了吗？但人如果绝食五谷，维持肉体生命所需要的营养又从哪里来呢？杜光庭认为，“庶类之众，皆资道气，假借而后能生能成”[②]，宣扬以食气炼气来补充人绝谷后身体所需要的营养。

绝谷食气本为古人所创造的一种独特的修道方法。《庄子·逍遥游》中塑造的藐姑射神人就是“肌肤若冰雪，淖约若处子，不食五谷，吸风饮露”。《楚辞·远游》也描绘了“餐六气而饮沆瀣兮，漱正阳而含朝霞。保神明之清澄兮，精气入而粗秽除”的神人。道教最早的经书《太平经》也提出，要想长生，就要在饮食上做到，“第一者食风气，第二者食药味，第三者少食，裁通其肠胃”[③]，将“食风气”放到了首位。杜光庭在诠释老子的“谷神不死，是为玄牝”时，也借机对“绝谷食气”作了特别的宣扬，并将其称之为“不死之道”。他说：“元和之气，慧照之神，在人身中，出入鼻口，呼吸相应，以养于身，故云谷神也。又天之五气，从鼻而入，其神曰魂，上与天通。地之五味，

---

① 《太上老君说常清静经注》，《道藏》第 17 册，第 185 页。

② 《道德真经广圣义》卷三十三，《道藏》第 14 册，第 478 页。

③ 王明编：《太平经合校》卷一三七至三五三，中华书局 1960 年版，第 717 页。

从口而入，其神曰魄，下与地通。言人食气，则与天为徒，久而不已，可以长生，阳炼阴也。食味则与地为徒，久而不已，生疾致死，阴炼阳也。老君令人养神宝形绝谷食气为不死之道。"①杜光庭认为，气既是人赖以养身的根本，又是沟通人与道的中介或桥梁。由于气与道相比更具有现实性，因此，杜光庭认为，天地万物唯"气"以生，从而把"气"视为天地万物存在的表征，"天地任气自然，故长存也"②。"气存则生"也成为人在"绝谷"之后仍可以用"食气"的方法来维持生命的根据。"夫人之一身，天付之以神，地付之以形，道付之以气。气存则生，气去则死。万物草木亦皆如之。身以道为本，岂可不以全尔形也。形神俱全，上圣所贵。形灭神逝，岂不痛哉！一失此身，万劫不复。"③

由于杜光庭之前的成玄英吸取佛教的思想来注老，追求精神解脱，唐玄宗又倡导治国理身，强调清静无为，而杜光庭却注重以"食气"的方法来保持生命的长存，以至于有学者认为，"杜光庭作《道德真经广圣义》，重讲肉体长生"④。但实际上，杜光庭所追求的并不局限于肉体长生，他所提倡的"食气"虽然以追求形神俱全为目标，但他又从"性者，命之原"⑤的思想出发而将炼气修命与修心炼性联系在一起，特别强调了"性命双修"，从而推动了道教的修道论向内丹心性论方向发展。

---

① 《道德真经广圣义》卷九，《道藏》第 14 册，第 359 页。

② 《道德真经广圣义》卷九，《道藏》第 14 册，第 359 页。

③ 《墉城集仙录》卷一，《道藏》第 18 册，第 170 页。

④ 任继愈主编：《中国哲学发展史》（隋唐），人民出版社 1994 年版，第 364 页。

⑤ 《墉城集仙录》卷一，《道藏》第 18 册，第 166 页。

如果细究杜光庭的著作，就会发现，他虽然强调仙道多途，但他的著作却很少涉及金丹、符箓等道术，对如何炼气也没有作细致的说明，而是从“理身之道，先理其心”[①]出发，花费了大量的笔墨强调人需要心性的修炼，通过“性命双修”来达到长生成仙。他说：“明者返伏其性，以延其命；愚者恣纵其欲，以伤其性。夫性者，命之原；命者，生之根。勉而修之，勤而炼之，所以营生以养其性，守神以养其命，则离苦升乐，福祚无穷矣。且人之生也，皆由于神，神镇则生，神断则死，所以积气为精，积精为神，积神则长生矣。”[②]杜光庭通过“明者”与“愚者”的对比不仅强调了性命双修的重要性，而且也展示出性命双修不只是一个追求长生的问题，而是一种全方位的生命修习。

杜光庭从道性论出发所倡导的性命双修推动了道教仙学的新发展。如果说，形神双修主要是通过炼形养神来修命，属于命功，那么，性命双修则在修命的同时，还强调修炼性功，得道成仙也就意味着众生性与道性冥然相契，并通过对道的体悟而成就人的内在德性。杜光庭试图从人的内在心性中去寻找人与道相互沟通的契合点，他说：“修身之士，当体道虚心，无所执著以臻其妙。”[③]认为只有通过体道虚心、无所执著才可以返归人原有的清静道性。通过体任自然之道，不仅可以使生命与道一样久长，而且还能提升人的精神境界。这样，性功中既包括为善去恶的道德修养，也包括道教所认可的心性

① 《道德真经广圣义》卷十九，《道藏》第14册，第404页。

② 《墉城集仙录》卷一，《道藏》第18册，第166页。

③ 《道德真经广圣义》卷二十八，《道藏》第14册，第447页。

修炼的方法及其所追求的精神境界，这些内容都是形神双修中所缺乏的。性命双修所具有的这些新特点是它在出现之后能够很快地在道教中风靡开来的原因之一。

杜光庭将修道的重心转移到心性修炼上，因而他所提倡的性命双修具有重性轻命的特点。首先，杜光庭虽然并不主张放弃以身体修炼为主的"命功"，但他更强调心性的修炼。他在诠释老子的"吾无身，吾有何患"时曾说："无身者，非顿无此身也，但修道之士，能忘其身尔。"[①]他将老子所说的"无身"解释为修道之士"能忘其身"。什么是"忘身"呢？他认为，"损性则心神内竭，恣情则奔竞外劳。……妄想颠倒，皆从心起，强生分别，系念我身。触境生迷，举心皆妄，以此流浪，沦乎生死。但当定志观身，尽皆虚假。既知虚假，妄想渐除。妄想既除，内外清静，自悟真道，谓之忘身。"[②]这就是说，如果损性恣情，不能于心上去除贪欲和妄想，那么就会沦乎生死，无法得道。因此，"无身者，无欲也。无欲谓之真身。真身者，道身也。"[③]正是在这个意义上，杜光庭曾发挥老子的思想说："身为患本，宠辱由身而生，能忘其身，则忘宠辱矣。……忘身者，身与道合。"[④]修道者只有修心养性，忘身无欲，才能与道相合，生命由此而得到升华。

其次，杜光庭还吸收了佛教的思想来强调修心炼性的重要性。他说："修道之身，外绝众缘，内染一气，除垢止念，守

① 《道德真经广圣义》卷十三，《道藏》第 14 册，第 376 页。

② 《道德真经广圣义》卷十三，《道藏》第 14 册，第 376 页。

③ 《太上老君说常清静经注》，《道藏》第 17 册，第 186 页。

④ 《道德真经广圣义》卷十三，《道藏》第 14 册，第 377 页。

一凝神，以慧照自观，证了实相，不滞空有，深入妙门，可以得道。”①这里，用佛教的“实相”来表述“道”，由于“道”就蕴含在人心中，因此，修道也就是修心，通过修心而“慧照自观”，就能“证了实相”。他又说：“人之修道，融心寂神，已有感通，而世尘妄起，外念忽生，将超躁竞之途，或溺是非之境，即可急诣静室，思玄念真，以无为之道，镇其心灵，制于妄想，如水之浊，徐以澄清，则三尸不能干，百邪不能扰，魔试都息，造于虚无之阶矣。”②通过“思玄念真”的修心炼性不仅可以帮助人复归本来清静的道性，而且还能排除邪魔对生命的侵扰。

最后，杜光庭在道性论的基础上以心性、性命等范畴来解释、会通传统道教的道、玄、形、神、精、气等概念，通过对《老子》、《庄子》中提出的道、玄、自然、阴阳、清静、养生、心斋、坐忘等概念的再阐释，发展了道教的内修精气神三元以求长生的传统，使性命双修成为一套以修心炼性为基本进路的修道方法。他说：“理身者，以心为帝王，脏腑为诸侯，若安静心王，抱守真道，则天地元精之气纳化身中，为玉桨甘露，三一之神与己饮之，混合相守，内外均和，不烦吐纳，存修各处玉堂琼室，阴阳三万六千神，森然备足，栖止不散，则身无危殆之祸，命无殂落之期，超登上清。”③杜光庭在主张“以心为帝王”时，还是不能忘怀他所植根的道教经验，于是，他通过神和、气畅、精固来阐释生命之秘旨，并通过三元安静、保三宫、固丹田来强调性命双修：“神和、气畅、精固，三元安静，三业不生，自然

① 《道德真经广圣义》卷三十八，《道藏》第14册，第510页。
② 《道德真经广圣义》卷二十九，《道藏》第14册，第454页。
③ 《道德真经广圣义》卷二十七，《道藏》第14册，第443～444页。

清静。三元者，上元、中元、下元也。……三元掌人性命，且上元主泥丸脑宫，为上丹田；中元主心府绛宫，则为中丹田；下元主气海属肾宫，为下丹田。此之三元，上主于神，中主于气，下主于精，故乃掌人之性命也。人若能绝其三业，保此三宫，更辩四时之气，运转精华，往来无穷，则三丹田固实，万和柔顺，心若太虚，内外贞白。皆因三尸消灭，除假留真，乃为清静之道矣。"[①]既然三元掌人性命，那么，通过性命双修不仅可以使"三丹田固实"，而且还可以使人"心若太虚"而复归于清静之道。

由于杜光庭认为"道果所极，皆起于炼心"[②]，所以他特别强调心性的修炼，而他从人的内在心性中去寻找人与道相沟通的途径，这在客观上推动了"以身为炉鼎，心为神室"的内丹心性学在唐末五代的迅速发展。需要指出的是，杜光庭的道教仙学仅停留在对神仙灵异的描述上和对得道成仙的可能性与必然性的理论探讨上，并没有像同时代出现的钟吕内丹道及后来的全真道那样，将形而上的哲学之思落实在形而下的修仙之术上，建立起以"性命双修"为主要特征的内丹心性学，但杜光庭对性命双修的强调为内丹心性学在唐末五代的兴盛，并在宋代以后成为道教思想与实践的主流奠定了基础。

第二节　修心以安神去欲

杜光庭认为，"道"不仅是一种形而上的终极存在，对人来

① 《太上老君说常清静经注》，《道藏》第17册，第185页。
② 《道德真经广圣义》卷四十九，《道藏》第14册，第561页。

说，它还是生命存在的根基，“道以至柔，无乎不在，贯通万物，流注群形，得之则生，失之则死，故保养道存则生全。”[①]这样，如何通过“保养”、“道存”以“生全”，就成为杜光庭修道论必须面对的重要问题。杜光庭从他的道性论出发，认为“寡欲则行清，多欲则神浊，欲深浊极，自思复其清矣。此废欲清神之权也。不贪则俭约，极贪则殃身。因贪获殃，自思复其俭矣。此修俭夺贪之权也。皆先极其侈心，使自困于贪欲。然后返性修道也。”[②]他从“贪欲”的危害性的角度强调了去除贪欲以返性修道的重要性。如何去除贪欲以返性修道？他认为，修心是重要的进路。他说：“人能调伏其心，内安其神，外除其欲，则自然清静。”[③]人只有通过“调伏其心”的修心以安神去欲，就能达到自然清静的理想之境。这样，杜光庭的修道论既表现出了重视修心的特色，而这种修心论又表现出了浓厚的禁欲主义的色彩。

杜光庭曾借用佛教的名词而提出，“人之禀生”有“三业十恶”，并将之视为导致人“从生趣死”的众罪之源，并认为，如果能“制伏三业十恶”，则可“得道长生”。他说：

> 人之禀生，有三业十恶。三业者，一身二心三口业也。十恶者：身业有三恶，一杀生，二偷盗，三邪淫；心业亦有三恶，一贪欲，二嗔怒，三愚痴；口业有四恶，一两舌，二恶口，三妄言，四绮语。此三业十恶

① 《道德真经广圣义》卷三十四，《道藏》第 14 册，第 482 页。
② 《道德真经广圣义》卷二十九，《道藏》第 14 册，第 452 页。
③ 《太上老君说常清静经注》，《道藏》第 17 卷，第 184 页。

合为十有三矣。人能制伏三业十恶，则可得道长生……人若纵此三业十恶，则必从生趣死……夫三业十恶，众罪之源。舍之则可以出生，行之则可以入死。[1]

杜光庭把“三业十恶”与人的生命联系起来考察，认为舍之则可以出生，反之则必将入死。这里，他借用的是佛教的名词术语，表达的却是道教追求得道长生的思想，而不是佛教要超脱生死的理想。

杜光庭又进一步认为，在人的“三业十恶”中，贪欲对人的生命危害最深。他说：“罪之于祸，皆起于身。身之生恶，由于心想，故身口意三业焉。三业之中，共生十恶。十恶之内，贪罪愈深，故生死忿争，皆因贪致。”[2]认为人生的罪祸皆起于人有身体，而身体所产生的恶，皆由于“心想”的缘故，而在十恶之中，贪欲所造成的罪祸最大。

在杜光庭看来，由“心想”而生起的贪欲具有双重的“恶”，它一方面是人生痛苦、烦恼和罪祸的根源，另一方面也妨碍了人心对道性的体认，使人无法与本有的清静道性相合，因而他强调，只有去除种种尘俗欲念，才能使人身心清静，返归大道。他说：

六根起于六识，六识恣于六情，六情生于六欲，六欲谓之六尘，六尘谓之六染，六染谓之六入。从根

① 《道德真经广圣义》卷三十六，《道藏》第14册，第498页。
② 《道德真经广圣义》卷三十五，《道藏》第14册，第490页。

> 而生，染有轻重，皆在修炼，渐而制之。所以理身所务，眼绝五色，耳绝五声，鼻绝五香，口绝五味，身绝五触，心绝五缘，即六尘净矣。六尘净则世利不能动，声色不能诱，自归柔弱之道。[①]

杜光庭从禀道受气才形成生命的思想出发，认为个体生命是由身心或形神有机相合而成的，因此，修道者不仅要去除基于眼耳鼻舌身等五官而生的五种欲望，而且还应当做到“心绝五缘”，通过以性制情，使身心处于“世利不能动，声色不能诱”的清静恬愉的境地。据此，杜光庭特别强调了去其欲，澄其心，忘其虑，安其神。他说：“六欲者，六根也。六根者，是眼耳口鼻心意也。欲者，染著之貌，情爱之喻，观境而染，谓之欲。故眼见、耳闻、意知、心觉。世人若能去其欲，澄其心，忘其虑，而安其神，则六欲自然消灭，岂能生乎？内神不出，六识不动，则六根自然清静。”[②]杜光庭的修道论，就是要求人通过修心去欲而使身心自然清静。这种清静修道的思想后被全真道北宗发扬光大。全真道北宗创教者王喆的大弟子马珏就以清静无为作为教门的根本宗旨。他认为道的根本特征就是清静，因此，修道就是要去除染欲，做清静工夫，他说：“夫道但清静无为，逍遥自在，不染不著，此十二字若能咬嚼得破，便做个彻底道人。”[③]他将清静作为修炼内丹的基本方法，“欲要养炁全神，须当屏尽万缘，表里

① 《道德真经广圣义》卷三十四，《道藏》第 14 册，第 482 页。
② 《太上老君说常清静经注》，《道藏》第 17 册，第 184 页。
③ 《丹阳真人语录》，《道藏》第 23 册，第 702 页。

清静，久久精专、神凝、炁冲。三年不漏下丹结，六年不漏中丹结，九年不漏上丹结，是名三丹圆备，九转功成。”[1]人通过养气全神，摒弃万缘，做到表里清静，才可以使精气神相互配合、辗转变化自然功成丹结。

由此，杜光庭十分重视“心”在修道过程中所起的作用。杜光庭所言之“心”主要是指人的一种心念活动或心理状态，其涵义十分复杂，其中比较普遍的说法有“妄心”、“邪心”、“善心”、“正心”等。杜光庭认为，人心之所以有正邪之分、善恶之别，就在于“心神本来清静，皆因世欲之所牵也。”[2]人心逐境而感情妄动，陷入喜怒哀乐之中，从而世欲妄生，迷失真道。如何通过修心以去除贪欲？如何通过“调伏其心”，以返归“自然清静”？杜光庭从心与神、心与形两个方面做了说明。

就心与神的关系而言，杜光庭指出：“神者，妙而不测谓之神。心者神也，神者心也。心扰则神动，神动则心浮。心浮则欲生，欲生则伤神。伤神则失道。”[3]虽说心者神也，神者心也，但“心者，嗜好无穷”[4]，易受外境之诱惑，“心扰”而“神动”，“神动”又使“心浮”，从而生出种种贪欲。这些贪欲表现为，“内心悦慕谓之爱，外境著心谓之染，因境生心谓之欲，制止不已谓之奔，意想交侵谓之竞，正性流散，随念生邪，故乖失正本。”[5]心与境的交互影响，使得神动心浮，而神动心浮所生

---

① 《丹阳真人语录》，《道藏》第 23 册，第 706 页。
② 《太上老君说常清静经注》，《道藏》第 17 册，第 184 页。
③ 《太上老君说常清静经注》，《道藏》第 17 卷，第 184 页。
④ 《道德真经广圣义》卷八，《道藏》第 14 册，第 35 页
⑤ 《道德真经广圣义》卷十五，《道藏》第 14 册，第 385 页。

起的种种贪欲既伤神，又遮蔽了人本有的清静道性，使人正性流散，乖失正本。因此，杜光庭强调，要通过“调伏其心”以“内安其神”，神静则心净，心净则心神自然清静。

就心与形的关系而言，杜光庭在诠释《常清静经》的“内观其心，心无其心”时，通过对心与形的辩证而将“无心”、“忘形”作为去除贪欲的根本方法。他说：“心者，形之主。形者，心之舍。形无主则不安，心无舍则不立。心处于内，形见于外，内外相承，不可相离，心形俱用，不可观执。凝然混沌，有若无形，亦非无也。若非无心，岂能忘于形体乎？心忘形体，故曰无心。本经云：‘吾有大患，为吾有身，及吾无身，吾有何患？’心之与形，动无所染，静而无著，此谓形无其形也。”[①]杜光庭在心与形的关系上，虽然认为“心处于内，形见于外”，两者相联系而存在，故“心形俱用，不可观执”，但同时又认为，心虽处于内，但却在心形关系中占有主导地位。由于人心执著了形体而导致了人心浮动不安，欲望泛滥，因此，杜光庭强调要“无心”，通过无心才能“忘形”，而无心忘形就能“动无所染，静而无著”，从而去除各种贪欲。这时，“形无其形”，心就不再为形所累，形也不再对心有碍。而这同时也就达到了“心无其心”、清静合道之境，所以杜光庭又说：“圣人设法教人修道即修心也，修心即修道也。心无所著，即无心可观。既无心可观，则无所用，无所修即凝然合道，故心无其心，乃为清静之道矣。”[②]这里杜光庭强调“修道即修心”，而修心又要“无所修”，“无所修即凝然合道”，这充分显示出了佛教禅宗、特别是惠能

① 《太上老君说常清静经注》，《道藏》第 17 册，第 185 页。
② 《太上老君常清静经注》，《道藏》第 17 册，第 185 页。

南宗禅的修行观对杜光庭的深刻影响[①]。

杜光庭还吸收了唐代道教中颇为流行的“五时七候”[②]的说法，来说明心由动到静的五个层次的变化以及随修所得的七种果身，以显示修心的过程就是去除贪欲、达到自然清静而心与道冥的过程。他说：“夫欲修道，先能舍事，外事都绝，无起于心，然后安坐，内观心起。若觉一念心起，即须除灭，随动随灭，务令安静。唯灭动心，不灭照心，于此修之，务其长久。久而习者，则心有五时，身有七候。心五时者，第一时心动多静少。第二时心动静相半。第三时心静多动少。第四时心无事时静，事触还动。第五时心与道冥，触亦不动，心至于此，始得安乐，罪垢灭尽，无复烦恼。此五者于所修之中，即为行相。其七候者，即为修行所得之果身。七候者，心得定已觉，无诸尘漏，举动顺时，容色和悦，一也。宿病普消，身心轻爽，二也。填补夭损，迴年复命，三也。延数千岁，名曰仙人，四也。炼形为气，名曰真人，五也。炼气成神，名曰神人，六也。炼神合道，名曰圣人，七也。”[③]“五时”主要是讲修心的进程，心逐渐由动而静，最终达到事触不动，心与道冥的境界。“七候”则以性命双修为进路，展现了内丹修炼的全过程，既注重身体的修

---

① 惠能南宗禅基于般若无所得的思想而在修行观上主张修而无修，以不修为修。请参见洪修平、孙亦平：《惠能评传》第八章“惠能的修行观”，南京大学出版社1998年版。

② 唐代道经《太清经》、《定观经》和孙思邈著《存神炼气铭》、司马承祯著《坐忘论》中都对“五时七候”的作了细致的说明。他们所说的内容大致相似，但语言表达有所不同。杜光庭对“五时七候”的论述主要是依据司马承祯著《坐忘论》中的说法，反映了他对上清派思想的继承。（参见《道藏》第22册，第897页）

③ 《道德真经广圣义》卷四十九，《道藏》第14册，第561页。

炼,也主张心灵的超越,最终长生成仙,合道成圣。

可见,杜光庭既坚持传统道教所主张的静守虚无自然之道就可以延年益寿的思想,又遵从中唐时期道教"性从心边生"的思想而从主张形神双修转向了对性命双修的强调,同时还吸收了佛教的禁欲主义思想,将修道最终落实到了调伏其心、安神去欲。因此他强调:"人能去其情欲,内守元和,自然心神安静。心既安静,世欲岂能生焉。"①只有遣欲澄心,心神安静,世欲不生,才能修常性而得道性。他说:"物以茂盛为动作,凋落为归根。人以逐欲而动则迁情,息念而静则合道。迁情则流遁,合道则迁元。所以静而致道者,是复归所禀妙本之性命也。"②人逐欲而动则情欲茂盛,息念而静则与道自然相合,因此,自心清静就可以合道,去除贪欲才能使人"复归所禀妙本之性命"。

值得注意的是,杜光庭所强调的"去欲闭情,以复于道"③的"调伏其心",不仅是宗教修炼的功夫,而且也是一种以道教伦理为基准的为善去恶的道德修养。在杜光庭这里,善并不是一个抽象的概念,而是遵从老子的思想,以无欲、无为、无事、谦下,守柔、积德为根本原则,具体落实在"教人理身,忘弃功名,不耽俗学"、"不贪世利"、"外绝浮竞,不炫己能"、"不务荣宠"、"寡知慎言"、"绝除嗜欲,畏慎谦光"④等做法上。因此,杜光庭所谓"调伏其心"也就是以清静本善的道为根据,通

① 《太上老君说常清静经注》,《道藏》第 17 册,第 184 页。
② 《道德真经广圣义》卷十五,《道藏》第 14 册,第 386 页。
③ 《道德真经广圣义》卷十五,《道藏》第 14 册,第 386 页。
④ 《道德真经广圣义》卷一,《道藏》第 14 册,第 314~316 页。

过在人心中建立一个对自己的行为进行赏罚的内在权威而进行道德修养。“善恶二趣，一切世法，因心而灭，因心而生，习道之士，灭心则契道。世俗之士，纵心而危身。心生则乱，心灭则理。所以天子制官僚，明法度，置刑赏，悬吉凶，以劝人者，皆为心之难理也。”[①]这样，是否“修心”，能否通过“修心”来达到“灭心”，不仅关涉到人是否能够得道成仙，而且也与人在现实生活中是否合乎世俗的善恶标准联系在了一起。

杜光庭所宣扬的以修心为特色的修道论具有两重社会功能：一方面，这种带有禁欲主义色彩的修道论对节制人的欲望，克制损人利己、损公利私的行为，对保证社会群体的稳固发展，都具有一定的积极意义；但另一方面，这种修道论又是对人性和人的正常欲望的一种制约，其消极作用也是显而易见，因为如果不能满足人的基本需求，压抑人的精神自由，人的主体意识和创造性潜能就会受到束缚和制约，社会的进步与发展也就会受到阻碍。

从总体上看，杜光庭强调的“调伏其心”以达到“自然清静”的修道论强调通过内在超越的进路来解决人的修道问题，这对后来道教的发展产生了重要的影响。

第三节　修道有顿渐之分

杜光庭在强调了“一切众生皆有道性”、修道即为修心的同时，还对修道需要经历什么阶段，达到怎样的境界等进行了比较深入的研究，借用佛教的术语，也就是探讨了“顿悟”还是

① 《道德真经广圣义》卷八，《道藏》第 14 册，第 353 页。

“渐悟”的问题。

本来，修道者是否具有道性，得道成仙是“顿”还是“渐”，这都是道教虚构的问题，但道教对这一问题的讨论却是用一种曲折的形式反映着现实的社会问题，反映着生活于现实苦难中的人希望超越生死的局限而获得恒久幸福的向往与追求。虽然杜光庭主张仙道多途，但最终却将修道实践落实到了如何修心炼性上，他用痴愚、利钝来形容人的心性的差异，并从这种差异性入手来讨论悟道的顿渐问题。

在杜光庭看来，道教的信仰对象——“道”之所以为天下人所宝贵，就在于它可以通过顿悟而得，而不在于逐渐地营求。他说：“道之所以为天下贵者，顿悟而得，不在营求，才遣妄心，即通正道。妄心既遣，尘累亦消，求可以得，罪可以免，故天下所共宝贵。”[①]由于道就在人心中，因此，修道者只要遣去“妄心”，去除“尘累”，就可以顿悟而得正道。在悟的一刹那间，有限的自我隐没，无限的正道显现，人的生命随之而跃入了一个天人合一、主客相融的新境界。杜光庭在诠释《道德经》“知者不博”时说：“道在乎知，不在乎博。知而行之者，至道不烦，一言了悟，悟而勤久，久而弥坚，则得道矣。”[②]这里的知与博，唐玄宗疏曰：“知，了悟也；博，多闻也。”[③]杜光庭由此而进一步强调，道在乎了悟，而不在乎多闻，至道不烦，一言即可了悟。

在主张顿悟的同时，杜光庭又将“得道”与“悟性”联系起

① 《道德真经广圣义》卷四十三，《道藏》第 14 册，第 531 页。

② 《道德真经广圣义》卷五十，《道藏》第 14 册，第 565 页。

③ 《道德真经广圣义》卷五十，《道藏》第 14 册，第 565 页。

来，他说：“人能觉悟，悟则本性，谓之得道也。”[①]这样，道与性在终极的意义上也就圆融为一了，“得道”与“悟性”实际上成为一体之两面。如果说，“得道”是从本体之道的角度来说明人与道的冥然相契，那么，“悟性”则是从人自心的角度，强调了对自心道性的证悟。但不管是“得道”还是“悟性”，在杜光庭看来，都是可以“顿悟而得”的。

杜光庭认为得道、悟性可以通过“顿悟而得”，但他并不排斥渐悟。这与他对修道者的看法有关，他曾说：“性有利钝之别，悟有渐顿之殊。顿悟者，不假于从权。渐化者，须资于善诱，乃有权实之别尔。”[②]虽然所修之道相同，但芸芸修道者的心性、智识却因禀气清浊的不同而生来有根性之别。“夫根者，谓智性之根也。人之所禀，真元道性，能生众智，如草木之根，生花结实，展转相生，故名根也。性之生智，亦如此焉。禀受之性由其气也，(气)有清浊不同，性有利钝差别。”[③]就利根者而言，杜光庭指出：“气清和者，生乃颖利，才智过人，明古达今，问一知十，此人根性既利，了悟圆通，见可而进，知难而退，见善如不及，闻恶如探汤，故能见善则迁，有过则改，明方便之法，知进趣之途，不俟权道诱之，自达真实之教矣。”[④]利根人能“不俟权道诱之”而直契真道，但钝根之人却有所不同：“钝根之人，禀气浊杂者，则生顽钝，智识不通，莫辩是非，岂知善恶，或复贪性，狠戾徇欲，

① 《太上老君说常清静经注》，《道藏》第 17 册，第 189 页。
② 《道德真经广圣义》卷二十九，《道藏》第 14 册，第 452 页。
③ 《道德真经广圣义》卷二十九，《道藏》第 14 册，第 451 页。
④ 《道德真经广圣义》卷二十九，《道藏》第 14 册，第 451 页。

恣情动陷，罪缠永乖人域。”[①]钝根之人因禀浊杂之气而生性顽钝，不知善恶而陷于贪欲之中，这是他们需要种种方便教法的诱导以渐化自悟的根本原因。

杜光庭所说的顿悟与渐化并非是说道教修行的各种教法之间有高下之分，而是针对修道者有不同的根性而言的，这种看法显然受到了佛教禅宗的影响[②]。禅宗六祖惠能在主张顿悟成佛的同时，又多次强调了法无顿渐，顿渐在机，即认为顿渐法只是因人之根机不同而立的假名施设，他说：“法无顿渐，人有利钝。迷即渐劝，悟人顿修。”[③]“本来正教，无有顿渐，人性自有利钝，迷人渐修，悟人顿契。自识本心，自见本性，即无差别，所以立顿渐之假名。”[④]杜光庭也是从人的根机来谈论“悟有渐顿之殊”的，而且他在说明“渐顿随机”的同时，也强调了“不可滞教执文”，即不可执著于种种方便权教的“学相”，他说：“以玄源澄寂，妙本杳冥，非言象可求，非无有可质，固亦讨论理绝，拟议道穷，而设教引凡，示兹阶级，然在于冥心感契，渐顿随机，不可滞教执文，拘于学相，澡心浴德之

① 《道德真经广圣义》卷二十九，《道藏》第14册，第452页。

② 宗密在《禅源诸诠集都序》中认为，顿渐可就教而言，也可就人而言。“就教有化仪之顿渐，应机之顿渐。就人有教授方便之顿渐，根性悟入之顿渐，发意修行之顿渐。”（《大正藏》第48册，第408页）他归纳了佛教诸经论及诸禅门关于顿渐的六种不同说法：“或云先因渐修功成，豁然顿悟。或云先须顿悟方可渐修。或云由顿修故渐悟。或云悟修皆渐。或云皆顿。或云法无顿渐，顿渐在机。”（《大正藏》第48册，第402页）这就展示了佛教顿渐说内涵之复杂性。

③ 杨曾文校写：《新版·敦煌新本六祖坛经》，宗教文化出版社2001年版，第19页。

④ 《六祖坛经·定慧品》，《大正藏》第48册，第353页。

士,勤乎勉哉。”[1]当然,杜光庭与惠能禅宗也有许多不同之处,例如,惠能在主张“法无顿渐,顿渐在机”的同时,更强调直了心性的顿悟,惠能曾说:“自性自悟,顿悟顿修。”[2]“前念迷即凡,后念悟即佛。”[3]“提倡在当下一念心上顿现真如本性,顿悟自性是佛,形成了南宗特有的不假修习、直了心性的简捷明快之禅风。”[4]而杜光庭则没有这种一味强调顿悟的倾向。再如,杜光庭认为人之根机的不同是因为人禀气的清浊有不同,“人之生也,气有清浊,性有智愚”[5],以禀气的清浊来说明人性的差异,体现了道教对人的生命的看法,而惠能禅宗却没有这方面的思想。

从“顿渐在机”的思想出发,杜光庭认为不同根机的人应当采用不同的修道方法。他说:“圣人设教,分权、实二门,上士利根,了通实教,中下之士,须示权门。”[6]对于高资质的利根人来说,因所禀之气本来清明,故可以顿悟道性。钝根之人因禀气浊杂,不知善恶,故需圣人示各种方便法门以善诱之。“权门变通,其法甚广,依经所判,略具四门。”[7]对此四门,杜光庭也分别作了说明:“圣人常善救物,俯念含灵,示以权门,令其自悟,故开四门权道以摄化之:第一将欲歙之,必固张之

① 《道德真经广圣义》卷七,《道藏》第14册,第345页。

② 敦煌本《坛经》第41节。

③ 敦煌本《坛经》第26节。

④ 洪修平:《禅宗思想的形成与发展》(修订版),江苏古籍出版社2000年版,第211页。

⑤ 《道德真经广圣义》卷三十二,《道藏》第14册,第473页。

⑥ 《道德真经广圣义》卷二十九,《道藏》第14册,第451页。

⑦ 《道德真经广圣义》卷二十九,《道藏》第14册,第451页。

者，摄其心也。第二将欲弱之，必固强之者，摄其性也。第三将欲废之，必固兴之者，摄其欲也。第四将欲夺之，必固兴之者，摄其贪也。夫心廉则道契，心侈则过生。”①圣人用摄心、摄性、摄欲和摄贪等“四门权道”来善诱钝根者通过修道逐渐地去浊还清，使心廉而得以与道冥契。从去欲复性的角度上来看，杜光庭所说的渐化与神秀北宗禅的“时时勤拂试”的渐修颇为相似，只是北宗禅法在着重于“息妄”渐修的同时还主张“一念净心，顿超佛地”②，即认为在渐修各种“观心”方便法门的基础上，最终可以获得顿悟，按照佛教思想家宗密的看法，这属于“渐修顿悟”。而杜光庭则认为，渐化与顿悟是依人的根机而定的，由于“顿渐在机”，故不同根机的人可采用不同的修道方法。这与神秀北宗禅又是有所不同的，同时，这与惠能南宗禅强调人人都可以顿悟也是不一样的。

对于修道的阶次，杜光庭曾借用佛教的三乘归一乘的说法而提出：“道不可闻也，必在灭智内求，灰心默契，然后听之，非耳闻之，以神得无声之声，证真道矣。一乘者，大乘之道也。道贯万法而演为三乘：初法以戒检心，以律检行，以存修静其内，以斋洁严其外；然渐进中道，习于无为，隳体黜聪，忘形绝念；而次登大乘之行，次来次灭，随念随忘，不滞有无，玄契中道。证此道者，炼凡以登仙，超俗而度世，凌倒景之上，享无穷之龄。天地有倾沦，而真道无渝坏。法音周普，拯度群生。此圣人一乘之用也。”③三乘修法各有特点，可以依次而

① 《道德真经广圣义》卷二十九，《道藏》第14册，第452页。

② 《大乘无生方便门》，《大正藏》第85册，第1273页。

③ 《道德真经广圣义》卷三十三，《道藏》第14册，第477～478页。

修,但共同点都是“灭智内求,灰心默契”,因而最终都可归于“不滞有无,玄契中道”的大乘之行,这种大乘之行是以一种重玄学的方法来破除人对有形、有限的执著,甚至还包括了对执著种种修道方式——检心、检行、斋洁、坐忘的破除,以证真道。这正表现了圣人“拯度群生”的“一乘之用”。

在谈论修道问题时,杜光庭还受佛教禅宗的影响,用“观”来展开“习道之阶”。“观”在佛教和道教的宗教修行中都具有重要的地位。如果说,在禅宗北宗禅中,“观”主要是指“观心”,所谓“观心”就是要明了“一切善恶,皆由于心”、自心起用而有净染二心的道理,要求人通过摄心而远离诸种邪恶,从而断灭诸苦,自然解脱①,那么,“观”作为唐代道教重玄学的一个重要概念,则主要是用来指以有无双遣的方法来观察、分析世界,了解诸法众生皆系非有非无,要人遣除执著,悟入重玄之境。重玄学的重要经典《本际经》就借用佛教的说法,把悟入重玄之境的方法称为“观”,并将所修之“观”分为气观和神观二种。气观为修定,神观为修慧②。“修习二观,乃悟大乘无上之道。”③以气解“观”又反映出了道教文化的特征。杜光庭在道教以气解“观”的基础上,进一步提出“以神观心”。他

① 参见洪修平:《禅宗思想的形成与发展》(修订版),江苏古籍出版社2000年,第188页。

② 《太玄真一本际经》卷六《净土品》,引自万毅著《敦煌道教文献〈本际经〉录文及解说》,载陈鼓应主编《道家文化研究》第十三辑,北京三联书店1998年版,第445页。

③ 《太玄真一本际经》卷六《净土品》,引自万毅著《敦煌道教文献〈本际经〉录文及解说》,载陈鼓应主编《道家文化研究》第十三辑,北京三联书店1998年版,第449页。

说："心处于形内，不以形观心，既使形观，则为二义。形者，舍也。心者，主也。舍不能观主，故不可观也，可使神观心。神者，气之子。气者，神之母。但心意引气，存神而观之，自然感应。"①杜光庭从心形关系入手，用"心意引气，存神而观之"来说明了"以神观心"的重要性，并据此而将"观行"作为修习之径。他说：

> 观者，所行之行也。以目所见为观(音官)，以神所鉴为观(音贯)，悉见于外，凝神于内，内照一心，外忘万象。所谓观也，为习道之阶，修真之渐，先资观行，方入妙门。夫道不可以名得，不可以形求。故以观行为修习之径。②

这里，杜光庭通过对老子"常无欲以观其妙，常有欲以观其徼"中"观"的发挥而表达了这样的思想：首先，"观"的修习本身就有"以目所见为观(音官)"和"以神所鉴为观(音贯)"的不同。前者"悉见于外"，后者则"凝神于内"。通过"凝神于内"的"观"而达到"内照一心，外忘万象"，才能"方入妙门"。其次，"习道之阶，修真之渐，先资观行"，也就是说，"道不可以名得，不可以形求"，所以在修道过程中，要先借助于"观行"来为悟道作准备，"观行"同时也就成为修道的重要路径。

为了帮助修道者更好地把握"观行"之法，杜光庭还对"一十四等观行之门"作了具体的介绍：

---

① 《太上老君说常清静经注》，《道藏》第 17 册，第 185 页。

② 《道德真经广圣义》卷六，《道藏》第 14 册，342 页。

> 正观者，因修之渐，证道之阶也。前所谓目见者，为观(音官)览之观也。神照者，观(音贯)行之观也。道以三乘之法，阶级化人，从初发心至于极道，舍凡证圣，故有一十四等观行之门。小乘初门有三观法：一曰假法观，谓对持也；二曰实法观，谓心照也；三曰遍空观，入无为也。中乘法门观行有四：一曰无常观，二曰入常观，三曰入非无常观，四曰入非常观。大乘门中观行亦四：一曰妙有观，二曰妙无观，三曰重玄观，四曰非重玄观。圣何门中复有三观：一曰真空观，二曰真洞观，三曰真无观。以此观行，修炼其心，从有入无，阶粗极妙，得妙而忘其妙，乃契于无为之门尔。无为有为，可道常道，体用双举，其理甚明。①

杜光庭认为，“从初发心至于极道，舍凡证圣，故有一十四等观行之门”，这十四种观法，并非杜光庭的发明，而是道教重玄学的道书中所提出来的②，但杜光庭将“观行”既视为“因修之渐，证道之阶”，又用它来强调修道乃是“修炼其心”，通过修心而“从有入无”，最终“契于无为之门”，表现出了杜光庭修道论的重要特色。

杜光庭从“修炼其心”的要求出发，一方面认为初修道者应当隐居山林，通过避免尘世的喧嚣，来保持心泰志定的状

---

① 《道德真经广圣义》卷七，《道藏》第14册，第344页。

② 参见任继愈主编：《中国道教史》，上海人民出版社1990年版，第260页。

态。他说："修道之士，初阶之时，愿行未周，澄炼未熟，畏见可欲，为境所牵，乃栖隐山林，以避嚣杂，及心泰志定，境不能诱，终日指挥，未始不晏如也。"①另一方面，他又认为，如果能够"澄心息虑"，就可以在日常生活中继续修道而不必再栖隐山林，他说："未能绝欲，恐境所牵，仍栖遁山林，以避所见，及其澄心息虑，想念正真，外无挠惑之缘，内保恬和之志，虽营营朝市，名利不关其心，碌碌世途，是非不介其意，混迹城市，何损于修真乎。"②如果能做到"心静"，哪怕是供职于碌碌仕途，生活于喧闹尘世，也不会有碍于修道。因此，"修心不必避俗。只要心静，在闹市也可修道。这样，杜光庭就给道教的世俗化留下了广泛的余地。"③

杜光庭无论是讲顿悟，还是讲渐化，都主张将向外求道反归于向内修心，从而将宇宙之道转化为无限神秘的生命存在。得道悟性就意味着人通过抛弃日常经验，以一种内外皆忘的心态使个体生命得到最充分、最完整的展开。这样，以道为本的宇宙世界就不再是一个单纯的静态的客体，而同时也是一个随着人的各种复杂的修炼或体验而不断展现、不断深化的生命主体。

---

① 《道德真经广圣义》卷八，《道藏》第 14 册，第 352 页。

② 《道德真经广圣义》卷八，《道藏》第 14 册，第 352 页。

③ 李申：《唐代的〈老子〉注疏》，载陈鼓应主编：《道教文化研究》第二辑，上海古籍出版社 1992 年版，第 317 页。

第八章 对天人合一神仙世界的归纳

杜光庭以天人合一思想为指导，以中国古代社会中广为流传的昆仑山和三神山等神话传说为基本素材，以佛教的宇宙构成论为借鉴，以人间社会的等级制度为参照，而将道教的神仙世界系统化、人文化。杜光庭所建构的天人合一的神仙世界包括以“三十六天”为基本结构的天界、以“洞天福地”为神仙游乐的仙境和以阴森地府为鬼神生活的地狱。杜光庭如何将“三十六天”系统化？又如何通过对道教“洞天福地”的描绘，对女仙世界的虚构，对灵化二十四治的介绍而将修道者与自己的信仰世界有机地结合起来？杜光庭所描绘的神仙世界展示了道教所理想的美好境界，同时也与唐末五代动荡的现实社会形成了一个鲜明的反照。

第一节　三十六天与极道之域

“三十六天”是道教构想的神仙所居住和活动的世界。杜光庭在《洞天福地岳渎名山记》中就从“三十六天”开始来展开对天人合一的神仙世界的介绍。“三十六天”之说并非杜光庭首倡。道教在创立之初就十分关注神仙所居的天界究竟是什么样的。道教在中国古代天界观的基础上，吸取了佛教的“三界”思想，并通过将自然之天神格化，虚构出了一个神圣的天界，以作为人修道成仙的理想之境。杜光庭在综合前人思想的基础上，将天界设想为一个立体式的多重结构，并用“三十六天”的宇宙结构将其系统化，以为人的修道成仙提供一个不断努力的目标。

如果追根溯源，出现于东晋末年灵宝派构造的《度人经》中就提出了“元始祖劫，化生诸天”①的思想和梵行四方、每方八天、合为“三十二天”的宇宙结构。《度人经》号称为元始天尊所说，又宣称元始天尊“是为大梵，天中之天”②。这种将“梵”视为最高神的思想很可能来自于印度的婆罗门教③，在婆罗门教中“梵”被视为是世界的终极原因，是宇宙万物、诸天神祇的创造主④，“梵”的引入也导致了道教神谱的变化，在道教中便出现了一个终极的自然神灵“元始天尊”。《度人经》根

① 《道藏》第1册，第3页。

② 《道藏》第1册，第3页。

③ 参见姜生、汤伟侠主编：《中国道教科学技术史》，科学出版社2002年版，第255页。

④ 参见黄心川：《印度哲学史》，商务印书馆1989年版，第55～57页。

据“梵行四方”而提出的三十二天说为道教后来出现的三十六天说奠定了基础。

从道教史上看，从三十二天说发展到三十六天说有一个变化过程。南齐道士严东在《灵宝无量度人上品妙经注》[①]中，曾从方位的角度对“三十二天”的内涵作了具体的说明，他说：

> 三十二天，位在四方，方有八天，合三十二天也。三天罗其上，大罗之上，并皆空虚，有自然五霞，其色苍黄，号曰黄天。黄天之上，其色青苍，号曰苍天。苍天之上，其处玄空，积空成青，号曰青天。凡有三十五天，各有分野，并总系元始之炁，无上之道也。[②]

严东指出，东西南北四方各有八天，共三十二天。三十二天由四方配八天而成，在它之上依次又有黄天、苍天、青天，由此而构成了“三十五天”。然而就在同一部经注中，严东又有将“三十二天”依次分为欲界六天、色界十二天、无色界十天和无色界上四天的说法[③]，这显然是受到了佛教“三界”思想的影响，

① 《灵宝无量度人上品妙经》是灵宝派的主要经典，曾有南齐严东、唐朝李少微、成玄英、薛幽栖为之作注，北宋道士陈景元将四家注编为《灵宝无量度人上品妙经四注》。陈景元在《元始无量度人上品妙经四注·序》中说：“齐之严东，首为注解，仰推梵气之旋箕，俯测丰都之泉曲，布诸方册，表里焕然，若非洞阐幽微，曷由条达宗旨，遂使向风之客，抉塞启窾，随性发明。”(《道藏》第2册，第187页)今人在比较了四家注之后，认为严注的特点是“详字词之训释”(参见任继愈主编：《道藏提要》，中国社会科学出版社1991年版，第65页)。

② 《元始无量度人上品妙经四注》卷三，《道藏》第2册，第226页。

③ 《元始无量度人上品妙经四注》卷三，《道藏》第2册，第231～234页。

但严东却是借用了佛教的词语来宣扬道教的神仙理想，他说："三界者，欲界、色界、无色界，此非至乐。若得过三界之上，乃得仙道，与劫轮转，更不生死，故得长存也。"[①]这里的"劫"与"三界"都来自于佛教，"劫"是佛教的时间单位[②]，"三界"则是佛教所设想的空间结构[③]。由此可见，道教在建立天界观的过程中吸收了佛教的思想，但对之作了改造利用。

日本学者麦谷邦夫曾将"三十二天"说与中国古典的天界说作了比较，并将其放到道教思想的发展中加以考察，他认为："中国古典的天界说虽说是含有朴素的九重天的概念，但基本是与五方帝的祭祀以及九天领域说结合起来的、与方位观念无法分开的平面式的构造说。……《度人经》仿照佛教的三界二十八天说另提出一个三十二天说。但这个三十二天说，若按齐的严东的解释来理解的话，则是一个以八天配四方的平面性的东西。""与此相反，《定志经图》却主张天为三重的多层构造[④]。为了通融这种主张，宋文明依据《庄子·逍遥篇》里的'鹏……抟扶摇羊角而上者九万里'这句话，在《灵宝

---

① 《元始无量度人上品妙经四注》卷三，《道藏》第 2 册，第 233 页。

② 劫，梵文为 Kalpa，表示极为久远的时间单位，源于印度婆罗门教，后来为佛教所沿用，但佛教对此有不同的解说。《释迦氏谱》中说："劫是何名？此云时也。若依西梵名曰劫波，此土译之名大时也，此一大时其年无数。"（《大正藏》第 50 册，第 84 页）

③ 梁代僧宝唱等集《经律异相》卷一《三界诸天》就把宇宙的空间结构划分为欲界、色界、无色界，认为众生有情均在三界中生死轮回，故"三界"为"迷界"。众生通过修行从三界中解脱出来达到"涅槃"之境就成为佛教的最高理想（参见《大正藏》第 53 册，第 1～4 页）。

④ 麦谷邦夫这里所说的《定志经图》，请参见《太上洞玄灵宝智慧定志通微经》，《道藏》第 5 册，第 889 页。

经义疏》中又提出了一个螺旋式上升的构造说。”[①]依照麦谷邦夫的看法，严东所阐释的三十二天，还是按照中国传统的观念，将天视为是一个由四方各配八天的平面式的构造，而随着道教对佛教天界说的理解和吸收，《定志经图》提出了天为三重的立体构造的看法，南朝道士宋文明则为了消弥平面说与垂直立体说之间的矛盾而借用《庄子》的思想，提出了螺旋式上升的构造说。麦谷邦夫先生的这种看法比较系统地梳理了南北朝时期道教天界说发展的大致脉络。

值得注意的是，随着北魏时种民说的盛行，道教中又开始出现了与北方四天相当的“四梵天”说，亦即“四种民天”说。至唐代时，为避李世民之讳，“四种民天”又改成“四种人天”。出现于北周时期的大型类书《无上秘要》将“三十二天”具体化为：欲界六天，色界十八天，无色界四天，种民四天[②]。《魏书·释老志》则借老君之玄孙李谱文之口明确地提出了“三十六天”说：“言二仪之间有三十六天，中有三十六宫，宫有一主。最高者无极至尊，次曰大至真尊，次天复天载阴阳真尊，次洪正真尊。”而流行于南方的上清派则把《三天正法经》、《三天内解经》以及《九天生神章经》里所说的三清境(天)加到了三十二天之上，从而形成了一个以大罗天为顶天、具有多层构造的“三十六天”说。陶弘景在《真诰》中也明确提出，在“三十二天”之上有“三清天”，分别为仙、真、圣所居之三界，再往上是无上大罗天玉京之山，为诸天最高境界。这个时期的天界说

① [日]麦谷邦夫：《南北朝隋唐初道教教义学管窥》，载《日本学者论中国哲学史》，中华书局 1986 年版，第 292 页。

② 《无上秘要》卷四《三界品》，《道藏》第 25 册，第 7 页。

主要呈立体结构，不再分东西南北四方，每一重天都由得道的神仙所统辖，并按照统辖它的神仙的神力之大小，由上而下，依次排列，形成了一种垂直的立体结构。

基于“三十二天”而来的“三十六天”说，道教对此的解说并不统一，这反映了当时的道教学者在建构神仙世界时，面对不同的文化资源，各取所需，各成一家，从而使道教的天界说呈现出了庞杂的局面。道教的“三十六天”说是在综合了多种文化因素的基础上逐步形成的。唐代上清宗师潘师正在回答唐高宗询问“天尊名号”时，曾比较系统地阐述了三十六天说，他说：“谨案灵宝诸经及三界图篆，道有三清、三界。其三清境者，则玉清、上清、太清；三界者，则欲界、色界、无色界。其下欲界有六天，其中色界有十八天，其上无色界有四天；三界之上，复有四种人天，合有三十二天。……其三清境中，各有一天，则清微天、禹余天、大赤天。此三清、三界，各有诸王帝皇真仙，品格僚属极多，非可具述。又有大罗天弥盖三清之上。合三清、大罗、三界等为三十六天。”[①]杜光庭的“三十六天”说基本上是承继了上清派的说法，但他又通过归纳综合道教其他不同的说法，不仅从理论上将其条理化，而且还表现出了他的一些独创性，这主要表现在：

第一，杜光庭强调太上老君创造了“三十六天”，不但为道教的天界信仰确立了一个神圣之源，也迎合了唐代道教认为“老君乃天地之根本”的信仰特点。杜光庭说：

> 老君乃天地之根本，万物莫不由之而生成，故立

① 《道门经法相承次序》卷上，《道藏》第24册，第787页。

> 乎不疾之途，游于无待之场，御空洞以升降，乘阴阳以陶埏，分布清浊，开辟乾坤，悬三光，育群品，天地得之以分判，日月因之以运行，四时得之以代谢，五行得之以相生。故于九万九千九百九十九亿万气之初，运玄、元、始三气而为天，上为三清三境，即始气为玉清境，元气为上清境，玄气为太清境是也。又以三清之气各生三气三境，合生九气为九天：第一，郁单无量天；第二，上上禅善无量寿天；第三，梵监须延天；第四，寂然兜术天；第五，波罗尼密不骄乐天；第六，洞元化应声天；第七，灵化梵辅天；第八，高虚清明天；第九，无想无结无爱天。此之九天，各生三气，气为一天，合二十七天。通此九天，为三十六天，则四民、三界、上极三清是其数也。[1]

杜光庭认为，太上老君运玄、元、始三气而成三清天，又以三清之气各生三气三境，合生九气为九天，九天又各生三气，则成二十七天，这二十七天与最初的九天合起来便成“三十六天”。这种老君创造“三十六天”的说法，反映了唐代道教在信仰上的特点。

第二，杜光庭又将“三十六天”的内容定为三界、四民（四种人天）、上极三清，并具体展示了它们的内涵。三界是指欲界、色界和无色界。“初下六天为欲界：第一太黄天，二太明天，三清明天，四玄胎天，五元明天，六七曜天是也。次十八天为色界：一虚无天，二太极天，三赤明天，四恭华天，五曜明

① 《道德真经广圣义》卷二，《道藏》第14册，第317页。

天，六皇笳天，七虚明天，八端靖天，九玄明天，十极瑶天，十一元载天，十二太安天，十三极风天，十四始皇天，十五太黄天，十六无思天，十七上揲阮乐天，十八无极昙誓天是也。次四天为无色界：一霄度天，二元洞天，三妙成天，四禁上天是也。此二十八天，名为三界。劫运所及，阴阳所陶，气有穷极，人有岁数，则初第一太黄皇曾天，人寿九百万岁，一天加一倍，凡二十八天，年寿之数，极于一千二百七万九千七百七十五万五千二百万岁，下至日月所交，四千四百四十四万四千四百四十四亿气，一气三千里也。此上又四天，名为四种人天：一常融天，二玉隆天，三梵度天，四贾奕天。此四天超出三界，不生不灭，无年寿之数，无沦坏之期，大劫之交，灾所不及。向下诸天诸地，随劫沦灭，劫运再开，混沌复判，则此天之人，承太上所命，下化人间，教世行法，一如此劫之初，三皇继理矣。又上三天为三清境，一曰大赤天，二曰禹余天，三曰清微天。最上曰大罗天，包罗诸天，极高无上，玄都玉京，镇于其巅，三尊所处，万圣朝轩，为极道之域，成化之根也。”[①]这里，杜光庭既借用佛教宇宙构成论中的“三界”思想，又延续了道教的气化理论，“其诸天境域分布，凡有五亿之殊，皆三十六天之气所生也”[②]，并将它们融会贯通以说明天界的层次性以及各层次的特色，以为人的修道提供一个具体的阶次。这种既有内容，又有形式的“三十六天”说对后世道教的影响甚大。

第三，杜光庭还依据传统将神仙所居的“三十六天”分为六重：上极天、三清天、种民四天、无色界四天、色界十八天、

① 《道德真经广圣义》卷二，《道藏》第 14 册，第 317～318 页。
② 《道德真经广圣义》卷二，《道藏》第 14 册，第 318 页。

欲界六天,“每天立一天帝”①,从而形成了一个以大罗天为首的天界系统:

上极天→	(36)大罗天
三清天→	(35)清微天
	(34)禹余天
	(33)大赤天
种民四天→	(32)贾奕天
	(31)梵度天
	(30)玉隆天
	(29)常融天
无色界四天→	(28)禁上天
	(27)妙成天
	(26)元洞天
	(25)霄度天
色界十八天→	(24)无极昙誓天
	(23)上揲阮乐天
	(22)无思天
	(21)太黄天
	(20)始皇天
	(19)极风天

① 《道德真经广圣义》卷二,《道藏》第14册,第318页。

(18) 太安天
(17) 元载天
(16) 极瑶天
(15) 玄明天
(14) 端靖天
(13) 虚明天
(12) 皇笳天
(11) 曜明天
(10) 恭华天
(9) 赤明天
(8) 太极天
(7) 虚无天

欲界六天→ (6) 七曜天
(5) 元明天
(4) 玄胎天
(3) 清明天
(2) 太明天
(1) 太黄天

杜光庭对“三十六天”的详解,不仅是要为道教信仰提供依据,而且还在于要用这一类似于金字塔式的空间立体结构来诠释道教天界的层次以及人修道的渐次。这就使“三十六天”说不再是一个空悬的概念,而是围绕着人的修道成仙而展开。

杜光庭认为,在“三十六天”中处于最下层的是三界二十八天。三界虽为佛教的概念,但杜光庭却以道教仙、真、圣三界的思想来加以诠释。他说:“三界者,欲界六天,以统九仙。色界十八天,以统九真。无色界四天,以统九圣。”[①]在佛教看来,三界中的有情众生皆处在“生死轮回”之中,因此,三界皆为“迷界”。只有通过修行从三界中解脱出来,达到“涅槃”之境才是最高的理想。道教则认为,三界本身就是神仙所居之境了,它同时也是去欲修仙以获得生命超越的阶梯。

杜光庭的“三十六天”说将天设想为多层次的立体结构,不仅适应了道教将得道成仙描绘为向上飞升以超越有限人生的信仰需求,而且也为道教阐述修道证果的品位与阶次的“位业义”[②]提供了理论依据。三界以“欲界”的“六天”为基点,反映了在修道的初始阶段,修道的过程主要就是去欲的过程。“凡学道,但去其欲,即名真人。”[③]处于欲界之中,若能通过修炼,去除各种欲望,便能超出欲界,登入色界。在色界,修道者已抛却了“食色”等欲望,但还没有从根本上离开物质生活,还会有种种精神烦恼。只有当修炼至清静无为时,才可臻无色界之境。在“无色界”的四重天中,已无情欲之扰,无阴阳之交,无形色之分,无心所著之境。杜光庭认为,“三界”不仅可以用天地来形容,而且还可以用人的身体来加以比喻。他说:“三界乃指天地而言,此为外约大纲之说也。若喻人身而言之,三界即三丹田也。下丹田为欲界,中丹田为色界,上丹田为无色界。人若保守于三丹田,则精气神存上中下三丹田之

① 《道德真经广圣义》卷十四,《道藏》第 14 册,第 378 页。

② 位业义,指道教修道证果的各种品位与阶次。杜光庭认为,道果之阶通常是:“世人修行,自凡而得道,自道而得仙,自仙而得真,自真而得圣,圣之极位,升为太上。”(《道德真经广圣义》卷三,《道藏》第 14 册,第 324 页)

③ 《太上老君说常清静经注》,《道藏》第 17 册,第 191 页。

境，真人游于三界也。若得三丹田，神俱足则自然升天矣。”①由此便进入四种人（民）天。只有进入了种人（民）天，才能做到不生不灭。杜光庭说：“四天名为四种人天，一常融天，二玉隆天，三梵度天，四贾奕天。此四天超出三界，不生不灭，无年寿之数，无沦坏之期，大劫之交，灾所不及。向下诸天诸地，随劫沦灭，劫运再开，混沌复判，则此天之人，承太上所命，下化人间，教世行法。”②如果更进一步，那么，“三界十方，俱无滞碍，然后升入上清，得位为天官之号也”③，由此便进入了天神所居之胜境——“三清天”。三清天之上，就是“极道之域”的上极天，亦即大罗天。大罗天为最高的一重天，是“道境极地”：“最上曰大罗天，包罗诸天，极高无上，玄都玉京，镇于其颠，三尊所处，万圣朝轩，为极道之域，成化之根也。”④杜光庭以“三十六天”为形式建构的金字塔式的天界之境，使其以道为本的自然宇宙最终成为天人合一的“神圣宇宙”，其重要的目的之一是要说明，修道就是一个“渐入仙真之阶”⑤的过程，同时也为修道者树立信心与终极理想：“心灵则道降，道降则神灵，神灵则圣也。神明既圣，即可升也。升者，登也，升登于上界。上界者，则三界之上，三清之境，大罗天也。人能保精养气，爱神调和于元气，填补于脑，烹炼神水，变化精神，神气若全，即得上升三界，朝礼太上高尊。”⑥

① 《太上老君说常清静经注》，《道藏》第 17 册，第 191 页。
② 《道德真经广圣义》卷二，《道藏》第 14 册，第 318 页。
③ 《太上老君说常清静经注》，《道藏》第 17 册，第 191 页。
④ 《道德真经广圣义》卷二，《道藏》第 14 册，第 318 页。
⑤ 《太上老君说常清静经注》，《道藏》第 17 册，第 192 页。
⑥ 《太上老君说常清静经注》，《道藏》第 17 册，第 193 页。

值得注意的是，杜光庭曾用师徒关系来定位三清神之间的关系，他说："天尊为五亿天之主，亿万圣之君，亦生亿劫之前，为道气之根本也。所以道君为老君之师，天尊为道君之师。二圣既立，乃曰：老者，处长之称；君者，君宗之号。以老君天上天下，历化无穷，先亿劫而化生，后亿劫而长存。天天宗奉，帝帝师承，故赐以太上老君之号。三圣相师，乃垂教尊卑之本矣。"[①]这里，杜光庭继承前人的说法，将元始天尊视为道气之根本，奉为师祖，将大道君视为道气之祖，为师父，老君则为大道之身，为弟子。将三清神编造成这样的一个排列次序，一方面是为了更好地说明三清尊神的三位一体，另一方面也反映了道教的天界位次受到了儒家尊卑观念的影响。杜光庭对"三十六天"的系统阐释，对其后道教的神仙世界说影响很大。

第二节　洞天福地与岳渎名山

杜光庭将飘逸着哲学意蕴的宇宙论落实到为道教的信仰服务上，还表现在他对道教洞天福地等的描述中。杜光庭在《洞天福地岳渎名山记》中第一次系统地介绍了道教仙境——"洞天福地岳渎名山"在地理空间上的分布和变化，从一个侧面揭示了"洞天福地岳渎名山"是道教所构想的神仙所居住的名山胜境，它既是道教所宣扬的"通天之境"，也是道教所理想的仙境在人间的生动体现。本节主要以杜光庭的《洞天福地岳渎名山记》为例，从宗教地理学的视域来探讨"洞天福地岳

① 《道德真经广圣义》卷二，《道藏》第 14 册，第 317 页。

渎名山”的主要内容、地理空间上的分布、与道教信仰之间的关系，及其在道教传播发展中所独具的地理文化魅力。

杜光庭整理出道教令人眼花缭乱的仙境，是希望给中国自古以来就有的各种神仙说提供现实的基础和活动的舞台，并以此来增强道教特殊的神仙信仰的魅力。世界各国的宗教都崇神，唯独中国道教才拜仙。仙——《庄子·天地》中说：“千岁厌世，去而上仙，乘彼白云，至于帝乡。”许慎的《说文解字》则将“仙”释为“长生仙去”。可见，仙是中国古人运用浪漫主义的方法所塑造出的一种自由自在、生命长存的形象，其基本含义就是“不死”、“飞升”，它特别表达了有限之人对生命永恒的向往。仙虽然能够乘云驾雾，遨游天地，来去自由，但它是人通过修炼而能成就，仙境乃是人间之境的理想化。而大山给人的感觉是高耸入云，直接与天相连，于是，古人就将仙与山联系起来，将名山视为仙居之所，同时也将山视为登仙之地。许慎在诠释“仙”字时说：“仚（仙），人在山上，从人从山。”[1]《释名·释长幼》在追溯“仙”字的本义时也说：“老而不死曰仙。仙，迁也，迁入山也。故其制字，人旁作山也。”可见，在中国古人的心目中，要想得道成仙就应该静心修炼，要做到静心，除了依赖信念和主观努力之外，还需要有良好的外部环境，于是，缈远幽深的大山就成为人们理想的主要修炼之地。魏晋南北朝时期，随着神仙道教的流播，“凡为道合药，及避乱隐居者，莫不入山。”[2]葛洪认为，修道就要隐入深山，在幽深僻远、人迹罕至之处，澄心静修，采天地之精华，烧炼丹药

① ［汉］许慎：《说文解字》，中华书局1963年版，第167页。
② 王明：《抱朴子内篇校释》，中华书局1985年版，第299页。

服食之，这就使原先具有的自然崇拜意味的岳渎名山逐渐成为道士传授道书、炼制丹药的胜地。人们最终期望能够由高耸入云的山上飘然飞升而仙，名岳大山也成为神仙居住的美妙胜境。

从严格意义上说，神与仙是两个具有不同含义的观念，仙是由人后天修炼而成，神却是先天地而生，是宇宙世界的创造者和主宰者，如《说文解字》云："神，天神引出万物者，从示，申声。"①但自秦汉以来，"神仙"一词就往往被用来泛指长生不死、修炼得道者，如《汉书·艺文志》所说："神仙者，所以保生命之真而游求于外者。"

早在道教创立之前，中国社会上就流传着种种神仙居于天上、海上和名山大川的神话传说，并构画出无比美妙的仙境。例如：《山海经》中提到的"不死之民"、"不死之国"；《庄子》中对乘云气，御飞龙，不食五谷，吸风饮露，超然独立的藐姑射神人的描绘；司马迁《史记》中所描绘的蓬莱、方丈、瀛洲"三神山"的传说、所记载的一些皇帝的求仙活动；汉代刘向《列仙传》中介绍的几十位神采各异的神仙；托名东方朔集的《十洲记》②记载的有关"三岛十洲"的传说，等等，这些都为后来杜光庭撰写《洞天福地岳渎名山记》提供了重要的素材。

杜光庭从道教信仰出发，对"洞天福地岳渎名山"的形成及特征作了系统而生动的说明。他认为，自天地开辟、江河山岳出现以来，大地上就有了神仙居住的"灵宫秘府，玉宇金台"："乾坤既辟，清浊肇分，融为江河，结为山岳。或上配辰宿，或下

① ［汉］许慎：《说文解字》，中华书局1963年版，第8页。
② 《道藏》第11册，第51页。

藏洞天,皆大圣上真主宰其事,则有灵宫秘府,玉宇金台。或结气所成,凝云虚构。或瑶池翠沼,流注于四隅。或珠树琼林,扶踈于其上,神凤飞虬之所产,天驎泽马之所栖。或日驭所经,或星躔所属,舍藏风雨,蕴畜云雷,为天地之关枢,为阴阳之机轴。乍标华于海上,或迥踈于天中,或弱水之所萦,或洪涛之所隔,或日景所不照,人迹所不及,皆真经秘册,叙而载焉。"[①]宇宙万物都是由"道"化生出来的,道教的仙境也是由道化气动而生成的。杜光庭引经据典地将神仙居住之地分为几类:"太史公云:大荒之内,名山五千,其间五岳作镇,十山为佐。又《龟山玉经》云:大天之内,有洞天三十六,别有日月星辰灵仙宫阙,主御罪福,典录死生,有高真所居,仙王所理。又有海外五岳,三岛十洲,三十六靖庐,七十二福地,二十四化,四镇诸山。"[②]在杜光庭看来,天上仙山、海上仙岛、地上名山、洞天福地皆由道气所化,高真所居,仙王所理,但由于所禀道气清浊之不同而呈现出差别性,它们上下有别,纵横交织,相互感通,共同构成了多姿多彩的神仙世界。《洞天福地岳渎名山记》中有许多宗教性的幻想,但如果拨开其神秘面纱,仍然依稀可见杜光庭依据道教宇宙观而对中华大地上的岳渎名山的地理形势、物产资源、道教

---

① 《道藏》第 11 册,第 55 页。

② 《十洲记》一卷,原题为东方朔集,一名《海内十洲记》、《十洲三岛记》,载《道藏》第 11 册,第 51～55 页,为神仙家的著作,其主要内容是东方朔因汉武帝的要求为其描绘十洲三岛的方位物产、神仙世界、神仙人物和仙丹妙药,而将地理博物和神仙传说融为一体。由于该书的十洲说和上元夫人的故事为《汉武帝内传》所引,有人推测它的成书比要《汉武帝内传》早,大约是东汉晚期的作品。但《四库提要》则认为此书为六朝人所依托(参见《道藏提要》,中国社会科学出版社 1991 年版,第 430 页)。

人物、以及道教宫观地理分布的介绍。

杜光庭的《洞天福地岳渎名山记》基本上是依照岳渎众山、中国五岳、十大洞天、五镇海渎、三十六靖庐、三十六洞天、七十二福地、灵化二十四的顺序来展开介绍的。这八个部分大致又可以分成三类：岳渎名山、洞天福地和灵化靖庐。如果说岳渎名山和洞天福地是道教将自然山水描绘为仙境的话，那么灵化、靖庐则是道教将其活动的场所仙境化。本节先来看杜光庭所说的岳渎名山和洞天福地，灵化靖庐则放在下节再做介绍。

杜光庭的《洞天福地岳渎名山记》记载的岳渎名山包括了岳渎众山、中国五岳和五镇海渎。

1. 岳渎众山

在岳渎众山中，包括了以玄都玉京山为中心的天上仙山、以中岳昆仑山为中心的五岳十山和位于昆仑之四方、巨海之中的十洲三岛。

(1) 天上仙山：玄都玉京山在大罗之中，玉清之上；元京山、峨嵋山在玉京之前；广霞山在玉京之右；红映山、紫空山在玉京之左；五间山在玉京之后。三秀山在玉京之前；金华山、寒童灵山、秀华山在玉京之右；三宝山、飞霞山在玉京之后；浮绝空山在太清之中。杜光庭注曰："在玉清之上，大罗之下，诸山周绕玉京玄都之山以为辅翼也。"杜光庭认为，"三境之山，皆真气所化，上有宫阙，大圣所游之处，下应人身十三宫府事。"[1]从这种亦真亦幻的描述中可见，以玄都玉京山为首的诸山实际上是道教所幻想的天上仙山，它们与人身十三宫府相应，这就从天人合一的角度为道教的升仙说提供了一个神圣之境。

---

① 《道藏》第11册，第56页。

(2) 五岳十山。五岳：东岳广桑山在东海中，青帝所都；南岳长离山在南海中，赤帝所都；西岳丽农山在西海中，白帝所都；北岳广野山在北海中，黑帝所都；中岳昆仑山在九海中，千辰星为天地心。十山：方壶山在北海中去岸三十万里；扶桑山在东海中，地方万里，日之所出；蓬莱山在东海中，高一千里；连石山在东南辰巳之地海中；沃焦山在东海中，百川注之而不盈；方丈山在大海中，高四十九万七千丈；钟山在北海中弱水之北，万九千里；员峤山在大海中，上干日月；岱舆山在巨海之中；丰都山在九垒之下，一云在癸地鬼神之司。[①] 这里的"五岳十山"大概是道教为了与天上的仙山相配合而作的一种虚构。虽然"五岳十山"都是依据道教的理想而设计的天下仙山，但其中所反映出的一些具有历史参考价值的信息还是值得重视的。

例如，这里的五岳十山都位于大海之中，唯独丰都山是个例外，这里面其实就透露出了道教对人死后世界的一些看法。本来，道教以得道成仙为理想，不太考虑人死后的世界，更没有人死后再生的想法，但后来受佛教的影响，道教也开始出现了种种关于人死后世界的描述，一开始提到的主要是泰山和赤城山，后来又提到了丰都。东晋葛洪的《抱朴子内篇·对俗》中就有罗酆的说法[②]。南朝陶弘景在《真诰》中则将罗酆山描绘为位于北方癸地的一座死者相聚的山，称之为罗丰者、丰都、北丰等，从而将治鬼之所从东岳泰山搬到了"丰都"。后来道教又将"北方罗酆山"附会为四川的丰都山，称之为"阴曹地府"、"鬼国

---

① 《道藏》第11册，第56页。

② "先鬼有知，将蒙我荣，……膳可以咀茹华琼，势可以总摄罗酆。"（王明：《抱朴子内篇校释》，中华书局1985年版，第52页）

都城”。杜光庭在这里记载说“丰都山在九垒之下，一云在癸地鬼神之司”，明确地将丰都山视为是由鬼神主司的地狱。对于这一鬼府地狱，杜光庭在《道教灵验记》卷十四《刘图佩箓灵验》中还曾进一步做了具体的说明。他说：“罗丰山在北方癸地，高二千六百里，周迴地万里，洞天周迴万万里，中有六宫，是为六天鬼神之宫也。每宫周迴一千里，人死皆于中过，随缘受罪。又此山上下及中各有八狱，凡二十四狱，及太山下有五府地狱，诸山河海亦皆有之，狱中各有令丞掾吏阴阳水火考官。诸受罪之人，备经三途五苦讫，或擿蒙山石，以副太山，或汲西津水置于东海，或生三恶道，或生四夷中，或生下贱，或婴六疾，皆偿前生之罪也。”杜光庭认为，凡是死者都要到丰都山接受对自己生前善恶行为的赏罚。“夫善者升天堂，恶者入地狱，方履三途五苦八难，后生下贱畜生之类，边夷之国，圣人愍之，为说罪对矣。”这就将道教的拯救目标由生扩展到死，由修道者扩大到了一般民众。杜光庭还特别指出，无知之人，乃谓道家唯尚清虚而无报应、地狱之说，于是就怠慢修道，甚至作恶多端。因此，老君才展示出一幅地狱图，“欲令一切咸改恶修善焉。”[①]据李远国先生在《丰都宗教文化与圣迹的调查报告》一文中考证，“五代道教大师杜光庭，亦曾修真丰都。留有《石函记》及诗，诗云：往发真人朝玉皇，四真三代住繁阳。初开九鼎丹华熟，继摄五云天路长。烟锁翠岚迷旧隐，池凝寒镜贮秋光。时来白鹿崖前后，应许潜通不死乡。”[②]杜光庭将丰都山称之为“不死乡”，以示

① 参见《道教灵验记》卷十四，《道藏》第10册，第851页。

② 载傅飞岚、林富士主编：《遗迹崇拜与圣者崇拜》，台湾允晨丛刊1999年版，第365页。

通过修道可以起死回生。据记载，杜光庭还在丰都山搜集到了《太上洞玄灵宝素灵真符》三卷①，其中收有道符 750 多个，主要用于治疗各种疾病，杜光庭特别为该经作《序》，使之保留了下来。丰都山在唐代时虽然主要还是道教的仙山福地，但杜光庭在这里已经明确地把它说成是由鬼神所司之地，这一看法显然是值得重视的。

(3) 十洲三岛。关于十洲三岛，杜光庭实际列出了十一洲一岛：玄洲在北海中，地方七千里；瀛洲在东海，一名青丘；穆洲在东海中，地方五百里；祖洲在东海中，地方万里，出不死草；元洲在大海中，地方三千里；长洲在巨海中，地方五千里；流洲在西海中，地方三千里；凤麟洲在西海中，出绩紘胶；聚窟洲在西海中，地方万里，出反魂香；炎洲在南海中，地方二千里；生洲在西海中，地方二千五百里。沧海岛在大海中，高五万里。杜光庭曾对此注曰："十洲三岛，五岳诸山，皆在昆仑之四方，巨海之中，神仙所居，五帝所理，非世人之所到也。"②但值得注意的是，杜光庭这里说"十洲三岛"，但列出的却是"十一洲一岛"。如果将他所列出的"十一洲"与托名东方朔所作的《十洲记》作一比较，就可见多了一个"穆洲"。至于"三岛"，早在司马迁的《史记·封禅书》中就记载了齐威王等"使人入海求蓬莱、方丈、瀛洲"的求仙活动。"三岛"的地理位置大概是在今天的东海中。《十洲记》则将昆仑、方丈、蓬丘称为

① 《太上洞玄灵宝素灵真符》三卷，前有杜光庭的《序》。《序》中说："余天复丙寅岁请经于平都山，复得其本，编入三洞藏中，冀将来同好共知济物之志焉。"(《道藏》第 6 册，第 343 页)

② 《道藏》第 11 册，第 56 页。

"三岛",并将神仙传说与地理博物志融合为一。而杜光庭虽然提到了"三岛",却只记了"沧海岛",因而后来宋代张君房编《云笈七签》时,还是采用了《十洲记》的说法。

2. 中国五岳

杜光庭从弘扬道教信仰出发,对"中国五岳"的地理位置及周边环境也做了详细的记载:"东岳泰山(今山东省),岳神天齐王领仙官玉女九万人,山周迴二千里,在兖州奉符县,罗浮山、括苍山为佐命,蒙山、东山为佐理。南岳衡山(今湖南省),岳神司天王领仙官玉女三万人,山周迴二千里,以霍山、潜山为储副,天台山、句曲山为佐理。中岳嵩高山(今河南省),岳神中天王领仙官玉女一十二万人,为五土之主,周迴一千里,洛州告成县少室山,东京武当山为佐命,太和山、陆浑山同佐理。西岳华山(今陕西省),岳神金天王领仙官玉女七万人,山周迴二千里,在华州华阴县,地肺山、女几山为佐命,西城山、青城山、峨眉山、嶓冢戎山、西玄具山同佐理。北岳恒山(今山西省),岳神安天王领仙官玉女五万人,山周迴二千里,在镇州河逢山、抱犊山为佐命,玄陇山、崆峒山、洛阳山为佐理。"[①]这里,通过对"中国五岳"的介绍,使道教仙境在人间的五岳落实下来,从而具有了实际可考的地理位置。

中国的五岳在神仙信仰中一向受到特别的重视。早在道教产生之前,大约在"公元前1世纪,五岳被确认为神仙的住处。五岳被指定为神仙往来的有代表性的名山灵地。"[②]道教创立以后,东晋的葛洪就在《抱朴子内篇》中提到了五岳地形

① 《洞天福地岳渎名山记》,《道藏》第11册,第56页。

② [日]福井康顺等监修:《道教》第一卷,上海古籍出版社1990年版,第134页。

图——《五岳真形图》[①]。《五岳真形图》包括了泰山、嵩山、华山、衡山、恒山真形图各一组，此图乃是仿照山水曲折参差之状而绘制成的，其中采用等高线的画法所制作的泰山图，被英国学者李约瑟认为其“所用勾画山形的方法完全不逊于近代所用的方法”[②]。虽然“道教学者所创的等高线地形图因过早降临人世而夭折，他们在使用‘计里画方’上所取得的成就则影响深远。”[③]今天的《道藏》中有题为东方朔撰的《洞玄灵宝五岳古本真形图》[④]，以二种图形叙述了“五岳四山”之真形，一是依“五岳四山”的山水之象而写，没有文字说明，二是用小字专门注明入山口、地名、山高、仙药所在之处，具有非常珍贵的地理学价值。但由于道士们从信仰出发，将等高线神化为可以起到类似于神灵保佑的作用[⑤]，因此，等高线后来衍化为

① 葛洪说：“上士入山，持《三皇内文》及《五岳真形图》，所在召山神，及按鬼箓，召州社及山卿宅尉问之，则木石之怪，山川之精，不敢来试人。”（王明：《抱朴子内篇校释》，中华书局，1985 年版，第 300 页）

② ［英］李约瑟：《中国科学技术史》第五卷《地学》第一分册，科学出版社 1976 年版，第 129 页。

③ 贺圣迪：《遍游山川说舆地——道教地学思想简述》，载陈鼓应主编《道家文化研究》第七辑，上海古籍出版社 1995 年版，第 144 页。

④ 载《道藏》第 6 册，第 735～743 页。

⑤ 英国学者李约瑟在解释《汉武帝内传》中所说的西王母将《五岳真形图》出示给汉武帝的故事时说：“由于使用了罗盘和矩尺，所以江河及其上游都进行过测量，山岳的轮廓也用盘曲的曲线勾画出来。山脉的走向往往突然倒转，而小丘的走向则是忽前忽后。山的高度和山坡的斜度是用迴旋弯曲的线条来表现的，看上去真象书写的字。这样，山的书写名称就是根据它的自然形状来确定的，而山岳的真形则隐秘在这些符号中。山形的图表都秘密地存放在玄台里，但是它们一旦被取出来，仙人们就可以用它们来作为护符和辟邪的东西。道士们依靠它们，可以安全地越过所有的大山和江河。”（《中国科学技术史》第五卷《地学》第一分册，科学出版社 1976 年版，第 192 页）

笔划弯曲的符篆而逐渐失去了其在地理学上的特殊价值。杜光庭对“五岳”的介绍，虽然是继承前人的说法而来，但他一方面对中国五岳的所在地与周边环境作了简要的介绍，并以五岳为中心而将中国名山连成一体；另一方面，他还特别注曰：“十大洞天、五岳，皆高真上仙主统，以福天下，以统众神也。”①认为五岳皆由高真上仙主统，故为道教“以福天下”的胜地，从而突出了五岳在道教胜地中的地位。

3. 五镇海渎

杜光庭所记载的“五镇海渎”指的是：“东镇沂山东安王，在沂州；南镇会稽山永兴公，在越州；中镇霍山应圣公，在晋州；西镇吴山成德公，在陇州；北镇医巫闾山广宁公，在营州。东海广德王，在莱州界；南海广利王，在广州界；西海广润王，在同州界；北海广泽王，在洛州界。江渎东广源王，在益州立春祭；淮渎南长源王，在唐州立夏祭；河渎西灵源王，在同州立秋祭；济渎北清源王，在洛州立冬祭；汉渎汉源王，在梁州。”杜光庭还特别注明“五镇海渎”于唐“天宝十年(751年)封”②。

在详细记载岳渎名山的同时，杜光庭还依据道教传统的十大洞天、三十六洞天和七十二福地的说法，对道教“洞天福地”的分布与地理位置等做了细致的介绍。

其实，早在杜光庭之前，道教中就已经有许多以“洞天福地”来描绘神仙所居之地的说法。“洞”有“通”的意思，古人曾用“洞”来表示仙人喜好山居，以为山洞可以通达上天，故“洞天”也就有了“通天”之意。“汉晋修道者对洞穴的重视，正是

① 《洞天福地岳渎名山记》，《道藏》第11册，第57页。

② 《道藏》第11册，第57页。

基于人们相信洞穴具有使人通于天地，‘反其所生’，回归到‘太一’的功能。同时，还与地母崇拜及灵魂不死成仙信仰密切相关。”[①]后来，道教所描绘的神仙往往就居住或活动在风景秀丽的岳渎名山的洞府之中。“福地”则意谓得福之地。此地有真人主宰，修道者居此可受福祉，修成地仙。岳渎名山虽然有着优美的自然环境，但它成为道教的“洞天福地”，则还有赖于道教徒的开发。

南朝陶弘景在《真诰》卷十一中就提出了“洞天”的概念，认为“大天之内，有地中之洞天三十六所，其第八是句曲山之洞”[②]，并对茅山句曲洞天作了细致的描绘。道教在其发展中，逐渐将人间仙境具体描绘为“十大洞天”、“三十六小洞天”和“七十二福地”，并据此而在所谓的“洞天福地”建立了众多的宗教活动场所。唐代著名的上清派道士司马承祯在《洞天福地·天地宫府图》[③]中曾详细记录了十大洞天、三十六小洞天、七十二福地的具体名称和地理位置。法国学者傅飞岚先生曾认为，洞天的概念起源于茅山上清派有关人身之中有一小宇宙的观念，对洞天的存思成为上清派内化观念的一部分，这种内化观念起初以上清派的存思为特征，最终产生了以人体为炉灶炼精气神的“内丹”及内察于身心的“内观”等修身之道[④]。他还认为，“道教宇宙论中的洞天理论的确是在唐代司

① 姜生、汤伟侠主编：《中国道教科学技术史》，科学出版社2002年版，第751页。

② 《道藏》第20册，第555页。

③ 《云笈七签》卷二十七，《道藏》第22册。

④ [法]傅飞岚：《超越的内在性：道教仪式与宇宙论中的洞天》，载《法国汉学》第二辑，北京清华大学出版社1997年版，第59页。

马承祯及杜光庭的手中才完全系统化。"[①]而杜光庭的独到之处还在于，他从天地人一体同源的视域出发，参照"三十六天"的天界观，不仅将前人有关"洞天福地"的传说系统化，而且还通过对地理特征的细致描绘来凸显"洞天福地"独到的超越性，以为道教神仙信仰提供一种地理上的说明。正如当代宗教学家伊利亚德（Mircea Eliade）在《神圣与世俗》中所说："宗教徒总是相信有一个绝对的、神圣的东西，它超越这个尘世而存在，但是它又在这个尘世中表征着自己。"[②]杜光庭认为，"洞天福地"处于大地名山之间，既是上天派遣群仙在人间建立的统辖之地，也是道士们隐居修炼而能够通玄达妙的地方，他通过对人间仙境地理特征的描绘而将人、仙两界更紧密地联系了起来。他曾在《录异记》卷六中以"洞"为题对长安富平县东西女学洞、繁阳山麻姑洞、开州倚盛山洞、绵州昌明县豆圌山洞、青城鬼城山洞、陵州焰阳洞等的地理特征作了生动而细致的描述。每一洞虽然都是仙灵之境，但各有不同凡响的绝妙之处。例如，"长安富平县北定陵后通关乡入谷二十余里，有二洞：一名东女学；一名西女学。其东女学崖壁悬绝，洞门在崖面，跻攀不及，夜往往闻读书之声。其西女学约山有路，可到洞门。近门有一石室，可容一二十人，其洞门时有人秉烛可入，行一二十里，两面有五门，皆各有题记，或通蓬莱及诸仙境。"[③]而开州倚盛山洞则是另一番景象："洞门自开，当

---

① ［法］傅飞岚：《超越的内在性：道教仪式与宇宙论中的洞天》，载《法国汉学》第二辑，北京清华大学出版社 1997 年版，第 58 页。

② 参见孙亦平主编：《西方宗教学名著提要》，江西人民出版社 2002 年版，第 473 页。

③ 《录异记》卷六，《道藏》第 10 册，第 873 页。

门有石钟，自然成形，如数千斤钟大，悬身去地二尺许，外像钟而中实，扣之无声。门两壁有石如金刚力士之形者数人，钟傍有小径高六尺已来，行二三丈稍阔，有石碑巨龟负之，自然而成，但无文字而已。……”[①]为了增加洞天的神秘性，杜光庭在《神仙感遇传》中不仅多次对“洞”进行了具体的描述，而且还借仙人之口说：“名山大川，皆有洞穴，不知名字，不可辄入访，须得《洞庭记》、《岳渎经》，审其所属，定其名字，的其里数，必是神仙所居，与经记相合，然后可游耳。不然，有风雷洞、鬼神洞、地狱洞、龙蛇洞，误入其中，害及性命，求益反损，深可戒也。”[②]杜光庭从道教信仰的角度，给自然山水、岳渎名山抹上了浓厚的仙化色彩，使它们超越了原有的纯粹自然地理的属性而具有了超自然的特色，从而为道教的“洞天福地”增添了神妙性。

1. 十大洞天

“洞天”作为人们的修炼之地和通天之径，既神奇又壮丽，给人神圣感和神秘感，因而被奉为由神仙所统辖的修道胜地。杜光庭记载的“十大洞天”主要有：

第一王屋洞小有清虚天，周迴万里，王褒所理，在洛州王屋县。

第二委羽洞大有虚明天，周迴万里，司马季主所理，在武州。

第三西城洞太玄总真天，周迴三千里，王方平所理，在蜀州。

① 《录异记》卷六，《道藏》第10册，第874页。

② 《神仙感遇传》卷五，《道藏》第10册，第903页。

> 第四西玄洞三玄极真天，广二千里，裴君所理，在金州。
>
> 第五青城洞宝仙九室天，广二千里，宁真君所理，在蜀州青城县。
>
> 第六赤城洞上玉清平天，广八百里，王君所理，在台州唐兴县。
>
> 第七罗浮洞朱明曜真天，广一千里，葛洪所理，在博罗县，属修州。
>
> 第八句曲洞金坛华阳天，广百五十里，茅君所理，在润州句容县。
>
> 第九林屋洞左神幽墟天，广四百里，龙威丈人所理，在苏州吴县。
>
> 第十括苍洞成德隐真天，广三百里，平仲节所理，在台州乐安县。①

如果将杜光庭所记载的“十大洞天”与司马承祯的《天地宫府图》相比较，就可见他们所记载的“十大洞天”的地理位置基本相同，但杜光庭的记载更为详细，例如，第三西城洞天，司马承祯说：“未详在所，《登真隐诀》云疑终南太一山。”②而杜光庭则明确指出是“在蜀州”。杜光庭不仅记载了“十大洞天”地理位置，而且还说明了其大致面积。这就为我们今天了解古代道教胜地的地理详情提供了重要的依据。

---

① 《洞天福地岳渎名山记》，《道藏》第11册，第56～57页。

② 参见北宋张君房编撰的大型道教类书《云笈七签》卷二十七，载《道藏》第22册。

2. 三十六洞天

“三十六洞天”也称“三十六小洞天”。杜光庭从“地中有三十六洞天，亦与上天相应”的思想出发，提出太上老君不仅运道化气创造了“三十六天”，而且还相应地在人间创造了“三十六洞天”。他说：老君“既分诸天，既以三十六天滓阴之气，下为三十六地，每天立一天帝，每地立一地皇，七十二君同禀命于老君矣。其诸天境域分布，凡有五亿之殊，皆三十六天之气所生也。地中有三十六洞天，亦与上天相应，日月分精，玄照其间，则天文地理，六甲五行，阴阳变化，皆老君运玄妙之机，生之成之，行之化之矣。”①杜光庭所记载的处于诸名山之中的“三十六洞天”有：

1. 霍童山霍林洞天，三千里，在福州长溪县；
2. 太山蓬玄洞天，一千里，在兖州乾封县；
3. 衡山朱陵洞天，七百里，在衡州衡山县；
4. 华山总真洞天，三百里，在西岳；
5. 常山总玄洞天，一百里，在北岳；
6. 嵩山司真洞天，三千里，在中岳；
7. 峨嵋山虚陵太妙洞天，三百里，在嘉州峨嵋县；
8. 庐山洞虚詠真洞天，三百里，在江州浔阳县，九天使者；
9. 四明山丹山赤水洞天，一百八十里，在越州余姚县，刘樊得道；

① 《道德真经广圣义》卷二，《道藏》第14册，第318页。

10. 会稽山极玄阳明洞天，三百里，在越州会稽县，夏禹探书；

11. 方白山德玄洞天，五百里，在京兆周至县，太上所现坛；

12. 西山天宝极玄洞天，三百里，在洪州南昌县，洪崖所居；

13. 大圜山好生上元洞天，三百里，在潭州醴陵县，傅天师所居石室仙坛；

14. 潜山天柱司玄洞天，一千三百里，在舒州桐城县，九天司命；

15. 武夷山升真化玄洞天，百二十里，在建州建阳县，毛竹武夷君；

16. 鬼谷山贵玄思真洞天，七十里，在信州贵溪县；

17. 华盖山容城太玉洞天，四千里，在温州永嘉县；

18. 玉笥山太秀法乐洞天，百二十里，在吉州新淦县；

19. 盖竹山长耀宝光洞天，八十里，在台州黄岩县，葛仙公所居；

20. 都峤山太上宝玄洞天，八十里，在容州；

21. 白石山秀乐长真洞天，七十里，在容州北源；

22. 句漏山玉阙宝圭洞天，三十里，在容州；

23. 九疑山湘真太虚洞天，三十里，在道州延唐县；

24. 洞阳山洞阳隐观洞天，百五十里，在潭州长沙县；

25. 幕阜山玄真太元洞天，二百里，在鄂州唐军县，吴猛上升处；

26. 大酉山大酉华妙洞天，一百里，在辰州界；

27. 金庭山金庭崇妙洞天，三百里，在越州剡县，褚伯玉、沈休文居之；

28. 麻姑山丹霞洞天，一百五十里，在抚州南城县，麻姑上升；

29. 仙都山仙都祈仙洞天，三百里，在处州缙云县，黄帝上升；

30. 青田山青田大鹤洞天，四十里，在处州青田县，叶天师居之；

31. 天柱山大涤玄盖洞天，一百里，在杭州余杭县天柱观；

32. 钟山朱湖太生洞天，一百里，在润州上元县；

33. 良常山良常方会洞天，三十里，在茅山东北，中茅君所居；

34. 桃源山白马玄光洞天，七十里，在朗州武陵县；

35. 金华山金华洞元洞天，五十里，在婺州金华县，有皇初平赤松观；

36. 紫盖山紫玄洞盟洞天，八十里，在韶州曲江县。[1]

---

① 《道藏》第11册，第57～58页。

杜光庭既记载了“三十六洞天”的地名和面积，也记载了其所在的地理位置及仙人事迹。如果将他的记载与司马承祯的《天地宫符图·三十六小洞天》相比照，就可见两者既有许多相同之处，但又在排列顺序上并不完全一致，有些地名也存在着有一些微小的差别。例如：

杜光庭所记	司马承祯所记
11.“方白山”	“太白山”
13.“大圜山”	“小沩山”
14.“桐城县”	“怀宁县”
21.“在容州北源”	“在郁林州南海之南也，又云和州含光县”
23.“湘真”	“朝真”
25.“唐军县”	“唐年县”
36.“紫盖山”在“韶州曲江县”	“在荆州常阳县”

以上的差别反映了杜光庭在对司马承祯借鉴的同时，很可能还有他自己的一些资料来源和看法。

3. 七十二福地

杜光庭所说的“七十二福地”是处于大地名山之间，由上帝命真人治理的“福寿之地”，与洞天相比，其所包含的内容要更广泛一些，在《洞天福地岳渎名山记》中，既记载了山洞、泉水、溪流等自然景观，也记载了丹井、法坛、宫观及升仙地等道教景观。杜光庭详细记载的“七十二福地”的名称与地点具有很珍贵的资料价值：

1. 地肺山，在茅山，有紫阳观，乃许长史宅；2. 石磕源，在台州黄岩县峤岭；3. 东仙源，在温州白溪；4. 南田，在处州青田；5. 玉瑠山，在温州海中；6. 青屿山，在东海口；7. 崆峒山，在夏州，黄帝所到；8. 郁木坑，在吉州玉笥山玉梁观，乃萧子云宅；9. 武当山，在均州七十一洞；10. 君山，在岳州青草湖中；11. 桂源，在连州抱福山，廖先生宅；12. 灵墟，在台州天台山，司马天师居处；13. 沃州，在越州剡县；14. 天姥岭，在台州天台南，刘阮迷路处；15. 若耶溪，在越州南樵风径；16. 巫山，在夔州大仙坛；17. 清远山，在婺州浦阳县；18. 安山，在交州，安期先生居处；19. 马岭，在郴州，苏耽上升处；20，鹅羊山，在长沙县，许君斩蜃处；21. 洞真坛，在长沙南岳祝融峰；22. 洞宫，在长沙北；23. 玉清坛，在长沙北；24. 洞灵源，在衡州南岳招仙观上峰；25. 陶山，在温州安固县，贞白先生修药处；26. 烂柯山，在衢州信安县；27. 龙虎山，在信州贵溪县，天师宅；28. 勒溪，在建州建阳县；29. 灵应山，在饶州北，施真人宅；30. 白水源，在龙州；31. 金精山，在虔州虔化县，张女真修道处；32. 阁皂山，在吉州新淦县，天师行化；33. 始丰山，在洪州丰城县；34，逍遥山，在洪州连西山，许真君修道处；35. 东白源，在洪州新吴县，钟真人宅；36. 钵池，在楚州北，王真人修道处；37. 论山，在丹徒县；38. 毛公坛，在苏州洞庭湖中，包山七十二坛，刘根先生修道处；39. 九华山，在池州青阳县，宝真人上升处；40. 桐柏山，在唐州桐柏县淮水上源；41. 平都山，在忠州丰都县，阴君上升处；42. 绿萝山，在常德武陵北；43. 章观山，在澧州澧阳县;44. 抱犊山,在潞州上党,庄周所居;45. 大面山,在蜀州青城山,罗真人所居;46. 虎溪,在湖州安吉县,方真人修道处;47. 元晨山,在江州都昌县;48. 马迹山,在舒州,王先生修洞渊法处;49. 德山,在朗州武陵县,善卷先生居,古名枉山;50. 鸡笼山,在和州历阳县;51. 王峰,在蓝田县;52. 商谷,在商州上洛县,四皓所隐处;53. 阳羡山,在常州义兴县张公洞;54. 长白山,在兖州;55. 中條山,在河中永乐县,侯真人上升(处);56. 霍山,在寿州;57. 云山,在朗州武陵县;58. 四明山,在梨州,魏道微上升处;59. 缑氏山,在洛州缑氏县,子晋上升处;60. 临邛山, 在邛州临邛县白鹤山,相如所居;61. 少室山,在河南府连中岳;62. 翠微山,在西安府终南太一观;63 大隐山,在明州慈溪县天宝观;64. 白鹿山,在杭州天柱山,吴天师所隐;65. 大若岩,在温州永嘉县,贞白先生修《真诰》处;66. 嵊山,在莱州崂嵊山,仙公会真处;67. 西白山,在越州剡县,赵广信上升处;68 天印山,在昇州上元县洞玄观,仙公行化处;69. 金城山,在云中郡;70. 三皇井,在温州仙岩山;71. 沃壤,在海州东海县,二踈修道处。

杜光庭虽标为“七十二福地”,但实际上却只记了“七十一福地”。如果再将它与司马承祯的《天地宫府图·七十二福地》相比较,就可见两者之间也存在着一些差异,这一方面表现在七十二福地的排列顺序有所不同,另一方面也表现在具体的内容上有一些差异,例如名称与地点都不相同的就有二十多处，名称相同而地点不同的又有十多处，而名称不同地点相同的大约也有十多处。“由此推知，道教关于洞天福地的具体说法，可能不只是一种，至少司马承祯集的《天地宫府图》是一种，杜光庭编的《洞天福地岳渎名山记》又是一种。因此，《洞天福地岳渎名山记》不完全来源于《天地宫府图》，有其特殊的史料价值。”①从“洞天福地”的名称和地点的歧义可以推知，道教的传播地域和地理分布十分广泛，人们对它的记载各有不同的侧重，这些都是我们了解道教的传播与发展的重要资料。

处于大地名山之中的“洞天福地”既是道教信仰的一种表达，也是道教地理学的重要内容，当道教在将天下实存的名山洞穴称之为与天上仙境相对应的人间仙境——“洞天福地”时，这些“洞天福地”在客观上就成为道教信仰的具体表现和道教流播的地域分布图。随着西方宗教学的产生与发展，用地理学的方法来研究宗教信仰与地域空间的相互关系逐渐成为一门专门的学科——宗教地理学。“宗教地理学一方面要利用普通地理学的方法来描绘世界各种宗教的地域分布图，展示各地区宗教信徒的密度；另一方面则必须对宗教加以‘历史地理学’的探讨，以便揭示宗教在不同历史时期中在世界地域空间上的分布和变化，地貌特色在宗教中的反映与折射，总结不同宗教在传播中的地域走向、发展趋势和规律。”②虽然

① 卿希泰主编：《中国道教史》第 2 卷，四川人民出版社 1996 年版，第 455～456 页。

② 卓新平：《西方宗教学研究导引》，中国社会科学出版社 1990 年版，第 128 页。

宗教地理学出现在现代西方社会，但在中国古代道教中就曾用“洞天福地”的观念比较成功地阐释了地理环境对宗教信仰和宗教传播的深刻影响。例如，杜光庭所记载的洞天福地可分为高山、海岛、山洞、水府、园林等类型，虽然它们的地理环境不同，但都处于地理条件比较优越的生态环境之中，是人间胜境。法国学者安娜·塞德尔曾对道教“洞天福地”进行地理学意义的考察，她说：“宗教地理学对于中世纪的道士来说是一个熟悉的主题，因为道教的洞天福地遍布整个中国。沙畹（法国著名的道教研究专家）曾描述过这些‘三十六洞天’和‘七十二福地’（1919 年）。道教的风景胜地（山、洞、河、井、园）是嵌入在一个同建筑（房、窑、坟、宫观）和人体相对应的奇特的系统中的。这个相对应的系统构成了所有宗教仪式和巫术的基础；通过操纵这个系统中某一个真实的东西，道教中的高手就能够达到或影响另一个王国中相对应的东西。”[①]人类的生活不可能脱离具体的地理环境，自古以来人们对文化的建构也离不开他赖以生存的自然环境。杜光庭的《洞天福地岳渎名山记》就是“一部比较全面而又简要的道教神学地理集”[②]，它从一个侧面再现了地理环境和地貌气候对道教构建其理想仙境的深刻影响。

---

① ［法］安娜·塞德尔：《西方道教研究史》，上海古籍出版社 2000 年版，第 39～40 页。

② 卿希泰主编：《中国道教史》第二卷，四川人民出版社 1996 年版，第 465 页。

第三节 灵化二十四与三十六靖庐

杜光庭在《洞天福地岳渎名山记》中，还专门介绍了“灵化二十四”[1]和“三十六靖庐”。灵化之“化”，亦即“治”，原指早期道教祭神传教、管理道民的场所，“治”最初是以师宅为中心而形成的，“凡男女师皆立治所，贵贱拜敬，进止依科。”[2]“治”也称“靖”、“庐”、“静室”等，据说是禀太上老君之意而立，其主要的功能在于领化民户，劝恶为善。“老君曰：……吾本授二十四治，上应二十八宿，下应阴阳二十四气，授精进祭酒，化领户民。道陵演出道法，初在蜀土一州之教，板署男女道官，因山川土地郡县，按吾治官靖庐亭宅，与吾共同领化民户，劝恶为善。”[3]相传，张道陵在创立五斗米道时，就曾托太上老君降授之名，在巴蜀地区置二十四治和三十六靖庐：“太上……授天师正一盟威之道，禁戒科律，检示万民逆顺祸福功过，令知好恶。置二十四治，三十六靖庐，内外道士二千四百人。”[4]杜光庭之所以称“灵化”二十四，而不用二十四“治”，可能是遵循了唐代避高宗李治之讳的做法。杜光庭是将灵化二十四与三十六靖庐作为道教仙地来加以介绍的。

---

① 值得注意的是，《宋史》卷二〇五道家附释氏神仙类著录有“杜光庭《二十四化诗》一卷，《二十四化图》一卷。”已佚，从书名推测可能是关于二十四化的诗歌与图画。

② 《正一法文太上外箓仪》，《道藏》第32册，第206页。

③ 《老君音诵戒经》，《道藏》第18册，第216页。

④ 《陆先生道门科略》，《道藏》第24册，第779页。

1. 灵化二十四

起初，张天师立“二十四治”乃是为了“下则镇于人心，上乃参于星宿。所立屋宇，各有典仪。”①后来的“治”，既是道民至诚祈祷神灵之所在，也是五斗米道汇聚信众，开展宗教活动的场所，故在“二十四治”内，“置男女官祭酒，统领三天正法，化民受户，以五斗米为信”②。宗教是一种社会化的观念体系和行为体系，它需要借助于一定的组织形式来推动。“二十四治”的建立对推动五斗米道在巴蜀地区的传播起到了重要的作用。二十四治后为与二十八宿相对应而增为二十八治。“立二十四治，增置四治，以应二十八宿。正气下通，以六十甲子生人分属各治，每治立仙官、阴官及祭酒之曹。”③后来张鲁在汉中地区传播五斗米道时，自号“师君”，称初入道者为“鬼卒”，道官为“祭酒”，“各领部众，为治头大祭酒”④。大祭酒既是治所的道官，也是一个地方政权的行政官吏，承担着领导宗教活动和管理道民的职责。“天师立治置职，犹阳官郡县城府，治理民物，奉道者皆编户著籍，各有所属。以正月七日，七月七日，十月五日，一年三会，民各投集本治，师当改治簿藉，落死上生，隐实口数，正定名薄，三宣五令，令民知法。其日天官地神咸会师治，对校文书，师民皆当清静肃然。”⑤这种以天师、祭酒统领治所、管理道民的形式为张鲁在汉中建立政教合一的政权提供了组织上的保证。

---

① 《要修科仪戒律钞》卷十，《道藏》第 6 册，第 966 页。

② 《三天内解经》卷上，《道藏》第 28 册，第 414 页。

③ 《汉天师世家》卷二，《道藏》第 34 册，第 821 页。

④ 《三国志》卷八《张鲁传》注引《典略》。

⑤ 《陆先生道六科略》，《道藏》第 24 册，第 780 页。

张鲁投降曹操之后，天师道徒四处流散，其宗教组织与活动方式也随着道徒的迁徙而传到各地。南北朝时期，保留了蜀地道教传统的天师道组织处于群龙无首、科律废弛、人心涣散的状态，而一些道官利用治所进行聚财活动也成为道教进一步发展的障碍。正是这些问题，引发了道教内部的改革。在北方地区，寇谦之以“宣吾新科，清整道教，除去三张伪法”①，吸取儒家礼教来改革传统的天师道，强调“从今以后，诸州郡男女有佩职箓者，尽各诣师改宅治气。按今新科，但还宿官，称治为职号。……其蜀土宅治之号，勿复承用。”②至此，北方天师道才逐渐去掉“蜀土宅治”的旧传统。而南方道教的道团多隐于山林之中进行宗教活动，并在修道处建立起了富有特色的道馆。陆修静在改革南方道教时，曾作《陆先生道门科略》对“二十四治”进行了历史考察和现实改革，并建立起了道馆制度，不仅使南方道教组织逐渐走向规范化，而且也为道教的宗教活动提供了比较稳定的场所。

唐代时，道教得到了帝王的支持下而在全国广建宫观。原有的“治”也改成了宫观。“二十四治的名谓，日益成为历史的遗迹，而在天师道传法、署职上，仍保持其一定的影响。”③唐末五代时，政局动荡，战乱四起，也影响到道教的稳定与发展。杜光庭在《洞天福地岳渎名山记》中，不仅考察了道教的“洞天福地”，而且特别通过记载“灵化二十四”和“三十六靖庐”以期弘扬道教建治传教的传统。

---

① 《魏书》卷一一四《释老志》。

② 《老君音诵戒经》，《道藏》第 18 册，第 217 页。

③ 卿希泰主编：《中国道教史》第二卷，第 457 页。

杜光庭所记载的“灵化二十四”是：

阳平化，五行金，节寒露，上应角宿，甲子、甲寅、甲戌人属。上化彭州九陇县界四十里。下化新都界四里。翟仙业、张衡白日上升。

鹿堂化，五行木，节霜降，上应亢宿，戊午、乙卯、戊申人属。汉州绵竹西北二十里。永寿二年老君天师誓万神于此，天真皇人所居处。

鹤鸣化，五行金，节立冬，上应氐房心宿，庚辰、壬辰人属。邛州大邑县西北去县三十里余，老君授天师箓处，徐孝道、何丹阳、马成子上升。

漓沅化，五行土，节小雪，上应尾宿，丙辰、戊辰人属。彭州九陇县西北七十里。老君授范蠡真人白日上升。

葛璝化，五行火，节大雪，上应箕宿，己卯、丁卯、辛卯、癸卯人属。彭州九陇县西北六十里。上清真人所居，杨先贤、蒲高远、葛永璝上升。本名上清化。

庚除化，五行水，节冬至，上应斗宿，丙寅、庚子、壬戌人属。汉州绵竹县东三十里。应天上庚除府也，张力子于此白日上升。

秦中化，五行水，节小寒，上应牛宿，戊寅、庚寅、壬寅人属。汉州德阳县北二十里。皇人授韩众天文金书于此上升。

真多化，五行金，节大寒，上应女宿，乙丑、丁丑人属。汉州金堂县西北二十五里。老君天师道会之所，王方平、李真多上升。一名上真化。

昌利化，五行土，节立春，上应虚宿，己酉、己丑人属。汉州金堂县东二十里。李八伯二度炼丹来往，八伯于此上升。

隶上化，五行水，节雨水，上应危宿，辛丑、癸丑人属。汉州德阳县北五十里。李子元、卫叔卿于此上升。

涌泉化，五行木，节惊蛰，上应室、壁宿，丙子、癸亥人属。汉州德阳县西北七十里。老君授马明生玄真录上升于此。

稠梗化，五行水，节春分，上应奎缩，壬子、壬午人属。蜀州新津县南十里。黄帝炼丹于此，山上有天池石碑丹灶存焉。

北平化，五行金，节清明，上应娄宿、乙亥、己亥人属。眉州彭山县西北二十五里。一名财此山。列圣高仙所游，王子乔上升之所。

本竹化，五行木，节谷雨，上应胃宿，乙巳、辛巳、辛亥人属。蜀州新津县西北二十五里。黄帝所游，郭声子上升于此。有扫坛竹，因此为名。

蒙秦化，五行火，节立夏，上应昴宿，甲戌、丙戌人属。崔州台登县一十五里。伊尹、赵龟、赵升、赵王子上升于此。

平盖化，五行土，节小满，上应毕宿，丁巳、己巳、癸巳人属。蜀州新津县北三十里。山有王人长一丈三尺，出则天下太平。仙人崔孝通于此上升。

云台化，五行火，节芒种，上应觜参宿，丙午、庚午、庚戌人属。阆州苍溪县东南三十五里。天师永寿二年(156)九月九日上升。

浕口化,五行火,节夏至,上应井宿,乙酉、丁酉人属。兴元府西县五里。陈安世、褒氏女二人上升。

后城化 五行土,节小暑,上应鬼宿,辛酉、癸酉人属。汉州什邡县西北六十五里。天师授夏子然守一之道,白日上升。

公慕化,五行金,节大暑,上应柳宿,甲申、壬申、庚申人属。汉州竹邡县西北五十里。天师授苏子玉琼文紫字白日升天。

平岗化,五行水,节立秋,上应星宿,戊戌、丁亥人属。蜀州新津县西南四里。一名灵泉化。李阿、翟君上升于此。

主薄化,五行金,节处暑,上应张宿,乙未,已未、癸未人属。邛州蒲江县东北三十里。一名秋长化。主薄王兴女仙、杨正见上升之所。

玉局化,五行水,节白露,上应翼宿,丁未、辛未人属。成都府南一里。一名玉女化。老君、天君永寿元年(155)降此,地涌玉局,因以为名。

北邙化,五行土,节秋分,上应轸宿,戊子、甲午人属。东都城北。务成子、帛和、王子晋、吕恭、吕文起于此升天,龙朔二年(662)老君见。①

杜光庭在"灵化二十四"中记载了天师道各治的名称、所属州郡及地望,所属五行、所配节令、上应星宿、天干人属、神仙灵迹、物产

① 《洞天福地岳渎名山记》,《道藏》第11册,第59~60页。

资源等，堪称一部简要的体现了天人合一思想的道教宫观志。

从杜光庭的记载来看，“灵化二十四”主要分布在今天四川的西北和陕南一带的依山傍水、林木郁葱的形胜之地，由此也反映出道教的发源地与早期道教的活动区域大多有着丰富的物产[①]、便利的交通和优美的自然环境。如果我们再将杜光庭的《灵化二十四》与南朝的《陆先生道门科略》和《三天内解经》，北周时期的道教类书《无上秘要》卷二十三、《三洞珠囊》卷七等书中对“二十四治”的介绍相比较，就可见，杜光庭的“灵化二十四”虽是对道教传统的沿袭，但也具有一些独特之处，主要表现为：

第一，杜光庭在记录“灵化二十四”时，虽然详细记载了治所的名称、所属的五行、节令、上应的星宿、地点以及仙迹传说，其名称和地点与前人的记载都大致相同，并且也将由张道陵及其子孙担任“功都”(即首领)的阳平化作为二十四化之首，但他并没有依照传统的说法，将“二十四化”分为上八治、中八治、下八治“三品”，也没有记录三张时立有备治、配治和游治的说法。据《无上秘要》卷二十三引《正一炁治图》的记载，五斗米道在初创时，根据以人配天的思想，依天有二十四节令而设立了二十四治，并分为上八、中八和下八三类：“太上汉安二年(143)正月七日日中时下二十四治，上八中八下八，应天二十四气，合二十八宿，付天师张道陵奉行布化。”[②]太上所下的“二十四治”具体分为“上治”：阳

---

① 据王纯五先生考证，二十四治处大多有盐井。(王纯五：《天师道二十四治考》，四川大学出版社1996年版，第32页)据史籍记载，张道陵能识水脉，知“咸泉”，带人打盐井以利于民生。杜光庭在《道教灵验记》卷八《陵州天师井验》中就说：“天师初以兹地荒梗，无人安居，山川亦贫，不可耕植，化盐井以救穷民，民聚居井傍，户口日众。”(《道藏》第10册，第828页)

② 《无上秘要》卷二十三引录《正一气治品》，《道藏》第25册，第64页。

平、鹿堂、鹤鸣、漓沅、葛贵、庚除、秦中、真多；“中治”：昌利、隶上、涌泉、稠更、北平、本竹、蒙秦、平盖；“下治”：云台、尽口、后城、公慕、平冈、主薄、玉局、北邙。同时，《无上秘要》中又记载说，张道陵时就增加了“在洪阳郡界”中的四个备治（刚互、白石、具山、钟茂），张衡时又立有“八品配治”（漓沅、利里、平公、公慕、天台、濑乡、搏领、代元），以及张鲁时再立的“八品游治”（峨眉、青城、太华、黄金、慈母、河逢、平都、吉阳）。[1] 但根据今人的研究，二十四化分为上中下三品的观念，以及“配治”、“游治”等说法，不太可能出现在三张时代，当是后人的说法，但这些说法也不会晚于南朝陆修静时，因为陆修静的《道门科略》就已经提到了这一等级序列[2]。杜光庭在记载“灵化二十四”时没有采用以上这些说法，表明他对前人的“二十四化”的各种记载是有自己的取舍和见解的。

第二，在地上之“治”（化）与天上之“宿”如何对应上，杜光庭的说法也与传统道教的一些记载有所不同。关于“治”与“宿”的对应，各种道书的记载并不完全相同，例如上引的《无上秘要》中说，张道陵立二十四治，对应的是二十四节气，若再加上四个备治，则对应天上的二十八星宿。而《太上三五正一盟威箓》中则说，二十八治中有四个治各对应天上的两宿，即：鹤鸣治上应室、壁宿，昌利治应觜、参宿，云台治应角、亢宿，公慕治应心、尾宿，其余的二十治则分别各对应天上的一宿。但杜光庭则记为，“灵化二十四”中的鹤鸣化上应氐、房、心三宿，涌泉化上应室、壁二宿，云台化上应觜、参二宿，这样，鹤鸣化、

① 《道藏》第25册，第65页。

② 参见卿希泰主编：《中国道教史》第一卷，四川人民出版社1988年版，第175页。

涌泉化、云台化这三个化就上应了天上的七个宿，余下的二十一化自然就是一化应一宿了。用星宿来附会道教的传教地，体现了道教的天人合一及主阴的思想倾向。

值得注意的是，杜光庭在记述“治”(化)与“宿”的对应时，还对“以六十甲子生人分属各治”[①]的思想有具体的说明，如他记述说：阳平化“上应角宿，甲子、甲寅、甲戌生人所属”，意谓出生于甲子、甲寅、甲戌的人，上应角宿，下属阳平化。以此类推，每个人根据自己出生的干支年岁，其本命就上属于某个星宿，下属于某个“治”(化)。这种上应星宿，下属治化的说法，是从天人感应、天人合一的角度来增强人们对道教的敬畏感和皈依道教信仰的神圣感。杜光庭的这方面记载是现存唯一的有关六十甲子生人分属于各治的资料，具有很珍贵的史料价值[②]。

第三，杜光庭的“灵化二十四”在依传统的说法将“化”与五行及二十四节气相配时，将二十四化与五行相配为六金、四木、六水、三火、五土，其中除了“五土”与《三洞珠囊》的说法相同外，其余的都与道教的其他记载不相同；同时，他在将“灵化二十四”与二十四节气相搭配时，也并不像传统的那样，按照中国人“一年之际在于春”的习惯，往往将“立春”作为一年的开始，例如《太上三五正一盟威箓》就以“立春”为首与治相配，而杜光庭则是以“寒露”为首以配阳平化，顺序而下，最后以秋分配北邙化，这种冬始秋末的顺序是否是为了强调道教的主阴思想，尚有待于进一步研究。

---

① 《汉天师世家》卷二，《道藏》第 34 册，第 821 页。

② 参见卿希泰主编：《中国道教史》第二卷，四川人民出版社 1996 年版，第 463 页。

杜光庭出于对道教得道成仙的信仰，在“灵化二十四”中还记录了各化中神仙飞升的灵迹，显示出“化”之所以“灵”乃是因为与神仙相关。例如，阳平化为“翟仙业、张衡白日上升”；漓沅化为“老君授范蠡真人白日上升”；玉局化在“成都府南一里，一名玉女化，老君、天君永寿元年(155)降此，地涌玉局，因以为名”。杜光庭还进一步将“化”描绘为由仙王、仙官、仙民共同组成的神仙世界，他在《仙传拾遗》中说：“二十四化，各有一大洞，或方千里，五百里，三百里，其中皆有日月飞精，谓之伏晨(神)之根，下照洞中，与世间无异，其中皆有仙王仙官，卿相辅佐，如世之职司。有得道之人，及积功迁神返生之士，皆居其中，以为民庶。每年三元大节，诸天各有上真，下游洞天，以观其所为善恶。人世生死兴废，水旱风雨，预关于洞焉，龙神祠庙，血食之司，皆为洞府所统。”①“灵化二十四”成为美好的人间仙境。“唐代出现这种二十四化为神仙住地之说，反映了二十四治作为早期道教活动场所与组织实体，转向神话传说的历史变化。”②

2. 三十六靖庐

关于道教的“三十六靖庐”，虽然《陆先生道门科略》和《汉天师世家》都认为其为张道陵所定，但陈国符先生在《道藏源流考》中却认为“三十六靖庐说，渊源待考”③。也有学者认为，三十六靖庐“大概为南北朝时期所定”④。杜光庭在《洞天

① 《仙传拾遗》，载《太平广记》卷三十七《阳平谪仙》。

② 卿希泰主编：《中国道教史》第二卷，四川人民出版社 1996 年版，第 464 页。

③ 陈国符：《南北朝天师道考长编》，载《道藏源流考》下册，中华书局 1963 年版，第 337 页。

④ 卿希泰主编：《中国道教史》第二卷，四川人民出版社 1996 年版，第 451 页。

福地岳渎名山记》中对“三十六靖庐”的名称与地点作了比较具体的介绍,这是目前所能见到的有关“三十六靖庐”的最详细资料,为我们进一步了解唐五代以前道教活动的地理分布提供了重要参考。杜光庭的记载是:

绵竹庐,在汉州绵竹县栖林山;
紫盖庐,在荆州当阳县;
泸水庐,在泸州安乐山;
丹陵庐,在洪州西山钟君宅;
守玄庐,在终南山尹喜宅;
灵净庐,在亳州太清宫;
送仙庐,在岳州墨山孔升观;
契静庐,在郑州圃田列子宅;
凌虚庐,在南岳中宫;
凤凰庐,在襄州凤林山;
子真庐,在洪州西山梅福坛;
玄性庐,在抚州南城县魏夫人坛;
契玄庐,在袁州吴平观;
启元庐,在虢州桃林古关,今陕州灵宝县;
出谷庐,在庐山青牛谷;
君平庐,在汉州绵竹县君平宅;
斗山庐,在兴元城固县唐公昉宅;
光天庐,在南岳;
腾空庐,在洪州游帷观;
昭德庐,在庐山;
寻玄庐,在江西吴猛观;

得一庐，在润州鹿迹观；
启灵庐，在泰州启灵山；
宗华庐，在洪州宗华观彭君宅；
朝真庐，在京兆会昌昭应山；
黄堂庐，在江西洪州；
迎真庐，在洪州；
招隐庐，在江西洪州；
紫虚庐，在南岳魏夫人坛；
启圣庐，在岐州天兴县；
启灵宫，本名天柱庐；
凤台庐，在京兆周至县萧史宅；
东华庐，在衢州龙山县东华观；
祈仙庐，在洪州黄真君宅；
元阳庐，在苏州常熟县张道裕宅；
东蒙庐，在徐州蒙山；
贞阳庐，在洪州曾真君宅。①

以上“三十六靖庐”大多数曾经是道教所崇拜的得道成仙者的活动地，如“紫虚庐，在南岳魏夫人坛”，“贞阳庐，在洪州曾真君宅”，其所具有的浓厚的神仙色彩，大概就是杜光庭将之与岳渎名山、洞天福地合在一起加以介绍的重要原因。

从杜光庭的上述介绍中也可见，“三十六靖庐”的地理分布与早期道教的“二十四治”是有所不同的。如果说，早期道教的“二十四治”主要在蜀地，那么，“三十六靖庐”则

① 《道藏》第 11 册，第 57 页。

已散布于今天的四川、江西、陕西、江苏、湖南、湖北、浙江、河南等地区，其中在江西的就有十四个，超过了总数的三分之一，这是否反映出了天师道在南北朝以后传播迅速，其传教点已遍布全国，而活动重心则转移到了江西呢？

唐代以来，随着道教的发展和宗教场所的广建，传统的“治”和“靖庐”大多改称宫或观，“二十四治”和“三十六靖庐”的称呼逐渐成为历史，但杜光庭在《洞天福地岳渎名山记》中将“灵化二十四”、“三十六靖庐”与飘渺仙灵的岳渎名山和洞天福地相并列，将曾经实际存在过道教活动场所强调为神仙住地的做法对道教发展的影响却是继续存在着。

第四节 昆仑墉城的女仙世界

道教从阴阳和合的思想出发，倡导男女在修道成仙面前的平等，从而吸引了众多的女性，与此相应，在宗教信仰上也形成了其特有的女仙崇拜。“从东汉以后，女性崇拜的传统主要是在道教中得到继承和发展的。首先，道教对女性崇拜的继承就表现在它不仅以秦汉之际女神崇拜和女仙崇拜的融合为起点，而且把原来社会上具有一定影响的女性神仙基本上搜罗并置于自己的体系中。”①中国道教史上现存的最早的一部女仙传记，就是杜光庭撰集的《墉城集仙录》。杜光庭在此书的《序》中说：“此书记古今女子得道成仙者事迹，取材于

① 詹石窗：《道教与女性》，上海古籍出版社 1990 年版，第 28 页。

仙传道经”。在杜光庭众多的著作中,《墉城集仙录》六卷[①]因专门记载了古今历史上三十七位女子成仙(因“湘江二妃”内含二人,故实有三十八人)的事迹,而特别富有浪漫色彩和仙灵意蕴。杜光庭所记载的这些女仙或出于民间神话传说,或出于史料记载,或由道教人物演化而来,但他纂集众说,合为一家,以神话传说中西王母在昆仑山上的仙宫——墉城[②]为名而建构了一个美妙的世界作为女仙的归宿,并表示古今女仙皆归西王母所统辖,同时,他依据道教的理念而将女仙的事迹汇集起来,也为道教营构了一个色彩斑斓的女仙谱系。

“男子得道,位极于真君。女子得道,位极于元君。”[③]在道教中,女仙一直是神仙体系中的重要部分,男性的高仙称为“真人”,女仙的高仙则称为“元君”。“元君的称呼,是道教对于女性神明的尊称,故圣母元君、金母元君之称显示至唐时,道教对

① 关于该书的卷数,历代有不同的看法。宋代张君房编的《云笈七签》收录了此书,但所记载的女仙从数量到仙名都与《墉城集仙录》有异。故《四库提要》认为,“疑君房所录为原本,而此本为后人杂摭他书砌合而成编。”《云笈七签》卷一一四所收录的杜光庭为该书所作的《叙》中说:“此传以金母为主,元君次之,凡十卷矣。”据此可知,该书原应为十卷。《通志·艺文略》中也明确地说:“《墉城集仙录》十卷,杜光庭集古今女子成仙者百九人。”由此推论,现存的六卷本《墉城集仙录》可能为原书的节录本或残本。另有《云笈七签》本三卷,所录女仙有二十七人。北宋的《太平广记》收录此书所载女仙二十六人。以上诸本皆非全本,内容互有异同。

② 据《汉武帝内传》记载:“至四月戊辰,(汉武)帝夜闲居承华殿,东方朔、董仲舒侍,忽见一女子着青衣,美丽非常。帝愕然问之,女对曰:‘我墉宫玉女王子登也,向为王母所使,从昆仑山来。’”(《道藏》第5册,第47页)

③ 《云笈七签》卷一一四,《道藏》第22册,第792页。

于仙界体系已具有完备的说法。”[①]在民间传说与道教史上，影响最大的“元君”一般认为是西王母，俗称“王母娘娘”，《墉城集仙录》中尊称为“金母元君”。但值得注意的是，受唐代道教尊奉老子的影响，《墉城集仙录》不仅将老子的母亲神化为“圣母元君”而置于众女仙之首，而且还说老子为西王母说《常清静经》[②]，从而将老子置于西王母之师的地位，迎合了唐代社会崇老的风尚。

在《墉城集仙录》开首的《圣母元君传》中，就特别指出了圣母元君非同寻常的来源和作为老君之母的尊贵身份：“圣母元君者，乃洞阴玄和之气凝化成人，亦号玄妙玉女，为上帝之师。”接下来又说：“老君乘日精，驾九龙，氤氲渐小，如九色弹丸，自天而下，托孕于元君之胎。”圣母无婚而孕，这与基督教的圣母玛利亚藉圣灵而孕何其相似。元君怀孕八十一年后，“因攀李树而生诞于左胁”。“元君以其生而白首，故号老子”。“老君既生，能行九步，步生莲花，以乘其足。”“左手指天，右手指地，言曰：天上天下，唯我独尊，世间之苦，何足乐闻。”[③]这些记载又都与佛教对释迦牟尼出生的神化如出一辙。《墉城集仙录》通过对老子之母“圣母元君”的塑造，既赋予了老子创生天地、叱咤风云的英雄形象，又将“圣母元君”奉为比老子还要至尊的最高神，“元君之位，至尊至大，统制天地，调和阴阳，役使风雨，进退五星，斟酌寒暑，秉握乾坤，三界众仙，皆仰隶焉。人之生死，世之盛衰，咸由之矣。所以为老君之圣母者，示天地万物必有

① 李丰楙：《西王母五女传说的形成及其演变》，载《东方宗教研究》1987年，第1期。

② “周昭王二十五年，岁在乙卯，老君与真人尹喜游观八弦之外，西游龟台，为西王母说《常清静经》。”（《墉城集仙录》卷一，《道藏》第18册，第168页）

③ 《墉城集仙录》卷一，《道藏》第18册，第165页。

禀生之由，师资之本尔。”[①]同时，杜光庭还以“元君曰……”的方式，借圣母元君之口来宣扬道教的基本教义。杜光庭将圣母元君置于女仙传记之首的做法，是唐代社会推崇老子、风行女仙崇拜的生动反映，但《墉城集仙录》所营构的女仙谱系实际上仍然是以西王母为核心而展开的。

西王母，民间称之为“王母娘娘”，《墉城集仙录》则称其为“金母元君”，她既是中国神话的主角之一，千百年来中国社会广泛流传的“嫦娥奔月”、“牛郎织女”、“蟠桃献寿”等脍炙人口、妇孺皆知的神话传说都与王母娘娘有关，同时她又被道教奉为具有消灾致福能力的女性神仙。杜光庭依照道教传统，将西王母与东王公相对应来加以介绍，从性别的角度来展示“金母元君”这一女性神仙的特质。杜光庭说：“西王母乃西华之至妙，洞阴之极尊，在昔道气凝寂，湛体无为，将欲启迪玄功，生化万物，先以东华至真之气化而生木公焉。木公生于碧海之上，苍灵之墟，以生阳和之气，理于东方，亦号曰王公焉。又以西华至妙之气化而生金母焉。金母生于神洲伊川，厥姓缑氏，生而飞翔，以主阴灵之气，理于西方，亦号王母。”就其本源而言，东王公与西王母都是由道气凝寂而成，故有着难以分割的共性[②]。但由于道气之阳化生出东王公，道气之阴化生

① 《墉城集仙录》卷一，《道藏》第18册，第167～168页。

② 这种说法并非杜光庭的创造。李丰楙先生就认为，“有关东王公、西王母的联为一体，源诸汉人的旧说；至于六朝，笔记小说承续其说，而道书更予以道教化。最具代表性的是梁时编成的《元始上真众仙记》将元始天王、太元圣母作为天地开辟、阴阳和合的象征，为宇宙构成的原始；接下来就安排扶桑大帝东王公、太真西王母，为始阳之气，分治东方、西方。”（《西王母五女传说的形成及其演变》，载《东方宗教研究》，1987年第1期）

出西王母，因此，在两者出现之际，性别上就有了对立。这种对立同时又使两者共同成为宇宙中辩证统一的创造力量。西王母“于西方渺莽之中，分大道醇精之气，结气成形，与东王木公共理二气而养育天地，陶钧万物矣。”①杜光庭认为，西王母“体柔顺之本，为极阴之元位配西方”，故成为阴性势力的代表，女性神仙的班首，“母养群品，天上天下，三界十方，女子之登仙得道者，咸所隶焉。”②

现存的《墉城集仙录》共分六卷，记载了古今历史上三十七位女传记。

卷一：圣母元君、金母元君

卷二：上元夫人、照灵李夫人、三元冯夫人、南极王夫人

卷三：云华夫人、太微玄清左夫人、东华上房灵妃、紫微王夫人

卷四：太真夫人、麻姑

卷五：云林右英王夫人、婴母、钩弋夫人、湘江二妃、洛川宓妃、阳都女、杜兰香

卷六：盱母、九天玄女、孙夫人、蚕女、弄玉、园客妻、昌容、汉中酒妇、女几、河间玉女、采女、太阳女、太阴女、太玄女、樊夫人、东陵圣母、西河少女

如果细究杜光庭《墉城集仙录》所列女仙的次序，可见其形成了不同特色的“女仙群”。首先是昆仑系女仙：上元夫人、九天玄女、南极王夫人、云林右英王夫人、云华夫人、紫微王夫人、太真夫人等。其中有西王母的五个女儿：如南极王

① 《墉城集仙录》卷一，《道藏》第18册，第168页。
② 《墉城集仙录》卷一，《道藏》第18册，第168页。

夫人，名林，字容真，是西王母的第四女；云林右英王夫人，名媚兰，为西王母的第十三女；紫微王夫人，名清娥，字愈音，为西王母的第二十女；云华夫人，名瑶姬，为西王母的第二十三女；太真夫人，名婉罗，为西王母的小女等。由此可见西王母的女儿至少有二十多个。其次是道教上清派所崇奉的女仙：照灵李夫人、三元冯夫人、太微玄清左夫人、东华上房灵妃、婴母等。“西王母之广收女儿是祠庙信仰的相关传说，而上清经系道书也在这风尚之下逐渐结构，并完成其组织化的诸女谱系。”①杜光庭的《墉城集仙录》中收录了众多的上清派所崇奉的女仙就是其具体表现。最后则是采自一些民间传说和神仙传记中的女仙：麻姑、钩弋夫人、湘江二妃、洛川宓妃、阳都女、杜兰香、盱母、孙夫人、蚕女、彭女、弄玉、园客妻、昌容、汉中酒妇、女几、河间玉女、采女、太阳女、太阴女、太玄女、樊夫人、东陵圣母、西河少女等。以上“女仙群”又共同形成了一个以西王母为核心的有序的女仙谱系。有人认为这个谱系的一个重要的特点就是以“母—女”关系为纽带而建立起来的。“在这种意义上，三界十方的得道女性都可以说是西王母的女儿；西王母则是她们共同的母亲。从这一角度梳理和强化道教神仙中的女性传统，也正是杜光庭编撰这部女仙专辑的目的之一。”②

“唐代道教发展的一个重要特点是女仙崇拜的兴盛。就

① 李丰楙：《西王母五女传说的形成及其演变》，载《东方宗教研究》1987年，第1期。

② 杨莉：《墉城中的西王母：以〈墉城集仙录〉为基础的考察·续》，《宗教学研究》2000年，第4期。

道教自身的发展说，这和当时茅山派道教的发达与受到重视有关系。”[①]如果将杜光庭在《墉城集仙录》中所编排的女仙谱系与魏晋南北朝时期流行于江南地区的道教上清派的神仙谱系相对照，就可见两者之间存在着密切的关系[②]。陶弘景的《真灵位业图》是一部系统而完整的神谱，它不仅在神谱的第二阶位设置了“女真位”，而且还记载了一些女仙的名号，其中包括了西王母的四位担任着上清仙官的女儿：太真王夫人、沧浪云林右英王夫人、紫微左宫王夫人、后圣上保南极元君紫元夫人[③]。可以说，杜光庭的《墉城集仙录》正是从一个侧面反映了汉魏到隋唐这数百年间，社会上女子修道风气的盛行以及以西王母为代表的女仙在民间所受到的普遍崇拜。墉城女仙身世各异，修道方法各不相同，但在杜光庭的笔下，却都表现出了美、善、寿、神等特点，形象而生动地诠释了道教的终极理想。

在《墉城集仙录》中，杜光庭花费了大量的笔墨来描写女仙超凡脱俗的美丽，这不仅使美丽成为女仙不可或缺的表相特征，以与男仙相区别，而且还迎合了人们对女性一以贯之的审美心理。例如，西王母的原型本来有着十分可怖的形象，《山海经·大荒西经》中说“有人，戴胜，虎齿，豹尾，穴处，名曰西王母”，“玉山，是西王母所居也。西王母其状如人，豹尾，虎齿而善啸，蓬发戴胜(戴胜为有花纹的首饰)，是司天之厉及五

---

① 孙昌武：《道教与唐代文学》，人民文学出版社 2001 年版，第 360 页。

② 日本学者石井昌子在《真诰と墉城集仙录》一文中认为杜光庭所集的仙传资料多取自《真诰》等一类道书。(参见《东洋学术研究》第 15 辑)

③ 参见《洞玄灵宝真灵位业图》，《道藏》第 3 册，第 274 页。

残。"[①]可见,在《山海经》中,西王母是半人半兽的凶神,主管着上天的灾厉和五刑残杀之气[②]。后来,随着人们理性思维能力的提高,对生与死进行了一种辩证性的理解,死亡也就意味着再生,因此,凶杀之神有时也就转变为创生之神,西王母也就被描绘为掌管着不死之药的吉祥之神。正是依于这样的观念,慢慢出现了仙化、美化西王母的倾向。晋代时,从战国墓葬中出土的《穆天子传》,以纪传体的形式记载了穆天子去昆仑山拜见西王母的故事。值得注意的是,这时的西王母已是容颜美貌,雍容华贵,年方三十的天界女仙了。在后来的《淮南子》、《汉武帝内传》中,以及在道教上清派的著作《真诰》中,西王母被进一步美化、神化、仙化。

杜光庭正是在前人的基础上进一步提出,"王母蓬发戴胜,虎齿善啸者,此乃王母之使金方白虎之神,非王母之真形也"[③]。那么,王母之真形如何呢?杜光庭作了生动而形象的描绘:"王母乘紫云之辇,驾九色斑麟,带天真之策,佩金刚灵玺,黄锦之服,文彩明鲜,金光奕奕,腰分景之剑,结飞云大绶,头上大华髻,戴太真晨缨之冠,蹑方琼凤文之履,可年二十许,天姿晻蔼,灵颜绝世,真灵人也。"[④]豹尾虎齿、半人半兽的西王母最终被改造成年轻貌美的女仙首领,从而进一步突出了道教女仙的唯美主义倾向。杜光庭在《墉城集仙录》中不仅将西王母与东王公相配,"共理二气,而养育天地,陶钧万物

① 《山海经·西山经》。
② 参见袁珂校译:《山海经校译》,上海古籍出版社 1985 年版,第 50 页。
③ 《墉城集仙录》卷一,《道藏》第 18 册,第 168 页。
④ 《墉城集仙录》卷一,《道藏》第 18 册,第 169 页。

矣”[①]，而且还以西王母为中心建立了一个汇集了古今众多女仙的谱系。这些女仙都以美丽而著称。我们可以从杜光庭对上元夫人出场的描绘中看到女仙无与伦比的美貌。上元夫人是西王母的弟子，其“玄古以来得道证仙位，总统真藉，亚于龟台金母。金母所降之处，多使侍女相闻，以为宾侣焉”[②]。后来汉武帝好神仙之道，祷醮名山，以求灵应，西王母就于半夜降至汉宫。汉武帝拜迎稽首，侍立久之，王母乃邀上元夫人前来。夫人“来时，亦闻云中箫鼓之声。既至，从官文武千余人，并是女子，年皆十八、九许，形容明逸，多服青衣，光彩耀日，真灵官也。夫人年可二十余，天姿清耀，灵眸艳绝。服赤霜之袍，云彩乱色，非锦非绣，不可名字。头作三角髻，余发散垂至腰，戴九灵夜光之冠，带六山火玉之佩，结凤文琳华之绶，腰流黄挥精之剑，上殿向王母拜。”[③]好一幅生动美丽的女仙降临图！这群容貌俊美绝伦、体态婀娜多姿的女仙使道教得道成仙的宗教理想更加富有美感。

在《墉城集仙录》中，女仙的美丽往往是与青春联系在一起的。人有生必有死，这是不可抗拒的自然规律，但希望永保青春乃至长生不死却是道教永恒的理想，这也成为道教建构其终极信仰的基点。杜光庭在《墉城集仙录》中就记述了许多通过修道而永保青春的女仙。例如，商王的女儿昌容“修道于常山，食蓬蘽根，二百余年颜如二十许”[④]。商王的宫女采女

① 《墉城集仙录》卷一，《道藏》第18册，第168页。
② 《墉城集仙录》卷二，《道藏》第18册，第172页。
③ 《墉城集仙录》卷二，《道藏》第18册，第172页。
④ 《墉城集仙录》卷六，《道藏》第18册，第197页。

"少得养神之道，年二百七十余，视之如十五、六岁耳"[①]。太阴女"得仙时已二百岁矣，有小童之容也"[②]。青春就意味着美丽。太阳女因修道有方，"年二百八十岁，颜如桃花，口如含丹，肌肤充泽，眉鬓如画，光彩射人，视之如十七、八者"[③]。道教的终极理想就是希望借助于种种道术来超越有限生命的束缚，以达到与永恒之"道"的合一。为了表明这种理想并非虚幻，杜光庭通过文学的手法塑造了一系列富有青春气息的女仙形象来说明，女子通过修道可以达到高寿，但容貌却能始终定格在二十岁左右的妙龄少女。这在一定程度上迎合了人们寿而美的心理需求。

如果女仙仅仅是永保年轻美貌，那么她只能令人羡慕、赞赏，而并不能引起人们的崇拜之心。因为审美体验必须以道德评价为基础，将美的追求与善的目的相一致，才能真正打动人心，引发人们敬畏感和崇拜感。道教与其它世界性宗教的一个重要区别，就在于它重视人的现世生活，善待生命，并希望无限地延长生命以享受生活。如何延长生命呢？方法虽有多种，但都需要一个道德上的补充。道教现存的最早的一部经典《太平经》就提出，"寿最为善"、"善自命长，恶自命短"，因此想要长生成仙就必须先修善行。这种将寿与善相联系的思想在《墉城集仙录》中得到继承和发扬。杜光庭借圣母元君之口强调了"长生之本，惟善为基也"，女仙品位的大小也是根据行善的高低来确定的。"万善之基，亦在三业，十善相生，至于

① 《墉城集仙录》卷六，《道藏》第 18 册，第 197 页。
② 《墉城集仙录》卷六，《道藏》第 18 册，第 199 页。
③ 《墉城集仙录》卷六，《道藏》第 18 册，第 199 页。

万善。行善益算，行恶夺算，赏善罚恶，各有职司，报应之理，毫分无失。”[①]行善可以增寿，行恶则要减寿。杜光庭通过善恶对人生命的不同影响之对比，强调了为善去恶的重要性。但他所说的“善”并非抽象，除了遵循忠孝仁义等社会伦理道德准则之外，还必须救世济俗，助人为乐，“夫修道者，在适而无累，和而常通，永劫无穷，济度一切。此之长生乃可为重。长生难得，由忠孝仁义。忠孝仁义立者，功及于物，生自可延。”[②]这种对“善”的追求构成了女仙崇拜的社会基础。

在《墉城集仙录》中，女仙们虽不食人间烟火，但却能以自己之善来泛爱众生，乃至于“功及于物”，而且还能以自己的特异之神术服务于人间。西王母不仅是女仙之首，也是帝王之师，“昔黄帝讨蚩尤之暴威所未禁，而蚩尤幻化多方，征风召雨，吹烟喷雾，师众大迷，帝归息太山之阿，昏然忧寐”[③]，西王母乃遣使以“广三寸，长一尺，青莹如玉，丹血为文”之符授予黄帝，使黄帝能力大增，最终战胜蚩尤；汉武帝好神仙之道，西王母专门下降汉宫，教以长生之道。九天玄女谙熟兵法，经常以救助危难、替天行道的形象出现，以至于成为黄帝之师。一些普通女仙更是将自己的神异之术服务于人间。在恒山修道的昌容，“能致紫草卖与染家，得之者色加倍好，得钱以救贫病者。”[④]蚕女“食桑叶吐丝成茧，用织罗绮衾被以衣被于人间。”[⑤]西王母的女儿紫微王夫人曾降临上清道士杨羲家中授

---

① 《墉城集仙录》卷一，《道藏》第18册，第166页。

② 《墉城集仙录》卷一，《道藏》第18册，第166页。

③ 《墉城集仙录》卷一，《道藏》第18册，第168页。

④ 《墉城集仙录》卷六，《道藏》第18册，第197页。

⑤ 《墉城集仙录》卷六，《道藏》第18册，第196页。

以上清经书,劝善引导杨羲,使之修道成真。这些女仙因造福于人间而受到人们普遍的崇敬和爱戴。

杜光庭运用形象思维的方法构造了一个超验的女仙世界,他大力张扬女仙的美、善、寿、神等特点,鼓励人们以她们为榜样努力追求个人道德的完善和生命的长存。值得注意的是,他在搜集魏晋时期民间广为流传的女仙事迹时,对其中女仙与凡男相恋的浪漫故事,像南极王夫人与杨羲、云林右英夫人与许谧、云华夫人(其原型为巫山神女)与宋玉、杜兰香与张硕等,却都作了纯化处理,去除了其中的仙人之恋等艳情,而改为女仙借助于神诰的方式降授道术和道书等,以助凡男成仙等,从而大大增强了女仙的神圣性。例如,南极王夫人于汉平帝时,降于阳洛山石室之中,授清虚真人小有天王王褒《太上宝文》等经三十一卷。后又于晋兴宁三年,降真人杨羲之家与八真同会,授与杨羲多种道经。[①] 樊夫人"有道术,能檄召鬼神,禁制变化之道,亦潜修密证,人莫能知。为理尚清静简易而政令宣行,民受其惠。"其丈夫刘纲与她比试道术,"纲每共试术,事事不胜",最后,在她的带动下,夫妻双双一同升天而去[②]。在《墉城集仙录》中,青春美丽的女仙并不是一种摆设,更不是作为男仙的配偶而存在,她们大多具有独立的神格和高超的神术,甚至成为帝王之师。与男仙相比,女仙的神术使她们更具有绚丽的色彩和吸引人的魅力。

道教得道成仙的理想在一定程度上反映了人们对生命永存的一种向往和追求。虽然长生不死仅是人们的一种美好愿

---

① 《墉城集仙录》卷二,《道藏》第 18 册,第 177 页。

② 《墉城集仙录》卷六,《道藏》第 18 册,第 200 页。

望而已，它处于人们生活的经验世界之外，是世俗之人难以达到的境界，但从人类历史上看，女性的寿命普遍长于男性这个事实，就足以引起重视生命者的注意，更何况女性还是母爱的象征，是人类生殖繁衍能力的直接体现，并表现出了与刚阳相对的阴柔之美的特征，因此，道教从重视生命出发而形成特有的女仙崇拜是有着一定的现实基础的。如果将崇拜“女仙”理解为人类力图运用种种方法来揭示男女不同的生理和心理特征，通过掌握生命运动的奥秘，以超越自然规律对生命的限制，来发挥生命的潜能，以及人类对真、善、美的追求，那么，女仙崇拜中所包含的真理性颗粒，就是很值得我们重视的了。

第九章　对斋醮科仪的整理与发展

斋醮，或曰斋醮科仪，俗称“道场”，是道教特有的宗教祭祀仪式。从历史上看，斋与醮原为相互独立的宗教仪式，在道教产生之前就已被人们广泛地运用于各种祭神活动之中。斋，原义为清洁、禁戒，指人们在祭神之前所进行的清洁身心的仪式，以示对神的虔诚崇敬。醮，依许慎《说文解字》其义有二：一是指古代的冠、娶之礼；二是指祭礼。道教主要是用醮来表示祭神之义。斋和醮的区别在于，“烧香行道，忏罪谢愆，则谓之斋；延真降圣，乞恩请福，则谓之醮。斋醮仪轨不得而同。”①但到了唐代时，斋醮就往往并称，用以泛指道教的祭祀仪式了。

据说张道陵在创教时就吸收了古代祭祀仪式而建立起富

① 《无上黄箓大斋立成仪》卷十六，《道藏》第 9 册，第 478 页。

有特色的斋醮仪式。“天师因经立教，而易祭祀为斋醮之科。法天象地，备物表诚，行道诵经，飞章达款，亦将有以举洪仪、修清祀也。”[①]在斋醮仪式中，道士通过符、咒、诀、步等神秘方法，取得所祈的那些神将仙官的临时支配权，使那些神将仙官依斋者的意愿去从事凡人希望做到而又无法做到的事。因此，道教宣扬，斋醮科仪能为人治病、解厄、驱邪、祈雨、度亡等。元代学者马端临在总结道教之术时曾说：“按道家之术，杂而多端，先儒之论备矣。盖清静一说也，炼养一说也，服食又一说也，符箓又一说也，经典科教又一说也……至杜光庭而下，以及近世黄冠师之徒，则专言经典科教。”[②]他特别指出自杜光庭之后，道教具有向“专言经典科教”发展的趋势，这与杜光庭在整理斋醮科仪上的贡献是分不开的。“天师立教于西蜀，广成终老于益州，故蜀之人奉道为盛而仪注亦甚详。”[③]杜光庭在唐末五代动荡不安的社会环境中，不仅从理论上来探讨人如何得道的问题，而且也关心怎样运用斋醮科仪来强化道教信仰、发挥道教“济世”的作用。今天的《道藏》中保留了经杜光庭修订、编集的斋醮科仪有十多种近二百卷。这些著作促进了道教斋醮科仪的规范化，以至于“成为唐代以后斋醮活动的范本”[④]。值得进一步探讨的是，杜光庭如何在整理各种斋醮科仪的基础上，制定出了“道门科范”而被后人誉为道教斋醮科仪的集大成者？他所制订的规范化的斋醮科仪对道

---

① 《道门通教必用集·序》，《道藏》第 32 册，第 1 页。

② 《文献通考·经籍五十二》。

③ 《道门通教必用集·序》，《道藏》第 32 册，第 1 页。

④ 张泽洪：《道教斋醮符咒仪式》，巴蜀书社 1999 年版，第 43 页。

教的发展又产生了怎样的影响?

第一节　集斋醮科仪之大成

南宋道士金允中在《上清灵宝大法》卷三十九中曾对道教斋醮科仪的形成与发展状况作了一个简要的历史性陈述,从中显示出了杜光庭对整理道教斋醮科仪所作的贡献。他说:

> 斋法起于中古晋宋之间,简寂先生(陆修静)始分三洞之目,别四辅之源,疏列科条,校迁斋法。又唐时张清都(张万福)经理之余,尚未大备。至广成先生荐加编集,于是黄箓之科仪典格,灿然详密矣。后世遵行,莫敢越也。[①]

在道教史上,一般将陆修静、张万福与杜光庭并称为"科教三师",他们对道教斋醮科仪的建立与发展各有贡献,但杜光庭则可以说是集大成者。

斋醮科仪既是道教祭祀神灵、祈求赐福消灾的一种宗教礼仪,也是弘道传教的一种重要手段。法国宗教社会学家杜尔凯姆(Emile Durkheim)在《宗教生活的基本形式》中说:宗教"仪式是各种行为准则,它们规定了人们在神圣对象面前应该具有怎样的行为举止。"[②]尽管道教斋醮科仪的内容复杂,

---

① 《道藏》第31册,第608页。

② 孙亦平主编:《西方宗教学名著提要》,江西人民出版社2002年版,第155页。

种类繁多,但其不外是通过道场威仪、戒律法箓和赞颂表奏等来规定人们的语言行为举止,以表达对信仰对象的敬仰,并借以求福免灾。杜光庭所整理的道场威仪包括道场设置、斋仪、醮仪和一般仪式。道场设置主要有法服法器、道场经文、道官六职等。斋仪主要有金箓斋、黄箓斋、明真斋、神咒斋等。醮仪主要有延生醮、礼斗醮、阅箓醮、周天大醮、罗天大醮等。一般仪式主要有礼灯仪、忏方仪、投龙璧仪等。为了保证道场威仪的神圣性,杜光庭还通过戒律、说戒仪和阅箓仪等来系统地展示道教的戒律法箓的内容。在宗教仪式中,如果加入音乐、舞蹈、诗歌、造型等艺术形式就可以更好地制造出特殊的宗教气氛,调动人们的宗教感情,激发人们的宗教体验。杜光庭非常重视赞颂表奏在斋醮科仪中的使用,他不仅详细地介绍了在道场中如何开展经颂、诗歌、青词、步虚、旋转、散花等活动,如何上表章疏、宣示忏文等,而且自己还创作了许多用于斋醮科仪的斋醮词、忏文表奏,从而大大丰富道教文学与艺术的内容。

斋醮科仪是一种由静态与动态、个体与集体等行为要素组合而成的集体性的崇拜活动。[①] 静态要素主要有道场布置、法服冠饰、道场经典等。杜光庭认为,在举行斋醮仪式之前,道士需要依戒来清洁身心,然后再穿法服、戴冠饰,并依据斋醮主题对道场进行布置。一般来说,道场大致需要备置香花灯烛、果酒茶汤、青巾绛座、十绝灵幡,以营造出一种庄严肃穆、超凡越俗的环境。动态要素则可分为个体与集体两种:

---

① 参见卿希泰主编:《中国道教》第三册,东方出版中心 1994 年版,第166～167页。

在斋醮科仪的过程中，既有个人的诵经念唱、手印点弹、步罡踏斗、呼吸吐纳等行为动作，也有大家一起伴随着音乐做步虚、旋转、散花等集体性的活动。因此，无论各地区各道派所举行的斋醮科仪在采用的语言和音乐上有多大的差异，其内容与形式大都是相对固定的，具有一种表演特征①。可见，“一切宗教的礼仪行为都是规范化的，而且是有组织地进行的，具有鲜明的社会性。”②

杜光庭对前人制订的斋醮科仪进行了整理并加以规范化。道教在其创立之初，就继承中国古代宗教的祭祀仪式，积极开展了以斋戒思过、请祷跪拜为主要内容的斋醮活动，并制有古朴的涂炭斋、指教斋等斋仪③。南北朝时，随着道教在社会上的广泛传播，一些具有士族身份的人加入道教，开始对粗糙简陋的原始道教进行改革，改革的一项重要内容就是建立斋醮科仪制度。如果说，灵宝派传人葛巢甫造作《灵宝度人经》，制订出以修斋、烧香、诵经为主要内容的祭祀活动仪式，使灵宝派以奉行斋法而出名，那么，南朝道士陆修静则在综合各道派斋仪的基础上，并依据当时各道派的特点和斋法的功用，而将丰富繁杂的道教斋法加以条理化。陆修静认为，“道以斋戒为立德之根本，寻真之门户。学道求神仙之人，祈福希

---

①　参见刘仲宇：《简论道教法术科仪的表演特征》，载《世界宗教研究》2002年，第2期。

②　吕大吉：《宗教学通论新编》上册，中国社会科学出版社1998年版，第75页。

③　“在五斗米道早期的仪式中，有向神上章的千二百官仪，有为病者请祷的三官手书，还有就是涂面自缚以谢罪的涂炭斋法。”（汪桂平：《道教涂炭斋法初探》，载《世界宗教研究》2002年，第4期）

庆祚之家，万不由之。”[①]他在改革传统道教时，倡导内持斋戒，外持威仪，收集和整理了道教斋醮科仪著作一百余卷，“疏列科条，校迁斋法”，分为“大体九等，斋各有法，凡十二法”。它们是：

一曰洞真上清之斋，有二法：

其一法绝群离偶，无为为业；其二法孤影夷豁。

二曰洞玄灵宝之斋，有九法，以有为为宗：

其一法金箓斋，调和阴阳，救度国王；

其二法黄箓斋，为同法拔九祖罪根；

其三法明真斋，学士自拔亿曾万祖九幽之魂；

其四法三元斋，学士一年三过，自谢涉学犯戒之罪；

其五法八节斋，学士一年八过，谢七玄及已身宿世今生之罪；

其六法自然斋，普济之法，内以修身，外以救物，消灾祈福，适意所宜；

其七法洞神三皇之斋，以精简为上，……；

其八法太一之斋，以恭肃为首；

其九法指教之斋，以清素为贵。

又曰三元涂炭之斋，以苦节为功，……[②]

可见，不同的教派具有不同的斋法，每一种斋法都有其特殊的

① 《洞玄灵宝五感文》，《道藏》第 32 册，第 619 页。

② 《洞玄灵宝五感文》，《道藏》第 32 册，第 620 页。

功能和使用范围。虽然陆修静所制订的斋法以灵宝斋为主体,但他所提出的"九等斋十二法"的分类法,不仅表明道教斋醮科仪在南北朝时已初具规模,而且也标志着此时的道教已从原始宗教中脱胎出来并逐步走向成熟。

唐代道教被奉为皇族宗教。唐王朝曾设立崇玄署,"掌京都诸观之名数,道士之帐籍,与其斋醮之事。"[①]斋醮作为道教的一种集体性的崇拜仪式,它的内涵虽然十分丰富,但按约出于隋唐之际的《洞玄灵宝玄门大义》的看法,大致可以分为两大类:"一者极道,二者济度。极道者,《洞神经》云:心斋坐忘极道矣。济度者,依经总有三箓七品。"[②]三箓,指金箓斋、玉箓斋和黄箓斋;七品,指三皇斋、自然斋、上清斋、指教斋、涂炭斋、明真斋、三元斋等。在唐玄宗御敕编撰的《唐六典》卷四中则记载了唐代国家祭祀时所采用的七种斋法,它们是:金箓斋、黄箓斋、明真斋、三元斋、八节斋、涂炭斋、自然斋。唐代帝王为了追求国家安泰和自身福寿,崇信道教斋醮科仪所具有的祈福消灾功能,不断敕命道士举行各种斋醮仪式,这就在客观上导致了道教斋醮科仪在社会上的盛行。"道教斋醮在上成为国家祭祀仪典,在下渗入民众生活之中,可以说上至皇室官僚,下至庶民百姓,都与道教斋醮发生联系。"[③]当道教的斋醮科仪活动在唐朝帝王的支持下频繁举行时,陆修静所制定的斋仪在实践中也暴露出了许多局限和问题,这就促使道士们对其重新加以整理修订以使之更加完善,在这过程中贡

① 《唐六典》卷十六。

② 《洞玄灵宝玄门大义》,《道藏》第 24 册,第 738 页。

③ 张泽洪:《道教斋醮符咒仪式》,巴蜀书社 1999 年版,《引言》第 2 页。

献最大的莫过于张万福与杜光庭。

陆修静制定的“九等斋十二法”，其主体是灵宝斋九法，这是张万福与杜光庭进一步整理道教斋仪的基础：

> 灵宝之教，秘而不传，仙人口口相授。太极仙公始笔之书，著《敷斋威仪》之诀。陆天师复加撰次[①]，立为成仪，祝香启奏，出官请事，礼谢愿念，罔不一本经文。张（万福）、杜（光庭）二师继出，玄风益畅，登坛俯仰之格，相去虽数百年，前后盖一辙也。[②]

生活于唐玄宗时期的长安太清观道士张万福针对当时道教斋醮科仪中的种种混乱情况和不良现象，着手编撰斋醮科仪经书。今天的《道藏》中还存有张万福的一些有关斋醮科仪的著作，如《传授三洞经戒法箓略说》、《三洞法服科戒文》、《洞玄灵宝道士受三洞经戒法箓择日历》、《洞玄灵宝三师名讳形状居观方所文》、《醮三洞真文五法正一盟威箓立成仪》。张万福虽然在经戒法箓传授程序、法服科戒制度以及正一盟威箓立成仪等方面作出了贡献，但他“经理之余，尚未大备”[③]，即未能建立起系统的斋醮科仪体系。

杜光庭正是在陆修静、张万福的基础上进一步将道教斋醮科仪系统化，从而成为唐代道教斋醮科仪的集大成者。杜

---

① 值得注意的是，敦煌道经 P2256 载有陆修静编的灵宝经目，其中就有《太极真人敷灵宝斋戒威仪诸经要诀》一卷。

② 《无上黄箓大斋立成仪》卷一，《道藏》第 9 册，第 378 页。

③ 《道藏》第 31 册，第 608 页。

光庭在天台山入道后，就曾跟从师父应夷节学习茅山派上清大法和龙虎山正一法箓。到长安后，作为“道门领袖”，他又从修道实践中深深地体会到，“道法科教，自汉天师暨陆修静撰集以来，岁月绵邈，几将废坠”①，而处于乱世中的道教则需要对南朝以来“几将废坠”且混乱不堪的科仪有所改革，才能更好地发挥道教斋醮科仪的作用。于是，他“遂考真伪，条列始末。故天下羽褐永远受其赐。”②

杜光庭以陆修静的灵宝斋为基础，又融会正一法箓和上清经箓，并吸收了张万福的斋醮思想，对斋醮进行了专门的整理与修订，使道教斋醮科仪从内容到形式都基本定型。杜光庭所编撰的各种斋醮科仪著作，大多呈现出统一的道场仪节规定。例如：在进行仪式之前，众官列位，幡节香案，肃整于玄师前立定，各人运心归命三宝，然后在启堂颂后，按部就班地进行正式的仪节：1. 入户；2. 礼师存念如法；3. 鸣法鼓二十四通；4. 发炉；5. 出吏兵上启；6. 各称法位；7. 读词；8. 礼十方忏；9. 存思九色圆象咽液命魔密咒；10. 步虚旋绕；11. 三启三礼；12. 重称法位；13. 发愿；14. 复炉；15. 出户③。杜光庭所整理的斋醮科仪虽然种类繁多，但从内容到形式大同小异，整个仪式表现得相当程式化，以体现道场的次序性和神圣性。同时，杜光庭还从天人感应的思想出发，宣扬斋醮科仪具有不同凡响的“济度”作用，认为人们在与神相沟通的斋醮科仪中，通过崇拜元始天尊等诸神的超凡灵力，就能

① 《历世真仙体道通鉴》卷四十《杜光庭》，《道藏》第5册，第330页。

② 《历世真仙体道通鉴》卷四十《杜光庭》，《道藏》第5册，第330页。

③ 《太上黄箓斋仪》。卷一，《道藏》第9册，第181～185页。

够使诸神下降，从而不仅帮助人们解决实际的生活问题，而且还能为人们打开通达道教神圣世界的大门。

杜光庭修订斋醮科仪的态度十分认真，“凡陆简寂、张清都科中有毫发之异同，莫不逐事考证。”①正因为此，他的著作才能被视为道教斋醮科仪的经典之作而为后代所遵行，并被比较完整地保留了下来。今天保留在《道藏》中的杜光庭所整理的斋醮科仪的经书有十多种，共二百余卷，其中所涉及到的斋仪有黄箓斋、金箓斋、明真斋、神咒斋、三元斋等，醮仪则有北帝、南斗、北斗、九曜、周天、罗天等。同时，杜光庭还对行道仪、阅箓仪、宿启仪、忏方仪、言功拜表仪、投龙璧仪、礼灯仪等都做了具体的介绍。今存于《道藏》中的《道门科范大全集》，从题名上看就是对道教各种斋醮科仪的汇集，其中列举了四十种斋醮科仪，可归纳为十六类，内容涉及到道士日常的行持坐卧的修道生活和斋主的各种精神需要，其目的则是祈祷神仙保佑，赐福消灾解厄。此书虽然编成于明代，但其中大量借鉴了杜光庭所删定的斋醮科仪，因此可以说，正是由于杜光庭将道教主要道派的斋醮仪式统一了起来，并加以规范化、系统化，从而才被誉为道教斋醮科仪的集大成者。

第二节　对斋醮科仪的整理

唐王朝崇奉道教，经常以道教的名义或祈求国泰民安，或为皇帝举行延寿降福的宗教活动，道教斋醮科仪也因此而成为国家祭祀的一种重要形式。杜光庭生活于唐末五代的动荡

① 《上清灵宝大法》卷二十一，《道藏》第 31 册，第 472 页。

年代，他系统整理斋醮科仪并使之规范化的重要目的，也是为了更好地发挥道教斋醮科仪济度祈禳的社会功能，并为皇权政治服务。

金箓斋作为道教灵宝诸斋之首，常被用来为皇帝、皇太子、诸王公主、文武职官忏罪祈福。杜光庭对“为国主帝王镇安社稷，保佑生灵”的金箓斋也十分重视。他说：

> 金箓为国主帝王镇安社稷，保佑生灵，上消天灾，下禳地祸，制御劫运，宁肃山川，摧伏妖魔，荡除凶秽，或五星失度，四气变常，二象不宁，两曜孛蚀，天倾地震，川竭山崩，水旱为灾，螟蝗害稼，疫毒流布，兵革四兴，猛鸷侵凌，水火漂灼，冬雷夏雪，慧孛呈妖，皆当于名山洞府，古迹神乡，精备信仪，按遵科典，修金箓宝斋，拜天谢过，责躬引咎，思道祈灵，可以禳却氛邪，解销灾变，唯在精苦殚罄，竭节输诚，可致通感尔。①

金箓斋一般在三元日或皇帝诞生日举行。由于它的规模一般都比较宏大，故以“金”称之，以示此斋的重要性与尊贵性。金箓斋还经常在国家发生政治动乱，或出现自然灾害时举行。例如，杜光庭在《道教灵验记》中的《僖宗金箓斋祈雨验》中写道，唐僖宗乾符二年(875)天下大旱，时有淮浙人钟常满、顾昭之行起龙致雨术，无效。于是，司空平章事郑畋上言请于内殿置金箓道场。“十一日夜内殿开金箓道场，十二日皇帝捻香躬

① 《金箓斋启坛仪》，《道藏》第9册，第67页。

拜。日光赫烈,万里无云,随驾寮属,往往消让于坛侧。良久还宫,即微风旋来,阴云徐布,午后大雨至。十五日所司奏京畿雨足。十八日将散道场,诏延三日,是夕又雨至,二十一日方霁。中外表贺,万姓欢呼,宠渥颁赐,特加优厚,自是岁乃大穰。"[①]十分生动地讲述了这次金箓斋所表现出的克服自然灾害、"镇安社稷,保佑生灵"的功效。

杜光庭不仅宣扬金箓斋的功效,而且还专门整理出《金箓斋启坛仪》和《金箓斋忏方仪》等,系统地介绍了金箓斋的仪式。杜光庭所整理的《金箓斋启坛仪》主要是用于开坛行斋之前让人们了解金箓斋仪的全过程,因此其中先详述金箓斋坛场的法度、张榜、设置法物、燃灯、行道日数等法式,然后再介绍"宿启仪",最后陈举礼忏、启文、祝辞、五方真文等行斋仪文。唐代时,由于帝王崇信,朝廷重视,金箓斋的道场规模越来越大,仪式也越来越隆重。据《金箓斋启坛仪》介绍,金箓斋的坛场就有:外坛、内坛、方坛、都坛、中坛。坛内设有各种高案,用来请经、请香火、安放五方真文等行斋仪文。坛外还用"八卦纂八枚别于坛外四角四正位安之。"[②]在坛内外还须根据季节的变化燃灯几十座,甚至几百座,以豪华和气派来展示皇家斋仪的风范。

《金箓斋忏方仪》是皇帝向十方天神礼忏的仪式。"皇帝融神道域,属想玄津,思启洪樫,下资万寓。谨斋金龙玉璧、油烛香花、法信纹缯供养之具。请披玄蕴,敷露真文,归命十方无极,太上灵宝天尊,十极天君,诸天诸地,三光五岳,一切神

① 《道教灵验记》卷十四,《道藏》第10册,第850页。
② 《道藏》第9册,第67页。

仙诸灵官。伏冀社稷尊灵，宗祧照穆，游神太极，晏景上清，友八帝于丹陵，接五皇于绛府，垂芳万叶，流贶九围。”[①]皇帝通过这个仪式，一是表示自己对已经发生的阴阳失调的现象负有责任，并对自己的行为进行忏悔，二是祈祷十方神明帮助重新恢复阴阳和谐的景象，从而使“兆民康乐，百谷滋繁，长臻有道之风，克畅无为之化，得道之后，升入无形，与道合真。”[②]早期道教本无忏仪，南北朝时期，道教可能是受到佛教的影响，斋醮科仪中也出现了“忏方仪”。杜光庭所整理的“忏方仪”是依照坛场设立的方位，即东南西北、东北、东南、西南、西北、上方和下方等次序来礼赞十方天神，以示忏悔之意，并祈求神灵宽恕赐福的仪式。这种忏方仪对斋主的道德行为具有一定的约束作用。

值得注意的是，杜光庭还专门整理出宿启仪放在《金箓斋启坛仪》之中。宿为预先，启为禀告。《金箓斋启坛仪》中说：“安施即讫，尊卑相次，预皆沐浴，薰香新洁，法服简履，坛座一一如法列玄师之前，条疏职品，各司所任，都讲鸣磬告众，中外肃然，斋主投词，或大臣为国，或帝王降命，皆有代拜。臣寮奉函投词，师受词关告，一如常仪。”[③]宿启仪是道士在举行正式斋仪之前，为皇帝、太子、大臣诸侯以及天下人民忏悔罪愆，礼拜十方，启告斋事目的的仪式。一般来说，宿启仪有告斋、说戒、置职和宣科等仪式。告斋是高功道士接受斋主献词，表示愿受委托来举行斋仪，然后向玄中大法师或三界十方诸灵禀

① 《道藏》第9册，第83页。
② 《道藏》第9册，第83页。
③ 《道藏》第9册，第68页。

告斋仪之旨，并祈祷斋仪成功。说戒是高功道士向斋官和弟子们授戒，修斋者通过持戒以保持身心净洁。置职是在说戒之后举行的正式任命六职道士的仪式。宣科则是宣布斋仪过程中必须注意的事项。[①] 道教在举行斋醮科仪时并非都要先举行宿启仪，据《无上黄箓大斋立成仪》记载：

> 既欲为人建斋，则当预告真灵以修斋之意，古科宿启必在建斋之日子时。而陆天师所撰灵宝道士自修盟真斋仪则不宿启，止于斋日清旦说戒，接续登斋行道，继以言功口表正。经科止云：建斋当先行自然朝，初无宿启，散坛之文故也。云光、张若海，智识肤浅，不睹经文，辄以己见，肆为妄论，笔之于书，凡二十条，大悖经教，遂使后世不学之徒，乘非蹈谬，悉于宿启之前说戒补职，且补职授简，然后升坛。杜广成先生固尝非之矣。[②]

它指出，古人建斋之前必行宿启仪，但陆修静撰灵宝斋法中的盟真斋仪时则废止不用，后世不学之徒自以为是，“悉于宿启之前说戒补职”。杜光庭则一改前人的做法，要求道士在举行正式的金箓斋仪之前，先举行宿启仪，“条疏职品，各司所任”，以保证斋仪的顺利进行。据说，今《道藏》中约出现于宋代的《金箓大斋宿启仪》就是依据杜光庭的“宿启仪”编集而成的，

---

① 参见[日]福井康顺、山崎宏等监修：《道教》第一卷，上海古籍出版社1990年版，第179页。

② 《无上黄箓大斋立成仪》卷十六，《道藏》第9册，第474页。

但"较杜光庭所定为烦"[①]。由于杜光庭的重视，宿启仪在宋代道教中具有了一定的地位。

从天人感应的思想出发，道教认为，一个地区之所以会出现意想不到的自然灾害或社会动乱，主要是因为阴阳失衡的缘故。按照阴阳对立统一的思想，天与地、君与臣、男与女都是对应的范畴，如果问题出在阳，那么就应当由皇帝出面举行金箓斋来调和阴阳、消除灾异，如果问题出在阴，那么就应当由大臣或皇后出面来举行玉箓斋。杜光庭认为，玉箓斋就是为帝王眷属或大臣将相举行的禳灾消祸的宗教仪式。南宋吕元素在《道门定制》卷六中曾引用杜光庭的话说："玉箓斋，中元地官主之，保佑六宫，辅宁妃后，上以为帝王之斋，或大臣藩镇为国祈禳，亦许修奉。"[②]需要说明的是，陆修静所说的斋法中没有玉箓斋，杜光庭虽然提到了玉箓斋，但也没有撰集有关玉箓斋科仪，大概是因为玉箓斋大多是仿效金箓斋或黄箓斋而缺少自己的特色吧。"明清以后，道教仪式的新增文献已少有冠以'玉箓'之名者。"[③]

在道教众多的斋仪中，黄箓斋是比较通行的一种，杜光庭对此也用力最多。在杜光庭所整理编撰的斋仪中，影响最大的也是《太上黄箓斋仪》五十八卷。另外，在南宋蒋叔舆编撰的《无上黄箓大斋立成仪》卷十九至卷二十一中也采集了杜光庭修订的黄箓斋。在《道教灵验记》中，杜光庭则记载了许多

① 任继愈主编：《道藏提要》，中国社会科学出版社 1991 年版，第 357 页。

② 《道门定制》卷六，《道藏》第 31 册，第 712～713 页。

③ 胡孚琛主编：《中华道教大辞典》，中国社会科学出版社 1995 年版，第 512 页。

人因修黄箓斋而获得灵验的故事。在《广成集》中,他为上至王公贵族,下至平民百姓撰写了许多黄箓斋词,由此可见他对黄箓斋的重视。杜光庭不仅重视黄箓斋,而且还花费了大量的时间加以整理使之规范化。

黄箓斋是道教中用于救济先祖、拯救亡魂脱离地狱之苦的一种斋醮科仪。"黄箓斋拯救幽灵,迁拔飞爽,开度长夜,升济穷泉,固其大旨也。然祛灾致福,谢罪希恩,人天普修,家国兼利,功无不被矣。"[①]杜光庭十分关注国家的安康和百姓的福佑,因此对贴近百姓生活、具有多种社会功能的黄箓斋特别倾心,他说:"上惟邦国,旁及幽明,请福祈恩,归心十极,请修无上黄箓大斋。"[②]以至于南宋时宁全真在《上清灵宝大法》中指出:"广成立科,以黄箓为重;灵宝旧法,亦皆黄箓科品。"[③]据史料记载,"唐广成先生杜君光庭,遂按经诰,修成《黄箓斋科》四十卷,由是科条大备,典格具彰,跨古越今,以成轨范。"[④]杜光庭曾在广泛收集道书的基础上编成了《黄箓斋科》四十卷。"广成先生荐加编集,于是黄箓斋之科仪典格,灿然详密矣。后世遵行,莫敢越也。"[⑤]可惜的是,这部四十卷的《黄箓斋仪》的原本已失,但是在南宋金允中所集的《上清灵宝大法》中却有对杜光庭《黄箓斋科》的内容及主要仪节的介绍,他说:

① 《太上黄箓斋仪》卷五十七,《道藏》第9册,第371页。
② 《太上黄箓斋仪》卷一,《道藏》第9册,第182页。
③ 《上清灵宝大法》卷五十四,《道藏》第31册,第201页。
④ 金允中撰:《上清灵宝大法·总序》,《道藏》第31册,第345页。
⑤ 《道藏》第31册,第608页。

广成杜先生黄箓斋科合用下项：叙事镇信威仪坛图合用，投词告斋禁坛行事法服品目，建坛宿启科文，第一日清旦出官早朝科文，都忏并二十方忏，升坛转经仪，正斋第一日中分落景行道朝科，正斋第二日三时行道朝科，正斋第三日三时行道朝科，言功散坛告简设醮送师，礼灯并九幽灯仪，投龙璧仪。

此外有迁拔黄箓斋三时行道朝科，三元黄箓斋三朝科，消灾黄箓斋三朝科，安宅黄箓斋三朝科，有十方忏。又安宅单朝科，疾病黄箓斋朝科，师友保病黄箓斋三朝科，普度幽魂黄箓斋三朝科。及诸品方忏，五段忏，朝廷为臣下保安黄箓斋，人臣为国消灾黄箓斋，真文仪式等，总计四十卷。黄箓则幽显兼司，存亡允赖。今专以广成斋科全书随法传行，同志之士，宜详观熟味，然后知广成先生深于古经，致力于教门，不浅浅也。①

如果对照一下今天《道藏》中题名为杜光庭编集的《太上黄箓斋仪》五十八卷，就可见《太上黄箓斋仪》保存了《黄箓斋科》的内容。《太上黄箓斋仪》全书五十八卷，每卷各有一题，凡五十八种斋仪大致可分为四部分：

第一部分：卷一至卷九为一般黄箓斋，是在第一、第二、第三天早清旦、午中分、晚落景的三时行道仪。

第二部分：卷十至卷四十为各种专用斋的三时行道仪，分别用于太子降诞、特敕为臣下消灾、人臣为国消灾、安宅、忏

① 《上清灵宝大法》卷三十九，《道藏》第31册，第608页。

禳疾病、三元行道、普度幽魂、迁拔、解考等。

第三部分：卷四十一至卷四十八为各种忏悔仪，诸如士庶消灾方忏、安宅行道忏、荷恩感瑞忏、人臣为国忏、解考忏等。

第四部分：卷四十九至卷五十八为斋醮所用的各种杂仪，有言功拜表、散坛设醮、拔苦济度方忏、转经、赞导、镇坛真文玉诀、投龙壁仪、礼灯、八天真文、忏禳疾病方忏等。[①]

由此可见，杜光庭所整理的黄箓斋仪已具有一定的程式与规模。《太上黄箓斋仪》规定正斋为三日三夜。“修黄箓大斋，三日三夜，告盟九天，投简三元，福利广大，不可胜言。尔谛奉行，勿为懈怠。”[②]在这三天中，每日的清旦、中分、落景，也就是在朝、昼、晚要行道、诵经三次，形成早朝、午朝和晚朝。在最后一天的晚朝之后，还要举行礼灯仪。翌日清晨，言功拜表，散坛设醮，至此斋仪才算结束。

“太上黄箓斋仪”所祈祷的神灵也种类繁多。据杜光庭记载，在每一斋仪中，斋醮执事高功在发炉关启神灵之始，都要手持香炉，向神奏陈斋意，致发炉辞，以召请神将：“无上三天、玄元始三气、太上老君，召出臣等身中三五功曹、左右官使者、侍香金童、传言玉女、五帝直符直日、香官使者各三十六人出。当召此间土地、里域真官正神，速出关启。臣今正尔烧香，奉为某官某乙，为国为家，修建无上黄箓大斋若干日夜，愿得太上十方正真生炁，降流入臣等身中，所启速达上御至真无

① 参见任继愈主编：《道藏提要》，中国社会科学出版社 1991 年版，第 370 页。

② 《太上黄箓斋仪》卷五十五，《道藏》第 9 册，第 366 页。

极大道玉皇上帝御前。”[①]由于所关启的神灵各资不同的气，故有不同的权能。杜光庭在“出吏兵上启”的仪节中，特别细致地介绍了高功如何通过上章、进表、存想召出身中之神，使“身中功曹使者飞龙骑吏上启太上无极大道，太上大道君，太上老君，……灵宝监斋大法师诸官君”，从而调动各路神灵真官功曹，汇聚坛场，以达到助人“度道消灾，散祸解厄”[②]。从以上这些介绍中可见，道教的斋醮科仪从一定意义上说也是一种以天人感应为理论依据来沟通人神之间联系的宗教仪式。

杜光庭还对黄箓斋中的供品作了说明。据《无上黄箓大斋立成仪》记载：“有酬酢曰献，无酬酢曰醮。醮者，用酒于位，敬以成礼也。延真降灵，而以醮名。其古用酒于位之礼欤。自汉天师流传醮法以福群有，今见于《道藏》者，其自尤繁。杜广成先生删定黄箓散坛醮仪，以为牲牷血食谓之祭，蔬果精珍谓之醮，醮者，祭之别名也。”[③]杜光庭认为，醮是祭的别名，它与祭的区别仅在于祭祀的物品不同而已。如果说，祭为供荤食，那么醮则为供素食，但无论采用哪种供品，都应是斋醮者向神灵表达虔诚之心的一种方式。

杜光庭在《道教灵验记》中还通过“陈武帝黄箓斋验”、“隋文帝黄箓斋验”、“韦皋令公黄箓醮验”、“李言黄箓斋验”、“李约黄箓斋验”等故事来说明信徒因修黄箓斋而解除困厄的故事，以展示黄箓斋的灵验。例如，“李约黄箓斋验”的故事就讲

① 《太上黄箓斋仪》卷一，《道藏》第 9 册，第 181～182 页。

② 《太上黄箓斋仪》卷一，《道藏》第 9 册，第 182 页。

③ 《无上黄箓大斋立成仪》卷十五，《道藏》第 9 册，第 464 页。

述了诸卫小将军李约罢官二年，生活陷于困顿时，其亡妻显灵，告诉他备法物，置黄箓道场三日三夜，即可解除困厄。然而，“素不好道”的李约“甚疑之”。其妻又告之曰：“天上地下，一切神明，无幽无隐，无小无大，皆属道法所制，如人间万国，遵奉帝王。尔黄箓斋者，济拔存亡，消解冤结，忏谢罪犯，召命神明，无所不可。上告天地，拜表陈词，如世间表奏帝王，即降明敕。上天有命，万神奉行，天符下时，先有黄光，如日出之象，照地狱中一切苦恼，俱得停歇，救济拔赎，功德极速，故须修黄箓斋为急矣。”[①]最后，李约因修黄箓斋有效而改善了生活条件。这些故事中虽有许多迷信的成分，但由于杜光庭强调黄箓斋的功能是救济拔赎并大力推行，因此，“从杜光庭以降，黄箓斋包括的范围，实在比其他许多特定名目的斋仪为广”[②]，成为道教斋醮中最为流行的一种科仪。

在道教的斋醮科仪中还有明真斋。明真斋又称盟真斋，南朝道士陆修静将之列为道教灵宝诸斋之第三种。杜光庭称：“盟真斋，宗庙迁拔及臣下拔亡，皆可兼举。”[③]迁拔就是把在地狱中受罪的幽魂给超度出来。在杜光庭看来，明真斋具有忏悔前世今生所行的过失、祈求神灵保佑、消除罪箓、超度亡灵的作用。“依玉匮九幽明真科品，修拔度大斋，烧香行道，忏谢某亿劫以来，至于今日所行故误，无量无边。……劫罪根三界，司算女青，右宫阴宫，削除罪箓，开度幽关，身入光明，上

---

① 《道藏》第 10 册，第 855 页。

② 柳存仁：《五代到南宋时的道教斋醮》，载《和风堂文集》中，上海人民出版社 1991 年版，第 767 页。

③ 参见《道门定制》卷六，《道藏》第 31 册，第 713 页。

升天堂。”[1]《道藏》中现存有五种带有“明真”字样的斋仪文献，其中有三种是杜光庭编修的，它们是：《太上灵宝玉匮明真斋忏方仪》二仪同卷、《太上灵宝玉匮明真大斋忏方仪》二仪同卷和《太上灵宝玉匮明真斋言功仪》一卷，可见杜光庭对明真斋的整理保存之功。

如果将杜光庭所整理的明真斋与南朝陆修静所介绍的明真斋作一比较，就可见两者已有一些不同。据《洞玄灵宝五感文》介绍，南朝道教行斋时并不建坛，只是在露天地上安一盏长灯，长灯上再燃九灯。行斋时，道士绕着香灯行道，向十方礼拜，叩头、搏颊（即用舌打颊），在礼方与叩头之时，都要行忏谢礼以自拔罪，归命十方天尊。而杜光庭所整理的明真斋，则仅列举了依次向十方天尊、圣真神仙归礼忏谢之文而没有记载具体的仪节，并已将搏颊改为以言词忏谢，其形式与金箓斋和黄箓斋都已比较接近，因此宋元以后，明真斋的特征逐渐淡化而被金箓斋和黄箓斋所替代。

三皇斋也是灵宝斋之一，是通过祈祷天皇、地皇和人皇等三皇真君，以为一切存亡之人消除积罪、解除考讼而设立的斋仪。杜光庭曾根据南北朝三皇斋法改编成《洞神三皇七十二君斋方忏仪》一卷，其中叙述了道士建坛设醮、行洞神三皇斋仪、醮祭“七十二君”、为皇帝忏谢罪愆、祈福禳灾，以求“家隆国泰，远肃迩安，内外士民，同沾善庆，得道之后，与天帝合真”[2]。该仪所醮祭的“七十二君”是指三十六位“四方九天帝君”、三十六位“四方九土皇君”，皆为天地四方之神，反映出了

① 《太上灵宝玉匮明真斋忏方仪》，《道藏》第 9 册，第 805～806 页。
② 《洞神三皇七十二君斋方忏仪》，《道藏》第 18 册，第 305 页。

道教自然崇拜的特色。

杜光庭还删定了《太上洞渊三昧神咒斋十方忏仪》、《太上洞渊三昧神咒斋忏谢仪》和《太上洞渊三昧神咒斋清旦行道仪》等三种洞渊斋仪。洞渊是瘟部神名。洞渊斋是早期天师道的一种为人制魔辟邪、去病除灾的仪式。杜光庭为之作序的《太上洞渊神咒经》中就介绍了洞渊斋的仪式和功用："三洞法师，置立道场，转经念咒，依法陈章，设斋祭醮，祈祷五帝神仙，功德无量，除瘟降福，功无比俦。"①据杜光庭所记载的道士为民家建洞渊三昧神咒斋十方忏仪，其仪式为依次向十方礼忏祝愿，并诵十方神咒，以祈愿斋主"百病除愈，千殃荡消，增续年龄，超腾禄位，九玄升度，七祖逍遥，合宅安贞，良贱康泰，得如所愿。"②行道仪则主要是道士于清晨时行洞渊三昧神咒斋，诵读《太上洞渊神咒经》经文，以祝天下太平、亡灵得度的科仪。忏谢仪与行道仪的仪式大致相同，祝文也是诵读《太上洞渊神咒经》，但其目的却是"首谢罪愆，断截魔瘟，请安家国，保护人民"③，从而与行道仪又略有不同。

杜光庭不但整理出以上所述的多种斋仪，而且还对醮仪也有所贡献。南宋吕元素在《道门定制》卷六中说："众醮五十坛，广成先生皆有仪范，因事制法，世亦罕知。常所修崇，仅有数品，其他规范，备载藏书，大概多解禳之法。"④这里就提到了杜光庭对醮仪的整理之功。

---

① 《太上洞渊神咒经》，《道藏》第 6 册，第 54 页。

② 《太上洞渊三昧神咒斋十方忏仪》，《道藏》第 9 册，第 836 页。

③ 《太上洞渊三昧神咒斋忏谢仪》，《道藏》第 9 册，第 827 页。

④ 《道门定制》卷六，《道藏》第 31 册，第 713 页。

如前所述，斋与醮在道教中既往往并称，两者又有一定的区别，醮主要以祭神为义，斋则以清净斋戒为主。据说张道陵在创教之时，就非常重视通过斋醮来达到教化百姓的目的。《魏书·释老志》中说："张陵受道于鹄鸣，因传《天官章本》千有二百，弟子相授，其事大行，斋祠跪拜，各成道法。有三元九府、百二十官，一切诸神，咸所统摄。"《历代三宝记》则记载说："张陵在蜀，号天师，作道书二十四卷，论章醮之法，道士章醮起此。"①南朝时，葛巢甫所构造的以斋法为特征的新灵宝经，风行大教，道教多用斋法，并强调"夫为学道，莫先乎斋，外则不染尘垢，内则五藏清虚，降真致神，与道合居。能修长斋者，则合道真，不犯禁戒也。故天师遗教，为学不修斋直，冥冥如夜行不持火烛，此斋直应是学道之首。"②

但与此同时，醮仪作为道教祭仪的一种，也一直与斋仪并行着。题为太极太虚真人的《洞玄灵宝道学科仪》卷下专门有《醮请品》，其中记载的南北朝道教请天神、请地神的醮请法门就非常的丰富。唐初张万福所著的《醮三洞真文五法正一盟威箓立成仪》③不仅对醮仪的意义与注意事项作了比较系统的说明，而且还对建醮的场所、采用的器物、仪式的程序都作了介绍，由此可见当时醮仪的大致情况。"但在唐五代以前，斋法更居主流地位，醮或与之并列，或作为斋仪中的一个环节出现。"④

① 《历代三宝记》卷第二，《大藏经》第49册，第33页。

② 《三天内解经》卷下，《道藏》第28册，第416页。

③ 参见《道藏》第28册，第492～500页。

④ 胡孚琛主编：《中华道教大辞典》，中国社会科学出版社1995年版，第518页。

杜光庭对醮仪十分重视，不仅整理出了《太上三五正一盟威阅箓醮仪》和《太上正一阅箓仪》等一些单独的醮仪，而且还为各种醮仪撰写了大量的醮词，仅在《全唐文》中就收录了他撰写的醮词一百三十多篇，而在他的诗文表章的汇集本《广成集》中，更载有他为举行周天大醮、罗天大醮等撰写的醮词一百八十六通（《全唐文》和《广成集》两书所收的内容有重迭）。

由于醮仪主要是在夜间露天坛场上陈列供物，招请众神，敬献酒果，上奏愿文，向神祈福消灾，故常常与礼拜星斗的仪式结合在一起①。从《道门科范大全集》中收录的许多杜光庭所删定的礼斗醮仪，如《南北二斗同坛延生醮仪》、《南北二斗同醮仪》、《北斗延生清醮仪》、《北斗延生醮说戒仪》、《北斗延生道场仪》、《解禳星运仪》、《运星醮启祝仪》等来看，杜光庭所整理的醮仪也主要是拜斗仪。

在道教的斋醮仪式中还经常穿插着一些富有特色的比较固定的仪式，它们运用于不同的目的，以多样化的内容和形式丰富了斋醮科仪的内容。杜光庭对此也有所贡献，他曾整理出了一些常用的仪式，如言功拜表仪、拔苦济度方忏仪、投龙壁仪、礼灯仪、忏禳疾病方忏仪等，并使之规范化。下面我们简单介绍一下杜光庭对其中比较有特色的投龙壁仪、礼灯仪和言功拜表仪的有关记载。

投龙壁仪，也称投龙简仪，是斋仪完成之后，择吉日把写有消罪愿望的玉壁或文简，配上金龙、金钮，用青丝捆扎后，或埋于坛中，或投入名山洞府，或沉入水下，以答谢天、地、水三

① 参见李献璋：《道教醮仪的开展与现代的醮》，载台湾《中国学志》第5辑，1968年版，第15页。

官。杜光庭对投龙璧仪十分重视,他的《太上黄箓斋仪》中就有对投龙璧仪的专门介绍:“修斋毕,别卜良日或斋洁之辰,醮馔。法师众官及斋主弟子,或泛舟以诣水洞,或梯陆以登山门,各于洞府之外,薙草扫洒洁净,敷列醮席,酒果肴馔当鹿脯汤茶等。如严醮之仪,乃盛服澡漱,朝谒法事,备如科式。”[①]投龙璧仪源于古代宗教对山川河流的自然崇拜与早期五斗米道的三官崇拜,发展到南朝时已格式化。陆修静在制定灵宝斋法时就说:“用金龙、金钮各三枚,投山、水、土,为学仙之信。不投此三官,拘人命籍,求乞不达,有违考属九都曹。”[②]唐代时,在帝王的支持下,投龙璧仪多用于朝廷举行的斋醮科仪中,成为一种非常时兴的,同时又是规模较大的仪式[③]。杜光庭曾对投龙璧仪的行法作了详细记载:“修斋之法,当投三简,以告三元,故山简投诸天洞府,奏天官上元也。水简投灵泉水府,告水官下元也。土简投于坛宅,告地官中元也。详简文之中,真灵位号,事理显然。……若三简俱行,即铨举善功,皆达三官之府矣。”[④]为什么要分为山简、水简和土简三种?杜光庭对此特别做了解释,他说:“大道以一气生化三才,陶钧万有,故分三元之曹,以主张罪福,即天地水三官实司于三元也。人之生死寿夭,罪善吉凶,莫不系焉。三箓简文,亦三元之典格也。”[⑤]对于简的制作和使用,杜光庭也有专门的记

① 《太上黄箓斋仪》卷五十五,《道藏》第9册,第361页。

② 《太上洞玄灵宝授度仪》,《道藏》第9册,第840页。

③ 杜光庭的《道教灵验记》通过讲述“高宗三川投龙验”、“玄宗大宝观投龙验”等故事而对唐代的投龙璧仪作了介绍。

④ 《太上黄箓斋仪》卷五十五,《道藏》第9册,第367页。

⑤ 《太上黄箓斋仪》卷五十五,《道藏》第9册,第366~367页。

载:“简也者,告也,纪也,札也。纪世之善,告于上真。法长一尺二寸象十二辰,广二寸四分法二十四真气,厚二分法二仪。上下正方法日之方景,正真通达,无所避让。国家以玉为之,玉有九德,可以为礼天地神祇之信,故用之焉。公侯臣庶通用槿木,以其洁白纤细可比玉矣。明尊卑之殊也。”①

礼灯仪,是以灯为主要法器的仪式,大多在日落以后举行。“世界上崇拜火或者重视灯的象征意义的宗教,不止道教一种。而道教不仅将灯作为醮坛法器,而且形成了以灯为主的灯仪。”②杜光庭在《太上黄箓斋仪》卷五十六《礼灯》中对灯仪作了详细的介绍,他说:“礼灯之法出金箓简文。凡修斋行道,以烧香燃灯最为急务。香者,传心达信,上感真灵;灯者,破暗烛幽,下开泉夜。所以科云:烧香燃灯,上照诸天福堂,下照长夜地狱。苦魂滞魄,乘此光明,方得解脱。”③他将灯视为光明的象征,认为在道教仪式中,烧香是向神灵传达心声,燃灯则是下度亡灵,因此燃灯与烧香是斋醮科仪中不可缺少的仪节。燃灯能为个人、家庭和国家祈福消灾,但在举行燃灯仪式时,应按一定的法度:“燃灯须各有所法象,春九夏三秋七冬五,四季十二皆随五行本数设之。然有诸天诸地,八卦九幽诸灯之位,随金箓文中方位罗列,烧香礼咒,即福德立降,灾咎自消。”④那么,道场上的灯究竟应该如何安置呢?杜光庭的记载是:在道户上燃二灯,以照斋主住宅。于本命上燃三

① 《太上黄箓斋仪》卷五十五,《道藏》第9册,第361页。

② 陈耀庭:《照彻幽暗,破狱度人——论灯仪的形成及其社会思想内容》,载陈鼓应主编《道家文化研究》第五辑,第303~304页。

③ 《太上黄箓斋仪》卷五十六,《道藏》第9册,第367页。

④ 《太上黄箓斋仪》卷五十六,《道藏》第9册,第367页。

灯，以照三魂。于行年上燃七灯，以照七魄。于太岁上燃一灯，以照太岁之辰。于大墓上燃三灯，以照斋主代世丘陵墓。于小墓上燃五灯，以照斋主近代丘陵墓。在威仪坛堂前燃七灯，以照七祖父母幽魂。于中庭燃九幽之灯，以照九幽长夜之府。于夹门燃二灯，以照宫宅。于地户上燃二十四灯，以照二十四生气。于八方燃八灯，以照八卦。于四面中央燃九灯，以照九宫。于十方燃十灯，以照十方。于四面燃二十八灯，以照二十八宿。于天门燃三十六灯，以照三十六天。于五方燃五灯，以照五岳。共计燃灯一百五十九盏[①]。而燃灯所需的油，则必须"当市清净香油，不得用非义之财，及浊杂荤秽之物，或以诸香宿渍于油中，取其灯焰芳洁，散流香气，上感诸天，下蠲腥杂。灯光朗彻，销暗继明，即大获功德。"[②]燃灯之后，"众官弟子等，旋绕灯下，依位咒之。每咒毕，众官弟子皆礼。"[③]礼灯仪既体现出礼灯者追求光明的心境，也造出以辉煌明亮的灯光来"破暗烛幽"的声势，表达出道教济度众生的思想。唐末五代时，礼灯仪成为道教斋醮科仪中常见的仪式，这与杜光庭对礼灯仪的系统整理有着很大的关系。

言功拜表仪也是斋仪的一项重要内容。杜光庭不仅专门整理了《太上三洞传授道德经紫虚箓拜表仪》、《太上灵宝玉匮明真大斋言功仪》等，而且还在《太上黄箓斋仪》卷四十九中专门介绍了言功拜表仪。言功拜表仪主要是道士们修斋数日既

---

① 参见《太上黄箓斋仪》卷五十六，《道藏》第9册，第368～369页。值得注意的是，在杜光庭集《无上黄箓大斋立成仪》卷十九《礼灯仪》中则称燃灯一百五十二盏(参见《道藏》第9册，第500～501页)。

② 《太上黄箓斋仪》卷五十六，《道藏》第9册，第370页。

③ 《道藏》第9册，第367页。

毕，在坛场上通过向有关神灵上表，报告仪式已平安结束，斋功已达到了目的，请众神下降神坛，赐福延龄，祈愿亡灵得到拔度等。言功拜表仪之后再行谢恩醮，至此整个仪式便算结束。

杜光庭还曾将天师道的上章和法箓充实到斋醮科仪中来。他不仅编集了《太上宣慈助化章》以整理天师道的上章范式，而且还根据早期天师道《太上正一盟威阅箓》改编成了《太上三五正一盟威阅箓醮仪》和《太上正一阅箓仪》①。正一盟威箓又称正一法箓，相传出于张道陵，是道教最早形成的法箓体系之一。杜光庭整理的两部关于正一盟威箓的科仪，其中列举了道士佩箓中所载的功曹、使者、将军、吏兵等，并介绍了阅箓仪的出官、出箓中吏兵和出诸部将军兵马等仪式，并宣扬奉行此"阅箓"醮仪，可以使诸吏兵功曹各司其职，营卫身命，从而"免度厄难，长生久视，心神安定"②。杜光庭还将天师道的上章仪式运用在祈禳、祈嗣、消灾、延命等斋醮科仪中，使古老的正一上章成为斋醮科仪中的一个步骤，以至于到"南宋时期，章已不是其自身单独上奏，它不过是在大规模的、而且复杂的斋醮中可使用的许多文书类的一种。"③这就在客观上使道教斋醮科仪的内容更加丰富。

杜光庭所整理的斋醮科仪对后世影响很大。南宋金允中在编撰《上清灵宝大法》时就说："杜君斋科，世间遵用已四五

---

① 《太上正一阅箓仪》与《太上三五正一盟威阅箓醮仪》在内容上相同，只是文字稍繁，故也有人认为这是一书的两种版本。

② 《太上正一阅箓仪》，《道藏》第18册，第290页。

③ [日]丸山宏：《正一道的上章仪礼》，《宗教学研究》1992年第1～2期。

百年，后人不可更易者，乃以其卷帙尚全，非若陆科历时悠久，篇帙零散而可以昏乱之也。”[①]由此可见杜光庭对斋醮科仪的整理在道教史上的影响。

第三节　对斋醮科仪的发展

道教信仰者往往将斋醮科仪视之为人与神相沟通的神圣仪式；贬之者则视之为带有迷信色彩的法术，认为其是通过装神弄鬼来欺骗群众。其实，斋醮科仪作为道教特有的宗教仪式，既是道教教义思想的动态表现形式，也是道教存在与发展不可或缺的要素。虽然就某种意义上说，“唐代道教斋醮科仪的增衍，是长期积累的结果，杜光庭的整理，只是将增衍的内容集中地反映出来。”[②]但杜光庭在对种类繁多的斋醮科仪详加整理、将增衍的内容集中反映出来的同时，还是有所创新和发展的，这主要表现在，他对“自然朝”的提倡、对道场戒律的重视、对谢恩醮的设立、对“斋”的意义的阐发、对斋官职司的具体规定、对表奏上章的文饰等，这些都使道教斋醮科仪变得更为系统和完整，更易于人们掌握，更贴近人们的生活，更具有一种道德约束力，也更表现出神圣性，从而推动了道教斋醮科仪的发展。

首先，杜光庭提倡依古制而“先作自然朝，然后行斋事”，从而使斋醮科仪更加规范化。“自然朝”是建斋之前举行的一种仪式。杜光庭在《太上黄箓斋仪》卷五十三《赞导》中，先介

---

① 《上清灵宝大法》卷二十一，《道藏》第 31 册，第 476 页。

② 卢国龙：《道教哲学》，华夏出版社 1997 年版，第 112 页。

绍了道场六师的名称、职责，然后称："按金箓古仪及黄箓旧法，宿启之夜及言功之时，皆先作自然朝，然后行斋事。"他认为这种传统"自张天师、陆先生、寇天师、张清都相传至今，颇历年代，皆以斋法出于灵宝，自然朝为斋之祖宗，故先行自然朝，示不忘本也。"[①]杜光庭将"自然朝"称之为"斋之祖宗"，表明了他对"自然朝"的高度重视。他曾引用"《启斋仪》云：众官相率先行自然朝，至三礼后，即告斋署职，说戒宣科，明旦晨晓，依法行道。"可见，自然朝也有一定的程序。[②] 据杜光庭记载，这种传统的做法在当时遭到了一些"愚庸道士"的随意破坏。对此，杜光庭提出了批评："近有愚庸道士，不达古贤之情，先于玄师之前，补署六职，宣科授简，然后升坛，仍云简寂先生斋法谬误，饰非谤说，词理纷然，寡识无知，一至于此。"杜光庭认为，这些"愚庸道士"不仅不遵循古制，按最基本的仪式来进行斋醮活动，而且还说"简寂先生(陆修静)斋法谬误"，这些"饰非谤说，词理纷然"居然还"尚有其党，相仿行之"，实在是"不唯获乱法之愆，实亦受谤贤之罪"！对此，杜光庭认为"达教君子，宜共斥之"。于此同时，杜光庭也指出，"旧法之中，有相传错误者，唯启斋言功之时，自然朝内，合礼灵宝天尊，而相传礼玉宝皇上等号，此稍失自然朝之本旨，恐是年代绵远，书写舛讹。今于此仪中已为改正，非敢臆度，惟理所归，

---

① 《太上黄箓斋仪》卷五十三，《道藏》第9册，第347页。

② 日本学者松本浩一认为，"在行道仪中，从发炉开始，接下去是称法位，三上香，礼忏、三启、三礼、重称法位和复炉，称为自然朝。行道仪即由自然朝的这一系列仪礼构成骨架。"参见[日]福井康顺、山崎宏等监修：《道教》第一册，上海古籍出版社1990年版，第177页。

时彦后贤，共弘之矣。”[①]杜光庭在整理斋醮科仪时，不仅对“自然朝”的内容作了简要的介绍，而且还改正了一些“稍失自然朝之本旨”的做法，建立起了比较系统的道场仪节，这对道教斋醮科仪的进一步发展起到了积极的促进作用。

其次，杜光庭强调“持戒”对于斋醮科仪的重要性，并详细论述了道场戒律，增强了斋醮科仪的神圣性。斋醮科仪作为道教特有的一种敬祭神灵的宗教仪式，是从中国古代民间祭祀鬼神的活动和儒家祭天祀祖的仪式发展而来的。但正如东晋道士葛洪所说：“儒者祭祀以祈福，而道者履正以禳邪。”[②]出于“禳邪”的需要，道教十分强调祭祀者在行斋醮科仪时必须在身、口、意等方面有所禁忌。《道门科范大全集》卷七十九中有杜光庭删定的《东岳济度拜章大醮仪》，其中就特别列有“说戒”，对戒与斋的关系及其内涵、功效等作了具体的说明：“道以斋为先。盖古者祭祀必有斋，斋必有戒，先戒而后斋。所谓七日戒而三日斋也。散斋七日谓之戒。戒者，所以恭依准绳，不犯非僻，动遵戒律，无有愆违也。致斋三日谓之斋。斋者，所以斋洁心神，清涤思虑，专致其精，而求交神明也。”行斋者一定要在建斋之初就持戒行道，先戒而后斋。“今因斋而说戒，合坛之人，先受戒约，一历耳根，永为道种，即当检束身心，屏绝外念，存想至真，使启奏得行，祈祷必应矣。”[③]对于戒，杜光庭借“天尊所言，真科所传”具体列出了“七戒”：

---

① 《太上黄箓斋仪》卷五十三，《道藏》第9册，第347页。

② 《抱朴子内篇·明本》，王明：《抱朴子内篇校释》，中华书局1985年版，第187页。

③ 《道门科范大全集》卷七十九，《道藏》第31册，第945页。

第一戒者，不得杀害。悯念有情，如己身命。杀生之人有六种报。

第二戒者，不得嗜酒。嗜酒之人有四种罪。

第三戒者，不得生叛背心，言不忠直。不忠之罪有五种报。

第四戒者，不得无孝顺心，违逆父母。不孝之罪有五种报。

第五戒者，常行慈心，若见众生临命终时，为作功德。昆虫草木尤不可伤，爱老怜贫溥度一切。

第六戒者，不得诽谤三宝及有道师尊，乃至在家出家一切道像。诽谤之罪有四种报。

第七戒者，今日道场之中，常当恭敬，不得懈怠，当须勉励，内外精勤，日夜乾乾，毋怠毋忽，勤则利有，怠则利无，自利利他，便移真极。①

"七戒"中既有不杀、不嗜酒的规定，也有忠、孝的要求，还包括了在道场中举止行为的规范，并特别以因果善恶报应来警示人们要对自己的行为负责，如果违犯戒条就会遭受到恶报，其中所包含的浓厚的道德色彩，显示了道教斋醮科仪的伦理化倾向。"持戒"不仅能"自利利他，便移真极"，而且也保证了整个斋醮科仪的纯洁性与神圣性。杜光庭删定的《北斗延生醮说戒仪》中还更具体地提出了"道场十戒"，强调"今日道场众等当知，天命至重，不可轻祷。众等虽佩至真，参修大法，处身五浊，染迹六尘，启奏之间，不无窒碍，先当澄神静虑，仰奉戒

① 参见《道藏》第31册，第945~946页。

约，清静身心，上遵法训。天尊言，修斋行道，皆当一心请奉十戒。”[①]这“道场十戒”是：

第一戒者，不得傲忽圣真。
第二戒者，不得轻慢经文。
第三戒者，不得诽谤法门。
第四戒者，不得触秽道场。
第五戒者，不得放纵身心。
第六戒者，不得争竞财利。
第七戒者，不得减省法事。
第八戒者，不得退转道心。
第九戒者，不得错误章奏。
第十戒者，不得扰乱形神。[②]

从这“道场十戒”可见，虽然它是针对修斋行道之人在道场中应当具有怎样的言行举止而言，但其实也是道教伦理的一般体现。无论是“七戒”，还是“道场十戒”，其中都内含着相互关联的两重关系，即人与神的关系和人与人的关系，并通过斋醮科仪而将这两重关系贯彻到了修道者生活的方方面面，要求修斋行道者通过“斋洁心神，清除思虑”，以一种虔诚的恭敬之心来对待道场中所开展的一切活动，从而将个人的德行和对道教的信仰融合为一。杜光庭强调“持戒”在斋醮科仪中的重要性，实际上既将“持戒”作为人修斋行

① 卷五十九，《道藏》第31册，第897页。
② 卷五十九，《道藏》第31册，第897页。

道、得道成仙的根本保证,也将道教斋醮科仪看作是引导人们向善的一种集体活动。

第三,杜光庭在黄箓斋仪之后增加了谢恩醮的仪节,这种先斋后醮之法,将斋与醮的仪式合而为一,对后世道教斋醮科仪的发展影响深远。谢恩醮主要是对斋事中所调动的各路神灵进行酬恩致谢。据南宋蒋叔舆在《无上黄箓大斋立成仪》中说:“张清都(张万福)黄箓仪无谢恩醮,杜广成仪始有之。亦以修斋,召命神灵管卫坛场,宣通关告,往来劳役,所以言功,设此醮筵,用行酬赏。”①杜光庭的《太上黄箓斋仪》卷五十列有“散坛设醮”②,专门陈述在黄箓斋仪后所举行的谢恩醮的仪式。这种带有浓浓人情味的谢恩醮仪很符合中国人有恩必报的心理,因而更易于为人们所接受。“自此以后的道教科仪,都遵广成先生仪制,在斋后设醮谢恩,且不限于黄箓斋。”③

第四,杜光庭还在《东岳济度拜章大醮仪》中对“斋”的意义作了专门的论述,强调了斋醮科仪对约束人身心的重要作用,从而提升了道教斋醮科仪的内涵。杜光庭认为“斋”可分为祭祀之斋和心斋④。如果说,祭祀之斋是人通过供献物品来祈求神灵保佑,那么,心斋则以“清涤思虑”的精神活动而希求达到与神交感,因此“祭祀之斋非心斋也”⑤。杜光庭强调

① 《无上黄箓大斋立成仪》卷十五,《道藏》第9册,第464页。

② 参见《道藏》第9册,第331页。

③ 张泽洪:《道教斋醮符咒仪式》,巴蜀书社1999年版,第45页。

④ 《庄子·人间世》最早将“斋”区分为心斋和祭祀之斋,可见杜光庭对庄子思想是有继承的。

⑤ 《道门科范大全集》卷七十九,《道藏》第31册,第945页。

参加斋醮科仪的人应当注重发挥“心斋”的作用。“斋者，所以斋洁心神，清涤思虑，专致其精而求交神明也。”[1]人只有心地诚明才能与神相沟通，而“斋”仪可以起到制约信徒身心的作用，但光行祭祀之斋还是不够的，还须心斋，“欲其无听之以耳，而听之以心，无听之以心，而听之以气，气者虚而待物，惟道集虚，虚者心斋”，只有心斋才能使人神明生而与道合：“斋戒以神其德，盖贤人受道于圣人，而圣人与神明合德者，必心斋而得道，故知祭祀之际而后可以求心斋，则神明生与道合矣”[2]。杜光庭对“斋”的意义的阐发，在客观上反映出道教斋醮科仪是虔诚信仰、洁净行为和心地诚明的统一。

第五，杜光庭对斋官及其职责提出了具体的要求，对当时斋醮科仪中出现的不规范乃至混乱的情况提出了批评，这对推动道教斋醮科仪的发展有着重要的意义。在杜光庭看来，斋醮科仪应当是由一些训练有素的道士相互配合共同进行的一种十分神圣而庄严的宗教活动，在仪式中斋官及其职责必须分明，他的《太上黄箓斋仪》对“道场六职”的具体记载是：1. 法师，“斋官之内以道德尊高者为法师”，其“职在敷奏，进止俯仰，居众之先”；2. 都讲，“明练法度为都讲”，其职责是“赞唱导引”，在道场上“先鸣法鼓，次引朋众，风则轨仪，敬凭赞说”；3. 监斋，其职责是“秉执科宪，绳纠愆违，务在无私，共引典法”；4. 侍香，主管道场的焚香不绝；5. 侍经，主管经书的收存、陈放和诵念；6. 侍灯，主管道场的灯烛明亮。斋官既各有职责，又必须相互配合。但在当时，却出现了年长者荒忽职责等混乱的情

① 《道门科范大全集》卷七十九，《道藏》第 31 册，第 945 页。

② 《道门科范大全集》卷七十九，《道藏》第 31 册，第 945 页。

况。"但以近年或都讲年德稍高，不欲一一劳止，即于众官之内，差一人执磬唱礼，盖事出一时，元非古制，详其职简，颇谓旷官，更有后学生情妄为臆断，于六职之外，置一人持磬，殊无经据，讹谬益深。"有些年事已高的都讲，力不从心，就随便差遣一人来"执磬唱礼"，这不仅有意或无意地破坏了古制，而且还破坏了道场的神圣性与规范性，后学者不知是错，反而于六职之外，专置一人持磬，这就错上加错。杜光庭还对那些"老迈昏庸"的高功法师提出了批评，指出："高功法师，职在敷奏，进止俯仰，居众之先。或昏耄不任，自可求退，岂容假手，翻类冗员？今蜀地高功止于发炉、复炉两称名位，其他宣读，皆委他人。虽云先唱后随，何异龙吟鳖应，此盖不惧冥谴，自掇罪尤。人事尚且未容，天道如何通感？后之法主深可戒焉。"[①]正值壮年的杜光庭(他在撰写《太上黄箓斋仪》时约四五十岁)对那些年高位重但又不能很好地依仪轨而行斋醮之事，从而破坏了道教斋醮科仪程序、增加了道场冗员的现象十分不满，甚至直截了当地提出了"昏耄不任，自可求退"。虽然杜光庭所批评的道场冗员等现象在入宋以后仍在存在[②]，但他的批评对道教斋醮科仪的发展仍然是有重要意义的。

最后，杜光庭所撰写的斋醮词文辞典雅、修辞规范、意蕴丰富，不仅增加了斋醮科仪的文学性与艺术性，提升了斋醮科仪的文化品位，而且还在书写格式上对后世起到了一种范文的作用。杜光庭一生撰写了数百篇斋醮词，尤其是在入蜀之

---

① 以上引文均见《太上黄箓斋仪》卷五十三，《道藏》第9册，第346～347页。

② 例如宋代的《无上黄箓大斋立成仪》卷二就指出了当时道场中"坛官各不举职，而六职之外，始多冗名矣"的现象(见《道藏》第9册，第384页)。

后，帝王大臣、平民百姓慕其名声，不仅请他主持斋醮仪式，而且还请他撰写斋醮词。杜光庭所撰写斋醮词既表达了道教的基本信仰，又烘托出道场的庄严神秘的气氛，还通过渲染诸神能够给人带来福佑，给参加斋醮科仪的人带来精神安慰，增强了他们的宗教感情，加深了他们对道教文化的兴趣，故被后世誉为"词林万叶，学海千寻，扶宗立教，天下第一。"①

杜光庭继陆修静、张万福之后，对道教的斋醮科仪进行了充实与整理，既删定旧作，又撰有新篇。他的著作不仅大体上保存了唐代以前道教斋醮科仪的风貌，而且还使后人有章可循，有法可依，因而促进了道教斋醮科仪的发展。南宋时，蒋叔舆受其师留用光之命而诠考斋法后编撰的《无上黄箓大斋立成仪》五十七卷，各卷的编辑修撰人不同，其中卷十九、二十题为杜光庭集，卷二十一题为杜光庭集、蒋叔舆修。该书是道教黄箓斋法之总集，不仅详细介绍了各种斋醮仪轨，而且还对陆修静、张万福、杜光庭、李景祈等人所制订的斋醮科仪进行了辨析源流式的考证②，保存了一些已佚的古代斋醮科仪的资料，其中对杜光庭的斋醮思想，特别是对他整理的黄箓斋仪都有所吸收。由上可见，杜光庭所整理的斋醮科仪对后世的影响。南宋宁全真授、王契真纂《上清灵宝大法》卷五十四在评价杜光庭对整理斋仪的贡献时说："中古以还，典章浩博，至晋宋间而简寂先生陆君始明授受降世之源，别三洞四辅之目，考详众典，撰次斋仪，自是遐迩宣行，斋法昭布，条陈经诰，

① 《道藏》第 32 册，第 8 页。

② 参见《无上黄箓大斋立成仪》卷一《仪范门 · 序斋第一》，《道藏》第 9 册，第 378 页。

次序乃成。洎唐则张清都万福复加编集，典式渐详。中叶以后，广成先生杜君光庭于是总稽三十六部之经诠，旁及古今之典籍，极力编校，斋法大成。然其一字一法，由始及终，莫非出于经典，所是古科二十四品之斋。广成之论，谓黄箓兼总死生，人天同福，上至邦国，下及庶人，皆得修奉，隶于下元中宫，统摄万灵，并关九府，功德深重，利佑存亡，于是撰集斋科四十卷，号曰《黄箓斋科》。然则坛墠典仪，朝修俯仰，莫不古今一途。而其科文严整，典式条畅，发明古则，昭示方来，斋法至此不可有加矣。"①

① 《上清灵宝大法》卷五十四，《道藏》第31册，第201页。

第十章 对道教文学创作的贡献

道教文学是指以传播道教教义和神仙思想以及反映道教生活为题材的各种形式的文学作品，就体裁而言，有诗词、歌赋、骈文、散文、小说、神仙传记等，就内容而言，有阐述教义的散文、杂论，有赞颂神灵的诗词、歌赋、骈文，有记叙神仙传说的故事集，有讲述道教人物的小说。才华横溢的杜光庭在文学创作上有着很高的造诣，他的文学创作不仅体裁广泛，小说、诗词、歌赋、散文、词章无所不善，而且文笔优雅，语言生动，内涵丰富，以至于被后人评价为“学海千寻，词林万叶，凡所著述，与乐天齐肩”①。本章主要通过对杜光庭文学作品的介绍和分析来看其在文学创作上所做出的贡献。

---

① ［后蜀］何光远：《鉴戒录》，《四库全书·子部·小说家类》，台湾商务印书馆影印文渊阁本，第1035册，第867页。

第一节 空灵静谧的咏道诗

杜光庭一生创作了大量的诗歌。《全唐诗》中存有他的诗作一卷，共二十九首。在《全唐诗》卷八五五郑遨的诗卷中还收有杜光庭的诗十一首。陈尚君辑校的《全唐诗补编》中也收有杜光庭《题天坛》诗一首①。另外，在杜光庭各种著作中，大约还有诗歌一百五十余首，其中有一部分可能仅是经其修订。基于对道教的信仰，杜光庭的诗歌创作主要是围绕着弘道的目的而展开。如果细细研究，大致可以分为三大类：

第一，以超然的态度来对待人生，并表达追求得道成仙的信仰。年轻时的杜光庭在天台山奋然入道之后，就从道本清虚的思想出发，淡化对人生名利的追求。他在《伤时》一诗中写道：

> 帆力劈开沧海浪，马蹄踏破乱山青。浮名浮利过于酒，醉得人心死不醒。②

杜光庭认为，名与利对人身心的侵害更甚于酒精。如果是醉酒，那么还会有酒醒之时。人一旦沉醉于名利之中，则会"醉得人心死不醒"。正是在看轻了人生的功名利禄之后，杜光庭才将得道成仙作为自己的人生目标。"遁迹出世和求仙访道

---

① 参见陈尚君辑录：《全唐诗补编》，中华书局 1992 年版，第 499 页。

② 以下所引杜光庭的诗作，凡不注出处者，均引自《全唐诗》卷八五四。

是五代诗歌经久不衰的主题之一”①，也是杜光庭诗作着力阐扬的主题，他在《偶题》中写道：

似鹤如云一个身，不忧家国不忧贫。拟将枕上日高睡，卖与世间荣贵人。

杜光庭以“似鹤如云”来描绘道教的超然脱俗的人生态度，并希望将道教的“枕上日高睡”的逍遥精神“卖”给人世间那些热衷于争名夺利的“荣贵人”。虽然杜光庭在这里提出的“不忧家国不忧贫”的思想似乎与他一贯弘扬的“经国理身”的终极理想不相吻合，但这却从一个侧面表现出了他对现实人生的一种无奈。《景福中作》一诗也充分说明了这一点：

闷见戈铤匝四溟，恨无奇策救生灵。如何饮酒得长醉，直到太平时节醒。

他本来是抱着满腔热情来践行道教的“经国理身”理想以期济世救人的，例如在《赠将军》诗中就表达了他的这种政治抱负：“八表顺风惊雨露，四溟随剑息波涛。手扶北极鸿图永，云卷长天圣日高。未会汉家青史上，韩彭何处有功劳。”然而，在战争四起，社会动荡，政治黑暗，民不聊生的社会环境中，他又深感个人能力的有限，而“恨无奇策救生灵”，因此，他只有在道教所倡导的个人修炼中来超越世俗名利束缚，抛弃人间的种

① 张兴武：《五代作家的人格与诗格》，人民文学出版社 2000 年版，第 142 页。

种烦恼与忧愁，暂时地麻醉自己的心灵，以期通过珍惜来之不易的生命而希望能亲眼见到“太平时节”的到来。

如果再读一下他的《招友人游春》，就更能体会到他对道教的超然精神的理解：

> 难把长绳系日乌，芳时偷取醉工夫。任堆金璧磨星斗，买得花枝不老无。

他在日常生活中，感悟到时间在分分秒秒地飞逝而无可奈何，真可谓“难把长绳系日乌”，只有以一种超然适闲的态度来“偷取醉工夫”，进行生命的修炼，以求达到“花枝不老无”的境界。这就以诗化的语言将道教追求的得道成仙的理想凸显了出来。杜光庭曾作《怀古今》以直接表达自己对道教所奉之“道”的理解和感受。他说：

> 道，德。清虚，玄默。生帝先，为圣则。听之不闻，搏之不得。至德本无为，人中多自惑。在洗心而息虑，亦知白而守黑。百姓日用而不知，上士勤行而必克。既鼓铸于乾坤品物，信充仞乎东西南北。三皇高拱兮任以自然，五帝垂衣兮修之不忒。以心体之者为四海之主，以身弯之者为万夫之特。有皓齿青娥者为伐命之斧，蕴奇谋广智者为盗国之贼。曾未若轩后顺风兮清静自化，曾未若皋陶迈种兮温恭允塞。故可以越圆清方浊兮不始不终，何止乎居九流五常兮理家理国。岂不闻乎天地于道德也无以清宁，岂不闻乎道德于天地也有逾绳墨。语不云乎仲

尼有言朝闻道夕死可矣，所以垂万古历百王不敢离之于顷刻。

这首诗的诗意凝重，涵义深远，表现了杜光庭对现实生活不满但又无力抗争的矛盾心态，于是他依于对“道德清虚玄默”的信仰，来幻想构筑自己生活的蓝图——远离喧闹的世界静以律己，“洗心而息虑”，“知白而守黑”，这当然不是苟且偷生的处世方式，而是通过“曲则全”来实现自己理家理国、济度苍生的理想。因此，在杜光庭的这首感叹古今人事沉浮而追求与道相契合的诗歌中，我们仍然可以看到他力图实现道教“经国理身”理想的使命感在时起时伏。

第二，通过对道教胜地的赞美，来表达自己立志弘道的精神。杜光庭入道之后，曾于天台山桐柏观修道，自称“桐柏真人”、“吴都仙客”。江南的秀丽山水激发了杜光庭的诗情，使他在诗歌创作上经常采用借景抒情的方式。入蜀之后，杜光庭为弘道而四方奔走，所到之处更是常常留下诗文。《全唐诗》卷八百五十四中收录杜光庭诗作共二十九首，其中歌咏蜀地道教圣地的就有十四首。这些诗歌不仅是研究杜光庭行迹的重要资料，同时也从不同的角度展现了道教胜地的美妙景象。例如《题北平沼》：

桐柏真人曾此居，焚香涯下诵灵书。朝回时宴三山客，洞尽闲飞五色鱼。天柱一峰凝碧玉，神灯千点散红渠。宝芝常在知谁得，好驾金蟾入太虚。

杜光庭在此既描绘了北平治天柱峰的壮景，又以一种审美的态度将自己对仙境的向往与追求尽情地表现了出来。他在《题平盖沼》写道：

> 势压长江空八阵，吴都仙客此修真。寒江向晚波涛急，深洞无风草木春。江上玉人应可见，洞中仙鹿已来驯。龙车凤辇非难遇，只要尘心早出尘。

这里“北平沼”与“平盖沼”的“沼”疑为“治”，与“化”同义。据杜光庭说，北平化属眉州彭山县，而平盖化则属蜀州新津县[①]。杜光庭通过对道教胜地仙灵之气的张扬，以真实深沉的情感和高远超俗的思想形象地传达了道教的理想，使人感到在可感可知的现实世界之外似乎还存在着另一个美好而神秘的世界，这才是一种理想境界。

杜光庭在参访鹤鸣山时曾写下了《题鹤鸣观》。鹤鸣山，又称鹄鸣山，位于今四川大邑县西北三十里，据《后汉书》、《三国志》、《华阳国志》、《太平广记》等史籍中记载，此山是张道陵学道传教之地：“汉末，沛国张陵学道于蜀鹤鸣山，造作道书，自称‘太清玄元’，以惑百姓。……巴、汉夷民多信之。其奉道限出五斗米，故世谓之‘米道’。”[②]因此，鹤鸣山是五斗米道的发源地。杜光庭将鹤鸣山的奇峰异岭描绘成道教信仰的天然绝妙画卷：

> 五气云龙下泰清，三天真客已功成。人间回首

① 《洞天福地岳渎名山记》，《道藏》第 11 册，第 60 页。
② [东晋]常璩：《华阳国志》卷二。

山川小，天上凌云剑佩轻。花拥石坛何寂寞，草平辙迹自分明。鹿裘高士如相遇，不待岩前鹤有声。

这里，通过人间狭小与天上宏阔的鲜明对照，并以鹤鸣山所拥有的道教遗迹以及"三天真客"修道的成功来暗示通过修道可以消弥两者的差距，从而抒发了对得道成仙的向往之情。

剑阁，或称剑门关，也是蜀地著名的道教胜地。"杜光庭的入蜀路线，是由剑阁经梓潼入成都的。"[1]杜光庭在《题剑门》中写道：

谁运乾坤陶冶功，铸为双剑倚苍穹。题诗曾驻三天驾，碍日长含八海风。

虽然他并没有具体地描绘剑阁的风光景象究竟如何，但却通过"运乾坤"、"倚苍穹"等词句，让人展开丰富的想像，以体会剑阁所具有的"铸为双剑倚苍穹"之雄伟，以及作者在其间所生发的豪迈气概和踌躇满志的心情。

唐代时，随着道教宫观数量的迅速增多和建设规模的越加宏大，早期道教所用的"治"或"化"大多改为"观"了。这在杜光庭的诗中也有所反映。《题本竹观》就描绘了依山而建的"本竹化"的宫观建筑之壮丽景象：

楼阁层层冠此山，雕轩朱槛一跻攀。碑刊古篆龙蛇动，洞接诸天日月闲。帝子影堂香漠漠，真人丹

① 王瑛：《杜光庭事迹考辨》，载《宗教学研究》1992年第1～2期。

涧水潺潺。扫空双竹今何在，只恐投波去不还。

本竹观即为本竹化。杜光庭曾写道“本竹化，……蜀州新津县西北二十五里。黄帝所游，郭声子上升于此，有扫坛竹，因此为名。”[①]在上引这首诗中，杜光庭倒是具体描绘了本竹观的楼阁依山而建，“雕轩朱槛”顺山势而攀上的景象。同时他还用优美的诗句描绘了本竹观的道教景观：写着古篆文的碑刊，自然形成的洞天，“帝子影堂香漠漠，真人丹涧水潺潺”等。杜光庭将本竹观描绘成瑰丽斑澜且无比美妙的人间仙境，其本意在于调动人们对道教得道成仙的信仰与追求。

成都是杜光庭入蜀后的主要活动地之一，从杜光庭所写的《题仙居观》、《题都庆观》、《题鸿都观》、《题唐福观二首》等诗可见，当时成都就有众多的道观。另外，保留在《全唐诗》中的杜光庭诗词，还有一些是以道教名山、名观、名迹为题的，如《题龙鹄山》、《题空明洞》、《题莫公台》等，从这些诗作中可见，杜光庭为了弘道，足迹遍踏了蜀地道教名胜，而笔触之间则洋溢着对道教胜地的赞美之情。

第三，以适闲淡泊的心情来歌咏修道生活。在静静的夜色中，杜光庭“静神疑思仰青冥，此夕长天降瑞星。海上昨闻鹏羽翼，人间初见鹤仪形。”[②]由此而描写了处于高远青天之下的修道者在心理上对道教得道成仙的理想所产生的无限遐想。杜光庭的诗词不以华美词藻取胜，而以优美的意境动人。如他在《初月》中通过对幽静月色的大加铺陈，表达了自己观

① 《洞天福地岳渎名山记》，《道藏》第11册，第60页。

② 《赠人》，《全唐诗》卷八五四。

看初月之景色而了悟人生之真谛的心情。

> 始看东上又西浮，圆缺何曾得自由。照物不能长似镜，当天多是曲如钩。定无列宿敢争耀，好伴晴河相映流。直使奔波急于箭，只应白尽世间头。

在杜光庭看来，月亮虽然圆缺变化不定，但却始终以幽静清冷的月色普照大地，“定无列宿敢争耀”，在广袤宇宙中的众多星辰根本无法与之争辉。而即使这样的月亮还“圆缺何曾得自由”，更何况人呢？如果说，月亮的运动都“奔波急于箭”，那更何况人那易逝的生命呢？因此，杜光庭在《山居三首》中特别强调在“中原正乱离”的社会中，应以一种适闲淡泊的心态来对待生活。

> 闷见有人寻，移庵更入深。落花流涧水，明月照松林。醉劝头陀酒，闲教孺子吟。身同云外鹤，断得世尘侵。
>
> 冥心栖太室，散发浸流泉。采柏时逢麝，看云忽见仙。夏狂冲雨戏，春醉戴花眠。绝顶登云望，东都一点烟。
>
> 不求朝野知，卧见岁华移。采药归侵夜，听松饭过时。荷竿寻水钓，背局上岩棋。祭庙人来说，中原正乱离。

正是在“落花流涧水，明月照松林”的隐居山里的修道生活中，杜光庭充分领悟到“身同云外鹤”的自由，同时也在“采药归侵夜，听松饭过时”的情境中似乎达到了与自然融合为一。这种

"看云忽见仙"的生活乐趣，却是以"不求朝野知"的淡泊心态换来的。因此，他一旦来到人间社会，就会产生一种"思山"的心理。《思山咏》："因卖丹砂下白云，鹿裘惟惹九衢尘。不如将耳入山去，万是千非愁杀人。"他因弘道来到红尘滚滚的人间社会，可是"万是千非愁杀人"的情景，又使他不由地思念山中的宁静，"不如将耳入山去"，希望能够离开是非之地而过上一种超凡脱俗的神仙般的生活。

在《题龙鹄山》中，杜光庭则以一种轻松的笔调来描写自己的修道生活："抽得闲身伴瘦筇，乱敲青碧唤蛟龙。道人扫径收松子，缺月初圆天柱峰。"在《题莫公台》一诗中，杜光庭不仅描绘了"古来人称小瀛洲"的莫公台的飘飘仙气，而且还提到莫公将军因"悟却希夷诀"而"赢得清名万古流"之事迹："奇绝巍台峙浊流，古来人号小瀛洲。路通霄汉云迷晚，洞隐鱼龙月浸秋。举首摘星河有浪，自天图画笔无钩。将军悟却希夷诀，赢得清名万古流。"①杜光庭还写有《读书台》一首："山中犹有读书台，风扫晴岚画障开。华月冰壶依旧在，青莲居士几时来。"据清代彭洵《青城山记》卷上记载："读书台在白云溪，为杜光庭读书处。"②这首诗既描绘了读书台如诗如画的景色，也歌咏了作者自己的求道生活与心情。

---

① 据《蜀中名胜记》介绍，"莫公台"位于蒲江县"南十五里，莫佛镇。相传汉文帝时有莫将军征西南夷归，而学佛于此，其佛台前，石羊虎尚在，居民往往于其处得金银。"（卷十三《蒲江县》引《舆地纪胜》）莫公究竟是学佛，还是学道，还有待于进一步考证。

② 有学者认为："实际上，青城山并没有杜光庭读书台。而是《青城山记》的作者把杜光庭咏太白书台一诗错当成陆游咏青城山杜光庭读书台了。结果以讹传讹，误传至今。"（王瑛：《杜光庭事迹考辨》，载《宗教学研究》1992年第1～2期）

总之，杜光庭所创作诗歌，大多以对自然景物的静照观赏与动态描写为特色，强调自然景色对生活于红尘喧嚣中的人来说，具有平息心灵的躁动、开拓思想的空间、提升人们的思想境界的效用。而杜光庭在诗作中所表达出的物象空灵静谧，弥漫着似雾似烟、似仙似灵、幽远寒静的氛围："八州物象通檐外，万里烟霞在目前。自是人间轻举地，何须蓬岛访真仙。"[①]使人在感受到一种轻松休闲、返朴归真的仙气的同时，也体会到道教所追求的人与自然圆融为一的生活美。这种通过情景交融之美来体现道教的理想，构成了杜光庭在诗歌创作上的重要特色。正如黑格尔(Hegel)在《美学》中所说："在艺术作品中，各民族留下了他们的最丰富的见解和思想；美的艺术对于了解哲理和宗教往往是一个钥匙，而且对于许多民族来说，是唯一的钥匙。"这是因为艺术表现了"人类的最深刻的旨趣以及心灵的最深广的真理的一种方式和手段。"[②]杜光庭通过以"诗言志"表达了自己对道教得道成仙信仰和超凡脱俗精神的追求，给人以一种心灵的滋润。因此后人评价说："杜先生为诗悉去浮游，迥为标准，区分理本，实契真筌。如《山居百韵》云：'丹灶河车休矻矻，蚌胎龟息日绵绵，驭景必能趋日域，骑箕终拟蹑星躔。'又'返朴还淳皆至理，遗形忘性尽真诠。'玄妙之门，实为奇句。"[③]

正是基于此，杜光庭对当时流行一时的"花间词"并不认

① 《题福唐观二首》，以上诗词皆引自《全唐文》卷八五四。
② 《美学》第一卷，商务印书馆 1982 年版，第 10 页。
③ [后蜀]何光远：《鉴戒录》，《四库全书·子部·小说家类》，台湾商务印书馆影印文渊阁本，第 1035 册，第 893 页。

同。据《历世真仙体道通鉴》卷四十《杜光庭》中记载,“相国庄之文集请为序,光庭曰:相国富有文辞,若集中不删落小悼浮艳等诗,不敢闻命。”[①]相国庄指的是当时任蜀国吏部侍郎兼平章事的韦庄(约 836～910)。韦庄是五代前蜀诗人、词人,早年曾写过《秦妇吟》等反映民间疾苦的诗歌,但后来则热衷于写闺情离愁和游乐生活的“花间词”,这让杜光庭很不屑,因此,当韦庄请杜光庭为自己的文集写序时,杜光庭表示,如果韦庄不删除文集中的那些“小悼浮艳等诗”,就不愿为之作序,由此可见杜光庭在诗歌创作中的价值观。

第二节 亦真亦幻的神仙故事

杜光庭出于对得道成仙的信仰而在广泛搜集整理民间流传的各种灵迹异闻的基础上,用文学笔法塑造出了丰富多彩的神仙形象,创作出了多部神仙故事集,如《道教灵验记》、《神仙感遇传》、《墉城集仙录》、《录异记》、《仙传拾遗》、《王氏神仙传》等。这些情节新奇怪异、内容亦真亦幻的神仙故事构成了唐代道教小说创作上一道独特的风景线,同时也可“视为唐代及其前的仙传资料之集大成者”[②]。道教小说是用小说这种艺术形式来表达对道教的信仰,渲泻对道教的感情。如果细加分类,那么“道教小说可分为志怪

① 《道藏》第 5 册,第 331 页。

② 李丰楙:《六朝隋唐仙道类小说研究》,台湾学生书局 1986 年版,第 111 页。

体、传奇体、话本体、章回体四大类”[①]。杜光庭所创作的神仙故事，有的属于传奇体小说，更多的则属于志怪体小说。如果追根溯源，“志怪”一词虽出于《庄子·逍遥游》中的“齐谐者，志怪者也”，但用“志怪”来表示内容奇异怪诞的小说则是六朝时的事了。六朝时，在神仙传记大量涌现之时，志怪小说也风靡起来，并直接影响到后来唐代道教文学创作的内容与形式。但正如鲁迅先生所说：“小说亦如诗，至唐代而一变，虽尚不离于搜奇记逸，然叙述宛转，文辞华艳，与六朝之粗陈梗概者较，演进之迹甚明，而尤显者乃在是时则始有意为小说。”[②]唐代小说以“叙述宛转，文辞华艳”为特点，在那种有意识而为之的创作中逐渐去除六朝小说的“粗陈梗概”而变得丰满起来。从内容上看，“道教志怪小说主要有：神仙道人传记体小说、反映道教思想的地理博物体小说、表现道教观念、叙述梦幻奇异现象的杂记体小说”[③]，如果按此分类，在杜光庭所撰写的神仙故事集中，《神仙感遇传》、《道教灵验记》、《墉城集仙录》、《王氏神仙传》、《仙传拾遗》等都主要属于神仙道人传记体小说，《录异记》则主要属于地理博物体小说，而表现道教观念、叙述梦幻奇异现象的杂记体小说又穿插在其中，因而从整体上看，这些小说都呈现出了亦真亦幻的特点。值得进一步研究的是，杜光庭所创作的道教志怪体小说如何通过完整的故事情节、真实的时空背景、生动的人物形象、“纪实”的表达方法来宛转地叙

① 卿希泰主编：《中国道教》第四卷，东方出版中心 1994 年版，第 55 页。
② 《中国小说史略》，《鲁迅全集》，人民文学出版社 1973 年版，第 211 页。
③ 卿希泰主编：《中国道教》第四卷，东方出版中心 1994 年版，第 55 页。

述一个个灵迹异闻，从而使神仙境界表现得更为丰富、更为生动？

一、《神仙感遇传》

杜光庭所撰写的《神仙感遇传》在《宋史·艺文志》中著录为十卷，但今《道藏》本仅残存五卷，并在卷五末注明“后有缺文”。五卷本《神仙感遇传》记载了七十五条古今凡人与神仙感应相遇的故事。

卷一有：王杲、吉宗老、何道璋、谢贞、李岌、叶迁韶、牟羽宾、于满川、侯天师、韩氏女、王叡、王从玘、崔玄亮、钱道士、令狐绹、李筌、邓老、杨初、刘彦广、丰尊师、宋文才、刘景。

卷二有：蓬球、王可交、陈简、邵图、吴磻、王生、金庭客、费玄真、白椿夫、李颜、李班、裴沉从伯、庐山人、权同休友人。

卷三有：御史姚生、荆州韶石、曹桥潘尊师、相国庐钧、李公佐、王子芝、何亮、薛长官。

卷四有：谢璠、郑又玄、庐道流、成生、徐定国、京兆华原陆尊师、明皇十仙、虬须客、东明油客、王璘、梓州牛头寺僧、任公瑾、岐阳女子。

卷五有：崔希真、越僧怀一、杜晦、吴淡醋、王廓、燕国公高骈、杨大夫、薛逢、蜀民、康知晦、僧悟玄、费冠卿、紫逻任叟、朱含贞、吴善经、杨晦之、清河房建、僧契虚。

《神仙感遇传》另有《云笈七签》节录本二卷，共记载四十四人遇仙的事迹。

卷一一二有：吉宗老、叶迁韶、于满川、进士王叡、王从玘、令狐绹、李筌、刘彦广、宋文才、刘景、蓬球、王可交、陈简、金庭客、裴沈、权同休、曹桥潘尊师、庐钧、王子芝、郑又玄、虬须客、崔希真、越僧怀一、王廓、杨大夫、薛逢、蜀氏、僧悟玄、费冠卿、郑南海紫逻任叟。

卷一一三上[①]有：任生、罗公远、罗方远、李师稷、袁滋、王水部、崔生、黄尊师、庐杞、庐李二生、李石、李主薄、庐常师、裴令公。

值得注意的是，《云笈七签》卷一一三所记载的人物《道藏》本中没有，故以上两书可相互参校，以便更好地把握《神仙感遇传》的全貌。

杜光庭在《神仙感遇传》中，运用文学的笔法来讲述普通人遇仙的故事，以说明人只要诚心向善，精勤修道，不仅可以在冥冥之中与神仙不期而遇，过上幸福美满的生活，甚至还可以得道成仙，以为修道者树立学习的榜样。为了强调感遇故事的真实性，杜光庭采用了虚事实写的方法，每个故事都以遇仙者的名号为题，并在开头或结尾处写上故事发生的时间和地点，以借助于这些感遇神仙的奇闻逸事来宣扬道教的神仙实有、在成仙面前人人平等和善恶因果报应的思想。

从文学创作的角度看，《神仙感遇传》虽然是围绕着人感遇神仙的故事而展开，属于神仙道人传记体小说的范围，但“为了向世人宣传感遇的普遍存在，杜光庭侧重于动作性表现，把心灵之感转换成行动之感”[②]，这种文学笔法使成仙之道变得十分具体，从而给人以一种真实生动的感觉。

---

① 《道藏》本《云笈七签》卷一一三上的标题为《传》，但《四部丛刊》本则明确作《神仙感遇传》下。

② 詹石窗：《道教文学史》，上海文艺出版社 1992 年版，第 391 页。

首先，在杜光庭的笔下，感遇神仙的途径与方法是多种多样的：或因修宫观而感，如王杲、何道璋；或因塑神像而感，如谢贞；或因获经法符箓而感，如叶迁韶、朱含贞；或因斋醮拜章而感，如崔玄亮、李颜、钱道士；或因参观古道观而感，如清河房建；或因读道经而感，如李岌、邓老、吴善经；或因救人于危难之际而感，如紫逻任叟；或因治病养性而感，如相国卢钧；或因入山游览而感，如薛长官；或因道功入静而感，如令狐绚，……杜光庭宣扬，虽然每个人感遇神仙的途径与方法不同，但有一点则是共同的，这就是人能够与神仙相感遇并能够得神仙度化的关键是诚心向善，精勤修道。例如《王杲》讲述了湖南人王杲，住在王乔观附近。王乔观“殿宇台阁，功用甚奇，而岁久荒棘，渐欲隳坏”。王杲见此“每疚心而无力崇葺”，于是他“耕农稍赡，必旋议修营”。后来王杲于观址遇到一个金人，不仅帮助他修观成功，而且还使“王杲子孙至今巨富也。”[①]这个因修宫观而遇仙的故事十分生动地表达了杜光庭对神仙实有的说明，以及对道教的信仰与护持。《谢贞》所讲述的内容也大致相同。谢贞是一个工匠，他在装修蜀地鹤鸣观上清宫时特别用心，“研精尽意，墁饰用密”。有一天，他忽见道士引领二位从者前来观看。这二人“神彩异常，身长九尺，自门而入，谓贞曰：‘山中难值修葺，颇愧用心。’以手画地作一符，令再三审记，曰：‘此后有疾者，虽千里之外，符必效，勿多取钱，可资家而已。’”谢贞记其符，遵嘱而行，不仅修好神庙，而且“大获金帛而家业丰焉”[②]。谢贞因精修宫观而感遇

---

① 《神仙感遇传》卷一，《道藏》第10册，第881页。

② 《神仙感遇传》卷一，《道藏》第10册，第882页。

神仙，最后不仅修好了宫观而且自己也得到了善报。这种内蕴着善恶报应思想的故事对芸芸众生无疑具有一种特殊的吸引力。

其次，感遇者具有不同的身份，其中有农夫、手工业者、商人、地主、官吏、儒生、僧人、道士，他们遍布于社会各阶层，有着不同的生活经历和人生理想，但在杜光庭笔下，只要诚心向善，精勤修道，最终都可以通过各种方式“感遇”神仙，由此而表达了在成仙面前人人平等的思想。例如，樵夫李岌因诵读道经而有役使鬼神之术，最后“隐居阳朔山修道，至今犹在”[①]。挑夫牟羽宾因为道人送货而得仙方[②]。樵夫叶迁韶因救援被“树枝所夹，奋飞不得”的雷公而获“致雷雨，祛疾苦”之墨篆[③]。云门寺越僧怀一曾随一得道者入“花木繁茂，水石幽胜”之仙境，食千岁仙桃而能“或凌波不濡，或腾虚不碍，或矫身云末，或振袂空中，或仰视日月，或下窥星汉”[④]。不同身份的人通过不同的途径而感遇神仙，甚至走入道门。杜光庭以此来说明感遇是普遍存在的，并不因为人的社会地位不同而在成仙之途上有高下之别。这种修道无类的思想在客观上敞开了道教成仙之道的大门。

最后，在杜光庭的笔下，人们所感遇到的神仙经常以老翁、老妪、村夫、仆人、小童等凡俗之人的面目出现，但在关键时刻却能露出超凡的灵力，以此说明神仙并非完全是超绝凡

① 《神仙感遇传》卷一，《道藏》第 10 册，第 882 页。
② 《神仙感遇传》卷一，《道藏》第 10 册，第 883 页。
③ 《神仙感遇传》卷一，《道藏》第 10 册，第 882 页。
④ 《神仙感遇传》卷四，《道藏》第 10 册，第 900 页。

尘的神异者，人与仙之间是可以沟通的。例如，进士李公佐有个仆夫，“自布衣执役，勤瘁昼夕”，跟随其左右三十年，李公佐不知其是异人，但他最后却留下了“我有长生理，不厌有生身。江南神仙窟，吾当混其真。不嫌市井喧，来救人间人”的诗作而“距跃凌空而去”[①]。宋文才与乡里数人同游峨眉山，偶遇一老人，“引之徐行，皆广陌平原，奇花珍木，数百步乃到宫阙，玉砌琼堂，云楼霞阁，非人世所睹。”[②]这老人即是神仙，他将宋文才带到了真仙所居的第二十三洞天——峨眉洞天，使他见识了仙境的美妙。以上故事都说明神仙经常是以普通人的面貌出现来化导世人、引人入道的。这些以凡俗面貌出现的仙人使道教一贯主张的上升仙界、出世超越的神仙思想越来越贴近普通人的生活。不过，杜光庭笔下的神仙也往往在感人之后，悄然而去，不知所终，这又表现出了浓厚的神秘性。正是这些神秘奇异的成分，又增加了杜光庭作品的趣味性。

杜光庭所讲述的遇仙故事，情节生动，主题明确，语言质朴，人物的动作，形象的刻画，甚至心理状态的描绘都十分细腻，从而使人物形象跃然纸上，栩栩如生。例如在《杜晦》的故事中，杜光庭写道：杜晦少时身体不好，后遇一道士哀其多疾，以丹砂一粒令吞之，并告之曰：“此丹不独祛积冷，若不食肉，可致长生，慎无触秽也。”杜晦服丹后，“即容状充悦，轻健不食，累官为商州刺史。绝食三十年，人不知也。”忽然有一天，杜晦想吃肉，“一旦思肉，闻品味馨香，心自念曰：仙师戒我不食肉，今欲却食五谷，先须食肉，必夺我药力矣。遂啗肉

① 《神仙感遇传》卷四，《道藏》第10册，第894页。
② 《神仙感遇传》卷二，《道藏》第10册，第887页。

少许。良久吐一物，大如鸡子，若新膠未干，割而视之，丹在其内，光色莹然，与初服时无异。复欲吞之，因失之，后惋恨久之。”短短几句话，就将杜晦食肉时的思想斗争，以及食肉的结果生动地反映出来。杜晦“失丹之后，旬日齿发变衰，颜色枯槁，数年而卒”①。由于杜光庭将道教服食丹药的神奇作用贯穿于生动细致的描述中，因此比起纪实性的写作往往更能给人以一种心灵的震撼。

在《神仙感遇传》中，杜光庭通过对亦真亦幻的神仙故事的描绘，特别强调了为善是感遇神仙的一个重要条件，从而宣扬了道教为善去恶的道德劝诫和善恶报应的思想。例如，有个叫何亮的人，因在“雨雪交至，道绝行旅”的日子，好心接待了一名“衣装皆湿，历诣诸店，皆闭门不容”的道士。道士十分感激，第二天临行之前，“乃于壶中取丹一粒，令吞之”。何亮因此而长寿，年九十余而状貌四十岁，齿发不衰②。同时，杜光庭认为，人如果不能做到自我道德完善，即使修道也不能感遇仙人，或者感遇了神仙也无法得道。例如名家之子郑又玄，据说上帝以其有道气，曾先后两次使太清真人托生，先为其邻人之子，后又为大贾之子，与其相交，准备授其神仙之诀，但郑又玄以门望清贵自居，对邻人之子和大贾之子不是“戏而骂之”就是“怒骂”，使他们都忧郁而死。郑又玄曾明经上第，官至郡守，晚年罢官后，常好黄老之道，但最终学无所成。据此，杜光庭假借太清真人再次托生的童子之口批评郑又玄说：

① 《神仙感遇传》卷五，《道藏》第 10 册，第 900 页。

② 《神仙感遇传》卷三，《道藏》第 10 册，第 894～895 页。

“汝轻果高傲，终不能得其道，吁可悲哉！”[①]杜光庭对人的道德修养的强调，表达了道教的先成人道、再成仙道的思想。杜光庭还特别提到了为善要从每一件小事做起。《刘景》的故事说，“彭城刘景，因游金华山寻真访道，行及山半，觉景物异常，山川秀茂，见崇门高阁，势出云表，入门左右，池沼澄澈，嘉树垂条，棋布行列，披曼柔弱，其实如梨，馨香触鼻，景顾望无人，因掇撷其实于怀袖中，未暇啗食，俄有猘子，数个驰出，吠之，竟欲抟噬。景乃苍惶支吾，四顾无瓦石可投，探怀中所摘之果以掷之，果尽而犬亦去也。回顾前之宫宇，但林谷榛莽而已。”[②]刘景只因摘了几个果子，成仙之途就此受阻。杜光庭用这种通俗易懂的方式来说明，修仙道就要遵循社会人伦规范，做大众的道德楷模，即使是一个人独处时，也应当谨慎为善，否则，一点小小的不善行为都会导致遇仙的失败。由此而彰显出行善积德与人的生命成长之间的密切联系。这种“以德养生”的思想在一定程度上可以起到道德教化的作用。

杜光庭的《神仙感遇传》通过广泛搜集各种感遇事迹，不仅宣扬神仙实有，而且还突出了神仙所具有的非凡能力。但杜光庭所塑造的神仙不再是遗世而独立，只追求个体生命的超越，而是生活于现实社会之中，从事各种职业，不仅自己执著于修炼成仙，护持道教，而且还用种种奇异的方法来帮助百姓解决生老病死、贫富祸福等问题，以此来表现道教信仰的实用性与灵验性，这就使入世与出世、人道与仙道辩证地统一了起来。这样，游仙境，遇仙人，服仙药，得长生，这种自古以来

---

① 《神仙感遇传》卷四，《道藏》第 10 册，第 896 页。

② 《神仙感遇传》卷一，《道藏》第 10 册，第 887 页。

多少人的追求与梦想在杜光庭所创作的神仙故事中似乎都可以成为现实。但神仙虽然令人向往，对于普通人来说，得道成仙却并非易事。只有通过艰苦的修行，才能成仙。杜光庭在《神仙感遇记》中，描绘了许多隐于幽山，专注于修道者的身影。这些修道者热爱生命，努力探求生命的奥秘，坚定地信仰神仙实有，精勤修道，研习道教的修道术，以求能够在乱世之中保全性命，并最终得道成仙。而一旦经过修道而获得特异的道术，他们往往就会以此而在民间助善除恶，扶弱济贫。这是因为杜光庭是由儒入道的，所以在他的神仙故事中，一方面继承了道教的价值观，强调人只有诚心向道，再通过自我的生命修炼，超越世俗的功名利禄，才能够得道成仙，另一方面又掺杂了儒家的入世思想，鼓励积极入世弘道，广行善举，以己之力，利济他人，积功累德，奉献社会。这样，杜光庭所讲述的神仙故事就回避了六朝神仙传记中比较热门的女仙与凡男婚恋的主题而着重弘扬修道和济世这两个主题，由此而反映了他对儒道思想的融合以及对道教"经国理身"思想的弘扬。

从某种意义上说，杜光庭所讲述的感遇故事都是借助于神仙形象来抒发自己的人生理想，通过描绘美好的仙境来反衬唐末五代社会的动乱状况——"巢寇犯阙，大驾西巡，海内干戈，纪纲凌紊，酋豪犷暴者，所在自树置，不遵法度。"[①]在杜光庭的笔下，神仙并不完全是不食人间烟火的逍遥自在，道士也不完全是隐居在山林洞穴中静默修道，他们经常活跃在社会生活中，经常通过向人们施行神奇的道术来吸引人们的注

① 《神仙感遇传》卷二，《道藏》第 10 册，第 890 页。

意，教人“多恤贫病，少务金帛，功充德全，道不远矣”①，这就使“在五代以后，一贯主张出世的神仙思想，也被还俗到世间来，解决老百姓生老病死，福祸休咎的问题。”②杜光庭正是以“遇仙”为题，通过表达对神仙的赞赏与向往而曲折地反映了生活于乱世中的人们对美好生活的期望。

杜光庭所讲述的种种“感遇”故事虽然亦真亦幻，但其中有些故事还是有所本的，如《李筌》的故事出自《阴符经注序》，《虬须客》的故事出自唐人小说。另外，从杜光庭在《神仙感遇传》所记载的七十五人的事迹中可见，其中大多数为唐代人，主要活动在陕西长安、四川、浙江等地，这与杜光庭的生活范围大致相同，由此可以推论，这些故事主要是杜光庭采集道教仙传或民间传说所得，其中对马自然、潘尊师、吉宗老、吴善经等人生平事迹的介绍，以及对当时道教宫观和洞天福地的描绘，为我们今天了解唐代道教的传播与发展提供了宝贵的资料。

二、《道教灵验记》

杜光庭为了增强神仙信仰的吸引力以及对人们日常生活的影响，专门搜集了道门中和社会上流传的种种灵验故事整理成《道教灵验记》，劝戒世人为善去恶，以求得道长生成仙。杜光庭在《自序》中说：“太上好生，固无责于刍狗，而示其报应，直以法宇像设，有所主张，真文灵科，有所拱卫，苟或侵侮，

① 《神仙感遇传》卷五，《道藏》第10册，第905页。

② 任继愈主编：《中国道教史》，上海人民出版社1990年版，第443页。

必陷罪尤，故历代以来，彰验多矣。成纪李斋之《道门集验记》十卷，始平苏怀楚《玄门灵验记》十卷，俱行于世。今访诸耆旧，采之见闻，作《道教灵验记》凡二十卷，庶广慎徽之旨，以弘崇善之阶，直而不文，聊记其事。”①由此可见，在杜光庭生活的时代，就有《道门集验记》十卷和《玄门灵验记》十卷（此二书早已佚失）等讲述灵验故事的道书流行于世，但杜光庭又于民间“访诸耆旧，采之见闻”，进行糅合加工，才整理出了《道教灵验记》。因此《道教灵验记》并非完全凭空而作，而是有所本的。法国学者傅飞岚曾认为，“该书或许可视为中古时期道教灵验传统的最高峰。”②也有人将该书视为是《神仙感遇传》的姐妹篇③。

《道教灵验记》原为二十卷，今《道藏》本佚失五卷，只有十五卷。其中卷一到卷三记宫观灵验三十四事，卷四到卷五记尊像灵验二十三事，卷六到卷七记老君灵验二十一事，卷八记天师灵验十事，卷九记真人灵验十二事，卷十到卷十二记经法符箓灵验三十二事，卷十三记钟磬法物灵验十三事，卷十四到十五记斋醮拜章灵验二十二事。据法国学者傅飞岚考证，该书的“佚文有 88％能够通过唯一保存在《云笈七签》卷 120～122 中的那些故事而得以复原”④，可见该书的基本内容大都保留了下来。但日本学者荒尾敏雄则认为《云笈七签》所收篇

① 《道藏》第 10 册，第 801 页。

② ［法］傅飞岚：《〈道教灵验记〉——中国晚唐佛教护法传统的转换》，《华学》第五辑，第 38 页。

③ 参见詹石窗：《道教文学史》，上海文艺出版社 1992 年版，第 392 页。

④ ［法］傅飞岚：《〈道教灵验记〉——中国晚唐佛教护法传统的转换》，载《华学》第五辑，中山大学出版社 2001 年版，第 54 页。

目并不可靠，因此在研究《道教灵验记》时不予以讨论[1]。

需要指出的是，《道教灵验记》是杜光庭为了宣扬道教信仰而撰写的故事集，其中包含了许多荒诞的成分和迷信的色彩，故一向不为大陆学界所重视。现在专门研究该书的论文主要有日本学者宫泽正顺的《〈道教灵验记〉について》，载《三康文化研究所年报》第18期，1986年；游佐昇的《〈道教灵验记〉の文献检讨》，载《中国中世における信仰意识の形成についての基础的研究》第8期，1997年；荒尾敏雄的《杜光庭〈道教灵验记〉の报应观について》，载《东方宗教》总97期，2001年。法国学者傅飞岚的《〈道教灵验记〉——中国晚唐佛教护法传统的转换》，载《华学》第5辑。这些论文运用文献学与社会学的方法来探讨灵验故事所发生的时代文化背景、道教在民间传播的实情以及道教在与佛教交涉中所表现出的信仰特征，其研究方法与研究思路都是值得重视的。

《道教灵验记》所记述的故事主要发生在从汉魏六朝到唐代，历史跨度有几百年。每个故事标题中都有一个"验"字，由此而显示出该书的主题是宣扬道教经典、宫观、斋醮、法箓、器物和法术等的灵验。这种灵验从表面上看是人的信仰行为或道教圣物的灵验，但其根源却在中国文化传统中的罪福报应观念。杜光庭说："罪福报应，犹响答影随，不差毫末。岂独道释言其事哉？抑儒术书之，固亦久矣！"[2]杜光庭对"道教灵验"的强调内含有一种道德教化的意义，这大概也是后来宋代皇帝欣赏它，并为之作序的重要原因之一。《道藏》本《道教灵

① 参见其著《杜光庭〈道教灵验记〉の报应观について》。

② 《道教灵验记》卷一，《道藏》第10册，第801页。

验记》前有“宋徽宗御制”的《序》：

> 夫妙道本于混成，至神彰于不测，经诰所以宣契象，宫观所以宅威灵，符箓所以备真科，斋祠所以达精悬，验徵应之非一，明肸蠁之无差，诚觉寤于苍黔而彰亶于善恶也。朕顾惟寡昧获纂隆平，荷祉福之咸臻，务齐明而匪懈，思扬妙理，普示群生，因览杜光庭所集《道教灵验记》二十卷，其事显而要，其旨实而详。今昔所闻，盈编而有次，殊尤之迹，开卷以斯存，冀永流传。①

可见，《道教灵验记》已在宋代社会中产生了一定的影响，这才引起了皇帝的重视与推扬。

杜光庭所写的灵验故事的结构大都是人在遇到困难的时候，或者是道教宫观或神像受到侵害的时候出现了种种奇异之事，这是道教神灵在冥冥之中帮助向道之人解除困厄，于是受益者立即奉道更勤。例如，《青城山丈人真君验》就讲述了住在青城山上的一个村人，因受赋税所逼，无法可想，走投无路，乃到青城山丈人真君像前烧香祈祷。真君像头戴金冠，“金冠之色，宛如新制”。村人在烧香时，“告以官税所切，累遭杖责，乞真君头冠卖以充税。因忽梦见真君谓之曰：‘我头上

---

① 《道藏》第10册，第801页。需要说明的是，《云笈七签》卷一一七至卷一二二，收录了杜光庭《道教灵验记》的部分内容，并有“真宗皇帝御制叙”，其内容与《道藏》本《道教灵验记》前的“宋徽宗御制”的《序》内容相同，见《道藏》第22册，第808页。

冠非是纯金，乃金箔耳，卖无所值。汝或得金亦为官中所责，损汝性命，其祸不小。山门庙前有十千钱，碑傍木叶下可以取之。官税之外，资汝家产。'此人礼敬致谢出山，得钱，租税既毕，家亦渐富，自是每月送香油观中”以护持道教①。这里，杜光庭运用想象、虚构的文学手法，编写了曲折生动的故事情节，一方面反映了当时的老百姓所面临的官税压迫等社会问题，另一方面则显示了道教真君的灵验是建立在具有超自然法则的权能之基础上，他可以运用这种超自然的权能来帮助人排忧解难。

如果道教神灵不拥有这种超自然的权能，不能在信仰者生死祸福的紧要关头，以灵验的方式出现在人们面前，满足芸芸众生靠人力所不能满足的愿望，道教便无法证明自己所崇拜的神灵具有超人威力和慈悲仁爱，这就会有失去善男信女崇拜和信仰的危险。因此，杜光庭笔下的神灵既具有超自然的权能，又具有慈悲情怀。例如，《罗真人示现验》就讲述了神仙以慈悲情怀救助众生的故事：蜀地久旱不雨，人们十分焦急，乃相聚到李冰祠庙去祈雨。由于天热，人们“憩于路隔树荫之下，忽有老妪欹而问曰：‘众人欲何往也?’以祈雨事答之。妪曰：‘要雨须求罗真人，其余鬼神不可致也。’言讫不见。众疑妪即罗真人也。于是，见处焚香以告焉。俄而风起云布，微雨已至。众乃还家，是多数十里内，甘雨告足。”罗真人在道教中是“仙品之中主司风雨水旱之事”的神仙，在此却化身为老妪活动于人间，救助人民。“如是，什邡绵竹七八县

① 《道藏》第10册，第815页。

界真人之宫处处皆有，请祷祈福，无不徵效。”①杜光庭不仅描述了道教神仙罗真人救助众生的慈悲情怀，而且还介绍了蜀地出现罗真人崇拜的原因和实际情况。类似的故事在《道教灵验记》中还有很多。

杜光庭在讲述“灵验”故事时，往往运用丰富的想像和夸张的笔法来张扬道教信仰的灵验性以扩大道教在民众中的影响。在《仙都观石函经记》中，杜光庭写道，在忠州平都山仙都观，有一部阴真人镇山的《太平经》。“武德中，刺史独孤晟取经欲进，舟行半日，有二龙一青一白，横江鼓波，船不得进。舟人惊惧，复泝流还郡。”独孤晟“即命所由垫江路陆行”。谁知在山川之中，又碰到蛇虎挡道，使者十分恐惧，只好又将经送回。独孤晟“即修黄箓道场，拜表上告，然后取经以进在内道场供养，绵历岁年。”到开元中，“供奉道士司马秀准诏祭醮名山，开函取经，但空函而已。诃诘道众，疑是观司隐藏，法侣惊惧，无词披雪，遂焚香上告。……时景气晴朗，野绝尘埃，忽阴云覆殿，迅雷震击，俄而檐宇澄霁，经在案上，异香盈空，祥烟纷霭，复得昔日所取之经以进。”②以常识来评判，这种天空降经之事似乎是不可能的，但杜光庭在此却充分发挥了文学想像力，将《太平经》失而复得的故事写得十分神奇，其目的是要强调此经是镇山之经，它的灵验就在于不可能用人为的方法让它离开，这就使人在不知不觉之中产生一种敬畏之感，由此而对道教产生崇拜和向往之情。

杜光庭所讲述的灵验经常是通过“梦”的形式表现出来。

① 《道藏》第 10 册，第 831 页。
② 《道藏》第 10 册，第 837 页。

例如,《安邑崔相梦潜丘台观验》、《刘瞻相梦江陵真符玉芝观验》、《李蔚相修汴州玉芝观验》、《昭成观天师验》、《许述事老君验》等故事都是以梦来显示灵验的。梦作为人的精神活动的产物,依精神分析学家弗洛依德的看法,是人的潜意识的一种原始的、象征性的表达。梦既表达了潜隐在人心中的理想和愿望,也为人开拓了想像的空间,给人带来了莫大的精神安慰。《昭成观天师验》就通过一个神奇的梦反映了道教对生命的关注。杜光庭写道,有一姓李的人,久病不愈,十分痛苦。有一天他梦见有一道人来到他面前,用大袖布衣拂其面,他顿觉清凉,病也逐渐好了。后来他来到坊内昭成观参观时,觉得殿中供奉的天师就像他梦中所见的那位道人。于是,他乃召人塑天师像,加以供奉[①]。梦不仅成为这位李姓者在潜意识中希望自己的病能够痊愈的象征性表达,而且也成为他获得"灵验"的一个重要契机。李姓者对"梦"中所展现的事深信不疑,并由此而信仰了道教,这正是杜光庭所要达到的效果。杜光庭在《许述事老君验》中还讲述了一个故事:湖州人许述世事农亩,力耕恪勤,因频年遭遇水灾,仍衣食稍缺。后因梦神人告之,"尔神仙子孙,当须归心太上,以求福佑,可致家丰力足矣。"从此皈依道教,"旦夕精谨,若奉所亲矣",从而受到了神灵的福佑[②]。

在缺医少药的古代社会中,疾病是人们所面临的一个最威胁生命存在的大敌,而道教信仰正是为了帮助人们克服疾病乃至死亡对人的威胁。杜光庭所编的《道教灵验记》中的

① 《道藏》第 10 册,第 826 页。

② 《道教灵验记》卷七,《道藏》第 10 册,第 824 页。

《常道观铁天尊验》、《蜀州天师井验》、《皇甫治事天师验》、《西王母验》等故事就都是围绕着道教神灵帮助人治病而展开的。例如：

玉局化西王母塑像多年，顷因观宇烧焚，廊屋颓坏而仪像不损，人称其灵。居人范彦通忽患风癞，疮痍既甚，眉鬓渐落，因入观于王母前发愿，但所疾校损，即竭力修装。是夕梦一玉女，手执花盘，以衣袖拂其身上曰："王母令我救汝疾，即愈矣。"数日之间，所疾渐退，疮肿皆息，眉鬓复生。遂造纱窗，装金彩通檐两间，严洁修奉。①

杜光庭运用文学笔法宣扬道教神灵可以轻而易举地为人治疗疾病，在让人们感到惊奇和得到安慰的同时，也希望人能够敬奉、护持神灵。杜光庭所讲述的这种道教灵验故事在缺医少药的时代无疑能起到吸引广大信众的作用。

杜光庭通过讲述"灵验"故事来彰显道教神灵的威力，同时也强调这种"灵验"往往表现在道教神灵对人的行为进行赏善罚恶上。例如，长安少年文铢，不乐读书，经常与邻里少年弹射飞鸟，捕格野兽，以为戏乐。数年之间，杀获的动物不可胜计。"或有道士见之，谓曰：'子之头何遽变也？'铢惊而问之，乃引于台下，令其窥井照之，自见其人形而兽头矣。欲求道士悔谢，更令熟视井中，顷刻之间，身形不改而头已百变：或鸟，或兽，或蛇，或鱼。铢见之，异常忧惧。道士曰：'万物

① 《道教灵验记》卷九，《道藏》第10册，第830页。

营营，各贪其生。至于飞动，皆重其命尔。反天道而杀之，当有此报耳。每变一头，则受一生终尔。所杀之数，一一偿之，积月累日，计其寿限。自此之后，尔身则死，乃历生异类之中，报所杀之命，百千万年，未有还复人身之日。"文铢听后，非常恐惧，"号泣求救，愿焚弋猎之具，以谢前愆，洗心改悔，不敢又犯。"[①]道士见其诚至，乃谓之曰："我奉太上之敕，历救众生之苦。名曰救苦真人。尔有昔缘，早合遇道，此若不救，沦陷无期。乃以道士衣与之，令其终身修道，阴功救世，广济物命，方免前罪。"于是，文铢乃焚罗网之具，披道士之衣，于其处立殿，制所见之像，昼夜精勤焚香忏罪，居十余年后，又感真仙授以药诀，令游行海内，救人疾苦，最终乃得道而去。杜光庭借助神灵之口，宣扬对鸟兽昆虫都应抱有爱护之情，反对那种屠杀生命的反天道行为，并宣扬救人疾苦，以积善德的重要性。

杜光庭所讲述的种种亦真亦幻的灵验故事主要是以蜀地、江南、陕西长安、中原地区的道教宫观和名山胜地为背景的。"该书的主要话题显示出作者对信徒的苦难、道观的命运、圣像与圣经和 9 世纪晚期影响唐朝统治家族命运的当代事件——878～885 年间黄巢叛乱，881～885 年间朝廷流亡成都，以及后来唐朝由于皇家祖先和王朝保护者老君(被神化的老子)神奇地介入而得以暂时复兴——同样关注。"[②]如果从故事本身来说，它们仿佛都是虚拟的、幻想的，但那真幻、虚实相间的叙述，对所表现那段历史来说，却又包含了一定的真和

① 《道教灵验记》卷一，《道藏》第 10 册，第 803 页。

② [法]傅飞岚：《〈道教灵验记〉——中国晚唐佛教护法传统的转换》，《华学》第五辑，第 38 页。

实的内容，因此，从社会学的角度看，该书为人们了解这些地区道教宫观的历史沿革以及道教人物、经典、符箓、斋醮等也具有一定的参考价值。

例如，在《上都昭成观验》中，杜光庭对长安昭成观的建立时间、地理位置、宫观建筑都有细致的描绘：

> 上都昭成观，明皇为昭成太后所立，在颁政里南通坊内，北临安福门街，与金仙观相对。观有百尺老君像，在层阁之中。坐折三十尺像，设图缋，皆吴道子、王仙乔、杨退之亲迹。命天下道门使萧邈，字玄俗为使以董之。阁上觚稜高八尺，两廊檐霤去地三十余尺。京师法宇最为宏丽唯玄都观，殿可以亚焉。僖宗复长安，大驾归阙，所司将创衙殿，复含元旧基，不欲劳民之力，选殿宇之高大者，徙而充之。所司奏拆是廊及阁，陨坠工者十余人死之，时以为灵验，欲奏免之，而竟至摧折，像露风雨中。是冬，复幸陈仓，含元之制，亦已罢矣。识者见之，无不痛惜。①

杜光庭只用寥寥数语就描写出了昭成观的宏丽景象，并讲到当人们要拆除观中廊阁时出现的灵验，但在客观上也反映了昭成观被拆毁的原因。

青羊宫是位于成都的著名宫观。杜光庭不仅在《成都青羊殿验》中追溯了“青羊殿”的创置和历史沿革，而且还在《青羊肆验》中记载了唐僖宗入蜀后，如何下敕兴建青羊宫，又如

① 《道教灵验记》卷一，《道藏》第10册，第802页。

何“圣驾三幸其中”,通过举行斋醮活动以求老君保佑,后因老君的神奇介入而击败黄巢军队重返中原的情况[①]。同时,杜光庭还在《僖宗青城斋醮验》和《僖宗封青城醮验》[②]中用记述的手法对唐僖宗在入蜀后如何积极地开展斋醮活动作了比较详细的介绍,留下了重要的历史资料。

在《白鹤庙茅君像验》中,杜光庭则讲述了生活于唐咸通年间(860～874)的刘至孝如何在父母去世后,住进茅山白鹤庙中,“入道修奉,勤瘁数年”,后因多次食殿前海石榴花下无核如桃之物而“不复饮食”,并“精修香灯,超然有出世之志”,最后“游名岳诸山,云水而去”的故事[③],一方面说明刘至孝因孝行而获得了道教灵验,另一方面,又通过三茅真君开发茅山的事迹从一个侧面介绍了茅山道教的历史。“就道教徒的主观愿望来看,力图展现‘真’的意识则是不容抹煞的。所以,晚唐五代出现的神仙传记,不论是采撷原有作品的材料或记载当时的新事,其作者总是希望‘言而有征’。正因为如此,神仙传记就同那些以虚构为主要原则的传奇小说区别开来,成为历史人物传记与传奇小说相交叉的一个中间地带。”[④]

唐末时,佛教与道教之间既相互斗争、排斥,也相互吸收、融合,这在《道教灵验记》中也多有反映。傅飞岚先生就认为:“《道教灵验记》的原型:在奇迹文集的标题中使用‘灵验记’的早期原型包括六朝时期编撰的《法华经灵验记》、萧瑀

① 《道藏》第10册,第806～807页。
② 《道藏》第10册,第850页。
③ 《道藏》第10册,第818页。
④ 詹石窗:《道教文学史》,上海文艺出版社1992年版,第402页。

(575～648)的《金刚般若经灵验记》和一部题为《佛教灵验记》的初唐作品。”[①]由此而指出了《道教灵验记》的一个重要来源就是对佛教灵验传统的吸收与模仿。实际情况确实如此。例如《尹言阴符经验》所讲述的前世、今生的故事：

尹言者，修德坊居，与明道大师尹嗣玄为宗姓之弟。常崇道慕善，孜孜不倦，因诣嗣玄受《阴符经》，至诚讽念，为其常少，记性愿得，心神聪爽，受之数年，念逾万遍，顿觉心力开悟。因本命日，斋洁焚香，念三十余遍，忽了忆前生之事，姓张，名处厚，在延寿坊居，家有巨业，儿女皆存，记其小字、年岁，一一明了，与其家说之，乃往寻访。述张生死年月，形色情性，无所差异。张之儿女闻之，呜咽感认，言其今之状貌与昔不殊，但性较舒缓耳。自是两家契为骨肉。[②]

尹言因诵念《阴符经》而感悟前生，最终得以与自己前世的儿女相见。这个故事的理论来源当是佛教的轮回报应观念。佛教认为，众生因惑而造业，依业而在生死中轮回。“分别善恶，故有六道。善有上中下故，有三善道：天、人、阿修罗；恶有上中下故，地狱、畜生、恶鬼道。”[③]六道，是佛教所说的根据善恶

① ［法］傅飞岚：《〈道教灵验记〉——中国晚唐佛教护法传统的转换》，《华学》第五辑，第42页。

② 《道教灵验记》卷十一，《道藏》第10册，第839页。

③ 《大智度论》卷三十中，《大正藏》第25册，第280页。

之业的不同而有的六种轮回转生的趋向，并由此而形成的前世、今生和后世的善恶因果报应观构成了佛教的基本信仰之一。在尹言的故事中就体现了对佛教这种三世轮回思想的吸收。类似的故事还有《刘图配箓灵验》①、《刘将军取东明观土验》②等。

杜光庭在《道教灵验记》中还参照佛教造像的方法来塑造、描绘道教天尊神像。例如，在《城南文铢台验》中，杜光庭讲述文铢杀害了众多动物之后将会受到报应，有"救苦真人"奉太上老君之敕，以道士的身份前来救度他，后"道士即踊身而起，去地数丈，立于金莲花上，左执琼椀，右执柳枝，金冠凤履，身逾三丈，通身有五色之光，上连天表，照耀一川，逡巡乃隐。"③这里，杜光庭仿照佛教观音菩萨的慈悲情怀和外表形象来描绘救苦真人，使得神仙的形象更加美感化、神圣化。再例如：

> 太一天尊，眉髯鬓发细于图画，自外绕身有云叶天花一十二处，头光之上有大花如盖，以荫其身。④

> 天尊坐五色莲花之座，垂足二小莲花中。其下有五色狮子九头，共捧其座，口吐火焰，绕天尊之身于火焰中。别有九色神光周身及顶光中，锋芒外射，

---

① 《道教灵验记》卷十四，《道藏》第10册，第851页。
② 《道教灵验记》卷二，《道藏》第10册，第807页。
③ 《道藏》第10册，第803页。
④ 《道教灵验记》卷四，《道藏》第10册，第814页。

> 如千万枪剑之形，覆七宝之盖，后有骞木宝花，照耀八极。真人、力士、金刚、神王、玉女、玉童充塞侍卫，阴阳太一四十六神自领队□，亦侍左右。云车羽盖，遍满空中。[①]

杜光庭借鉴佛教造像所塑造的天尊形象十分生动，由此而增强了道教神灵的艺术感染力。

杜光庭吸收佛教的思想，通过灵验故事来显示善恶因果轮回报应的力量，并将这种力量作为“灵验”的根源，但他所说的“善”并非是一个抽象概念，而是建立在遵循道教信仰和服从道教伦理基础之上的，因此，《道教灵验记》具有浓厚的护教色彩。我们可以看到，在许多涉及到佛教的故事中，杜光庭往往强调道教宫观、圣像、法物、经典等比佛教更有灵验。例如他在《广州莒蒲观验》中写道，广州莒蒲观原是安期生修真之所，其中有药灶丹井，灵溪古松，为州中游赏之最。古有观宇，岁久为僧所侵，以置禅院。在交待了莒蒲观的背景之后，杜光庭又讲述了莒蒲观当时的状况，“虽人众同居，常多惊恐之事”。有一天，一位路过的老人告诉众人：“此仙官所居，道家灵迹，僧虽护持，且非其类。若不移去，当有虎狼为灾，遭其啗食矣。”僧人不信，但“旬月而虎暴尤甚，损伤者十余辈。”后来只好又改置为道教莒蒲观，一切才安定下来[②]。类似的故事还有《城南文铢台验》、《金州盘龙观野火不侵验》等。在杜光庭笔下，道教经典的灵验也是佛教所不及的。据《曹嘉道德经

① 《道教灵验记》卷五，《道藏》第10册，第816页。
② 《道教灵验记》卷二，《道藏》第10册，第806页。

不焚验》中说,汾州曹嘉家的佛堂里奉有佛经与《道德经》。有一天,其邻家失火,延烧到佛堂。“忽闻火中如风雷之声,火焰爆散,《道德经》两卷飞在门外床上。寻绎首尾,并无损污之处,但觉香气异常。”邻里百余家都被焚烧,曹嘉家只烧门舍佛堂而已,火亦自灭,金帛资财,一无损失,“自是亲戚皆来归心奉道”①。杜光庭以此故事来彰显道经所具有的特别灵验。此外,他还以僧法成擅改道经为佛经而受到“痛杖一百”的惩罚,最后“呼叫数声,如被殴击,耳鼻血流而死”②,以及僧行端擅改道门《五厨经》为佛教言而被神人之剑砍去手指,最终“顿仆而卒”③等故事来说明道经的灵验。

三、《录异记》

杜光庭的思想虽然是通过诠释老子之道而建构起来的,但他在对自然、社会和人生的关注中又将“道”推向了宗教化的道路。为了论证道教得道成仙信仰的真实性,杜光庭搜集民间与道门中流传的各种奇闻逸事编撰成了《录异记》。明人沈士龙认为,《录异记》“大都捃拾他说,间入神仙玄怪之事,用相证实”④。由于《录异记》是通过记录人世间和自然界的种种神异玄怪之事来宣扬为善去恶、以求善报的思想,因此在文体上可以归属于道教志怪小说中的地理博物体小说,即以地

① 《道教灵验记》卷十二,《道藏》第10册,第842页。
② 《道教灵验记》卷十二,《道藏》第10册,第840页。
③ 《道教灵验记》卷十二,《道藏》第10册,第841页。
④ 《题〈录异记〉》,沈士龙、胡震亨辑《秘册汇函》,载明万历中刊本。

域方位为基本框架，以叙述诸方名产、珍贵物品以及由此演成的奇闻异事为其主要内容[①]。法国学者傅飞岚先生在《蜀——杜光庭〈录异记〉里的“圣地”》一文中认为，《录异记》“意在‘记录奇异’，在文体类型上可以归属于中国中古时期‘神怪文学’(mirabilia literature)中的‘志怪’类。”同时，他对《录异记》所收故事的地理方位进行了研究，认为“在 162 则故事中，大约有 70～80 则的内容和蜀有关，其中有一些虽然和蜀不是直接相关，但其内容却能增加那些有关蜀地王朝正统地位的故事的说服力，这些都是一些前例以及发生在其他地方的类似故事，很明显的是来自唐朝宫廷。”[②]《录异记》以“志怪小说”的形式记录的自然界和人世间的一些怪异现象，读后常常给人以惊奇、甚至荒诞之感，但其中所包含的道教宫观圣地和道教人物事迹的故事、古老的神话和历史、与当地自然地理有关的民族志和传闻轶事，又使这部书成为一部百科全书式的著作。

杜光庭在《叙》中认为，《录异记》所记载的各种怪异现象，如“异类为人，人为异类，皆数至而出，不得不生；数讫而化，不得不没。亦由田鼠为鴽，野鸡为蜃，雀化为蛤，鹰化为鸠，星精降而为贤臣，岳灵升而为良辅”等[③]，并非凭空捏造而是有根据的。他说：“怪力乱神，虽圣人不语，经诰史册往往有之。前达作者《述异记》、《博物志》、《异闻集》皆其流也。”[④]《录异

① 卿希泰主编：《中国道教》第四卷，东方出版中心 1994 年版，第 56 页。

② 傅飞岚、林富士主编《遗迹崇拜与圣者崇拜》，台北允晨出版公司 1999 年版，第 301、300 页。

③ 《录异记叙》，《道藏》第 10 册，第 856 页。

④ 《录异记叙》，《道藏》第 10 册，第 856 页。

记》的体例与内容虽与张华的《博物志》[①]和干宝的《搜神记》[②]相类似，但它却以小说的形式来反映蜀地的风土人情和文化习俗，表达道教神仙崇拜的特色和善待生灵的慈悲情怀，以至于北宋李昉等人在编撰小说总集《太平广记》时就收录了《录异记》一半以上的内容。

《录异记》原本十卷，保留在今天《道藏》中的《录异记》尚存八卷，收录了一百多则神异故事，“若再加上《太平广记》所收录的故事，大约可以恢复《录异记》的全貌达百分之九十四。”[③]杜光庭将八卷的内容依照如下的次序排列：

卷一：仙
卷二：异人
卷三：一、忠
　　　二、孝
　　　三、感应
　　　四、异梦
卷四：鬼神
卷五：一、龙
　　　二、异虎
　　　三、异龟
　　　四、异鳖

① 《博物志》十卷，旧本题为晋张华撰。该书多取材于古书，分类记载异境奇物、琐事杂闻，也宣扬神仙方术。原书已佚，今本是由后人搜辑而成。

② 《搜神记》原三十卷，因年代久远已佚，现存的二十卷为后人所辑。该书记载了许多神仙方士的活动及法术变幻的事迹。

③ [法]傅飞岚：《蜀——杜光庭〈录异记〉里的“圣地”》，《圣迹崇拜与圣者崇拜》，台北允晨出版公司 1999 年版，第 304 页。

　　　　五、异蛇
　　　　六、异鱼
　　卷六：洞
　　卷七：一、异水
　　　　二、异石
　　卷八：墓

以上八卷共分为十七类，每一类皆由一些主题相近、但内容不相同的故事组成，因此每个故事不列标题。杜光庭由仙起笔，然后再对龙、虎、龟、鳖、蛇、鱼等动物和洞、水、石等自然物的神异现象进行描绘，最后以“墓”来表达死亡，以守墓人的孝行来体现道教趋生恶死的思想。杜光庭从珍惜人的生命出发，发展到崇拜直接赋予自己生命的父母以及祖先，再扩大到崇拜养育人的自然世界。杜光庭将自然物加以分类，并将它们纳入道教以及国家祀典的信仰系统中，通过对神异之物的崇敬来弘扬道教信仰的神圣性与丰富性，并教化民众要善待自然，珍视生命，由此而反映了他作为一个“道门领袖”的立场。

在古代社会中，因生产力水平低下，人类面临的主要问题是人与自然的关系。人们生活在自然世界中，既时刻接受着大自然的无私奉献，也不时地遭遇着自然灾害的无情袭击，由此而对周围世界所出现的令人惊异恐惧或令人赏心悦目的自然现象产生疑虑和作出思考。在杜光庭的笔下，《录异记》中所关注的主要是山水石洞、动植物等自然物，而那些能够操纵自然的罗真人、庐山九天使者、杨尊师等、追求长生成仙的鬼谷先生、许君等仙人、异人也就受到了特别的崇拜。例如《录异记》中记载说，“主水旱之事”的罗真人在鄂州化举行大设时，于人群中认出了化身为俗人“潜欲害此城”的江中白龙，并将它赶回了江中，从而受到了当地人的崇拜。杜光庭还通过讲述鬼谷先生教导生活于战国时期“不慕神仙，好纵横之术”的张仪、苏秦的故事而表达了道教的人生理想：“二君足下功名赫赫，但春到秋，不得久茂，日既将尽，时既将老。君不见河边之树乎？仆驭折其枝，波浪激其根，此木非与天下人有仇怨，所居者然也。子不见嵩岱松柏华霍之树，上叶陵青云，下根通三泉，上有玄狐黑猿，下有豹隐龙潜，千秋万岁，不逢斤斧之患，此木非与天下人有骨血，盖所居者然也。今二子好云路之荣，慕长久之功，轻乔松之永延，贵一夕之浮爵，痛焉！”听了鬼谷先生先生的一夕话，张仪、苏秦赞叹地说：“伟哉先生，玄览遐鉴，兴亡皎然，二子不能抑志退身，甘蓼虫之乐，栖竹苇之巢，自掇泯灭，悲夫！痛哉！”[①]鬼谷先生，古之真仙，姓王，“自轩辕之代历于商周，随老君西化流沙，自周末复返还中国，居汉滨鬼谷山，受道弟子百余人，惟张仪、苏秦不慕神仙，好纵横之术。”杜光庭将鬼谷先生的故事置于卷首，其中虽然包含着抬高前蜀王氏政权的政治含义，但其所张扬的道教的人生理想不在仕途得意，而在于顺应自然，修道求仙，乔松永延，这成为《录异记》的主题之一。

同时，在《录异记》中，山水石洞等自然现象都隐有一种神异之象，例如，“浙唐县西百二十里，有清潭在漳浦溪源，极深，常有白龙藏此中，天旱，今人取猪羊粪掷潭中，即有洪雨大水，至今有验。”[②]再例如，“蜀州晋源县山亭中有二大石，各径二尺已来，出地七八寸，人或坐之，心痛往往不救。又是落星石，

① 《录异记》卷一，《道藏》第 10 册，第 858 页。
② 《录异论》卷七，《道藏》第 10 册，第 876 页。

东边者生，即灵验，西边者死，与诸石无异，色并带青白也。”[①]杜光庭在《录异记》中通过对种种奇异事物的介绍，不但描绘了奇异的地质景观、赞赏了大自然的神奇，也往往以此来表现道教神仙与自然山水的密切关系。例如，“道长山扬谟洞在峭壁之中，上下悬险，人所不到。洞中元有神仙，或三人，或五人，服饰黄紫，往往出见，是时所见，人数稍多。”[②]永平四年(914)，利州刺史王承赏将这一异象上奏，后道门与朝廷共同前往举行醮仪，这种情形又“复出见如初”。“恩州大江之侧，崖壁万仞高处有洞门，中有仙人。江中船人叫声呼之，往往即出，多著紫衣，下窥江岸，踌躕久之，方去洞下。”[③]青城县老君观东边有一马跑泉，“其泉水味甘，四时不绝。春夏如冰冷，秋冬即温。”据说，这是“太上老君与天真皇人于此会真之所，其泉是老君所乘者马跑成泉焉”[④]。杜光庭还将一些神异动物，如异龟，描绘为帝王政治的符命瑞应，由此而反映了他作为一个宫廷道士利用神异之说积极为统治者服务的政治立场，以至于后人认为，前蜀“符瑞亦光庭辈所造。”[⑤]

《录异记》中最为精彩的大概要算是关于人与动物关系的描写了。杜光庭认为，人要得道成仙，不仅要珍爱自已的生命，而且还应当泛爱各种有生命的动物，因此，人与动物的关系就成为《录异记》的重要内容。《录异记》中的“毛意欢修道”、“景知果驯兽”、“山虎为阴玄之助哭”等故事就记述了修

① 《录异论》卷七，《道藏》第10册，第878页。

② 《录异论》卷一，〈道藏〉第10册，第858页。

③ 《录异记》卷一，《道藏》第10册，第858页。

④ 《录异论》卷七，《道藏》第10册，第877页。

⑤ 王文才、王炎：《蜀檮杌校笺》，巴蜀书社1999年版，第118页。

道者与动物之间所建立起的亲密伙伴关系。杜光庭写道,“景知果亦有道者也。居豆圌山与虎豹同处,驯之如家犬焉,鸦数只集其肩臂之上,鸣戏为常。”①还有个叫毛意欢的人,咸通年间(860～874)就住在绵州(今四川绵阳)昌明县豆圌山修道。这座山没有山路,在当时基本上与外界隔离,但山顶上却有一座不知建于何时的“天尊古宫”。毛意欢“人幼而为道,常持五千言,诵不辍口”。白天,他会穿着破旧衣服到集市上去“诵经乞酒”,喝醉之后,便“登山攀缘峭险,以绝道为桥焉”。山顶长着许多白松树。由于山路断绝,峭崖难攀,毛意欢便以绳梯系在白松树上,结绳做桥。后来他隐于洞穴中读经,逾旬而出。人们经常看到他出来时,“多持灯碗度绳桥”而下山。由于“山多毒蛇猛虎,里中人莫敢独往。意欢夜归,亦无所畏焉。常有二鸦,有客将至,鸦必飞鸣,意欢整饰宾阶坐榻未毕,客果至矣。”②毛意欢在山中修道日久,不仅自己炼就了一套神异之术,而且还与鸦鸟达到相契的地步。杜光庭通过这个故事描绘了一幅生动的人鸟交际图,反映了人与动物和谐相处时所具有的乐趣。

《录异记》中还记载了许多具有灵力的动物。例如,蜀江大鳖被人捕获后,放到锅中煮了一个晚上,但仍然不死,投入江中,还能够“浮泛而去”。汴河巨龟的壳被烧焦了,但还能“伸颈足动”,投于江中,竟然也能游泳而去。杜光庭对这些神奇动物充满着敬畏之情。他在“郫县小蛇”的故事中还写道:“郫县有民于南郭渠边得一小蛇,长尺余。刳剔五藏,盘而串

---

① 《录异论》卷二,《道藏》第10册,第861页。

② 《录异论》卷六,《道藏》第10册,第874页。

置于烟火之上，焙之数日。民家孩子数岁，忽遍身肿赤，皮肤泡破，呻吟痛楚异常。因自语曰：'汝家无状杀我，刳剔肠胃，置于火上，且令汝儿知此痛苦。'民家闻之惊异，取蛇拔去劖竹，以水洒之，焚香祈谢，送于旧所。良久，蜿蜒而去，民家儿亦平愈焉。"①当人在无意中伤害了小蛇之后，小蛇以其特殊的手段来报复人。杜光庭以伤害动物必将受到严厉惩罚的故事来警告世人，动物也有灵有肉，人不可随意冒犯之、伤害之。人只有善待动物，自己才能得到健康和安宁。

杜光庭从尊重生命出发而主张禁止杀生。例如，崔道纪在科举及第后，游于江淮，因醉酒而卧于客店中。此时，仆人在井中汲水，有一鱼随桶而上。崔道纪得知，喜曰：鱼羹甚能醒酒！然而，当崔道纪吃下鱼羹后，过了一会，就有黄衣使者自天而降并宣敕：崔道纪本来官至宰相，寿年七十，但由于吃了化身为鱼的龙子，故被削除。崔道纪当晚暴卒，年仅三十五岁②。杜光庭强调，人如果胡乱地捕杀动物就会受到神灵的惩罚，甚至要以命偿命。对重视生命的道教来说，"偿命"应当是对人的最大惩罚。

在杜光庭的笔下，动物不仅具有灵性，有时还比人更具有道德水准，甚至就是道德的化身。他在"异虎"的故事中说："剑州永归葭萌剑门益昌界嘉陵江侧有妇人，年五十已来，自称十八姨，往往来民家，不饮不食，每教谕于人，但作好事，莫违负神理，居家和顺孝行为上，若为恶事者，我常令猫儿三五个巡检汝来。语毕遂去，或奄忽不见。每岁约三五度，有人遇

① 《录异记》卷五，《道藏》第10册，第872页。

② 《录异记》卷五，《道藏》第10册，第872页。

之。民闻知其是虎所化也，皆敬而惧之。”[①]老虎本来是凶猛的动物，并不知人事，但在杜光庭的笔下，却化为老虎精，老虎精又化身为妇人，并成为对人类行为劝善的道德化身。这种对虎“敬而惧之”的做法，不仅使“虎”类似于“图腾”，提高了人们对虎的敬畏感，而且对制止人们猎取虎类等野兽，从而在客观上对保持生态环境和物种之间的平衡起到了积极作用。

杜光庭为了说明动物并非是与人无关的另类，他在讲述“忠”、“孝”故事时，经常渲染有孝行的人会得到神异动物的特殊帮助。例如资州人阴玄之，“少习五经，尤精左史”，颇有孝行。父丧之后，阴玄之就住在父亲墓旁的草庐中守孝。他的孝行感动了山中的动物，据说，每当他“六时临哭”时，常有溪龙、山虎和鬼神为之助哭。每天晚上还“常有二灯来照墓前，至明乃息。”[②]杜光庭还写道：资州人杨太博也是因守父母之丧而住墓庐三年，由于他的孝行诚敬，“有神灯照墓，猛虎驯伏，有白兔之异”。蜀相王公听说其事迹后，特“降敕褒奖，表其门闾”[③]。在杜光庭的笔下，那些有孝行德行的人，不仅会受到人间帝王的嘉奖，而且还会得到神异动物的帮助。

杜光庭认为，人为万物之灵，如果人有善行，那些神异动物就会来殷勤相助；如果人做了坏事，就会受到惩罚，甚至会变为动物。例如，吉阳治有一女子，是涪州裨将蔺庭雍的妹妹，她“因过化中，盗取常住物，因即迷路，数日之内，身变为虎，其前足之上银缠金钏，宛然犹存。每见乡人，隔树与语云，

① 《录异论》卷五，《道藏》第10册，第870页。

② 《录异论》卷五，《道藏》第10册，第865页。

③ 《录异论》卷五，《道藏》第10册，第865页。

我盗化中之物，变身如此，求见其母，托人为言之。母畏之，不敢往。虎来往郭外，经年渐去。”[①]杜光庭以这位因偷东西而变身为虎的女子对人世的眷念之情来说明变成动物的可悲下场，并以此来劝谕人们应当时时为善，不做坏事，以追求生命的最好结局。

杜光庭虽然将仁爱精神和悲悯情怀贯串于对动物乃至对自然万物的态度之中，但对于那些害人的野兽，他却决不心慈手软而主张为民除害。杜光庭记载的“廓蒲除虎”的故事就是讲的这方面的事。廓蒲看见“有鸷兽暴害于人，渔樵不通，道途断绝”，他就于数年之内，“剿戮猛虎不可胜数”，尤其是除掉了那只“其形伟博，便捷异常，身如白锦，额有圆镜，光彩闪烁，害人最多”的食人虎之首帅，最终使“生众顿安”。廓蒲杀除恶兽的惠民行为得到了当地人的敬仰。后来人们专门立庙纪念他“捍大灾，御大患，功及于民”。[②]

杜光庭的《录异记》以“灵”、“异”、“仙”、“怪”为主题，意在“记录奇异”，因而经常会给人一种荒诞不经的感觉，但如果撇开其灵异的成分，就可见其中还是保留了一些民间传说和历史地理等现实的内容。例如，杜光庭以神话方式介绍了巴人的始祖“务相”如何在与其他部族的竞争中脱颖而出成为“廪君”（即部族首领）：“昔武落钟离山（今湖北长阳县）崩，有石穴二所：一赤如丹，一黑如漆。有人出于赤穴者，名务相，姓巴氏。有人出于黑穴者，凡四姓：皞氏、樊氏、柏氏、郑氏。五姓皆出，皆争为长。于是务相约以剑刺穴，能著者为廪君。四

① 《录异记》卷五，《道藏》第10册，第870页。

② 《录异论》卷四，《道藏》第10册，第868页。

姓莫著，而务相之剑悬焉。又以土为船，雕画之而浮水中，曰：若其船浮者为廪君。务相船又独浮。于是遂称廪君。”后廪君战胜了盐阳水神，在夷城建立领地，分散的人群聚集于此，“其后种类遂繁”。巴人在廪君的带领下遂发展成为一个强大的部族。杜光庭还记载说，“巴人呼赋为賨，因谓之賨人焉。”[①]廪君死后，据说魂魄化为白虎，故巴人将白虎视为图腾加以崇拜。这个故事以神话的方式讲述了巴人的起源，具有珍贵的史料价值。

杜光庭在《录异记》中还记载了一些在道门中广为流传的仙传人物的奇异故事，从不同的角度反映了道教发展的一些情形。例如，在讲述仙人许君居世之时如何刻石碑以记载修观之事时，就曾提到了道教水陆醮法的起源[②]。在“庐山九天使者”的故事中，杜光庭则讲述了唐代道教如何在帝王的支持下开展祭祀五岳三山及修建宫观的活动：“初，玄宗梦神人，日因召天台炼师司马承祯以访其事。承祯奏曰：今名山岳渎血食之神以主祭祠，太上虑其妄有威福，以害蒸黎，分命上真监莅川岳，有五岳真君焉。又青城丈人为五岳之长，潜山九天司命主九天生籍，庐山九天使者执三天之录，弹纠万神，皆为五岳上司。盖各置庙以斋食为饗，是岁五岳三山各置庙焉。”[③]还有一些故事则记载了各地的道观奇事和道教人物的特技，例如，咸通年间（860～874），吉州杨尊师“有道术，能飞符救人，观侧有三井，一井出盐，一井出茶，一井出豉。每有所

① 《录异论》卷二，《道藏》第10册，第860页。
② 《录异论》卷一，《道藏》第10册，第858页。
③ 《录异论》卷一，《道藏》第10册，第857页。

阙，师令取之，皆得食之，能疗众疾。师得道之后，取之无复得矣。”[①]这些奇异的故事曲折地反映了道教内涵的丰富性以及与民众生活的密切联系。

著名的物理学家卡普拉（Frijof Capra）曾说：“在伟大的诸传统中，据我看，道家提供了最深刻并且最完善的生态智慧，他强调在自然的循环过程中，个人和社会的一切现象和潜在两者的基本一致。”[②]杜光庭所讲述的志怪神异故事，其中经常潜隐着“普天之内，皆为造化。蠢动含生，皆有道性”[③]的思想，强调自然界中的一切事物各有其灵性与存在的价值，人可以赞天地万物之化育，但不可为了自身的利益来扼杀、甚至毁灭各种自然物。杜光庭的志怪小说通过对神奇事物的描绘，赋予了山水洞石等自然景色和动物植物以精神灵性，使它们超越原来的纯粹的自然属性，体现出了道教对生命和自然的独特看法，其中所深蕴的尊重自然、效法自然以达到天人和谐共处的生态智慧，应特别值得生活环境正日益遭到破坏的现代人所珍视。

“一般认为神仙‘说话’的历史以唐宋间为界线，前后一分为二。《列仙传》、《神仙传》代表了唐以前的神仙‘说话’，而‘八仙说话’则代表了宋以降的神仙‘说话’，彼此在性格上显示出明显的差异。我们恐怕应该把这种差异与道教史上旧道教天师教与新道教全真教之间所表现出来的差异平行地加以

① 《录异论》卷二，《道藏》第10册，第863页。

② Frijof Capra, *Uncommon Wisdom*, P. 36, Simonand Schuster, 1989. 参见董光壁：《道家思想的现代性和世界意义》，载陈鼓应主编《道家文化研究》第一辑，上海古籍出版社1992年版，第71页。

③ 《太上老君说常清静经注》，《道藏》第17册，第187页。

考虑。”[①]若依此，那么当我们将杜光庭所撰集的神仙故事集放到历史发展中加以考察时，就可见它以丰富的内容和细致的描绘而成为唐以前的神仙“说话”的集大成者，这样，杜光庭用亦真亦幻的表达方式所塑造出的栩栩如生的人物形象和曲折奇异的故事情节，是否标志着唐宋间神仙“说话”的转型？是否推动了宋代神仙“说话”的新走向呢？这是值得进一步研究的课题。

第三节 青词绿章与步虚词

与唐代文化的诗风昌盛有关，唐代道教在斋醮科仪方面的创造性发展也表现在诗颂词章等方面。诗颂词章既继承了魏晋南北朝流传下来的步虚词以及包含在各种道经中的咒语诗词传统，也发展出了道教文学中的新文体——青词。步虚词和青词作为两种文学体裁，曾广泛地运用于唐代斋醮科仪之中，成为斋醮仪式中表现道教教义思想的一种文学形式。杜光庭在整理斋醮科仪的过程中，在青词和步虚词的写作方面也都作出了杰出的贡献。

青词是道教举行斋醮仪式时献给天神的表章祝文，即荐告词文，也称祷告词文，因为最初是用朱砂写在“青滕纸”上，故谓之青词，或称青辞，亦名绿章。虽然道教在斋醮仪式中一直有向天神献上表章祝文的仪式，但直到唐代时才将表章祝文称为青词。唐李肇在《翰林志》中说：“凡太清宫道观，荐告

① ［日］小野四平：《中国近代白话短篇小说研究》，上海古籍出版社 1997 年版，第 228 页。

词文，皆用青滕纸朱字，谓之青词。”[①]后来人们就用青词来统称斋醮时上奏天神的表章祝文，并不管它是否写在青藤纸上。

道教斋醮科仪中的“读词”或“宣词”的仪节就是向神灵宣读青词。在青词中要讲明斋主建斋设醮的缘起，因此，每一场仪式都要撰写专门的道场青词。唐代道教斋醮科仪频繁举行，许多文人、官吏、道士为祈祷神明而出入道场，并应斋主所请而热衷于撰写青词，既展现了自己的才华，又可以为道场增色，杜光庭也是其中的一位擅写青词的高手。“自唐玄宗‘别自修撰’太清宫所用颂文，发展出青词，赞颂文开始脱离经本而重新撰作，至唐末杜光庭时演衍甚丰。”[②]杜光庭所修订的斋醮科仪大多有“读词”这一仪节，他不仅用青词作为祈祷上天、沟通人神关系的一种方式，而且还通过“如词言理”、“如词言事”、“如词言志”、“如词言诚”等来表达对道教神灵的信仰，“按如词言，诚深修奉，是用斋心玄极注想清都，披九天灵宝之科，按五老长生之品，转经行道，燃灯烧香，共馨精诚，虔希景祐。……”[③]

杜光庭以斋醮科仪作为道教的救苦度人的法门，一生中应斋主所请，撰写了大量的青词。《全唐文》中收有他撰写的各种荐告词文二百多篇。《广成集》十七卷则是杜光庭所写的表章、诗词、序文和碑文的汇集，其中的各种表章祝文特别表现了他对道教的虔诚信仰以及在青词创作上的贡献。杜光庭所撰写的青词，既有为某个人向天神祈祷所写，也有为众人修

① 《四库全书·史部·职官类》，台湾商务印书馆影印文渊阁本，第 595 册，第 298 页。

② 卢国龙：《道教哲学》，华夏出版社 1997 年版，第 135 页。

③ 《太上黄箓斋仪》卷十一，《道藏》第 9 册，第 211 页。

斋建醮所撰，但从总体上看，杜光庭为个人所撰写的青词数量比较多，反映了当时上至皇帝大臣，下至普通信众对参与道教斋醮科仪的热情。

杜光庭所撰写的青词具有浓厚的神明崇拜的色彩，并沿用了官府表奏文体的格式，开头往往要写明斋醮主持者的姓名、官阶和所祈神灵的尊号以及祈祷的人物、时间、地点，然后是词章的内容，或是祈求，或是还愿，最后在“臣某”之下写明祈祷者的名字，文末还要写上“顿首”、“谨词”、“以闻”、“拜”等以表示谦卑、恭敬。例如：

> 臣等依按词诫，辄相携率，考灵仙典格，披黄箓简文，奉为某于某州县宫观，设玄科之式，法象二仪。某所斋灯烛香花，金龙缯彩，本命之信，证质丹诚。以某日子时启斋为首，烧香行道，忏谢玄真，然灯续明，照耀三界，下通九地，上及诸天，济存拔亡，普为家国，若干日夜，行道转经，以某日亥时功成事立，莲灯息焰，玉磬收音，仙驭返于上玄，法流分于下界，金龙腾景，上奏斋功圣泽，宣慈开度，幽爽酬功，行赏遍及灵司。臣等身中所佩内外真官，三洞兵吏及星宿，九宫五帝，五岳四渎，三河四海，兵马骑乘，侍香金童，散花玉女，五帝直符，传言奏事，飞龙骑吏等并有功劳，今当别拜黄缯朱表，言功举迁。臣等学法未备，俯仰之格，进止犯科，不合仪式，恐为四司所糺，五帝所执，千愆万过，乞蒙赦贷，哀原未悟，不见罪罚。臣等建斋之始，奉请智慧上品十戒，法事既竟，谒还天官。臣所修斋，功成事竟，重明功德，拜黄缯

朱表一通，在臣玉案之上，请审表文。①

道教科仪中有斋、醮之别，故青词也有斋词与醮词之分。从杜光庭所撰写的斋仪青词和醮谢青词来看，两者在宗教指向上也具有一些不同的特点。斋仪青词主要为修黄箓斋、金箓斋、明真斋、报恩斋、三元斋等所作，由于“斋者，所以斋洁心神，清涤思虑，专致其精而求交神明也”②，因此，斋词的内容主要以祈祷请福为特点。醮谢青词则主要为北帝、南斗、九曜、周天、本命、安宅、三皇、八节、太一、还愿醮仪等所作，以忏悔谢过为主要内容，“扪心省过，惟切忏祈，是敢拜奏宝章，崇修大醮，告虔下土，谓命请诸天。伏惟大道垂慈，至真鉴祐，敕灵司而解灾度厄，流神贶而祛疾延生”③，故又有“心词”之称。

宗教与哲学的一个很大的不同之处就在于它不仅有一套解释宇宙、社会和人生的哲理，更有一套沟通人神关系的宗教仪式，通过祈祷上天神明以求满足人们在现实生活中有时无法实现的各种需要，以在心理上得到宽慰，精神上得到力量。青词虽是写给天神看的，但却生动地反映了民间百姓的生活疾苦与精神需要。如果研究一下杜光庭所撰写的青词，就可见涉及的内容十分广泛，求雨、祛水、悼亡、安魂、祛病、消灾、忏悔、祝寿、求官、祈福等，几乎无所不有。凡是人们所遭遇的各种困难，凡是人们所向往的各种幸福，大都在他写的青词中

① 《太上黄箓斋仪》卷四十九，《道藏》第 9 册，第 327 页。

② 《道门科范大全集》卷九十七，《道藏》第 31 册，第 940 页。

③ 《广成集》卷十五《赵球司徒疾病修醮拜章词》，《道藏》第 11 册，第 300 页。

有所反映。杜光庭不仅运用斋醮科仪帮助人排忧解难，而且还在所撰写的青词中探讨人之所以陷于苦难的原因，他在《周常侍序周天醮词》中说："三业构非，六情结郁，前冤未弭，往债所缠。或理务之间，赏刑不当，烹杀之际，故误难明。或天文宿度之中，有逢临照。或三命五行之内，有值刑冲。又今年五鬼在于妻宫，天符入于财位，小运则丙禄值墓，大运则子水向衰。金火行于身宫，纲星加于驿马，皆为厄会，倍切危疑，所以疾苦之时，冥心祷祝，伫其销解，用展效酬。"①杜光庭认为芸芸众生痛苦的原因乃是由人自身的弱点所导致，据此，他提出了用"冥心祷祝，伫其销解"的方法来消弥厄运，这也是他重视整理道教斋醮科仪的原因之一。

杜光庭所撰写的青词具有浓厚的文学色彩。青词的文体主要是骈文或诗体。用骈文写成的青词，不仅文辞华美，而且四六文句，对仗整齐，故道门中又称青词为"四六金文"。杜光庭所撰写的一些青词也采用了骈文这一形式，如《宣醮鹤鸣枯柏再生醮词》：

> 惟彼仙山，奠兹南土，雄盘厚地，秀拱穹旻。控绵洛之川原，总岷峨之形胜。岩峦捧日，洞府栖真。连空之松桧扶疏，千载之威灵肃穆。果闻祥异，显此福庭。垂至阳生化之功，变枯柏凋摧之质。柔条迥茂，洒瑞露以飘香，密叶重荣，动晴风而袅翠。②

① 《广成集》卷八，《道藏》第11册，第267页。

② 《广成集》卷十七，《道藏》第11册，第306页。

这首青词写得文辞工丽华美，表现出优雅的文学风格。杜光庭不仅用华美的文辞展示了鹤鸣仙山的壮丽胜景，而且还描绘了一棵千年古柏如何枯而再生，以至密叶重荣，从而显示出福庭之祥异，并将这些一切美好的东西归功于上天的“垂至阳生化之功”，表达出一种敬仰之情。

杜光庭畅于表达，他写的青词往往情真意切，似有一种不打动上天誓不罢休的特点。例如他在《蜀王青城山祈雨醮词》中写道：

> 自青春届序，甘雨愆期，农亩亏功，骄阳害物。虽历申祭祀，遍告神明，密云但布于西郊，膏雨未沾南亩。皇皇众庶，叩向无门。窃惟大道垂文，天师演教，有章奏之品，有祈醮之科。将展焚修，须依灵胜，是用披心云洞，拜手仙峰。伫真侣之感通，冀明诚之御达，赐臣以时和岁稔，拯臣以雨顺风调，驱肥遗于穷荒，舞商羊于中境。①

杜光庭在这篇青词中言简意赅地把当时青城山的田野干旱、庄稼枯萎的情况以及老百姓求雨的迫切心情表现了出来，并希望通过祈祷上天，感通神明，赐予人间雨顺风调。

杜光庭在《道教灵验记》的“陶隐居拜章祈雨验”中还特别讲述了应当怎样撰写青词才能产生灵验。他说：

> 陶隐居在茅山之时，国中大旱。梁武帝祭祷山川，

① 《广成集》卷十四，《道藏》第11册，第296页。

遍走群望，郊坛灵祀，靡有徵应。隐居于静室自制朱表，上告玄司。翌日无验，弟子周太玄曰：昨有真仙降于静室，因言水旱之事，天之阴阳数也。数既有定，不可遽移。山川百神，风雨之吏，莫敢逆天时而弄风雨，非太上之命，上帝所行，天帝下临，然后数可革耳。所以尧水汤旱，岂德之不逮耶。虽圣人亦拘于天数矣。陶都水忧国怜人，诚亦至矣。词旨丹切，善亦笃矣，其如数何？又一真人曰：都水拜章必有奇应，但未知其法耳，若以青纸墨书密室中，拜之，必果御达也。隐居与太玄知其言而拜之。是夕甘雨大霔，连绵三日。[1]

这里，杜光庭道出了写青词的必备条件，一是要在内心"忧国怜人，诚亦至矣"；二是要采用正确的方法，"以青纸墨书密室中，拜之"，只有内外相应才能达到预期的效果。由于青词是献给天神的表章祝文，因此，杜光庭强调要以虔诚之心、谨慎之行才能"必果御达"。这种小心翼翼的制作方法在无形中夸大了青词的神秘性与神圣性。杜光庭所作的青词因文体规范、文辞华美，后来成为斋醮科仪中的范文。

在道教文学中还有一种独特的诗体——步虚词，它也是杜光庭文学创作中的一项重要内容。步虚词是指道士们在道场上吟唱的赞诵诗歌，内容包括颂神、咏道和记事等，其节奏是以《周易》的八卦九宫方位的阴阳回复韵律为本的[2]，故其

① 《道藏》第10册，第852页。

② 参见卿希泰主编：《中国道教》第四册，东方出版中心1994年版，第49页。

旋律大多舒缓悠扬，平稳优美，犹如众仙缥缈轻举步行于虚空[①]，故又称步虚声。

步虚词出现于何时历来说法不一，有的说是由汉末三国时的葛玄所创[②]；有的说是出于魏晋时期，如《太上洞渊神咒经》卷十五中就列有《步虚》一首；有的则认为，北朝道士寇谦之在"专以礼度为首"清整道教时，比较重视建立规范化且富有艺术性的道教仪式，他吸取了佛教以呗赞和转读的方式来唱诵佛经的音乐形式，改"直诵"为"乐诵"，即诵经时用音乐伴奏，创制出《云中音诵》，其中就包括《华夏颂》和《步虚词》。南朝时，陆修静明确提出"步虚"应是对天宫中神仙巡行时吟诵之声的模仿，他说："圣众及自然妙行真人，皆一日三时，旋绕上宫，稽首行礼，飞虚浮空，散花烧香，手把十绝，啸咏洞章，赞九天之灵奥，尊玄文之妙重也。今道士斋时，所以巡绕高座，吟咏步虚者，正是上法玄根，众圣真人朝宴玉京时也。行道礼拜，皆当安徐雅步，审整庠序，俯仰齐同，不得参差巡行。步虚皆执板当心，冬月不得拱心，夏月不得把扇，唯正身前向，临目内视，存见太上在高座上，注念玄真，使心形同丹，合于天典，则为飞仙。"[③]可见，在南北朝时，吟咏步虚词已成为斋醮科仪中的一个仪节。

步虚词起先只用于斋醮活动的"扫坛"、"迎神"、"朝礼"等

---

① 唐人吴竞在《乐府古题要解》中说："步虚词，道家曲也，备言众仙缥缈轻举之美。"

② 《郡斋读书志·后志》卷二说："《步虚经》一卷。右太极真人传左仙公。其章皆高仙上圣朝玄都玉京，飞巡虚空之所讽咏，故曰步虚。"（《四库全书·史部·目录类》，台湾商务印书馆影印文渊阁本，第674册，第408页）

③ 《洞玄灵宝斋说光烛戒罚灯祝愿仪》，《道藏》第9册，第824页。

法事活动，只有配乐而没有伴舞，后来由于道士、女冠将步虚词作为流行歌曲来演唱，故到中唐时，便伴有了舞蹈动作。以崇道著称的唐玄宗不仅制作"《霓裳羽衣曲》、《紫微八卦舞》，以荐献于太清宫，贵异于九庙也"①，而且还曾于内道场"亲教步虚及诸声赞，以至明之独览，断历代之传疑；定麟骥于海陆，分景镜于真伪。平、上、去、入，则备体于正声，吟讽抑扬，则宛仍于旧韵。使咏之者审分明之旨，闻之者无伪舛之嫌。"②这样，步虚词不仅与音乐、舞蹈紧密地结合起来，而且在吟咏时还要注意旋律的抑扬顿挫和分辨字的平、上、去、入四声，以成为"正声"。唐代道士在吟咏步虚词时，不仅要配有专门的服饰、动听的音乐和美妙的歌舞，而且"步虚诵咏过程有一定路线，要求精神专注，念唱、步法、道具和谐统一。"③步虚词在唐代受到了从帝王到一般文人的赞赏，以至于出现道士、俗众同唱步虚词的盛况。

杜光庭在整理斋醮科仪时，收集、抄录了一些在道门中广泛流传的步虚词。例如在他编撰的《太上黄箓斋仪》中的许多斋仪都列有"步虚"或"步虚旋绕"这个仪节，其中记载的一些步虚词就是抄录于《洞玄灵宝玉京山步虚经》。例如：

旋行蹑云纲，乘虚步玄纪。吟咏帝一尊，百关自调理。俯命八海童，仰携高仙子。诸天散香花，萧然灵风起。宿愿定命根，故致标高拟。欢乐太上前，万

① 《混元圣纪》卷八，《道藏》第17册，第865页。
② 《谢亲教道士步虚声韵表》，《全唐文》卷九二七。
③ 卿希泰主编：《中国道教》第4卷，东方出版中心1994年版，第49页。

劫犹未始。[①]

这首五言诗是《洞玄灵宝玉京山步虚经》中的第二首步虚词，大约为南朝梁陈时的作品。《洞玄灵宝玉京山步虚经》现已不存，今本《道藏》中的《洞玄灵宝升玄步虚章序疏》对《洞玄灵宝玉京山步虚经》中的十首步虚词进行了比较详细的疏解，并对"步虚"之意作了解说："升玄是妙觉之通名，步虚是神造之圆极。升则证实不差，玄则冥同至德，步是通涉之名，虚是纵绝之称。"[②]杜光庭在《太上黄箓斋仪》中多次直接引用《洞玄灵宝玉京山步虚经》中的步虚词，并将"旋行蹑云纲，乘虚步玄纪"作为斋醮科仪中的一个且歌且舞的敬神仪式。"蹑云纲"、"步玄纪"是道教斋醮科仪中礼拜星斗、召请神灵的仪式，它是由传统的"禹步"发展而来，其舞步犹如踏在星斗罡宿上，步行曲折复杂，步态刚柔并济，又称"步罡踏斗"。"步罡踏斗"作为步虚舞的重要部分，它常与步虚词相互配合着使用。

杜光庭还根据斋醮科仪的需要创作了一些步虚词。一般而言，步虚词作为一种诗体，早期主要以五言为主，后来受唐诗的影响，又出现了七言等不同的形式，但杜光庭所撰写的步虚词主要是吸收了汉代乐府诗歌的形式，多为五言诗。例如《太上黄箓斋仪》中所记载的杜光庭撰写的步虚词就都是五言，其中一首写道：

始青黎元盖，金香结珠烟。飞晨总翘辔，稽首玉

① 《太上黄箓斋仪》卷一，《道藏》第9册，第184页。

② 《道藏》第11册，第168页。

帝前。帝心浩以舒，锡吾太灵篇。是谓不灭道，万天秉吾权。吾行空洞中，下仙昧其渊。

一气化之元，邈在两仪先。实埒驰金马，真香喷玉莲。飞空按龙辔，梵响导芝軿。绵永长春劫，翱翔无色天。初真难晓谕，以此戒中仙。

高真明道德，垂世五千言。解释渐凉薄，殚诚测妙元。霓旌严教典，羽唱彻云軿。瑞鹤仪空际，祥风拂暑烦。穹窿兹响应，宝祚亿斯年。[1]

这首词既描绘了仙界景象，又写了降神仪式，从某种程度上反映了当时斋醮科仪的实际形态。杜光庭曾说："得道者，自仙登真，从真证圣，登圣极果，与道合真。无寿考之期，无终尽之数，斯须而经亿劫，指掌而越万天。……《步虚词》云：'八天如指掌，六合何足辽。'皆其事也。"[2]为了表现步虚词中的"八天如指掌，六合何足辽"的境界，杜光庭试图通过铺陈"翘辔"、"金马"、"龙辔"、"翱翔"等词汇，再通过"金香结珠烟"、"梵响导芝軿"、"霓旌严教典"等环境描绘，来刻画在仙境中冉冉飞升的神仙仪态以及美不胜收的巍巍仙境。

杜光庭所创作的步虚词还可以配上音乐和舞蹈在道场上赞诵表演，他称之为"步虚旋绕"。"步虚旋绕"是指在斋醮仪式中，法师带领众人依次左行，口诵步虚词，依八卦九宫的方位，"旋行三周，如步虚法"[3]，即旋绕香炉或法台边歌边舞，象

① 《太上黄箓斋仪》卷三十，《道藏》第9册，第265页。
② 《道德真经广圣义》卷十四，《道藏》第14册，第383页。
③ 《太上黄箓斋仪》卷五十，《道藏》第9册，第334页。

征天上的神仙旋绕着“玄都玉京山”相会的情景，故又称“步虚巡行”或“步虚旋行”。正如当代美国宗教学家斯特伦（Frederick J. Streng）所说：“当艺术作为宗教传统的组成部分而发挥作用时，它被称作祭祀仪式的艺术。其目的在借助于‘可见的神学’、舞蹈及音乐展示宗教的真理。”[①]杜光庭为配合道场拜神仪式而创作的步虚词，主要也是用来宣扬道教的教理和描绘超凡脱俗的神仙以及仙界景象的美好。同时，杜光庭认为，人如果通过旋虚而行，步随声转，去除妄想杂念，用心体会太上老君的智慧，再通过赞咏天神，使天神降临，就能达到身心得道之妙。这样，步虚词不仅成为展示道教得道成仙最高“真理”的一种方式，而且还能起到“娱神”、“颂神”和“降神”的作用。杜光庭创作的步虚词明显地带有江南文化的特色，甚至可以配上江南丝竹乐器来演唱，由此而形成了独特的“广成韵”。

杜光庭不仅用步虚词来赞诵神仙的缥缈轻举之美，仙境的奇观异景之妙，更希望通过颂神降灵来祈福消灾祛祸，这反映了当时人们所面临的各种社会与人生问题，以及杜光庭希望通过宗教仪式为众生拔度苦难，去灾却患，他写道：

> 宝箓修真范，丹诚奏上苍。冰渊临兆庶，宵旰致平康。万物消疵疠，三晨效吉祥。步虚声已彻，更咏洞玄章。
>
> ……
>
> 水噀魔宫慑，灯开夜府明。九天风静默，四极气

① 《人与神——宗教生活的理解》，上海人民出版社 1991 年版，第 255 页。

澄清。啸咏朱陵府,翱翔白玉京。至诚何以祝,国祚永安荣。[1]

与一般文人为表现才华而作词不同,杜光庭创作的步虚词宣教的目的十分明确,他希望人们通过吟诵这样的步虚词来对诸天神仙加以尊敬和崇拜,并创造宗教情境来沟通神人之间的联系,以此来解决人们面临的种种现实问题,这体现了他作为一个宗教家的情怀。

杜光庭还将"吐纳"、"胎息"、"心斋"等养生方法贯穿于"步虚旋绕"之中,希望通过"俯仰存太上,华景秀丹田"的功夫来遣除各种欲念,使人们把纷繁杂乱、变化不定的意念集中在丹田上,以荡涤心中的尘滓,去除世俗的念想,以修身养性。《太上黄箓斋仪》卷四中就有这样的步虚词:

俯仰存太上,华景秀丹田。左顾提郁保,右盼携结璘。六度冠梵行,道德随日所。宿命积福应,闻经若至亲。天挺超世才,乐诵希微篇。冲虚太和气,吐纳流霞精。胎息静百关,寥寥究三篇。泥丸洞明景,遂成金华仙。魔王敬受事,故能朝诸天。皆从斋戒起,累功结宿缘。飞行凌太虚,提携高上人。[2]

这里的"吐纳流霞精,胎息静百关"就是道教的清洁身心、排除杂念、放松入静的功夫在斋醮仪式中具体运用,由此而使

① 《太上黄箓斋仪》卷二十八,《道藏》第9册,第259页。
② 《太上黄箓斋仪》卷四,《道藏》第9册,第192页。

人产生一种“飞行凌太虚，提携高上人”的飘飘欲仙的感觉。杜光庭还在步虚词中倡导“斋戒”，认为可以通过斋戒来遣欲，只有身心清静才能降真致神。这就使人在吟诵步虚词的过程不但净化了思想，而且还可以得到一种高雅的精神享受。杜光庭所撰写的步虚词因词藻华美、对仗工整、内涵丰富以及所具有的宗教感染力而成为独特的文学佳作。

第四节　传奇小说《虬髯客传》

虽然唐代佛教在社会上的影响力要超过道教，但在小说创作领域，由于道教的神仙传说为文学创作提供了大量的素材和想像的空间，因此，道教小说与佛教小说相比，无论是在数量上，还是在质量上都毫不逊色。唐代道教小说中有相当一部分出自于杜光庭的手笔。杜光庭在撰写《道教灵验记》、《神仙感遇传》、《墉城集仙录》、《录异记》等书时，通过搜奇述异，塑造了许多颇具魅力的求道者形象，讲述了许多颇具传奇色彩的小说故事。在杜光庭的传奇小说中，特别值得一提的是《神仙感遇传》卷四的《虬须客》。《虬须客》因与后世影响甚大的唐代传奇小说《虬髯客传》在人物与情节上具有相似性，故历来也一直有杜光庭创作了《虬髯客传》的说法。我们认为，虽然《虬髯客传》的作者问题可以进一步研究，但杜光庭对这一传奇小说的贡献还是不能忽视的。

唐代中叶以后，在藩镇割据的社会形势下，一些有钱有势者为抗击对手，保护自己，常常蓄养一些侠客来为自己服务。那些不畏强暴，讲究义气的侠客往往成为当时人们喜爱、崇敬的英雄人物，导致了社会上游侠风气的盛行。一些道士和奉道文人热衷于搜集民间流传的轶闻趣事，并借鉴六朝传奇家的笔法，创作出许多带有传奇、侠义色彩的作品。这些作品以其丰富多彩的题材，颇具个性的人物，离奇多变的情节，富于想像力的夸张，使中国小说在六朝志怪小说的基础上发展出新的类型——传奇小说。鲁迅先生的《中国小说史略》在论说了唐代传奇小说《古镜记》、《南柯太守传》、《柳毅传》、《霍小玉传》、《柳氏传》等之后，特别提到了“杜光庭之《虬髯客传》流传乃独广”[①]。杜光庭也常被后人誉为唐代传奇小说的一个重要代表人物。

关于《虬髯客传》的作者，在历史上就有不同的说法，主要有三说：一说为杜光庭，因南宋洪迈的《容斋随笔》卷十二“王珪李靖”条中记杜光庭有《虬髯客传》，《宋史·艺文志》子部小说类也记“杜光庭《虬须客传》一卷”，故历来持此说者较为流行，鲁迅亦持此说。但也有认为出自《神仙感遇传》的“《虬须客》与《虬髯客传》不但题目有所不同，而且全文繁简美陋颇有差异”[②]，故不同意此说者[③]。第二说为《传奇》的作者裴铏所作，因为宋人编的《绀珠集》卷十一引《传奇》中有《红拂》一篇，即为《虬髯客传》的节要。但如果从内容上加以比较，可见《虬髯客传》无论在文字表述上，还是在故事情节上，都要优于《红

① 《中国小说史略》，《鲁迅全集》第九卷，人民文学出版社 1973 年版，第 229 页。

② 吴庚舜、董乃斌主编：《唐代文学史》（下），人民文学出版社 1995 年版，第 574 页。

③ 王运熙著《“虬髯客传”的作者问题》也否认此传为杜光庭所作。（参见《光明日报》1958 年 3 月 2 日、《文学遗产》第 198 期）

拂》。故“此说能否成立，也还要论证”①。第三说为唐代张说撰，如宋人编《豪异秘纂》、元末明初陶宗仪辑《说郛》卷一一二，还有明刻本《虞初志》都持此说，故有人认为，“或本为悦(即张说)作而光庭删录之以入《神仙感遇传》，故《宋史·艺文志》遂题为光庭作。”②但查阅张说著《张燕公集》③，并不见有《虬髯客传》的记载，“且自两宋以来，都认为此传奇是杜光庭之作”，故也有学者认为张说撰之说“不足信”④。

作者问题的复杂性也影响到《虬须客》与《虬髯客传》之间究竟孰先孰后的问题。对此，一般有两种看法。一种看法认为，《虬须客》与《虬髯客传》相比较，“前者很像是后者之梗概与缩写”⑤。另一种看法则认为，《道藏》“收杜光庭《神仙感遇传》，有《虬须客》一条，叙述与今所传本不同，且简略朴僿，文彩殊逊。……颇疑《道藏》为今传之祖本，流传宋初，又经文士之润饰(《太平广记》一百九十三所载之《虬髯客传》，已属改本)，故详略互异如此”⑥。从历史上看，宋代李昉(925～996)

① 吴庚舜、董乃斌主编：《唐代文学史》(下)，人民文学出版社 1995 年版，第 574 页。

② 郭箴一：《中国小说史》上海书店影印本，第 158 页。

③ 张说(667～730)初唐人，曾于武则天时应诏对策，得乙等，中宗时任黄门侍郎等职，睿宗时进同中书门下平章事，玄宗时任中书令，封燕国公。张说善为文，亦能诗，曾著有《张燕公集》二十五卷。

④ 长虹：《杜光庭〈虬髯客传〉的流传与影响》，载《中国道教》1997 年，第 1 期。

⑤ 吴庚舜、董乃斌主编：《唐代文学史》(下)，人民文学出版社 1995 年版，第 574 页。

⑥ 汪辟疆校录：《唐人小说》，上海古籍出版社 1978 年版，第 181 页。

编《太平广记》时，在卷一百九十三《豪侠》中就收录有《虬髯客传》[①]（文末有“出虬髯传”，但未注明作者），内容也比《神仙感遇传》中的《虬须客》更加丰富，情节也更加曲折动人，但张君房于宋真宗大中祥符五年（1012）开始编《道藏》（即《大宋天宫宝藏》，现已不存），后又撮其精要编成《云笈七签》，在《云笈七签》卷一一二收录的却是文字简略的《虬须客》，而不是《太平广记》文字详细的《虬髯客传》，现在的《道藏》本也是如此，这又是为什么呢？长虹先生曾根据上海古籍出版社影印文渊阁《四库全书》本《太平广记》的“出版说明”中所介绍的情况而“推测张君房有可能没有见过早已收版于高阁的《太平广记》，因此，出现了上面提及的这一问题。”[②]

依笔者的研究，初步的看法是，后来流传较广的《虬髯客传》可能是杜光庭所作的《虬须客》的改写本，因为《虬髯客传》的故事最早出现在杜光庭的《神仙感遇传》卷四中，名为《虬须客》，文字简略，标题也正好与《宋史·艺文志》所记的“杜光庭《虬须客传》一卷”相同。其旨在于讲述人仙之感遇，宣扬“真人之兴，乃天授也”，弘道的特点十分鲜明，而《虬髯客传》仿佛经过加工润色，而更具有文学色彩，故事的内容更加丰满，故广泛流传于世。下面仍以《虬须客》为主来略做分析，并将《道藏》本中的《虬须客》与《太平广记》中的《虬髯客传》附录于后，以资互参比较。

如果追根溯源，“传奇”一词出于晚唐裴铏撰《传奇》，后来

---

① 《太平广记》，中华书局1961年版，第1445～1448页。

② 长虹：《杜光庭〈虬髯客传〉的流传与影响》，载《中国道教》1997年，第1期。

“宋人辄目唐人小说之涉及神仙诡谲之事，概称之曰《传奇》”[①]。鲁迅先生说：“传奇者流，源盖出于志怪，然施之藻绘，扩其波澜，故所成就乃特异，其间虽亦或托讽喻以纾牢愁，谈祸福以寓惩劝，而大归则究在文采与意想，与昔之传鬼神明因果而外无他意者，甚异其趣矣。”[②]传奇小说虽然是由六朝那种单纯的说神道鬼的志怪小说发展而来，但描述的对象却有所不同，它大多以神异、侠义与爱情为主题，这些情节曲折的奇闻逸事拉开了现实主义与浪漫主义相结合的序幕，成为用浪漫主义手法来反映当时复杂的现实生活的一种文学表现方法。杜光庭作为晚唐传奇小说家，他的《虬须客》以遇仙为主题，虽然宣扬了“真人之兴，乃天授也”这样的效忠李唐王朝的思想，但其中却淡化了《虬髯客传》中所讲述的李靖与红拂的浪漫爱情，而强调虬须客的豪爽侠义和道士的神异之功。

故事梗概为：隋朝末年，天下大乱，群雄竞起，颇具才华的寒士李靖求见留守司空杨素，以敬献治国之策。但杨素却因为李靖出身寒微而冷眼相对，傲慢而见。可此时，杨素身边的一名手持红拂的侍女见李靖相貌堂堂，谈吐不凡，顿生倾慕之心。半夜，红拂女乃女扮男装来到李靖居住的客店密访。两人交谈，意气相投，遂决定一起离开长安去太原开创事业。在去太原的路上，于途中旅舍，他们遇到了一位骑驴大汉。这位大汉是满脸长着赤红色络腮胡子的虬须客。经过攀谈，李靖和红拂女发现虬须客是个有志于夺取天下的义士，共同的

① 汪辟疆校录：《唐人小说》，上海古籍出版社 1978 年版，第 267 页。

② 《中国小说史略》，《鲁迅全集》第九卷，人民文学出版社 1973 年版，第 212 页。

政治理想使三人结为友好，并相约在太原相见。当他们分路到达太原后，虬须客通过刘文静，两次见到了李世民。虬须客看到李世民神气清朗，貌与常异，顾盼生辉，乃叹为“真天子也”！大为折服。从此，虬须客不仅不与李世民争天下，而且还将自己的全部家产慨然赠予李靖，并传之以用兵之道，让李靖跟随李世民去打天下，而他自己却带着家人远走海外，开辟新天地去了。最后，李靖依照虬须客的嘱托，追随李世民打下了江山。唐王朝建立以后，李靖得以加官进爵，而虬须客也在海外扶余国，杀其主，自立为王。《虬须客》既抒发了杜光庭的政治理想，也是显露其创作才华的一篇传世佳作。

《虬须客》有三个特点：一是其三个主要人物——虬须客、李靖和红拂女都具有侠义风范，后被人称为“风尘三侠”。杜光庭对“三侠”形象的塑造，反映了在唐代中叶以后群雄竞起、藩镇割据所造成的社会动荡的局势中，老百姓对那些不畏强暴、本领非凡的英雄豪侠横空出世的期望。三侠中首先出场的李靖虽为一介书生，但他胸怀大志，布衣上书，不畏权贵。对这一情节，《虬髯客传》有更生动的描绘，李靖面对“踞床而见”的杨素，他勇于当面斥责：“公为帝室重臣，须以收罗豪杰为心，不宜踞见宾客。”正是他的凛然正气使权重一时、傲气十足的杨素“敛容而起，谢公”，并收下了李靖呈上的救国之策。第二个出场的红拂女，虽然出身低微，但见识非凡，当李靖与杨素“骋辨”时，她对李靖十分心仪，马上“临轩指吏”去打听李靖的行踪，并于当晚颇具侠士风度地来到李靖的住所，十分坦率地表白：“丝萝非独生，愿托乔木，故来奔耳。”正是她侠义的真情打动了李靖，两人共奔太原，才引出了在路途旅店巧遇虬须客的情节。虬须客,“中形人也,赤髯而虬,破衫蹇驴而来,投布囊于地,取枕欹卧,看张妓理发,委地立梳于床。”[1]虬须客突然出现,使正在逃跑的李靖夫妻很紧张,偏偏此人在进门后,将裹着人头的布囊放到地上,不打招呼就取枕斜躺下来,大胆地看着美女梳头,这种不合情理的冒失行为,更引起了李靖的愤怒和红拂的不安。但三侠各自的鲜明性格正是在这种矛盾冲突中展现出来。虬须客性格豪爽,不拘礼节。李靖是士人,故做事小心谨慎。虬须客的举动引起了李靖的愤怒,但李靖想到自己的在逃身份,又不知来人的底细,乃强忍怒火,暗自思忖对付办法。红拂则聪明伶俐,见多识广,故非常镇静,她“一手握发,一手映身摇示靖,令勿怒,急梳头毕,敛衽前问其姓”,不仅利用与虬须客同姓的机会与之结拜为兄妹,而且最终使三个性格鲜明的人物能够在灵石旅店结为志同道合的朋友。

二是语言描写生动细腻,故事情节起伏曲折、扣人心弦,具有抒情与叙事相结合的独特风格。三侠相聚后,相随去太原寻访李世民。虬须客本来是抱着在乱世中起宏图以成就帝王霸业的大志,他在李靖的帮助下,见到李世民后,一开始虽为李世民的相貌所折服,但并没有轻易放弃自己图帝王大业的志向,直到再遇李世民,见“文皇亦来,精彩惊人,长揖而坐,神气清朗,满坐生风,顾盼炜如”,道士又以棋局全输,“救无路哉”做暗示,并明确告之:“此世非公世界也,他方可矣”,才认定李世民是“真命天子”,遂心弃前念,改谋去海外另立霸业,表现出一种善识时务的英雄性格。虬须

① 《道藏》第10册,第897页。

客志向改变后，才邀请李靖夫妻去他家做客。李靖夫妻这时发现原来虬须客富甲一方，早已为图帝王大业做了精心的准备。虬须客为欢迎李靖夫妇的到来，"纱巾褐裘，挟弹而至。相与入中堂，陈乐欢饮，女乐三十余人。"杜光庭特别写道："非王侯之家所有，追若洞天之会。"以暗示虬须客即为神仙。虬须客也对李靖夫妻直截了当地说："今既有主，亦复何为，太原李氏，真英主也。三五年内，即当太平。"虬须客不仅将自己的全部财产赠予李靖夫妻，而且还希望他们能够协助李世民称雄天下。然后，虬须客就与其妻戎装乘马而去。三侠离别后，各谋发展。"李靖得此事力，以助文皇缔构大业。"而关于虬须客，贞观年间，即有南蛮入奏："有海贼以楼船千艘，兵十余万人，于扶馀国杀其主自立为王，国内已定静。"李靖知虬须客也已事成，乃与红拂一起具衣拜贺，沥酒东南祝拜之。

三是体现了道教的"经国理身"的终极理想。《虬须客》中所塑造的人物都是以道教的"内以修身，外以治国"为人生理想。如果参照历史，就可见其中的一些人物并非完全凭空虚构。历史上确有李靖其人，他是唐初著名的军事将领，曾北征突厥，南征东吴，为唐王朝的建立立下了汗马功劳。唐朝立国后，他又辅佐朝政，官至尚书左仆射，为唐朝出现"贞观之治"的繁荣景象做了大量的工作。后来突厥侵唐，李靖主动请战出兵，他带领五路兵马，进军青海，因指挥有方，迫使突厥首领自杀，又一次保卫了唐王朝领土的完整。唐太宗李世民对李靖非常器重，特别嘉称他为"一代楷模"，封卫国公，授濮州刺史[①]。因此，李靖的名字在当时就是家喻户晓，妇孺皆知。随

① 《旧唐书》卷六十七《李靖传》。

着时间的推移,人们又在李靖的生平中加进了许多传奇成分,特别是将他与道教挂上了钩,说李靖之所以能够做出杰出的贡献,乃是因为他年轻时在华山上曾遇到一仙翁,这个仙翁曾预言李靖将来会仕途发达。

虬须客的原型在历史上有不同说法。据唐人小说,虬须客的原型是隋末西京人张仲坚,排行第三,髯赤而卷曲,故号虬髯客[①]。虬须客有雄才大略,以救国救民为己任,表现出令人感动的英雄本色和慷慨豪爽之情!也有人认为,李世民亦虬髯,髯可挂角弓,故杜甫诗有"虬髯似太宗"语,可见虬髯客和李世民实二而为一[②]。杜光庭在唐末天下大乱、大小藩镇拥兵自重之时,撰写这个故事,一方面是为了歌颂唐太宗是真命天子,唐王朝是天人神授,"非英雄所冀",以宣扬唐王朝的正统性;另一方面,则表达了人们对当时藩镇割据、诸侯争雄、连年兵战的动荡社会的不满,又找不到出路,而将希望寄托在那些锄强扶弱、伸张正义的豪侠身上的愿望。杜光庭希望有李靖、虬须客这样一些按道教"内以修身,外以治国"的理念塑造出的英雄豪侠横空出世,能够辅助"真命天子"来挽救摇摇欲坠的唐王朝。如果我们再看一下杜光庭的生平,就可见他随唐僖宗离开长安来到蜀地后,俨然以帝王师的身份,辅助当时的统治者治理蜀地,发挥自己经世济民的政治才干,故被时人誉为"山中宰相",因此也有人认为,"杜光庭写《传》以虬髯客暗比自己,虬髯客建功东南,作者立业西南,二者的经历的

① 《辞源》,商务印书馆 1998 年版,第 1497 页。

② 郭箴一:《中国小说史》上海书店影印本,第 158 页。

确有相似之处。”[①]

杜光庭还运用道教的“谶语”来显示人物的个性特征，以先验性的预言来传播道教的理念，从而使《虬须客》具有浓厚的道教色彩。例如，虬须客本有称王天下的政治抱负，并为实现这一抱负而做了大量的物质准备。他与李靖、红拂相识后，马上就问：“尝知太原之异人乎？”并借“望气者”的口吻说：“太原有奇气”，以此来邀请他们相赴太原，共谋大事。在政治动荡的时代，说有异人奇气，这就是天命真人出现的“谶语”。在杜光庭笔下，虬须客在太原与李世民相会实际上就是“谶语”内容的具体展开，因而在描述当时还是“二郎”的李世民时就称其“神气扬扬，貌与常异”，虬须客见之非常惊异，称为“真天子也！”但虬须客并不甘心自己的失败，还要让“善相”的道兄再来见见李世民，看他是否真是具有王者之气。道士见到李世民“神清气爽，满座风生，顾盼炜如”，马上以棋局来谶告虬须客：“天下者，李家天下也。”故事末尾，杜光庭再次借虬须客之口发布谶语：“太原李氏，真英主也”，断定“三五年内，即当太平”。正是基于对未来的这种预测，虬须客才拿出自己的全部财产赠予李靖要他辅助李世民打天下，自己则去海外另谋发展。这些“谶语”尤如一条红线贯穿于《虬须客》之中，由此而显示出道教传奇小说所具有的特点。

但相比之下，《虬髯客传》比《虬须客》更具有传奇文学的色彩。《虬髯客传》既有历史背景，又不完全依照历史；既有英雄与美人的恋爱，又有为了救国救民的正义事业；既有深夜化

---

① 张松辉：《唐宋道家道教与文学》，湖南师范大学出版社 1998 年版，第 190 页。

妆潜逃，又有官府的追捕；既有小客栈的借宿与奇遇，又有意气相投的一见如故；既有寻仇十年而得以报仇的虬髯客，又有见识高超的神秘道人；既有酒楼上约会，又有坊曲家中秘谋大事；既有帝王公卿，也有少年英雄，种种构成武侠小说的要素在《虬髯客传》中都出现了。《虬髯客传》因演绎了侠义真情而成为唐代传奇文学中一朵艳丽的奇葩。

《虬髯客传》的故事虽然是虚构的，但有隋末李渊与李密争王这一扣人心弦的历史事实作为背景，人物形象塑造得栩栩如生、生气勃勃，故事情节迭宕起伏，一波三折，引人入胜，故一经问世，就产生了很大的社会反响，以至于社会各界争相传阅，不断地进行艺术加工。明代张凤翼将其改写成传奇剧《红拂记》，凌濛初又将其改编成杂剧《虬髯翁》，李靖、红拂女和虬髯客由此而走上了舞台，被世人称之为"风尘三侠"，并常演常新，成为传统戏剧的保留剧目，流传千年而不衰。清代画家任伯年又依此故事画了多幅《风尘三侠图》，其中有一幅就是描绘三侠于灵石旅店相见时的情景，三人目光相视，各有不同的表情，画的背景上有三棵树，其中一棵树干上缠绕着两条粗藤，意寓红拂语"丝萝非独生，愿托乔木"。由此可见《虬髯客传》这个传奇故事对后世文学、戏曲和绘画的深远影响。

附：《道藏》第 10 册《神仙感遇传》卷四《虬须客》

虬须客，道兄者，不知名氏。炀帝末，司空杨素留守长安。帝幸江都，素持权骄贵，蔑视物情。卫公李靖时担箕谒之，因得素侍立红拂妓。妓姓张，第一，知素危亡不久，弃素而奔靖。靖与同出西京。将适太原，税辔于灵石店，与虬须相值。（虬须)乃中形人也。赤须而虬。破衫蹇驴而来,投布囊于地,取枕欹卧,看张妓理发委地,立梳于床。靖见虬须视之,甚怒,未决,时时侧目。张熟观其面。妓一手握发,一手映身,摇示靖,令勿怒。急梳头毕,敛衽前问其姓。卧者曰:"姓张。"妓曰:"妾亦姓张。合是妹。"遽拜之。问第几,云"第三。"又曰:"妹第几?"妹曰:"最长。"喜曰:"今日幸得逢一妹。"妓遥呼靖曰:"李郎且来拜三兄。"靖遂拜之。环坐,割肉为食。客以余肉饲驴。笑曰:"李郎贫士,何以致异人?"具话其由。客曰:"然则何之?"曰:"避地太原。"复命酒共饮。又曰:"尝知太原之异人乎?"靖曰:"州将之子,可十八来,姓李。"客曰:"似则似矣。然须见之。李郎能致予一见否?"靖言:"余友人刘文靖与之甚狎,必可致也。"客日望气。曰:"俾吾访之。"遂约期日相候于汾阳桥。及期,果至。靖话于文靖曰:"吾有善相者,欲见郎君,请迎之。"文靖素奇其人。方议匡辅,遽致酒迎之。俱见太宗,不衫不履,褐裘而来,神气扬扬,貌与常异。客见之,默居末坐,气丧心死。饮数杯,招靖谓曰:"此真天子也。"靖以告刘。益喜贺。既出,虬须曰:"吾见之十得八九也。然亦须令道兄见之。"又约靖与妹于京中马行东酒楼下。既至,登楼。见虬须与一道流对饮,因环坐,为约与道兄同至太原。道兄与刘文静对棋,须靖俱会。文皇亦来,精彩惊人,长揖而坐,神清气爽,满座风生,顾盼炜如也。道兄一见惨然,下棋子,"此局输矣!于此失局,奇哉!救无路矣!知复奚言!"罢弈。既出,谓虬须曰:"此世非公世界也,他方可矣。勉之,勿以为念。"同入京。虬须命其妇妹与李郎相见。其妇,亦天人也。虬须纱巾褐裘,挟弹而至。相与入中堂,陈乐欢饮,女乐三十余人,非王侯之家所有,迨若洞天之会。既而舁二十床，以绣帕盖之，去其帕曰："此乃文簿钥匙耳。皆珍宝货泉之数，并以充赠。吾本欲中华求事，或龙战三五年，以此为经费。今既有主，亦复何为。太原李氏，真英主也。三五年内，即当太平。李郎一妹善辅赞之。非一妹不能赞明主。勉之哉。此去十年后，东南数千里外有异，是吾得事之秋也。闻之可潜以酒相贺。"因呼家僮百余人出拜。曰："李郎一妹，是尔主也。"言讫，与其妻戎装乘马而去。道兄亦不知所之。靖得此事力，以助文皇缔构大业。贞观中，东南夷奏：有海贼以楼船千艘，兵十余万人，于扶馀国杀其主自立为王，国内以定静。靖知虬须成功。归告其妻。乃沥酒东南而贺焉。乃知真人之兴，乃天受也。岂庸庸之徒，可以造次思乱者哉。[①]

《太平广记》卷一百九十三《虬髯客传》

隋炀帝之幸江都也，命司空杨素守西京。素骄贵，又以时乱，天下之权重望崇者，莫我若也，奢贵自奉，礼异人臣。每公卿入言，宾客上谒，未尝不踞床而见，令美人捧出，侍婢罗列，颇僭于上。末年益甚。一日，卫公李靖以布衣来谒，献奇策。素亦踞见之。靖前揖曰："天下方乱，英雄竞起。公为帝室重臣，须以收罗豪杰为心，不宜踞见宾客。"素敛容而起，与语大悦，收其策而退。当靖之骋辨也，一妓有殊色，执红拂，立于前，独目靖。靖既去，而拂妓临轩指吏问曰："去者处士第几？住何处？"吏具以对。妓颔而去。公归逆旅。其夜五更初，忽闻叩门而声低者，靖起问焉。乃紫衣带帽人，杖揭一囊。靖问

① 《道藏》第10册，第897～898页。

谁。曰："妾，杨家之红拂妓也。"靖遽延入。脱衣去帽，乃十八九佳丽人也。素面华衣而拜。公惊，答曰："妾侍杨司空久，阅天下之人多矣，未有如公者。丝萝非独生，愿托乔木，故来奔耳。"靖曰："杨司空权重京师，如何？"曰："彼尸居余气，不足畏也。诸妓知其无成，去者众矣。彼亦不甚逐也。计之详矣，幸无疑焉。"问其姓，曰："张。"问伯仲之次。曰："最长。"观其肌肤、仪状、言词、气性，真天人也。靖不自意获之，愈喜惧，瞬息万虑不安。而窥户者足无停履。既数日，闻追访之声，意亦非峻。乃雄服乘马，排闼而去。将归太原。行次灵石旅舍，既设床，炉中烹肉且熟。张氏以发长委地，立梳床前。靖方刷马。忽有一人，中形，赤髯而虬，乘蹇驴而来。投革囊于炉前，取枕欹卧，看张氏梳头。靖怒甚，未决，犹刷马。张氏熟观其面，一手握发，一手映身摇示，令勿怒。急急梳头毕，敛衽前问其姓。卧客曰："姓张。"对曰："妾亦姓张。合是妹。"遽拜之。问第几。曰"第三。"问妹第几。曰："最长。"遂喜曰："今日多幸，逢一妹！"张氏遥呼曰："李郎且来拜三兄！"公骤拜。遂环坐。曰："煮者何肉？"曰："羊肉，计已熟矣。"客曰："饥甚。"靖出市买胡饼。客抽匕首，切肉共食。食竟，余肉乱切炉前食之，甚速。客曰："观李郎之行，贫士也。何以致斯异人？"曰："靖虽贫，亦有心者焉。他人见问，固不言。兄之问，则无隐矣。"具言其由。曰："然则何之？"曰："将避地太原耳。"客曰："然吾故非君所能致也。"曰："有酒乎？"靖曰："主人西则酒肆也。"靖取酒一斗。酒既巡，客曰："吾有少下酒物，李郎能同之乎？"靖曰："不敢。"于是开革囊，取出一人头并心肝，却收头囊中，以匕首切心肝共食之。曰："此人天下负心者心也，衔之十年，今始获，吾憾释矣。"又曰："观李郎仪形器宇,真丈夫。亦知太原之异人乎?"曰:"尝见一人,愚谓之真人。其余将帅而已。""其人何姓?"曰:"同姓。"曰:"年几?"曰:"近二十。"曰:"今何为?"曰:"州将之爱子也。"曰:"似矣,亦须见之。李郎能致吾一见否?"曰:"靖之友刘文静者与之狎。因文静见之可也。兄欲何为?"曰:"望气者言太原有奇气,使吾访之。李郎明发,何日到太原?"靖计之。曰:"达之明日方曙,我于汾阳桥待耳。"讫,乘驴而其行若飞,回顾已远。靖与张氏且惊惧,久之曰:"烈士不欺人。固无畏。"但速鞭而行。及期,入太原。候之相见。大喜,偕诣刘氏。诈谓文静曰:"以善相者思见郎君,迎之。"文静素奇其人,方议论匡辅。一旦闻客有知人者,其心可知。遽致酒延正焉。既而太宗至,不衫不履,裼裘而来,神气扬扬,貌与常异。虬髯默居坐者,见之心死。饮数巡,起招靖曰:"真天子也!"靖以告刘,刘益喜自负。既出,而虬髯曰:"吾见之,十八九定矣。亦须道兄见之。李郎宜与一妹复入京。某日午时,访我于马行东酒楼下,下有此驴及一瘦骡,即我与道兄俱在其所也。"公到,即见二乘,揽衣登楼,即虬髯与一道士方对饮,见靖惊喜,召坐。环饮十数巡,曰:"楼下柜中有钱十万。择一深稳处,驻一妹毕。某日复会我于汾阳桥。"如期登楼,道士虬髯已先坐矣。共谒文静。时方奕棋,揖起而语心焉。文静飞书迎文皇看棋。道士对弈,虬髯与靖旁立为侍者。俄而文皇来,长揖而坐,神清气朗,满坐风生,顾盼炜如也。道士一见惨然,下棋子曰:"此局输矣!输矣!于此失却局!奇哉!救无路矣!知复奚言!"罢弈请去。既出,谓虬髯曰:"此世界非公世界也,他方可图。勉之,勿以为念。"因共入京。虬髯曰:"计李郎之程,某日方到。到之明日,可与一妹同诣某坊曲小宅。

媿李郎往复相从，一妹悬然如磬。欲令新妇祗谒，兼议从容，无令前却。”言毕，吁嗟而去。靖亦策马遄征。俄即到京，与张氏同往。乃一小板门，叩之，有应者拜曰：“三郎令候一娘子、李郎久矣。”延入重门，门愈壮丽。奴婢三十余人罗列于前。奴二十人引靖入东厅。非人间之物。巾妆梳栉毕，请更衣。衣又珍奇。既毕，传云：“三郎来！”乃虬髯者，纱帽褐裘，有龙虎之姿，相见欢然，催其妻出拜，盖天人也。遂延中堂，陈设盘筵之盛，虽王公家不侔也。四人对坐，牢馔毕，陈女乐二十人，列奏于前，似从天降，非人间之曲度。食毕行酒。而家人自西堂东舁出二十床，各以锦绣帕覆之。既呈，尽去其帕，乃文簿钥匙耳。虬髯曰：“尽是珍宝货泉之数。吾之所有，悉以充赠。何者？某本欲于此世界求事，或当龙战三二载，建少功业。今既有主，住亦何为？太原李氏，真英主也。三五年内，即当太平。李郎以英雄之才，辅清平之主，竭心尽善，必极人臣。一妹以天人之姿，蕴不世之略，从夫之贵，荣盛轩裳。非一妹不能识李郎，非李郎不能遇一妹。圣贤起陆之渐，际会如期，虎啸风生，龙腾云萃，固当然也。将余之赠，以奉真主，赞功业，勉之哉！此后十余年，东南数千里外有异事，是吾得志之秋也。妹与李郎可沥酒相贺。”顾谓左右曰：“李郎一妹，是汝主也！”言毕，与其妻戎装乘马，一奴乘马从后，数步不见。靖据其宅，遂为豪家，得以助文皇缔构之资，遂匡大业。贞观中，靖位至仆射。东南蛮奏曰：“有海贼以千艘，积甲十万人，入扶余国，杀其主自立，国内已定。”靖知虬髯成功也。归告张氏，具礼相贺，沥酒东南祝拜之。乃知真人之兴，非英雄所冀，况非英雄者乎？人臣之谬思乱，乃螳螂之拒走轮耳。或曰：“卫公之兵法，半是虬髯所传耳。”（出虬髯传）

第十一章　杜光庭思想对道教发展的影响

通过以上几章对杜光庭道教思想的分析研究，笔者认为，它一方面是对以往数百年道教思想的继承，另一方面又在思维方式、思想内涵和话语风格上出现了许多新特点，这些新特点表明了杜光庭在唐宋道教思想顺应时代潮流进行的理论转型中所起的重要作用。在杜光庭生活的时代，道教思想最突出的转变主要表现在由注重本体论、重玄学、心性论的探讨而转向了内丹心性学。内丹心性学在唐末五代兴盛，其影响力逐渐超过了外丹，在宋代以后成为道教思想与实践的主流。那么，杜光庭思想在唐宋道教的理论转型中究竟起着什么样的作用？杜光庭如何通过终结唐代道教的思想而促进了其后宋代道教的更新与发展？

杜光庭作为一个跨时代的道教思想家，他对道教的虔诚信仰决定了他必然坚持道教的基本立场、观点和方法，同时，社会的发展对道教形成的各种挑战，又促使他以开放的心态，吸取儒学、玄学和佛教的思想，通过对道教经典的义释来建构适应时代发展需要的理论体系，并期望通过弘扬道教信仰来达到拯救乱世的目的。虽然有人认为，杜光庭义释唐玄宗的《道德经注疏》而成的代表作《道德真经广圣义》“主要是援引典实以证成玄宗注疏的观点，思想理论上无甚新意，不过增益其繁富尔。”[①]但如果细细究之，就可见杜光庭的义释并非完全是对唐玄宗思想的亦步亦趋，而是在大致遵循的基础上有所创新，有所发展。杜光庭以一种简朴而又深沉的思维方式开出了道教思想发展的新境界。正是基于此，杜光庭才被誉为唐末五代道教思想的集大成者。“杜光庭可以说是唐末道教重要的代表人物，他继承与总结了唐代崇道风尚下庞大的道教文化，为之画上了完美的句号。”[②]值得进一步探讨的是，杜光庭对道气论的理论总结如何促进了道教理论与实践的新发展？如何理解杜光庭运用重玄学来沟通宇宙本体论和心性论，从而追随唐代道教哲学由宇宙本体论转向心性论的发展趋势，完成了宇宙本体论向以道性论为核心的心性论的转型，促进了道教内丹心性学在唐末五代的兴起？杜光庭倡导的“性命双修”所具有的内在超越的理路又如何促进了道教修道成仙的目标从追求长生不死转向了复归于人的生命本真的寻求精神超越，并为后来的全真道所继承与发扬？

---

① 卢国龙：《中国重玄学》，人民中国出版社 1993 年版，第 486 页。

② 郑志明：《杜光庭〈道德真经广圣义〉的神人观》，载《道家与道教——第二届国际学术研讨会论文集》，广东人民出版社 2001 年版，第 223 页。

第一节　道气论的理论与实践意义

道教以得道成仙为终极的理想目标，为了达到这一目标，它在创立之初，就致力于探讨宇宙天地的变化之道，并推天道以明人事，注重研究自我的生命构成。但由于“道”是超言绝相的存在，因此在表达宇宙的创生和生命的活力时，道教又接受了传统文化中的“气”的观念，以气的聚散变化来说明宇宙的生化以及一切生命体的生死成坏。现存最早的道教经书《太平经》就提出：“元气行道，以生万物，天地大小，无不由道而生者也。”[1]道为天地之根，变化之法，元气按道的法则行事，从而生成万物。这种道气论后来发展为道教宇宙生成论的重要思想。杜光庭在继承前人思想的基础上又有进一步的发展，他不仅通过将道的圆通无碍与气的生机勃勃融为一体来反映事物存在的本来样态，以“道气”为本建立起宇宙生成论，而且将这种道气论与心性论相结合而用于修道实践，以提供人之所以能够通过修道而“返性归元”的理论依据，从而开拓了道教思想与实践发展的新理路。他说：“本者元也，元者道也。道本包于元气，元气分为二仪，二仪分为三才，三才分为五行，五行化为万物，万物者末也。人能抱元守一，归于至道，复于根元，非返于末。末者化也，本者生也。人能归于根本，是谓调复性命之道者也。”[2]杜光庭的道气论既是对唐代道教宇宙论的总结，也对唐宋道教修道论的转型产生了深刻

① 王明：《太平经合校》卷十八至三十四，中华书局1960年版，第16页。

② 《太上老君说常清静经注》，《道藏》第17册，第184页。

的影响,“抱元守一,归于至道,复于根元”的“调复性命”成为唐宋时期道教理论与实践的新走向。

杜光庭的道气论不仅探讨宇宙论的问题,而且还贯通于他的全部思想。如果说,在宇宙论上,杜光庭通过注释《道德经》而对“道”进行的多方面诠释,形成了宇宙神创说和以道气论为基点的内蕴丰厚的宇宙生成论这两条线索,它们以理论上的系统化终结了唐代道教在宇宙论上的讨论,那么,更值得注意的是,他还用道气论来沟通宇宙本体论、心性论和修道论,使后来道教的发展不再专注于宇宙论,而是转向了心性论问题。杜光庭不仅使“道气”成为宇宙论的核心观念,而且还以其鲜明的宇宙论特征,从天人合一的角度推进了内丹心性学在五代宋初的兴起。

从理论上看,杜光庭通过道气论所展示的宇宙生成变化的图景为道教的内丹修炼提供了宇宙论的说明。杜光庭说:“阴阳虽广,天地虽大,非道气所育,大圣所运,无由生化成立矣。”[①]“天之高也,道气盖之。地之厚也,道气载之。万物之繁也,道气遍之。非大道运气,孰能致其高广厚大繁多之功兮?”[②]他把道气作为宇宙生化的根本,并通过道气的阴阳动静的变化来为人的修道提供说明,他说:

> 清者天也,正阳之气,上腾为天;浊者地也,正阴之气,下结为地。……夫道能清能浊,能动能静,以至大道无测,常名清浊动静,皆为至道之用。凡曰学道之

① 《道德真经广圣义》卷二,《道藏》第14册,第318页。

② 《道德真经广圣义》卷二十八,《道藏》第14册,第447页。

士，若能明动静之气，安其位则至道自来归之。[①]

杜光庭提出“道气”的最终目的是要通过探索万物与人的生命起源和发展来寻求长生成仙的新路径。因此，他在把道气作为天地万物之根，人的生命之源时，更强调学道之士如果能够明了道气的动静变化，就能使“至道自来归之”。杜光庭将道气论运用于修仙理论，为唐末五代道教内丹道的兴起提供了宇宙论的根据。

杜光庭用“道气”来贯通构成人的生命的三大要素——精、气、神，并通过强调“神”的作用，不仅使“神”成为下联形体精、气，上通超越之道的中介，而且还通过“神若居则心大安”来突出人的“心”、“神”在修道中的地位与作用，他说：“元和之气，慧照之神，在人身中，出入鼻口，呼吸相应，以养于身。”[②]因此，“长生之道，全在养神，若守元和不失神，即居之。神若居则心大安，忻忻而若喜，自然清静，岂有烦恼生乎？”[③]杜光庭对“心”、“神”的重视，促使道教从精气神的形神修炼过渡到了以性命双修为基本特征的内丹修炼。

同时，杜光庭还将“道气”作为一个动态的概念，运用它来说明顺则成人、逆则成仙的仙学理论，从而对道教的内丹修炼产生了重要的影响。杜光庭说：“大若天地，微若昆虫，皆资自然妙道气化而成，然而因形缘类，更相生，更相成。修道者，纵心虚漠，抱一复元，则能存已有之形，致无涯之寿。形与道

① 《太上老君说常清静经注》，《道藏》第 17 册，第 183 页。
② 《道德真经广圣义》卷九，《道藏》第 14 册，第 359 页。
③ 《太上老君说常清静经注》，《道藏》第 17 册，第 189 页。

合，反于无形，变化适其宜，死生不能累，则可谓自有而归无也。”[①]万物有生就有死，“物壮则老”就说明万物从生向少、壮、老、死的次序顺向发展是一条普遍规律。杜光庭认为，人的生命的形成与天地生成的顺序相同，因此，内丹修炼就要打破常态，逆反宇宙天地万物生化的次第，通过修炼人身中禀道受气而来的精气神，以“反于无形”的方式来控制生命的消耗，延缓生命衰老的速度，甚至达到“存已有之形，致无涯之寿”。这种逆以成仙的思想后成为道教内丹心性学的基本思路。

杜光庭以道气生化的思想为内丹修炼提供宇宙论的说明，促进了五代宋初道教内丹心性学理论与实践的发展。如果考察五代宋初的道教思想家，就可见在他们的思想中或多或少地也包含着杜光庭所说的道气论。那么，他们的思想与杜光庭有何区别与联系呢？如何理解杜光庭的道气论终结了唐代的道气论而又推进了五代宋初道教理论与实践的转型呢？

五代道士谭峭与杜光庭大约生活于同一时代，以著《化书》[②]来探讨万物的变化之道而名扬天下。据文献记载，谭

---

① 《道德真经广圣义》卷三十二，《道藏》第14册，第472～473页。

② 《化书》是谭峭早年在终南山所写的著作，后来他在游历建康时，将此书授予南唐宰相齐丘。齐丘却将此书占为己有，题为齐丘子著。故《化书》又名《齐丘子》。宋代书目大多记载“齐丘子《化书》六卷”（《宋史·艺文志》）。其实五代宋初道士陈抟就指出：“吾师友谭景升始于终南山著《化书》。”宋代僧人释志磐在《佛祖统纪》卷四十二中也说：后周世宗显德四年（957）“隐士谭景升居终南山，与陈抟为之友，著《化书》百十篇，穷括化原，久之仙去。尝游三茅山，至建业见宋齐丘，谓其有仙脱道骨，出书示之。属为序以传世。齐丘乃窃以自名。然未尝悟道蕴也。”（《大正藏》第49册，第392页）清代钱侗在《崇文总目辑释》中明确指出：“今本亦题峭撰。宋齐丘攘为己作，故《通志略》诸书并题齐丘撰，误也。”《化书》的主要注本有明代道士王一清的《化书新声》。

峭,字景升,福建泉州人,曾云游各地,访仙修道,"师于嵩山道士十余年,得辟谷养气之术",后"居南岳炼丹成服之,入水不濡,入火不灼,亦能隐形变化,复入青城山而不出矣"①。从谭峭在五代时入青城山修道的记载推论,他有可能与杜光庭有过交往。《化书》有多种版本,今《道藏》本作六卷,分为道化、术化、德化、仁化、食化、俭化,共一百一十章。《化书》以"化"为题,不仅从哲学的角度对宇宙、社会、人生的规律作了探讨,而且从事物生生不息的变化中来阐扬修道成仙的思想,认为"道之委也,虚化神,神化气,气化形,形生而万物所以塞也。道之用也,形化气,气化神,神化虚,虚明而万物所以通也。是以古圣人穷通塞之端,得造化之源,忘形以养气,忘气以养神,忘神以养虚,虚实相通,是谓大同。"②以此说明宇宙万物包括人都是凭借着"道"和"气"而处于由虚化成,又复归于虚的循环往复之中,并以"生死"为例强调了这种循环往复的不间断:"虚化神,神化气,气化血,血化形,形化婴,婴化童,童化少,少化壮,壮化老,老化死。死复化为虚,虚复化为神,神复化为气,气复化为物。化化不间,由环之无穷。"③《化书》的这种思想可概括为:

顺而行之生人:道(虚)→神→气→形
逆而行之成仙:形→气→神→道(虚)

① ［南唐］沈汾:《续仙传》,《道藏》第5册,第97页。
② 《化书》卷一,《道藏》第23册,第589页。
③ 《化书》卷二,《道藏》第23册,第592页。

对照后来道教内丹修炼的模式,《化书》中所提出的这一顺道气则生物成人,逆道气则返虚复本的思想,除了少一个"精"字之外,已大致构成了道教内丹修炼的基本思路。《化书》的思想后来受到道教界的高度重视。

生活于五代宋初的道士陈抟(?~989)[①]称谭峭为"吾师友"[②]。他曾潜心研习《化书》,并明确提出了"精"的概念而将《化书》中的"忘形以养气,忘气以养神,忘神以养虚"凝炼为炼精化气,炼气化神,炼神还虚,以作为内丹修炼的三个基本步骤。他说:"夫道化少,少化老,老化病,病化死,死化神,神化万物,气化生灵,精化成形,神气精三化,炼成真仙。"[③]陈抟将《化书》中"顺化"、"逆反"的思想与《周易》的天地变化、阴阳消长的模式相结合,以道、气为基点,通过无极而太极的变化,构造了对道教内丹学影响甚大的《无极图》。《无极图》"其图自下而上,以明逆则成丹之法"[④],按照宇宙生化的模式,自下逆行而上,揭示了顺逆、阴阳、坎离、五行、水火交媾及其与人体窍穴的关系,通过确立内丹修炼的五个阶段,建立起一个完整

① 陈抟,字图南,亳州真源(今河南鹿邑)人,或说普州崇龛(今四川安岳)人。五代后唐明宗长兴年间(930~933)陈抟举进士不第,服气辟谷为道士,在武当山隐居二十多年,后访仙求道,来到陕西华山,与隐士李琪、吕洞宾为友。周世宗显德三年(956)召陈抟入京,问以黄白事,陈抟答曰:"陛下为四海之主,当以政治为念,夫何留意于小道邪。世宗不以为忤,拜谏议大夫,固辞,赐号白云先生。"(《历世真仙体道通鉴》卷四十七,《道藏》第5册,第368页)北宋太宗太平兴国(976~984)中,赐号"希夷先生"。

② 《历世真仙体道通鉴》卷四十七,《道藏》第5册,第326页。

③ 《陈希夷胎息诀》,参见《诸真圣胎神用诀》,《道藏》第18册,第436页。

④ [清]黄宗炎:《太极图辩》,载《宋元学案》卷十二《濂溪学案下》,中华书局1986年版,第515页。

的内丹修炼模式。这五个阶段是：玄牝之门（得窍）→炼精化气、炼气化神（炼己）→五气朝元（和合）→取坎填离（得药）→炼神还虚（脱胎），复归于无极。这五个阶段成为道教内丹修炼中的丹法次第，而推动这五个阶段层层递进发展的却是以道气生化为基点的性命双修。这样，道气在内丹学中就成为生命修炼的动力。

陈抟还将《化书》及自己的丹法传给张无梦，使内丹修炼术得到了推广。张无梦（生卒年不详），陕西凤翔人，号鸿濛子，性好清虚，喜读《老子》、《周易》，曾入华山，与刘海蟾、种放结为方外之友，师事陈抟，多得其微旨①。张无梦后游天台，登赤城，居琼台观，行内丹修炼之法。他曾将自己修炼内丹的体验用诗歌的形式表现出来，作《还元篇》②诗百首，宣扬“归根复朴，返魂还元”的思想，受到了宋真宗的欣赏。张无梦还在《学仙辨真诀》中以道与气的变化来阐述内丹修炼，他说：“古人所以假易象而为经者，谓至道与天地配合，如太上始分一气为二仪，二仪判然后有三才。”“剖一气以法天象地，自有为合于无为者也。”③他认为，内丹修炼中所谓的“牝牡”、“金水”、“土木”、“龙虎”、“情性”等，都是“仿像之名”，虽异名而同出，其实都不过是一气的变化，体现的都是道的效用而已，因此，修仙者应明了“元气者，人之根本也，三一之道，修情合性，则可以归根复朴”④。

---

① 《历世真仙体道通鉴》卷四十八，《道藏》第5册，第375页。

② 该书现已不存，但宋·曾慥《道枢》卷十三《鸿濛子》中摘录了《还元诗》中的十二首诗。（参见《道藏》第20册，第675页）

③ 《学仙辨真诀》，《道藏》第2册，第894页。

④ 《学仙辨真诀》，《道藏》第2册，第894页。

张无梦又将自己的道教思想传给陈景元。陈景元(? ～1094),江西建昌南城人,字太初,号碧虚子。早年勤学,即有方外之志。入道后,在游历天台山、阅三洞经时,遇张无梦,从其修道,得老庄微旨、《化书》精髓。后来陈景元曾长期隐逸于江淮之间,以琴书自娱。宋神宗时,由礼部尚书王琪推荐,陈景元入京讲述老庄,"时公卿大夫无不欲争识者"。宋神宗闻其名,召入宫内,问道家之事,"以该通奏,赐紫衣",后又"赐真靖之号"。熙宁五年(1072)陈景元向宋真宗进呈自己所注的《道德经》,宋真宗读后极为赞赏,称其"剖玄析微,贯穿百氏","特充右街都监同签书教门公事,羽服中一时之荣,鲜有其比。"[①]陈景元一生虽数任道官,但最为倾心的仍然是探究道德玄旨。他博学多闻,藏书数千卷,且"采摭藏室之奥典,纂集前贤之微旨,将以证解于道德也"[②]。他以注经的方式撰述了众多的著作[③]。时人赞其"有唐司马子微之坐忘,吴贞节之文章,杜光庭之扶教,三公虽异时杰出,而先生兼而有之"[④]。陈

① 以上引文均见薛志玄述:《道德真经藏室纂微开题科文疏》卷一,《道藏》第13册,第730页。

② 薛志玄述:《道德真经藏室纂微开题科文疏》卷一,《道藏》第13册,第732页。

③ 陈景元著述甚丰,主要有:注《道经》二卷、《老氏藏室纂微》二卷、注《庄子》十卷、《高士传》百卷、《文集》二十卷、《大洞经音义》、《集注灵宝度人经》等。(参见《历世真仙体道通鉴》卷四十九,《道藏》第5册,第382页。)今《道藏》中保留有陈景元的《道德真经藏室纂微篇》十卷、《南华真经章句音义》十四卷、《章句余事》一卷、《余事杂录》二卷、《冲虚至德真经释文补遗》二卷、《西升经集注》六卷、《上清大洞真经玉诀音义》一卷、《元始无量度人上品妙经四注》四卷等。

④ 薛志玄述:《道德真经藏室纂微开题科文疏》卷一,《道藏》第13册,第731页。

景元以老庄思想为本，在继承唐代道教理论的基础上，提出了“道者虚无之体，德者自然之用，道体虚无，运动而生物，物从道受气，故曰生之”①的思想，以道、气为基点阐发了“静心悟道”、“炼形长生”、“神合常道”的仙学思想，不仅显示了与杜光庭思想的相似性，而且其倡导的“归乎虚静之本，则可以复其性命之原”②的内丹修炼推动了宋代内丹心性学的发展。蒙文通先生曾说：“唐代道家，颇重成（玄英）、李（荣），而宋代则重陈景元，于徵引者多，可以概见。”③反映了陈景元在宋代道教思想与实践发展中的重要影响。

五代宋初的一些道教思想家在建立比较系统的、具有可操作性的内丹修炼的进路和方法时，都发挥了有关道气的思想，但他们与杜光庭的道气论有所不同的是，他们比较偏重用道气来指导内丹实践。也就是说，在内丹所具有的“道”与“术”的两个层面上，杜光庭比较偏重从“道”的层面上，将道气贯通于心性修炼，主张通过神气相接，“调伏其心”、“返性归元”来实现生命超越，而五代宋初的思想家们则更加注重“术”，力图通过一些具体的可操作的方法将道生气化的思想贯彻于内丹修炼的实践之中。后来盛行的内丹道，可以说都是道与术的结合，表面上看，似乎还更偏重修炼之“术”，因而人们往往多提陈抟、钟吕而少提杜光庭，但实际上“术”都是以“道”为指导的，特别是后来的内丹术以“性命双修”为主要标

① 《道藏》第 13 册，第 702 页。

② 《道藏》第 13 册，第 672 页。

③ 蒙文通：《校理陈景元〈老子注〉、〈庄子注〉叙录——附论陈碧虚与陈抟学派》，载《蒙文通文集》第六卷《道书辑校十种》，巴蜀书社 2001 年版，第 710 页。

识，与杜光庭将道气贯通于心性、强调修心是有密切关系的。正是在这个意义上可以说，杜光庭的道气论终结了唐代对道气的理论探讨，又推进了唐宋道教理论与实践的新走向。从历史上看，金元全真道兴起，一方面仍然把《化书》奉为全真道士的传习讲论之书①，另一方面又以道气论为基点来建构内丹心性学，正是通过综合重道和重术两种不同的倾向而又突出心性的修炼，从而建立起了系统的内丹道的理论与实践。

例如，王喆创立的全真道北宗就将道气和心性结合在一起谈修炼。王喆的大弟子马珏主张，内丹修炼的要妙就在于颐神养气，通过静坐调息，使呼吸绵绵细长，最终使神气相合而成仙。他说："道人要妙不过养气，夫人汩没于利名，往往消耗其气，学道者别无他事，只在至清至静，颐神养气而已。心液下降，肾气上升，至于脾，念绝想，神自灵，丹自结，仙自做。"②王喆的另一个弟子王处一则以道气贯通于心性，强调修道见性，并认为："见性有二，真空亦有二：悟彻万有皆虚幻，惟知吾之性是真，此亦为见性；既知即行，行之至则又为见性。初悟道为真空，直至了处亦为真空。既至真空，功行又备，则道气自然一发通过，道气居身中，九窍无心而自闭，至此际则方是真受用。"③人能见性即为悟道，见性就可使天地大宇宙间的道气在人体小宇宙中一发通过。由于天人相通，因此，人可以从自身性命出发去体悟天地间最根本的道理。当

① "武理真《全真道教十方丛林之规制》说：丛林内每年冬季讲学《阴符经》、《道德经》、《文始经》、《南华经》、《冲虚经》、谭子《化书》。"（卿希泰主编：《中国道教史》第二卷，四川人民出版社 1996 年版，第 484 页）

② 《真仙直指语录》卷上《丹阳语录》，《道藏》第 32 册，第 432 页。

③ 《清和真人北游语录》卷四，《道藏》第 33 册，第 177 页。

道气居人身之中,就能达到那种"真受用"的境界。全真道提出的性就是神,命就是气,主张性命双修就是要通过颐神养气来进行,通过炼气化神,炼神还虚而合道,这既与《化书》以来的思想相似,也与杜光庭的思想相关。杜光庭集唐代道教思想所形成的道气论为全真道内丹心性学的展开提供了重要的宇宙论背景和逻辑预设。

第二节　从重玄学向内丹心性学的过渡

一般认为,重玄学发源于魏晋,兴盛于隋唐,到北宋时逐渐趋于衰微。重玄学在宋代走向衰微的原因是什么?从历史上看,重玄学的衰微与道教内丹心性学的兴起同步。值得研究的是,杜光庭思想在重玄学向内丹心性学过渡中起着什么样的作用?

杜光庭自如地运用了重玄学的"有无双遣"的方法,通过对道体的诠释而凸显了心性与道性的一致性,从而把道教修道成仙的路径从向外追寻转为向内体悟,最后落实到了心性炼修上,"修道即是修心"就成为这种思想逻辑发展的必然结果。"修道即是修心"虽然不是杜光庭最早提出,但杜光庭依此思想将道性内化为心性,使道不再是外在于人心,与人心相隔膜,而是成为心的一种本真状态——消解了主客观对立的通达无碍、怡然自得的心灵境界。

杜光庭对"心"的高扬对促进道教重玄学向内丹心性学的过渡有着深刻的影响。因为对于修道者来说,如何体悟神圣而庄严的道,以作为安身立命的精神支柱,如何通过修行而得道成仙,实现生命的超越,这是他们最关心的问题,也是杜光庭着力思考的问题。杜光庭强调"修道即为修心",以"心性"作为人们修道的根本依持。当修道转变为一种心性的修炼时,对促进内丹心性学的建立就有了重要的意义。杜光庭的重玄学通过对道体的诠释而转向了对心性论的关注,并将心性论与宇宙论、修道论相结合,不仅发展了唐代的重玄学思想,而且在新的语境中建立起了比较系统的心性论,从而促进了道教理论的重心从重玄学过渡到了以性命双修为特色的内丹心性学。

杜光庭在总结唐代道教宇宙论、重玄学、心性论的基础上,对性命双修的强调促使内丹心性学发展成为宋代道教思想与实践的主流,同时也就导致了重玄学走向衰微。换言之,重玄学之所以在宋代走向衰微的一个重要原因就是杜光庭等许多唐末五代宋初的道教学者运用重玄学的方法,在心性论的基础上建立起了比较系统的修心论。这从当时出现的一些道书,如《体道论》、《大道论》和《三论元旨》中就可明显地看到这一特点。

《大道论》一卷,题为周固朴(生平不详)著。由于该书引用了杜光庭《道德真经广圣义》中的内容,故一般推测该书大约出于五代或宋初。全书共分为至道、至德、垂教、绝义、分别、远近、用道、二学、二病、师资、仁义、失道、心行、修道、保生、理国、二法、观修等十八章,以重玄学有无双遣、心境皆忘为方法,首探大道之源,次讲人生之理,后明修心得道之径。它沿续着杜光庭的思路而进一步强调"道外无心,心外无道,即心即道"①,并与杜光庭一样,强调"善恶二趣,一切世法,因

① 《大道论》,《道藏》第22册,第900页。

心而灭,因心而生。习道之士,灭心则契道"[①],将无心、定心、息心、制心、正心、净心、虚心等作为修心之七要,认为"明此七者,可与言道,可与言修心矣"[②]。该书还强调"养神养气,是谓保生之术"[③],认为保生之术必须神气双炼、性命双修。由于"仙者,纯阳也",因此,只有以阳炼阴,阴尽阳纯,才能得道成仙。该书特别反映了唐宋之间道教重玄学与内丹心性学并立的特色。

《道体论》一卷,题为通玄先生述,但在历史上有二个通玄先生:一是唐代的张果,二是五代的张荐明。有人认为,"就本论内容看,盖出唐人之手,其观点及论证方法皆颇近王玄览"[④]。但笔者通过细究该书而认为,从它以重玄学的方法来论述"道体"看,似出于唐宋之际。《道体论》共分为三章:论老子道经上、问道论和道体义。该书以自设问答的方式围绕着"道体"展开了讨论,认为"道体广周,义无不在,无不在故,则妙绝形名,体周万物,万物之理极于同异,同异之理极于无同异,据其同异则以妙绝广周,就其无同异则体周之中,即是妙绝。妙绝之中,即是体周极妙圆通,故名为道。"[⑤]它还以重玄学的方法来说明道的本质,认为"道者,非有非无,无终无始,圆体周于万物,微妙绝于形名,但闻见之流,未能玄解,故于绝称之中,强名曰道。强名之道,即是万物之始。"[⑥]该书的

① 《大道论》,《道藏》第 22 册,第 903 页。
② 《大道论》,《道藏》第 22 册,第 903～904 页。
③ 《大道论》,《道藏》第 22 册,第 904 页。
④ 任继愈主编:《道藏提要》,中国社会科学出版社 1995 年版,第 778 页。
⑤ 《道藏》第 22 册,第 883 页。
⑥ 《道藏》第 22 册,第 883 页。

篇幅不长，但却运用了重玄学的方法来说明道德、道物、有无、名实、空有、理事、取舍、通塞、假实、二与不二、生与不生、无名有名等对应范畴是“常一常二，二一圆通”[①]的关系，并借用佛教的“业感”理论来说明，“万物之体，从业而感，净秽无恒，事从心转，譬如目有翳，见毛轮之在空，目翳既除，毛轮自灭。人业既净，则三界亦无”[②]，由此而突出了修心的重要性。

《三论元旨》的作者题为殆岩泉隐居之士。全书共分为道宗、虚妄、真源三章，集中论述了道、心、性，故称三论。该书的重要特点在于它不满足于唐代重玄学者以“非有非无”的方式所阐述的精神超越，而认为遣除执滞并不代表就把握了妙道之义，只有心契于妙本真性，才能无遣而无不遣，真正做到内心常清静。书中对道之妙本作了说明，认为“妙本者，则自然之奥也。夫自然者，无为之性，不假他因，故曰自然。修行之人，因有为而达无为，因有生而达无生。了乎自缘，契于自然，则无生之性达矣。性不无生而能无所不生，无所不生而妙本未尝为生，是以无为之为，无相之相者，道之妙体也。”[③]该书强调，不可仅执著于在理论上追求道之妙本，而应当以之作为修炼的依据，以因缘契于自然，以明了“自然中有因缘，因缘中有自然，自然不离于因缘，因缘不离于自然，而能异之而同者矣。然夫一切因缘者，悉是自然之因缘也。”[④]如果说，以因缘义知“道之妙本”，以无为为性而追求超越于物外，此为一玄；

① 《道藏》第22册，第881页。
② 《道藏》第22册，第882页。
③ 《道藏》第22册，第910页。
④ 《道藏》第22册，第912页。

以自然义知因缘是假，故不去执著于万物之本，此为又玄；那么，重玄之义即在于说明，万物的生化虽有其因缘，但穷其极致则以自然为妙本之性。《三论元旨》认为，道体为虚无，道用则有物，这种从无到有的生化过程是自然之独化，是自然之因缘，并非有一个超在的主宰。只有妙达此源，才能明了"即道是心，即心是道"的道理。"妙达此源，竟无差舛。心等于道，道能于心，即道是心，即心是道。心之与道，一性而然。无然无不然，故妙矣。在有不滞于有，而不乖于无；在无不滞于无，而不乖于有。无所不在，无所不通，融神去会，真常之性契矣。所谓通心达观，极乎无极者矣。众生沉沦苦海，莫不因心而然，灭妄归真，自然之源妙矣。"[①]《三论元旨》从自然因缘论出发来理解妙本之道与自然之性的关系，既要人从物象因缘中体悟妙本的存在，又以自然义来遣除人对物象的执著，并主张"通心达观"以与"真常之性"相契，从而促进了重玄学向心性论方向发展。

以上三部道书的共同特点都是强调了"即心是道"，要人通过修心来达到自明本心真性的境界，这种理论本身就包含着对重玄学的否定。正如《三论元旨》中所说：

> 若不澄虚涤想，无以全真。纵广学多端，无虚寂之照，终不悟也。然见形而不返神者，迷之甚也。不达神源而称至性者，理未然也。夫说无遣有，说有遣无，说是遣非，说非遣是，此皆是遣滞之言，非至道之妙，或迷神而滞纲，或役智以疲神，或滞有而增尘，或

---

① 《道藏》第22册，第909页。

随空而断见，或寻迹而丧本，或滞寂而乖真，或耽文好辩而溺浇华，或小慧微通，自为真实，究极修行，未悟而疑悔生焉，或不修不信乃沉于永劫，此之难也，有鬲真源若不通行，或非至妙通行之要，寄在虚妄，虚而通之，真宗道也，神心也，性理也，即道理也。[1]

这种对重玄学以及各种自以为真实的修道方法的否定，直接为五代宋初道教内丹心性学的兴盛开辟了道路。

除了道教学者运用重玄学的方法建立起比较系统的修心论导致了重玄学在宋代走向衰微之外，重玄学对宗教实践的轻视也是它在宋代走向衰微的另一个重要原因。道教是一个重实践的宗教，它的教义始终是与追求长生的修炼术联系在一起的，以术显道构成了道教最显著的特征之一。杜光庭就曾把道与术看作是一种辩证的关系，道虽隐而不显，但它作为术的理论基础，既是天地万物的本然之理，也是人修道的根本依据和所要达到的最高境界。术则是修道的方法，它以种类繁多的样式来彰显道的精神。因此，杜光庭强调："道之无形，用术以济人。人之有灵，因修而契道。"[2]无术难以契道，然无道之术亦不能济人，甚至还会落入旁门左道而对人的生命造成伤害。以此来看重玄学，就可见重玄学虽然在理论上完全可以容纳宗教修炼的内容，但由于它大多以哲学论述为主而缺乏可供操作之术，因此，从实践上看，它的衰微也就有其必然性。例如唐代重玄学的主唱者"成玄英只是为道教创

① 《道藏》第 22 册，第 908 页。
② 《墉城集仙录》卷一，《道藏》第 18 册，第 167 页。

建了一套通向其终极目标的理论，并没有建构一套实现其理论的修持方法”[①]；杜光庭虽然曾对道与术的关系作过比较深入的阐述，也用精气神来接纳心性概念，积极倡导性命双修，甚至还有了逆以成仙的大致思路，并简要地介绍了内丹修炼的方法，但他也没有具体描述如何以心室为炉鼎来炼气化神，没有从可操作的层面上对“术”进行具体的说明。直到华山道士陈抟依《周易参同契》创构《无极图》，明确提出了对道教内丹术有着至关重要影响的“逆以成仙”的思想和方法，才促使道教内丹修炼术产生了一个新飞跃[②]。

内丹修炼术虽然以人体为炉鼎，以身体内部的精、气、神为药物，以在人体内炼成丹为基本特征，但其哲学基础却是对性命关系的辩证思考，这种思考所涉及的道、一、玄、阴阳、有无、太极、无极、精气神、性命等一系列哲学范畴都是围绕着挺立道教信仰的特质——神仙是存在的、人是可以成仙的等问题而展开。内丹心性学的特色并不在于它具有多么丰富深奥

① 汤一介：《论魏晋玄学到初唐重玄学》，载陈鼓应主编《道家文化研究》第十九辑，北京三联书店 2002 年版，第 20 页。

② 《无极图》中的主要部分《取坎填离图》和《五气朝元图》就是依据魏伯阳的《周易参同契》和五代后蜀道士彭晓绘制的《水火匡廓图》和《三五至精图》而来的（李远国：《陈抟易学思想探微》，载陈鼓应主编《道家文化研究》第十一辑，北京三联书店 1997 年版，第 179 页）。清初黄宗炎在《太极图辨》中，曾概括了《周易参同契》的复兴与内丹心性学产生之间的复杂关系，并提到了陈抟的《无极图》在内丹心性学兴起过程中的作用，他说：“考河上公本图名《无极图》，魏伯阳得之以著《参同契》，钟离权得之以授吕洞宾。洞宾后与陈图南（陈抟）同隐华山，而以授陈，陈刻之华山石壁。陈又得《先天图》于麻衣道者，皆以授种放。放以授穆修与僧寿涯。修以《先天图》授李挺之，挺之以授邵天叟，天叟以授子尧夫。修以《无极图》授周子，周子又得‘先天地’之偈于寿涯。其图自下而上，以明逆则成丹之法。”（《宋元学案》卷十二《濂溪学案》下，中华书局 1986 年版，第 515 页）

的思辨性，而在于它将形而上的哲学思考最终落实到形而下之术上，通过“性命双修”而使“道”与“术”紧密地连接，使之成为引导人获得生命超越的理论与实践的保证。杜光庭正是以其对“性命双修”的哲学思考和强调而在重玄学向内丹心性学转型的过程中起到了重要的作用。

第三节　性命双修与仙学内涵之转型

杜光庭对“性命双修”的倡导为道教内丹心性学提供了基本思路与方法。哲学寻求理解而宗教则是按一个人所理解的那样生活，因此，一切宗教问题最终都将归于实践。对于杜光庭来说，纯理论地言说“道”并不是他的目的，事实上道也不可言诠，言也无法尽意，只有在修道的过程中才能体道悟道，而修道悟道是为了经国理身，实现生命的超越，这就使他对道教的理论探讨，最终落实到对社会的完善和对人的生命永恒的追求上。从杜光庭对炼心修性的重要性的强调中可见他对烧炼五金八石的外丹术的强烈失望感，他正是由此而回归到人自身去寻找内在超越之路，提倡性命双修，从而促进了道教修炼术由外丹向内丹的转化，并对道教仙学内涵之转型也起到了重要作用。

如果追索内丹道的产生之源，一般认为，它肇始于先秦神仙家所发明的各种养生延年术。从历史上看，先秦至汉代是内丹道的准备期，从东汉道教的创立到隋唐是内丹道的形成期。隋代罗浮山道士青霞子苏元朗被认为是真正意义上的内丹道的创立者。中唐以后，内丹道在叶法善、罗公远、僧一行以及元阳子等人那里得到了进一步发展。他们将古代长生成仙的观念、传统道教的行气、服饵、存思、辟谷、导引、房中等诸种养生术与中医学的脏腑经络之学相结合，进行了创造性的阐释而形成了以人体内的精气神为药物、以性命双修为理论内涵和具体操作进路的内丹道。唐末五代时，以钟离权、吕洞宾为代表的钟吕内丹道的出现标志着内丹道的发展进入了新的时期。

杜光庭生活的年代正是钟吕内丹道开始兴起之时。要弄清杜光庭的思想在内丹道的成长过程中起着什么样的作用，杜光庭与钟吕内丹道是否有联系，就需要先简要考察一下钟吕内丹道的主要内容和特点。

钟吕内丹道的代表人物是钟离权和吕洞宾。钟离权，据元代赵道一所撰的《历世真仙体道通鉴》卷三十一记载，姓钟离，名权，后改名觉，字寂道，号和谷子，一号正阳子，又号云房先生，燕台人也，一云京兆咸阳人①。金末元初秦志安所作的《金莲正宗记》也说钟离权是京兆咸阳人，但对钟离权的籍贯、名号、身世等有不同的说法②。由于钟离权后被奉为道教的"八仙"之一，因此，历史上有关钟离权的传说很多，有的说他是汉代武将，有的说他是晋人周处的偏将，《宋史》则认为他是陈抟的朋友，但一般都认为是唐末五代人。据《历世真仙体道通鉴》说，钟离权曾在终南山遇东华真人王玄甫，得受长生真诀、金丹火候及青龙剑法。后又遇华阳真人，传太乙刀圭，火符内丹，洞晓玄玄之道，自称"天下都散汉钟离权"，最后在崆峒山得道成仙。宋钦宗封为"正阳真人"。后全真道尊之为北

① 《道藏》第5册，第276页。

② 《道藏》第3册，第344～345页。

宗五祖中的第二祖——“正阳祖师”。钟离权传道予吕洞宾。

吕洞宾，姓吕，名嵒，字洞宾，号纯阳子，以字行世。其生平未入正史，加上被后世道教徒奉为吕祖，成为民间广为流传的道教的“八仙”之一，因而其生平事迹历来众说纷纭，莫衷一是，但各种不同的说法都披上一层扑朔迷离的神秘色彩。据《历世真仙体道通鉴》卷四十五记载，吕洞宾在“武宗会昌(841～846)中，两举进士不第，因于长安道中，拟游华山。酒肆憩息，俄有一人，长髯碧眼，自西而来，亦憩此肆，遂与共饮”，此人即是居于终南山的钟离权，吕洞宾“于是弃儒业而从游，师事之而得道”①。后又于唐僖宗广明元年(880)从崔希范学道。崔希范(生卒年不详)，号至一真人，著有《入药镜》，专述内丹，其以心为“镜”，以精气神为“药”，将炼精化气养神的过程称之为“入药”，反映了唐末五代内丹道的基本特征，在内丹史上影响甚大。崔希范将《入药镜》传给吕洞宾，吕洞宾“即知修行性命，不差毫发”②。据《宋史·陈抟传》记载，陈抟在隐居华山时，与吕洞宾有过交往③。由此推论，吕洞宾大约生于唐末，活动于五代至北宋初年。吕洞宾能诗好剑，据说其曾自云：“实有三剑，一断烦恼，二断贪嗔，三断色欲，是吾之剑法也。”④后传道予施肩吾，最终羽化而登仙。

钟离权和吕洞宾与杜光庭大约是同时代人。杜光庭只是提出了一些有关内丹修炼的理论，而钟离权和吕洞宾留下的

① 《道藏》第5册，第358页。
② 《道藏》第5册，第358页。
③ 《宋史》卷四五七《隐逸传》。
④ 《道藏》第5册，第358页。

内丹著作却有着完整的理论体系和具体的操作方法。如成书于唐末五代，题为钟离权述、吕嵒集、施肩吾传的《钟吕传道集》，其主要内容就是钟离权向吕洞宾传授丹法的问答记录，其中分别论述了真仙、大道、天地、日月、四时、五行、水火、龙虎、丹药、铅汞、抽添、河车、还丹、炼形、朝元、内观、魔难、证验等丹法要旨。其中强调，修丹应当效法天地阴阳之化，五行生克之则，日月交合之度，取肾水中所藏先天元阳真气以为丹本，以真阴真阳交媾合和，以阳炼阴，三田返复，使精合于气，气合于神，神合于道，以修成金丹，阳神超脱而成仙。该书将修丹的程序分为：匹配阴阳、聚散水火、交媾龙虎、烧炼丹药、肘后飞金精、玉液还丹、玉液炼形、金液还丹、金液炼形、朝元炼气、内观交换、超脱分形等十二科，从而对内丹道作出了的新发展。①

钟吕内丹道的丹法具有可操作性，这大概是它能够很快得以广行的重要原因之一。据文献记载，唐末五代至宋初道教中有名有姓的内丹家多达百余人，而他们的内丹学说大多宗承钟离权、吕洞宾而来。从历史上可以看到，从唐末至宋代，内丹道异军突起，日益兴盛，几乎取代了所有的传统道教的修仙炼养术而一枝独秀。随着道士们对内丹的热情关注、理论探讨和实际践行，修炼内丹的方法种类繁多，研讨内丹的著作也纷纷问世，主要有还阳子撰《大还丹金虎白龙论》一卷、柳冲用撰《巨胜歌》一卷、张元德撰《丹论诀旨心鉴》一卷、寒山子撰《大还心鉴》一卷、陈朴撰《陈先生内丹诀》一卷、钟离权述《破迷正道歌》一卷、题为钟离权撰、吕嵒传《秘传正阳真人灵

① 参见《修真十书》卷十四《钟吕传道集》，载《道藏》第4册。

宝毕法》三卷、钟离权述、吕嵒集、施肩吾传《钟吕传道集》三卷。还有一些撰者不详的著作，如《金液大丹诗》一卷、《学仙辨真诀》一卷、《秘传正阳真人灵宝毕法》三卷、《固气还神九转琼丹论》一卷，《太初元气接要保生之论》一卷、《养命机关金丹真诀》一卷等。其中最为重要且又系统论述内丹修炼的著作是《灵宝毕法》和《钟吕传道集》。这些炼丹者或内丹著作大多与钟、吕有关。例如，《陈先生内丹诀·序》在介绍陈朴的生平时就说：

> 先生名朴，字冲用。唐末五代初人也。五代离乱，避世入蜀，隐居青城大面山，受道于钟离先生，与吕洞宾同师也。先生才质奇伟，德行高妙，积年累功，今不知其几百岁，或出世间，为性不常，以歌酒为乐。元丰戊午间(1078)，游南都，宋城张方平宫保以其年高，传接气之术，延寿一纪，盘桓南都，不啻半载，携一无底土罐，游于市，人少有识之者。淮南野叟敬信尊崇，或师事之，先生怜其至诚，授以内丹诀，因以记之。先生内丹之诀，直指玄关，九转成道。每一转，先述短歌，又托意于《望江南》，欲后来学方外之道者易晓也。①

陈朴与杜光庭大约同时活动于青城山，由“受道于钟离先生，与吕洞宾同师”可以推论，那时钟、吕内丹道可能已在蜀中青

① 《陈先生内丹诀》，《道藏》第24册，第225页。

城山流传开来了[①]。

在钟吕内丹道出现之前，内丹道已显雏形。当时虽有内丹之称，但尚未形成系统的理论与方法。钟吕内丹道与中唐时期的各种原初的内丹道形态相比，有明显的不同，其中突出的一点可以说是将内丹道奠基于形而上之道的基础上，使丹道与道性、心性相贯通[②]。唐末五代以来流行的钟吕内丹道在总结前人思想的基础上建立了比较完整的理论体系，这里所说的前人主要是指谭峭、陈抟"逆以成丹"的思想、陈抟《无极图》中所包含的丹法次第，但似乎还应该包括杜光庭等人的有关性命双修的学说。如果说，钟吕内丹道探天地造化之理，究人的生命之道，开辟了道教修道论发展的新阶段，使内丹修行不再局限于一种内修方术，而是建立起一种体系化的内丹之道，那么，杜光庭对"性命双修"的强调以及对内丹修炼的有关论述不仅可以看作是对"各种原初的内丹道形态"的一种历

① 在宋代，道教中还出现了以内丹修炼为特色的青城派，相传起始于青城丈人，又有李八百等人习传之。此派论著有《青城秘录》、《大道玄指》等。据说，北宋时，张伯端"游成都遇青城丈人，得金液还丹之妙道"（见薛道光撰：《悟真篇三注》卷一，《道藏》第 2 册，第 974 页）。张伯端曾师事青城丈人，后创立全真道南宗。青城派的丹法修炼最重一个"无"字，要人于"守无致虚"处去体悟，在"清静无为"中突出地讲求心性清静无为，并主张无修而有修，斯为大修（参见胡孚琛主编：《中华道教大辞典》，中国社会科学出版社 1995 年版，第 52 页），与杜光庭心性清静的思想颇为契合。

② 张广保先生曾认为，钟吕内丹道与中唐时期的各种原初的内丹道形态相比有三个重要特点：其一是将内丹道奠基于形而上的天道的基础之上，使丹道与天道相互贯通。其二是通过对各种原初内丹流派的整合，建立起一种体系化的内丹之道。其三是通过对道教各种传统内修方术的尖锐批评，将内丹道与道教各种传统内修方术严格区分开来（《唐宋内丹道教》，上海文化出版社 2001 年版，第 161～162 页）。

史终结，而且还促进了传统仙学的转向。

在内丹道的成长过程中，人们一般都比较关注唐末五代宋初的道士钟离权、吕洞宾、施肩吾、陈抟、彭晓等人在其中的努力，而并不提及同时代的“道门领袖”杜光庭。但实际上，从杜光庭的著作中，不仅可以看到他对“性命”的重视与阐释，而且还可以看到他对“三丹田”之类修炼方法的简要介绍。例如他说：“人能保精养气爱神，调和于元气，填补于脑，烹炼神水，变化精神，神气若全，即得上升三界，朝礼太上高尊。凡学仙之士所说朝元即有二种：一论天地，二论人身，即明三丹田且三界。朝元者，即上中下是三元也。上元者，上应玉清始气所化，号天宝君，理玉清圣境清微天，总一十二部圣行之经，为洞真教主，下于人身中为上丹田，脑宫亦号泥丸宫，帝君以主于气。中元者，上应上清元气所化，号灵宝君，理上清境禹馀天，总一十二部真行之经，为洞玄教主，下于人身中为中丹田，心府绛宫，帝君主于神。下元者，上应太清玄气所化，号神宝君，理太清仙境大赤天，总一十二部仙行之经，为洞神教主，下于人身中为下丹田，气海肾宫，帝君主于命。此三元、三官、三宝者，天地得之以成，失之以倾，人身得之以生，失之以死。故《黄庭经》云，一身精神慎勿失，故要保爱也。又云，仙人道士，非有神积精累气以成真。凡学道之人，若能运用精华，存想神气，朝拜三元，修功不退，久而行之，自得真道。故圣人云，心为使气神，若知行气主，便是得仙人。此明存想之道皆以心而使之也。”①有人认为，内丹术的产生与丹田学说

① 《太上老君说常清静妙注》，《道藏》第17册，第193～194页。

密切相关[①]。杜光庭在这里吸收了《黄庭经》的内修思想，明确提出了上中下"三丹田"的修炼，并将它与人的精气神修炼和对道教的三清神的崇拜结合起来。虽然杜光庭主要还是把这种修炼方法定位在"存想之道"，这反映了他对上清派道法的继承和对唐代刚刚兴起的内丹道的初步阐发，但值得注意的是，"在钟吕内丹道的几乎每一步功夫中都离不开存想。这些现象使人不得不怀疑钟吕内丹道与早期道教的存想术有着直接的渊源关系，系由存想术为基础发展而来。到了宋代以后，内丹功法中的几乎所有的关乎存想的内容都被一一删弃。内丹道至此具有更为纯粹的形式。"[②]对照杜光庭的有关论述，即使就内丹的修炼术而言，仍然依稀可见杜光庭在内丹道成长过程中的过渡性特征和所起的作用。

杜光庭思想在内丹道成长过程中的地位与作用主要表现为：第一，以"性命双修"作为修炼内丹的基本内容。杜光庭认为，"三元掌人性命，且上元主泥丸脑宫，为上丹田；中元主心府绛宫，则为中丹田；下元主气海属肾宫，为下丹田。此之三元，上主于神，中主于气，下主于精，故乃掌人之性命也。"[③]他所说的修性是指修心养神，修命是指炼精化气。从阳动阴静的思想出发，杜光庭认为，动中修性要虚心，静中修命要炼气，静气以存神明，以此作为性命双修的主旨。他说："圣人虚心以原道德，静气以存神明，实其聪听于无声，杜其明视于

① 李零先生认为："对于研究内丹术的起源，我以为丹田学说的提出是一种关键。"(《中国方术考》，东方出版 2001 年版，第 380 页)

② 张广保：《唐宋内丹道教》，上海文化出版社 2001 年版，第 191 页。

③ 《太上老君说常清静经注》，《道藏》第 17 册，第 185 页。

无形，览天地之变动，睹万物之自然，以是而知有为者乱，无为者理，所以至柔之性本无为也。”[1]据此，杜光庭所说的修道就与传统的从外部的物质世界中去寻找灵丹妙药以求长生不死而有了很大的不同。他从“有形之物，有情无情之众，禀冲和道气则生，失冲和道气则死也”[2]的思想出发，主张从人体内部去寻找先天的道气，以炼精化气为主要内容的命功成为追求长生的重要方法，同时，他又特别强调了性功，将修心炼性放到了炼气修命的前头。这种具有浓厚的心性论色彩的性命双修成为以后内丹心性学的基本特征。

第二，提出了内丹修炼的果位。杜光庭曾说：“其人有形有气有神，三者周备，虽变化不测，坐在立亡，隐显自由，神通无碍，须待炼形为气，方出三界之外。然无年寿之数，尔其炼神成气，已为真人。炼气成神，即为圣人。其真人圣人永超数运，无复变迁，以亿劫为斯，须以万天为指掌。道果所极，皆起于炼心。”[3]这里，杜光庭提出了内丹修炼的次第，并确立了出三界、为真人、成圣人等不同的仙道果位，要人依此而不断地努力修行。比较而言，这与钟吕内丹道对仙道果位的论述是很相近的。《钟吕传道集》中说：“仙非一也。纯阴而无阳者，鬼也；纯阳而无阴者，仙也；阴阳相杂者，人也。惟人可以为鬼，可以为仙。少年不修，恣情纵意，病死而为鬼也，知之修炼超凡入圣而脱质为仙也。仙有五等，法有三成，修持在人而功成随分者也。”人处于仙鬼之间，是一种具有两种可能性的生

① 《道德真经广圣义》卷三十四，《道藏》第 14 册，第 483 页。
② 《道德真经广圣义》卷三十一，《道藏》第 14 册，第 466 页。
③ 《道德真经广圣义》卷四十九，《道藏》第 14 册，第 561 页。

命存在，或修道而成仙，或纵情而成鬼。就内丹修炼的效果来说，“法有三成者，小成、中成、大成之不同也。仙有五等者，鬼仙、人仙、地仙、神仙、天仙之不等。皆是仙也，鬼仙不离于鬼，人仙不离于人，地仙不离于地，神仙不离于神，天仙不离于天。”①这五等仙代表了内丹修证的不同果位，使得修炼成为一种不断晋升的过程，最终位登天仙，跻升于三清之境。内丹修炼果位的确立，明确强调了仙是由人修炼性命而成的，是人“穷理尽性以至于命”的结果，“万物之中最灵最贵者人也。惟人也，穷万物之理，尽一己之性，穷理尽性以至于命，全命保生以合于道，当与天地齐其坚固而同得长久。”②这些思想，为后来的全真道进一步继承和发展。

第三，对内丹修炼所采用的药物作了说明。内丹所采用的药物实际上是出于人体中的精、气、神，对此，钟吕内丹道有比较清楚的说明，他们认为，所谓的炼内丹的药物出于人的心肾之中，是人生之初禀于父母的先天元阳之气。元阳之气发自于人的二肾之中，既是生命之本，也是内丹之源。“父母之真气，即精血为胞胎，造化三百日，胎完气足，而形备神来，与母分离，形外既合，合则形生形矣。奉道之人，肾气交心气，气中藏真一之水，负载正阳之气，以气交气，水为胞胎，状同黍米，温养无亏始也。即阴留阳，次以用阳炼阴，气变为精，精变为汞，汞变为珠，珠变为砂，砂变为金丹。金丹既就，真气自生，炼气成神，而得超脱。”③钟吕内

① 《修真十书》卷十四《钟吕传道集》，《道藏》第4册，第657页。
② 《修真十书》卷十四《钟吕传道集》，《道藏》第4册，第659页。
③ 《修真十书》卷十四《钟吕传道集》，《道藏》第4册，第668页。

丹道不仅认为内丹修炼的药物出于人的心肾之中，而且还具体描述了如何通过修炼精气神而得圣胎。而关于这方面的思想，杜光庭其实也已有所说明，例如他曾说：“所生我身，大约有三：一曰精，二曰神，三曰气。……三者相合而生其形，人当受精养气存神则能长生。”[①]而且，如本书第五章中所述，杜光庭还特别联系修心来谈精气神的修炼，以从心性中寻求实现生命超越的途径。杜光庭的这些思想为后来的内丹心性学提供了重要的资源。

第四，将修仙的进路定位于“炼阴为阳”[②]，最终炼成纯阳之体。杜光庭认为，“炼阴气尽，即超九天而为仙，仙与阳为徒也。炼阳气尽，则沦于九泉而为鬼，鬼与阴为徒也。故当保守阳魂，营护阴魄，以全其生”[③]，表现出了浓厚的“尚阳”思想。值得注意的是，老子思想以贵柔崇阴尚和为特征，杜光庭的尚阳思想可能是受到了唐玄宗的影响。唐玄宗在疏《老子》“载营魄抱一，能无离乎”时说：“人初载虚魄，当营护阳气，常使盈满，人则生全。若动用不恒，败散阳气复成虚魄而死灭矣。”[④]其中所表现出的尚阳思想为杜光庭所发扬。杜光庭进一步认为，阳气为神，阴气为形。人之所以具有灵明智慧，之所以能够成仙，都在于阳气的作用。阳气为性命之根蒂，阳气绝就神亡形散，因此，“世之得道者，炼阴而全阳，阴渣都尽，阳

① 《道德真经广圣义》卷四十六，《道藏》第14册，第549页。

② 《太上老君说常清静经注》，《道藏》第17册，第184页。

③ 《道德真经广圣义》卷十一，《道藏》第14册，第365页。

④ 《道德真经疏》卷三，参见杜光庭《道德真经广圣义》卷十一，《道藏》第14册，第365页。

华独存,故能上宾于天,与道冥合"[①]。杜光庭认为,修道的过程也就是通过"炼阴为阳"来维护身体的健康,最终祛除阴气成就纯阳之体,从而与道冥合。杜光庭所宣扬的"炼阴气尽,即超九天而为仙"的尚阳思想对后世内丹心性学的纯阳崇拜应该是有所影响的。有学者认为,钟吕内丹道的纯阳观念之缘起,一是受《周易》卦象思想的影响,二是受外丹道尚阳观念的影响。[②] 笔者在赞同此说的同时还认为,如果联系唐代道教思想的成长,就可见尚阳观念已经有了一条较为明显的发展线索,这条线索发展到杜光庭时已形成了比较明确的思想,反映了道教仙学理论发展的一种转型轨迹。与杜光庭差不多同时的钟吕内丹道,也有明显的尚阳思想,其重要特点就是以人体为炉鼎,通过修炼精气神,炼成纯阳之质而结成内丹,认为"以心肾之间而有真气真水,气水之间而有真阴真阳,配合为大药"[③],内丹修炼就是通过真阴真阳的交合以炼成圣胎,"当取日月之交会,以阳炼阴,使阴不生,以气养神,使神不散,五气朝元,三花聚顶,谢绝俗流,以归三岛。"[④]"炼阴为阳","以阳炼阴",最终炼成纯阳之体,这成为后来内丹心性学的基本修仙进路。

从上可见,杜光庭的思想在内丹道的成长过程中有着重要的影响,在一定意义上起着一种承上启下的作用,这种承上启下更多地表现为对唐代道教思想的终结,其所开启的宋代以后道教发展的内丹心性学的新走向,在钟吕内丹道中也有

---

① 《毛仙翁传》,《全唐文》第九四四卷,上海古籍出版社 1990 年版,第四册,第 4351 页。

② 参见张广保:《唐宋内丹道教》,上海文化出版社 2001 年版,第 183 页。

③ 《修真十书》卷十四《钟吕传道集》,《道藏》第 4 册,第 667 页。

④ 《修真十书》卷十五《钟吕传道集》,《道藏》第 4 册,第 661 页。

特别的展开，与杜光庭思想相比，钟吕内丹道的修学体系显得更为系统而全面，更适合在广大道徒中传播和发展，但杜光庭思想在道教仙学内涵的转型中所起的作用也是不能忽视的。

修道即是修心，修心即是要依自己心中的道性而性命双修以实现返性归元、得道成仙，从而实现生命的超越，杜光庭的这些思想促进了道教仙学内涵的转型，而钟吕内丹道则从实证内修的角度，对顺应时代需要的道教新仙学做了发挥，它从天人合一的观念出发，以《周易参同契》为基点，吸收唐代以前道教的各种修仙法，并博采佛教禅、密诸家的法门，更多地从术的层面为后世的内丹心性学奠定了基础。在这方面，钟吕内丹道也有许多创新之处，这主要表现在：

第一，对外丹的名词术语作了新的解释。内丹与外丹虽然有着共同的理论基础，也采用了相同的名词术语，但却有着许多新的内涵。《钟吕传道集》作为系统的内丹著作，将玉液、金液、神水、琼浆、华池、玉药、金花、黄白、金翁、姹女、青龙、白虎、朱雀、玄武等外丹常用的名词术语放到内丹的背景下加以解释，从而使之与外丹具有了根本不同的内涵。钟离权说："先曰玉液，次曰金液，皆可以还丹。抽添有度，以应沐浴，先曰中田，次曰下田，皆可以炼形。玉药金花，变就黄白之体，醍醐甘露，炼成奇异之香，若此水之功效及夫民火上升，助肾气以生真水，肾火上升，交心液而生真气，小则降魔除病，大则炼质烧丹，用周天则火起，焚身勒阳关，则还元炼药。别九州之势，以养阳神烧三尸之累，以除阴鬼，上行则一撞三关，下运则消磨七魄，炼形成气而轻举如飞，炼气成神而脱胎如蜕。"[1]钟

---

① 《修真十书》卷十五《钟吕传道集》，《道藏》第 4 册，第 665 页。

吕内丹道之所以能确立内丹发展的新理路，很大程度上就在于它利用外丹的名词术语来附会人体的脏腑器官和描绘修行所达到的境界，正是通过对术语内涵的新阐释而建构起了内丹道的理论体系。

第二，对内丹修炼的阶次作了系统的论述。钟吕内丹道将修炼的阶次分为“炼形成气、炼气成神、炼神合道”①三个阶段。为了使内丹修炼更具有可操作性的进路，钟离权在《灵宝毕法》中又将修炼的阶次分为三乘十门：小乘安乐延年法四门：匹配阴阳第一、聚散水火第二、交媾龙虎第三、烧炼丹药第四；中乘长生不死法三门：肘后飞金晶第五、玉液还丹第六、金液还丹第七；大乘超凡入圣法三门：朝元第八、内观第九、超脱第十。② 如果据此三乘十门而依次修炼，循序渐进，就可以使生命得到超脱。这种修道次第对后世影响深远。

第三，以心肾相交作为丹法之秘诀。钟、吕认为，后天的坎(☵)、离(☲)两卦是由先天的乾(☰)、坤(☷)两卦中间的阴阳两爻互换位置造成的。在他们看来，坎为水，为人体之肾，肾主气，气中包藏真一之水。离为火，为人体之心，心主液，液中包藏正阳之气。“人之长生者，炼就金丹。欲炼金丹，先采黄芽。欲得黄芽，须得龙虎。所谓真龙出于离宫，真虎生于坎位。离坎之中而有水火。”③因此，心肾相交就意味着内丹修炼乃是使人体内部的心肾气液能够顺利地交往循环。“故知肾中真一之水，心中正阳之液，二者交焉，在人生人，在身生

① 《修真十书》卷十六《钟吕传道集》，《道藏》第4册，第672页。
② 《秘传正阳真人灵宝毕法》，《道藏》第28册，第350～364页。
③ 《修真十书》卷十五《钟吕传道集》，《道藏》第4册，第664页。

神，其名曰内丹。”[①]心肾相交，肾气上升，“液中有真气，气中有真水，互相交合，相恋而下，名曰交媾龙虎。若以火候无差而抽添合宜，三百日养就真胎而成大药。”[②]心肾相交又可谓取坎填离，或抽铅添汞，这其实是一种“还精补脑”的功夫。“始也得汞须用铅，用铅终是错，故以抽之，而入上宫。元气不传，还精入脑，日得之汞，阴尽阳纯，精变为砂而砂变为金，乃曰真铅。真铅者，自身之真气合而得之也，真铅生真气之中，气中真一之水。五气朝元而三阳聚顶。”[③]从现代医学的角度来看，内丹修炼中的“还精补脑”实际上是从调整人的内分泌入手来改善人体整个神经系统的状况，协调人体性腺和丘脑的功能，由生理的和谐来推进心理的和谐，以恢复大脑的青春活力，开发人体的潜能，由此而达到延年益寿的功效。[④] 这也是内丹道能够为人们普遍接受的重要原因。

第四，对炼丹的火候进行了详细的说明。内丹以火比喻修炼的功力，以候为修炼的次序，以元神与精气相合于任督二脉运转烹炼叫火候。火候为内丹道之秘要，以至于有“圣人传药不传火”[⑤]的神秘说法。钟吕内丹道特别强调参照宇宙天地的生成造化来把握人体内部的真龙真虎的修炼火候，此谓“火候取日月往复之数”[⑥]。钟离权不仅用十二地支来度量人

① 《道枢》卷四十二《灵宝篇》，《道藏》第 20 册，第 842 页。

② 《秘传正阳真人灵宝毕法》卷上，《道藏》第 28 册，第 353 页。

③ 《修真十书》卷十五《钟吕传道集》，《道藏》第 4 册，第 670 页。

④ 参见胡孚琛主编：《中华道教大辞典》，中国社会科学出版社 1995 年版，第 1251 页。

⑤ 《陈虚白规中指南》卷下，《道藏》第 4 册，第 390 页。

⑥ 《修真十书》卷十五《钟吕传道集》，《道藏》第 4 册，第 668 页。

体中阴阳二气的循环，而且还用来描述炼丹过程中火候的进退，"子之时，肾之气生。卯之时，其气至于肝。肝，阳也，故其气盛。于是阳升而入于阳位，春分之比也。午之时，气至于心，积气生液，斯盖夏至阳升于天而阴生者也。心之液既生，至酉之时，其液至于肺。肺，阴也，故其液盛，于是阴降而入于阴位，秋分之比也。子之时，液至于肾，积液生气，斯盖冬至阴降于地而阳生者也。日用如循环焉，其能无亏，可以延年矣！"①在火候的把握中，钟、吕认为，人体十二时的修炼可以夺天地一年之造化，而在十二时中，子、午、卯、酉四时最为重要，因为它们与宇宙中的春夏秋冬四季相配。这样，在炼丹中把握这四候就成了把握火候的关键。

钟吕内丹道以祛病健身为初效，以延年益寿为中效，以阳神飞升为最高目标。虽然它最终以长生成仙为宗旨，但由于它建立在古代中医学的基础之上，并集古代炼养术之大成，因此，它的出现不仅对后来全真道的内丹心性学产生了很大的影响，而且对民间的气功与养生术的发展也有着相当广泛的幅射。南宋时李简易编《玉溪子丹经指要》时在卷首列有"混元仙派之图"②，详细地记载了宋代专主内丹修炼的道派的代表人物和递嬗演变的情况。该图以太上老君为始祖，钟、吕为首传，下列了九十余位道教内丹修炼家，所提及的人物及传承虽难以尽信，但它作为全面记述宋代钟吕内丹道派的最早资料，"亦可供研究道教宗派源流者取资"③。从此图可见，到宋

① 《道枢》卷四十二《灵宝篇》，《道藏》第20册，第840页。

② 《道藏》第4册，第404～405页。

③ 任继愈主编：《道藏提要》，中国社会科学出版社1991年版，第176页。

代时，钟吕内丹道已形成了一定的规模，并产生了一定的社会影响。这种社会影响从宋代兴起的吕祖崇拜及八仙崇拜中就可见一斑。这也是后来的全真道依附于它的主要原因之一。

钟吕内丹道的崛起意味着以杜光庭为集大成的唐代道教思想的走向终结。此后，以张伯端为代表的全真道南宗和以王喆为代表的全真道北宗都是在继承杜光庭的性命双修、陈抟的“逆以成仙”和钟吕内丹道的基础上发展起来的。

第四节　杜光庭思想与宋元道教的新走向

在宋辽金元时期，中国社会中民族矛盾与社会矛盾纷繁交织，引发了社会动乱、南北分裂。生活在战争动乱之中的人们，常有朝不保夕之感，从而对人的生命存在以及生死等问题给予了特别的关注。社会的苦难是宗教产生与传播的温床。此时道教的发展也进入了一个兴盛时期，兴盛的主要标志就是众多的新道派在大江南北相继出现并在社会生活中产生着广泛的影响。余英时先生曾指出：“新道教的兴起当以两宋之际的全真教最为重要，其次则有真大道教、太一教、与稍后的净明道。这四派都来自民间，而且也对一般社会伦理有比较广泛的影响。新道教和当时的理学与禅宗鼎立而三，都代表着中国平民文化的新发展，并取代了唐代贵族文化的位置。”[①]在众多的新道派中影响最大的就是全真道，它代表了

① 余英时：《中国近世宗教伦理与商人精神》，安徽教育出版社 2001 年版，第 106 页。

宋元时期中国道教发展的新走向。元代全真道士彭志祖在撰写《通真观碑》时，简要地追溯了道教的源流及对金元全真道创立的影响，其中特别提到了杜光庭，他说："窃尝谓全真之教，自开辟两仪，此理已具，凡主盟斯道者，代不乏人。我□□□祖立言垂训之后，文、庚、庄、列四子翼而张之，汉魏唐宋以来，张道陵、寇谦之、杜光庭、陈图南辈，迭起而弘畅之。至金源氏，重阳王祖师度高弟曰丹阳、曰长真、曰长生、曰长春、曰玉阳、曰太古，相继而布护之，其教遂大行于世。"[1]杜光庭的思想既是集唐代道教之大成，同时又对宋元道教的发展产生了持续性的影响。这种影响主要表现在，杜光庭对性命双修的强调，对三教融合的宣扬，对经国理身思想和即世而超越的人生理想的发挥，一方面为统治者继续扶植道教提供了理论依据，另一方面又为道教从贵族文化走向民间、神仙思想与民间信仰的进一步结合并与民众生活打成一片开辟了道路。

一、内丹心性学的蓬勃发展

杜光庭以不灭的心性为修仙之本，他所说的神仙已不是简单的肉体不死，而是一个保全性命之真的精神超越者。杜光庭对神仙内涵的界定，以及对修道不必外求，只须反身内求的强调，不仅使道教仙学在理论上产生了一个质的飞跃，而且也使神仙的内涵有了根本性的变化。杜光庭虽然已经多次提到了"性命"、"丹田"、"精气神"等，但他并没有系统地建立起

① 陈垣编纂：《道家金石略》，文物出版社 1988 年，第 602 页。

实现其理论的修炼方法。直到金元全真道以“真性本体论”为其哲学基础，以“性命双修”为主要修仙方法，才使唐代以来道教仙学内部的不同倾向逐渐归于由“性命双修”而臻“全真而仙”的系统的内丹心性学。①

宋元时期，在全真道南北二宗的努力下，道教内丹心性学得以蓬勃发展。全真道北宗的创始人王喆(1112～1170)，号重阳，原名中孚，字允卿，出身于陕西咸阳的豪门望族。年轻时就精通儒家经史，期望通过科举入仕做官，求得功名富贵。然而事违人愿，王喆虽才学超群，但只当了一个收酒税的小官。他生活在社会底层，深刻体会到人生的困境与社会的不合理，在当时社会矛盾、民族矛盾交织的形势下，经常思考生命的意义与人生的价值等问题。48 岁时，王喆在甘河镇遇到两个神仙②，得到了内丹修炼的秘诀。由于王喆在《重阳全真集》中自称自己师承钟离权、吕洞宾、刘海蟾，并称“汉正阳兮为的祖，唐纯阳兮做师父，燕国海蟾兮是叔主”③，后来全真道就构造了东华帝君→钟离权→吕洞宾→刘海蟾→王重阳的传承体系，称之为“北五祖”。“从全真道的教义来看，也确属北宋钟吕内丹派的继承和发展。”④此后，王喆假托疯病，抛妻离

① 参见拙文《论道教仙学两次理论转型的哲学基础》，载《南京大学学报》1998 年第 4 期。

② 王喆自己没有说明他所遇的两个神仙是谁。金代的金源璹《全真教祖碑》与刘祖谦《重阳仙迹记》中虽然都记载了王喆甘河遇仙之事，但也没有记载所遇神仙的姓名。

③ 《重阳全真集》卷九，《道藏》第 25 册，第 736 页。

④ 卿希泰主编：《中国道教史》第 3 卷，四川人民出版社 1993 年版，第 34 页。

子，出家修道，“尽断诸缘，同尘万有，即养浩于刘蒋、南时等处者三年，故得心符至道”①。自我修炼了一段时间后，据说他生理和心理上都发生了很大的变化，彻悟了人生的真谛，并萌发了向社会传道的念头。大定七年(1167)，王喆从家乡陕西出发经潼关来到山东半岛，以诗词歌曲等形式来随机施化，化导众人，聚众讲道，创立了一系列以“三教”命名的群众性教团，并以“全真”为旗号，陆续吸收了一批弟子，从此，独具特色的全真道便登上了中国历史的舞台。在王喆门下，最著名的有七大弟子——马珏(号丹阳子，创遇仙派)、谭处端(号长真子，创南无派)、王处一(号玉阳子，创嵛山派)、刘处玄(号长生子，创随山派)、郝大通(号广宁子，开华山派)、丘处机(号长春子，创龙门派)、孙不二(马珏之妻，号清静散人，创清静派)，他们各开全真一派，这就是著名的全真道“北七真人”。陈垣先生认为：“全真之初兴，不过‘苟全性命于乱世，不求闻达于诸侯’之一隐修会而已。世以其非儒非释，漫以道教目之，其实彼固名全真也，若必以为道教，亦道教中之改革派耳。”②全真道作为当时道教中的改革派，“其教名之曰全真，屏去妄幻，独全其真者，神仙也。”③表现在道教仙学上，全真道从人的本真的生命存在中去追求生命的超越，“跳出凡笼寻性命，人心常许依清静，便是修行真捷径”④，在内丹心性学的基础上确立了“全真而仙”的宗教理想。

① 《甘水仙源录·序》，《道藏》第19册，第722页。

② 《南宋初河北新道教考》，中华书局1962年版，第2页。

③ 金源璹：《全真教祖碑》，载陈垣编纂《道家金石略》，文物出版社1988年版，第450页。

④ 《重阳全真集》卷七，《道藏》第25册，第729页。

虽然王喆在去山东传教后不久就病逝了，但他播下的“全真”种子因其弟子们的辛勤耕耘却得以生根开花。再加上丘处机应召西行见成吉思汗，使全真道得到了元王朝的支持而得以迅速发展。全真道不仅在北方有众多的信徒，而且在南方也不断地扩大势力，并对道教的其他教派也产生了影响。由于以内丹心性学为特色的全真道势力日盛，南方一些以修炼内丹为特征的小道派也干脆打出全真道的大旗来，后来被称之为全真道南宗，这样，全真道内部就有了所谓的南北宗之分。

南宗奉北宋道士张伯端为祖师，并形成了自己的一个传道系统：张伯端→石泰→薛道光→陈楠→白玉蟾，世称“南五祖”。张伯端(984～1082)[①]，浙江天台人，字平叔，自幼好学，广泛涉猎儒佛道三教经书，在精通诸学的基础上，尤好金丹之学，这为他后来融会三教而独钟道教的“性命双修”奠定了基础。张伯端少业进士，后为府吏，进入仕途，生活安定。据《临海县志》记载，直到晚年，张伯端才因嗜鱼并疑其婢女窃鱼，导致“婢自经死”，而心存愧念，遂有看破人生，隐循山林之念头，后因“纵火将所署案卷悉焚之”，大约在北宋治平(1064～1067)年间以“火烧文书”罪充军岭南[②]。当时龙图阁学士陆

① 关于张伯端的生年，有不同的说法。本书据《历世真仙体道通鉴》卷四十九《张用成传》中“元丰五年(1082)三月十五日趺坐而化，住世九十九岁”的说法，推论其当生于北宋太平兴国九年(984)(参见《道藏》第5册，第383页)。另据翁葆光所著《紫阳真人悟真篇直指详说三乘秘要》记载，张伯端卒于北宋元丰五年(1082)，“阅世亦九十六载矣”(参见《道藏》第2册，第1020页)，则其生年应为北宋雍熙四年(987)。

② 《悟真篇·序》中说：“张平叔先生者，天台人，少业进士，坐累谪岭南兵籍。”(《道藏》第2册，第914页)

诜驻守桂林，让张伯端置帐下，典机事。熙宁二年(1069)，张伯端随陆诜移居成都，遇异人[①]授予金液还丹诀，乃改名“用成”，号“紫阳”，以示笃信道教。张伯端于熙宁八年(1075)“罄所得成律诗九九八十一首，号曰《悟真篇》”[②]，表达了自己的内丹心性学说。以张伯端为代表的南宗[③]，其丹法主要流传在南方。南北宗相合，使全真道形成了庞大的阵容，并皆以“性命双修”为主要特征。

全真道沿着钟吕内丹道的思路，大力提倡“性命双修”，认为“修仙之道，性命之事”[④]，“人了达性命者，便是真修行之法也”[⑤]。由于“性者神也，命者气也”[⑥]，“气神相结，谓之神仙”[⑦]，因而性命双修又必须神气合炼。这样，性命双修、神气合炼就成为全真道修道成仙的主要方法与途径。全真道所倡导的“性命双修”，是“明心见性”的性功与“炼精化气”等命功

---

① 《历代真仙体道通鉴》卷四十九说：张伯端“游蜀遂遇刘海蟾授金液还丹火候之诀”(《道藏》第5册，第382页)，明确指出此异人为刘海蟾。留元长的《海琼问道集·序》中则说：“张得于刘海蟾，刘得于吕洞宾”(《道藏》第33册，第140页)，这样，张伯端的内丹道又是承续钟吕内丹道而来。

② 《道藏》第2册，第914页。

③ 也有人认为，南宗的实际创始人是宋宁宗(1195～1224)时的著名道士白玉蟾(1194～?)。“白玉蟾建立的新教派南宗，从有组织、有宫观之教团的角度而言，主要是一个传行神霄系雷法的符箓教派。”“因该派主要传承张伯端一系内丹，重在内炼，其内丹学远较神霄派发达，故其符箓道法进一步与内丹融合，建立了较神霄派雷法更深化一层的理论。”(卿希泰主编《中国道教史》第三卷，四川人民出版社1993年版，第122页、第124页)

④ 《重阳全真集》卷十，《道藏》第5册，第747页。

⑤ 《重阳真人金关玉锁诀》，《道藏》第25册，第799页。

⑥ 《重阳立教十五论》，《道藏》第32册，第154页。

⑦ 《重阳全真集》卷十，《道藏》第25册，第747页。

的结合。“明心见性”本为佛教禅宗的用语，指以自心本有之“般若智慧”去觉悟“自心真性”的一种内省修行方法。全真道将它吸收过来，又结合儒家的“反身而诚”、“去情复性”等，在唐代道教所宣扬的道性清净思想的基础上，对传统道教的养生修命术作了新的诠释。

与杜光庭重视清净的道性和心性一样，全真道也认为，修道就是要努力去除情欲而复归于“真性”，“做修持须搜索真清真静真心”①，通过去染还净，回归生命的本真，即本净的心性，从而实现生命的超越。马珏说：“清净者，清为清其心源，净为净其气海，心源清则万物不能挠，故情定而神明生焉。气海净则邪欲不能干，故精全而腹实矣。”②心源、气海作为本真的生命状态是恒常而清净的，“心本妙明，无染无著，清净之体”③，但清净妙明的心源、气海又会被情欲和妄念所蒙蔽，从而对人的生命产生直接的影响。修道就是要去除妄念的蒙蔽，达到“心不起杂念”、“诸尘不染著”④的内外清净，若能如此，那么，生命的真源，亦即真性，就会自然呈现，这就叫“见性”。“只要无心无念，不着一切物，澄澄湛湛，内外无事，乃是见性。”⑤见性即可“常处如虚空，逍遥自在”⑥，实现精神的超越。因此，王喆说：“离凡世者，非身离也，言心地也。身如藕根，心似莲花，根在泥而花在虚空矣。得道之人，身在凡而心

① 《重阳全真集》卷五，《道藏》第 25 册，第 723 页。
② 《丹阳真人语录》，《道藏》第 23 册，第 703 页。
③ 《五篇灵文》，《藏外道书》第 25 册，第 669 页。
④ 《重阳真人授丹阳二十四诀》，《道藏》第 25 册，第 807 页。
⑤ 《晋真人语录》，《道藏》第 23 册，第 698 页。
⑥ 《水云集》卷上，《道藏》第 25 册，第 852 页。

在圣境矣。"①真清真静的道性真心成为全真道生命观和修道论的基点。

全真道不仅强调修性，而且还发展了传统道教的修命。由于全真道将"真性"视为人身中的金丹，炼丹须以肉体为鼎器，"本来真性唤金丹，四假为炉炼作团，不染不思除妄想，自然衮出入仙坛"②，因而在追求生命超越的过程中，炼精炼气的"保命修行"③也是非常必要的，"识心见性全真觉，知汞通铅结善芽"④。这样，全真道就把复归于真性的观念贯彻到了性命双修的过程中去。

强调通过心性的修炼来获得精神的超越或解脱，这本是儒佛道三教共同的特点。但儒、佛比较偏重于修性，而全真道却认为，对于要获得生命超越的人来说，光在心性上下功夫，定心寂念，或存心养性，这还是不够的。因为，性是与命相联系而存在的，"性命者，神气之根源也。气者，天一之水。神者，太乙含真。性者，无中之有象。命者，有中之虚无。命无性不灵，性无命不立。"⑤对于每一个现实的活生生的人来说，性者，命之性也，命者，性之命也，性与命都是人之为人所必不可少的。因此，"只修性，不修命，此是修行第一病。"反过来，传统道教偏重于修命而迷失了自己的真性，这也是不行的，"达命宗，迷祖性，恰是整容无宝镜"，即使"寿同天地"，也仍不

---

① 《重阳立教十五论》，《道藏》第 32 册，第 154 页。
② 《重阳全真集》卷二，《道藏》第 25 册，第 701 页。
③ 《晋真人语录》，《道藏》第 23 册，第 696 页。
④ 《重阳全真集》卷一，《道藏》第 25 册，第 691 页。
⑤ 《五篇灵文》，《藏外道书》第 25 册，第 670 页。

过是“一愚夫”而已[①]。据此，全真道强调性命双修，要求通过对身心两大要素的修炼，固体强精健智，在精神与肉体的完满结合中寻求生命的超越。

与杜光庭思想有所不同的是，全真道倡导的性命双修，不仅是一种理论，更是一种具体的修身实践。由于全真道视生命为一个由身心、神气有机结合的系统，“性者是元神，命者是元气，名曰性命也。”[②]“性命者，神气之根源也。”[③]性命与神气往往是联系在一起的：“精血者，是肉身之根本；真气者，是性命之根本。故曰有血者能生真气也。真气壮实者自然长久，聚精血成形也。”[④]因此，在实际的修行中，性命双修往往是通过神气合炼来进行的：

> 大道无形，气之祖也，神之母也。神气是性命，性命是龙虎。龙虎是铅汞。铅汞是水火。水火是婴姹。婴姹是阴阳。真阴真阳即是神气。种种异名，皆不用著，只是神气二字。[⑤]

这里的龙虎、铅汞、水火、阴阳等，都是道教用以比喻性命、神气的术语。由于性命、神气不相离，故性功与命功不可分，两者相辅相成，缺一不可，否则，修仙难成，即使有成，亦不免毁于一旦。只有性命双修、气神相结，才能反归真性，全真而仙。

---

① 吕洞宾：《敲爻歌》，《藏外道书》第6册，第180页。
② 《重阳真人授丹阳二十四诀》，《道藏》第25册，第807页。
③ 《五篇灵文》，《藏外道书》第25册，第670页。
④ 《重阳真人金关玉锁诀》，《道藏》第25册，第799页。
⑤ 《丹阳真人直言》，《道藏》第32册，第155页。

这样，性命双修、神气合炼以去欲明心、保全真性的“全真”也就成了神仙的代名词。

从修炼性命的次序上看，虽然全真道南北宗都强调应从钟吕内丹道的传统丹法出发，由修炼精气入手，循着炼精化气，炼气化神，炼神还虚，逐渐进行。但在具体说明这个过程时，南北宗又有着不同的进路。以张伯端为代表的南宗吸收了许多禅宗的东西，大谈识心见性，同时又力图通过聚气凝神的气功命术，达到“心中无心，念中无念，纯清绝点，当之纯阳”①的虚静空灵之状态。南宗自称这种方法为“以命取性”，即以先修命后修性为特征。南宗既强调了命功在修身养性中的基础性作用，又将精神的超越作为修道的最高境界，认为“形中以神为君，神乃形之命也。神中以性为极，性乃神之命也。自形中之神，以合神中之性，此谓之归根复命也”②，这样就与全真道北宗所主张的先修性后修命的修道方法有了显著的区别。北宗虽然也深受禅宗思想的影响，“从王喆起，便在钟吕派内丹学的基础上融摄禅宗，以道禅融合的方式发展了钟吕派内丹学”③，但在如何安排道禅的关系上，却与南宗有着不同的思路。王喆认为，性命的关系如同神气的关系，两者虽然相互依存，浑然一体，但是“主者是性，宾者是命”。因此，修炼者要从修性开始，先除情去欲，做禅宗式的“打坐”功夫，于一切时中使自己心地清静，摒除贪欲杂念，不为世俗的事务所动心，从而顿悟自心即为道心。在识心见性的基础上，然后

① 白玉蟾：《谢张紫阳书》，《修真十书》卷六，《道藏》第 4 册，第 625 页。

② 白玉蟾：《谢张紫阳书》，《修真十书》卷六，《道藏》第 4 册，第 625 页。

③ 任继愈主编：《中国道教史》，上海人民出版社 1990 年版，第 538 页。

再推动精气的运转，依次而炼精化气，炼气化神，炼神还虚，从而返本归根，达到与道同体，得道而成仙。

由于南北二宗在修道进路上，将禅法摆在不同的位置，因而导致了修道方法上的差异。但笔者认为，虽然南北宗对性命修炼的步骤有着不同的看法，北宗主张先修性后修命，南宗主张先修命后修性，但它们基于唐代道教心性论而建立起来的修行目标与修行方法则都融合吸收了儒家、道家和佛教，特别是禅宗的心性论，从而形成了许多不同于传统道教的特色，对道教内丹心性学的蓬勃发展产生了深刻的影响。[①] 例如：

其一，全真道以不生不灭的“真性”作为成仙的主体，从而将心性的修养凸显出来，成为人能否达到“全真而仙”理想境界的起点和关键。从生命的本真中寻求超越之途，本是老庄道家的特色，后来道教发展为养性保命的仙术，以肉体为生命之本，希望借助种种道术以保持肉体的永存。而全真道则将“真性”作为生命之本，强调“修行之士，必先明心悟性”[②]，认为只有向内体悟自己的本心，使妄念不生，才能得道成仙。“心生则种种法生，心灭则种种法灭。若一念不生，则脱生死。”[③]心性修炼的根本就是要断绝世俗的种种欲望，以“保全性命之真”[④]。在全真道看来，世欲很多，但主要是酒色财气，而酒色财气又常常是与人的家庭生活联系在一起的。为了割断世俗的牵累，以清静修行，全真道一改传统道教主要在家修

① 参见拙文：《论早期全真道心性论的理论指归》，载《南京大学学报》1997年第4期。

② [元]牛道淳：《析疑指迷论》，《道藏》第4册，第949页。

③ 谭处端：《水云集》卷上，《道藏》第25册，第852页。

④ 《重阳教化集·序》，《道藏》第25册，第770页。

行的方式，模仿佛教而提倡离家居观的修行，要求修道者不娶妻生子，不吃荤腥，不饮酒，不杀生，不偷盗，过禁欲主义的生活，认为“凡人出家，绝名弃利，忘情去欲则心虚，心虚则气住，气住则神清，神清则德合道生矣”①。全真道从心性论出发，倡导性命双修，以保持生命的本真为目的，宣扬力戒世俗，励志苦行②，保全真性，形成了以修炼内丹为根本宗旨的道团，在许多方面改变了传统道教的一些基本特征。

其二，全真道吸取佛教的人生皆苦和儒家的心性修养论等来改造道教的肉体长生说，促使了内丹学在道教中的兴盛。全真道认为，“人间声色衣食，人见以为娱乐，此非真乐，本为苦耳。世人以妄为真，以苦为乐，不亦悲哉！”③既然人生是苦，那还要追求肉体长生干什么？更何况肉体是由地水火风四大和合而成的，“火风地水合为肌，只是愚迷走骨尸”，“白为骸骨红为肌，红白妆成假合尸”④，因而肉体长生也是不可能的，“有始必有终，有生必有死，此自然之常理也”⑤。只有真性是不生又不死的，“万形至其百年则身死，其性不死也”⑥。正是从“唯一灵是真，肉身四大是假相”⑦出发，全真道改变了

---

① 《重阳真人授丹阳二十四诀》，《道藏》第 25 册，第 808 页。

② 王喆在《重阳立教十五论》中，吸取了佛教禅宗的思想，特别强调入世苦行、即世而超越的全真精神。例如，在第十二论“圣道”中，他认为要入圣道必须“苦志多年，积功累行”；在第十五论“离凡世”中，他又强调得道之人，必须“身在尘世，心游圣境”（《道藏》第 32 册，第 154 页）。

③ 《玄风庆会录》，《道藏》第 3 册，第 388 页。

④ 《重阳教化集》卷二，《道藏》第 25 册，第 782 页。

⑤ 《重阳全真集 · 序》，《道藏》第 25 册，第 689 页。

⑥ 《无为清静长生真人至真语录》，《道藏》第 23 册，第 709 页。

⑦ 《重阳真人金关玉锁诀》，《道藏》第 25 册，第 799 页。

传统道教的肉体长生说，而引导人们看破肉体的虚幻，致力于心性的修炼以追求超越生死的精神解脱。这种理论，显然比以前道教所宣扬的粗俗的长生不死说在逻辑上更加精致。全真道吸收儒佛的思想以改造发展道教，使道教的修行理论在质上产生了一个飞跃，由对形而下之术的探求转到了对形而上之心性的修养，推动了道教内丹学的兴盛和中国传统心性哲学的发展。

其三，全真道从人的本真的生命存在中去追求生命的超越，确立了“全真而仙”的宗教理想，改变了传统道教“神仙”的内涵，减少了神仙的神性，增加了神仙的人性。由此出发，全真道强调人人皆可成仙，并用通俗的语言让老百姓懂得，得道成仙并不困难，只要信奉全真道，通过性命双修，炼气炼神，使功行两全，就可达到“神仙”的境界。这样就为争取更多的道徒打开了方便之门。从某种意义上说，王喆如果还拘泥于过去那种“肉体不死”才可成仙的修行目标，他创立的新道派也就难以得到长足的发展了。全真道强调的“得道成仙”不再是魏晋道教倡导的肉体长生，而是以“全真而仙”作为自己的宗教理想目标，这显然是对唐代一些道教思想家包括杜光庭所倡导的真性永存的精神超越思想的继承与发展。

后来全真道南北两宗合流，其内丹心性学说的发展一直延续了下来。虽然出于对性与命在修仙中的作用的不同认识，全真道内部出现了不同的流派，有主张先修性后修命的北宗，有主张先修命后修性的南宗，有主张个体独自清静修行的清修派，有主张男女双修、阴阳配合的阴阳派，还有以“守中”为主要特点的中派。直到明清时期，内丹心性学依然在持续发展，出现了以陆西星为代表的东派，以李西月为代表的西派和以伍宗阳、柳华阳为代表的伍柳派等。但众多流派的竞争，本质上都是在探讨修炼成仙的可能性，并通过一些实际可操作的方法来引导人们关注每一个个体生命的存在。内丹心性学对生命的真切关注，直到今天依然对中国人的修身养性、提高生命质量产生着一定的积极影响。

二、以道为本融合三教思想

杜光庭之所以能够成为唐末五代时道教的代表性人物，与他在圆融道教各派教理的同时，积极吸取儒佛道三教思想的精华，从宇宙观、重玄学、认识论、心性论、修道论、社会观上提高了道教的理论思维水平密切相关。杜光庭虽为道士，但在平日的生活中，他并不为宗教门户偏见所拘，而是乐于和各种人士交往。例如，唐天复年间(901～904)，著名的画家、诗僧贯休(852～913)[①]入蜀，杜光庭与之为友，每相戏谑，甚为有趣。贯休长得“体充而形短，……性落落不拘小节，每于通衢徒步，行嚼果子”。有一天，杜光庭和贯休两人一同骑马于道中，贯休的马忽然坠粪，杜光庭连呼：大师，大师，数珠落地！贯休应道：“非数珠，盖大还丹耳。”[②]两人的玩笑道出了佛道在修道上的差异，同时也从一个侧面反映了杜光庭在生活中与僧人广泛交往的事实，这就为杜光庭吸取佛教的思想提供了可能。

---

① 贯休，俗姓姜，字德隐，婺州兰溪(今属浙江)人。贯休诗画俱佳，有《禅月集》留世。前蜀皇帝王建对贯休才学十分欣赏，称之为“禅月大师”。

② 《十国春秋》卷四十七，中华书局1983年版，第二册，第672页。

翻开杜光庭的著作中,不仅可以看到他经常引用孔孟的语录和玄学家的术语,而且还积极吸收佛教的思想与方法,他曾说:“凡学仙之士,若悟真理,则不以西竺东土为名分别。六合之内,天上地下,道化一也。若悟解之者,亦不以至道为尊,亦不以象教为异,亦不以儒宗为别也。”因此,他要求打破宗门之见,甚至强调,“三教圣人,所说各异,其理一也。……但能体似虚无,常得至道归身,内修清静,则顺天从正,外合人事,可以救苦拔衰,以此修持,自然清静。”①认为儒佛道三教的圣人虽然各自建构了自己的理论体系,但从终极层面上看,它们所说的道理则是相通的,皆可归于自然清静之道。杜光庭的这种三教观不仅为道教积极融合三教进一步开拓了道路,而且为统治者制定治国方略、平衡各种宗教之间的关系提供了一种参考。

杜光庭虽然主张三教融合,但作为道门领袖的他出于弘扬道教的使命感,还是坚守着自己的信仰立场,因而他主要地还是以道为本来融合儒佛道三教的。杜光庭曾举例说:“仲尼谓敬叔曰:吾闻老聃博古而达今,通礼乐之原,明道德之归,则吾师也。”②他借孔子对老子的景仰来表明老子道家是高于孔子儒家的。正是从这种以道为本的思想出发,对于佛道之争中佛教将道教与老子及《道德经》割裂开来,抬高老子和《道德经》而贬低道教做法,杜光庭给予了针锋相对的反驳,并竭力证明道教与老子及《道德经》之间是三位一体不可分割的关系。杜光庭在《道德真经广圣义》中

① 《太上老君说常清静经注》,《道藏》第17册,第187页。

② 《道德真经广圣义》卷三,《道藏》第14册,第328页。

不仅将《道德经》视为道教圣书，将老子奉为具有三十种特性的“神人”[①]，而且还通过将老子神化为道教教主而彰显道教的神圣性，他说：“太上老君为深妙道之主也，老君既不滞有，亦不滞无，因果两遗，粗妙双遣，先天后劫尊为教主，故云玄玄道宗也。”[②]杜光庭宣扬老子不仅自身具有“起无始”、“体自然”、“见真身”等神性，而且还能够从虚空而下，随“道”而展现出各种应化身，“演上清”、“化灵宝”、“出洞神”等，对道教的发展乃至人类文明的发展都作出了重要的贡献。杜光庭把老子奉为道教教主，大力神化老子和老子之道，他还特别对史籍中有关老子入秦于楼观台讲学，应关令尹喜之请著《道德经》五千言，后二人共去西域流沙之类的记载作了宗教性的发挥，并认为老子的“无为之道”彰显了道教的殊胜，他说：“世之众教，皆以有执有为为本。今老君此教以无为不言为化，故为众教所尊，理道所贵也。”[③]道教“以无为不言为化”，因而成为众教中最尊。

杜光庭积极顺应时代潮流，通过融会与吸收儒家和佛教的思想来诠释《道德经》，发挥老子之旨，以“三教合一”推进了唐代道教的思辨化、哲理化。需要指出的是，杜光庭在政治观和伦理观上主要是吸收了儒家思想，而在人生论和修道论上则更多地借鉴了佛教思想。他的这种三教合一思想对道教的发展产生了很大的影响。宋元时期，新道派林立，但它们大都以三教合一为立教的基本宗旨。例如，王喆就强调：“儒门释

① 《道德真经广圣义》卷二，《道藏》第 14 册，第 316～324 页。
② 《道德真经广圣义》卷三，《道藏》第 14 册，第 325 页。
③ 《道德真经广圣义》卷三，《道藏》第 14 册，第 332 页。

户道相通，三教从来一祖风。”[1]因为“三教者不离真道也，喻曰：似一根树生三枝也”[2]。由此，全真道主张三教平等，倡导三教融合，强调“儒释道源三教祖，由来千圣古今同。”[3]虽然儒佛道具有各自的特点，但其基本宗旨则是相同的。“道显清静妙，释明智慧深，仲尼仁义古通今，三圣一般心。”[4]再如，盛行于宋元时期的净明道大力宣扬“由真忠至孝，复归于本净元明之境”，一般认为净明道是儒道思想结合的产物，但笔者通过细究《净明忠孝全书》等道书，认为净明道不但热切地奉行儒家的忠孝观，而且还吸取了佛教的修行解脱理论，它是在特定的历史条件下出现的儒佛道三教相融合的新道派。[5]

杜光庭如何以“道教”为基点吸取儒、玄、佛等思想与方法，在融合三教的基础上建构起了富有特色的道教理论，从而推动了唐宋时期道教思想的转型的呢？

从宇宙论上看，杜光庭综合了儒佛道三教的思想，从天人合一的角度为人的修道的必要性与可能性提供了宇宙论的依据。杜光庭曾继承道教的传统，用“道气”来说明宇宙的本源与本体，认为“万物之生也，道气皆降之，气存则物生，气亡则物死。物之禀道，所禀不殊，在物皆一。古今虽移，一乃无变，故云不二，是谓之一。”[6]但这种以本源证本体的做法很容易

---

① 《重阳全真集》卷一，《道藏》第 25 册，第 693 页。

② 《重阳真人金关玉锁诀》，《道藏》第 25 册，第 802 页。

③ 《磻溪集》卷一，《道藏》第 25 册，第 815 页。

④ 《葆光集》卷中，《道藏》第 25 册，第 520 页。

⑤ 参见拙文《论净明道三教融合的思想特色》，载《世界宗教研究》2001 年第 2 期。

⑥ 《道德真经广圣义》卷三十一，《道藏》第 14 册，第 463 页。

引起歧义，在逻辑上有时也容易陷入混乱，因此，杜光庭又吸取了儒佛的思想来发挥唐玄宗所力主的"妙本"概念，以求将本源与本体圆融起来。例如他在义释《道德经》"同出而异名，同谓之玄"时，就吸取了儒佛的思想而倡体用一源，强调"妙体妙用，生于妙无，是同出也。由精而粗，是异名也。混而为一，是同谓之玄也。……分而为二者，体与用也。混而为一者，归妙本也。"①杜光庭将体用一源归于妙本，认为"妙本者，道也"②，既将"妙本"作为宇宙之本，又作为人性之源，"人以逐欲而动则迁情，息念而静则合道，迁情则流遁，合道则还元，所以静而致道者，是复归所禀妙本之性命也。"③杜光庭还从去情息念、合道还元的角度来论证"静而致道"就是复归妙本之性，这种体用一源的思想发展到全真道时，以"真性"的概念固定下来，并将体悟清静妙本的过程就看作是自明本心的过程。王喆说："诸贤先求明心，心本是道，道即是心，心外无道，道外无心也。"④这种以心本体来统摄一切的思想无疑是受到了儒佛的影响。在全真道那里，"天心者，妙圆之真心也，释氏所谓妙明真心。心本妙明，无染无著，清净之体。……此心是太极之根，虚无之体，阴阳之祖，天地之心，故曰天心也。"⑤"心本是道"的思想确立不仅使本源与本体的界限随之而消弥，而且也使宇宙论与心性论之间的联系更加紧密了。

从认识论上看，杜光庭既吸取了儒佛道三教所具有的内

① 《道德真经广圣义》卷四，《道藏》第 14 册，第 335 页。
② 《道德真经广圣义》卷四，《道藏》第 14 册，第 334 页。
③ 《道德真经广圣义》卷十五，《道藏》第 14 册，第 386 页。
④ 《重阳真人授丹阳二十四诀》，《道藏》第 25 册，第 808 页。
⑤ 《五篇灵文》，《藏外道书》第 25 册，第 669 页。

省性的认识方式,又继承了中国传统的思维方式,以“天人合一”为最高境界,以“顺天之时,随地之性,因人之心”[①]相号召。如果研究一下中国传统哲学的特点,就可见“在天地与我为一还是我与天地为一的问题上,却始终存在着不同的思想倾向。从老子的‘涤除玄览’以观其道,荀韩的‘制天命而用之’与‘缘道理以从事’,到王弼的‘圣人体无’,程朱的格物致知、即物穷理,从哲学思维的高度来看,无不体现着我与天地为一的思路。而从庄子的‘道无所不在’、坐忘以逍遥,到思孟的‘存诚尽性’、‘尽心知天’,郭象的自然任性、适性逍遥,以及陆王的‘吾心即是宇宙’、‘吾心之良知即所谓天理’等等,则基本上都遵循着天地与我为一的思路。”[②]以此观之,杜光庭在融摄儒佛二家认识论的基础上,又综合了以老子和庄子为代表的不同的致思倾向,既从老子的“涤除玄览”以观其道出发,强调“虚心体道,则元和潜运,而致长生矣”[③],又从庄子的“道无所不在”、坐忘以逍遥出发,认为“闭缘息想”,通过“穷达妙理,了尽真性,想缘俱忘,乃可得道”[④]。因此,杜光庭所倡扬的认识论与修道论是紧密相联的,识道与体道成为同一问题的两个方面,“穷极万物深妙之理,究尽生灵所禀之性,物理既穷,生性又尽,以至于一也”[⑤]。杜光庭这种将穷物理、尽人性圆融为一的思想,既综合了老子和庄子的不同的致思倾向,显

① 《道德真经广圣义》卷八,《道藏》第14册,第355页。

② 洪修平:《禅宗思想的形成与发展》(修订本),江苏古籍出版社2000年版,第391页。

③ 《道德真经广圣义》卷十一,《道藏》第14册,第369页。

④ 《道德真经广圣义》卷四,《道藏》第14册,第333页。

⑤ 《道德真经广圣义》卷四,《道藏》第14册,第332页。

然也吸取了唐代道教重玄学有无双遣的思想和佛教禅宗“明心见性”以悟道的精神。杜光庭在注释《常清静经》的“真常之道，悟者自得。得悟道者，常清静矣”时说：“人能觉悟，悟则本性，谓之得道矣。”[①]这种“悟则得道”的思想在后来兴起的全真道中得到了发扬光大，也成为全真道的认识论和修道论的基本特征。如谭处端就说：“如何名见自性？十二时中，念念清静，不被一切虚幻旧爱境界朦胧真源，常处如虚空，逍遥自在。”[②]张伯端也认为：“夫欲免乎患者，莫能若体夫至道，欲体至道者，莫若明乎本心。故心者，道之体也。道之体，心之用也。人能察心观性，则圆明之体自见，无为之体自成，不假施功，顿超彼岸。”[③]张伯端将心与道视而为一，这样，体道就是通过明心而使“圆明之体自现”。值得注意的是，张伯端将重玄学的非有非无“二边俱遣”的方法作为明心的基本进路，他说：“欲了无生妙道，莫如自见真心。真心无相亦无音（因），清净法身只恁。此道非无外（非）有，非中亦莫求寻。二边俱遣弃中心，见了名为上品。”[④]这种通过明心而自见的真心，超越了一切言相和二分对立，是一种不可言说、不可执著的东西，但在全真教徒看来，它又确确实实地存在于人们当下的生命存在之中。这种认识进路不仅为全真道的内丹心性学提供了理论基础，而且从某种意义上说，还启发了宋明理学的成长。过去学界一般比较重视佛教禅宗对宋明理学的影响，

---

① 《太上老君说常清静经注》，《道藏》第17册，第189页。
② 《水云集》卷上，《道藏》第25册，第852页。
③ 《悟真篇后序》，《道藏》第2册，第967页。
④ 《紫阳真人悟真篇拾遗》，《道藏》第2册，第1033页。

即使在探讨道教对宋明理学的影响时，也大多强调北宋道士陈抟的《无极图》对周敦颐的启发，由此而导致了理学的兴起。现在随着对唐代道教哲学研究的深入，也有人进一步认识到唐代道士成玄英、李荣、司马承祯的思想对宋明理学的影响①，但还少有人全面地研究唐代道教的集大成者杜光庭的思想与宋明理学之间的关系。事实上，仅从认识论的层面上看，杜光庭对宋明理学的深刻影响就是值得重视的②。

从生命观上看，杜光庭融合三教思想而主张的"返性归元"的道性论对金元全真道的生命观有着不可忽视的影响。由于生命是由精神和肉体两方面构成，因而是执著于肉体的长生，还是追求精神的超越，就形成了道教得道成仙说中不同的发展倾向。如果说，以魏晋时期为代表的道教比较注重追求肉体的永存，那么，杜光庭在唐代重玄学与心性论的影响下，强调的就是修心炼性，以追求精神的超越。杜光庭还借鉴了佛教的"三业十恶"的思想来论证人为什么要修道，从而将佛教的禁欲思想与道教的身心修炼结合起来。杜光庭认为，"人之禀生有三业十恶"，这种与生俱来的"恶"导致了人生活于苦难之中，如果不通过修道来加以摒除，不仅会给人带来源源不断的苦难，而且还会对人的生命造成损害，"人若纵此三业十恶，则必从生趣死"③。因此，人修道必须先去除被称之为"三毒"的"三业"，使"六欲"不生。"人若能断得其华饰，远

① ［韩］崔珍皙：《成玄英的"理学"和宋明"理学"》，载陈鼓应主编：《道家文化研究》第十九辑，北京三联书店 2002 年版。

② 参见李大华：《杜光庭宗教认识论初探——兼论与宋明理学之关系》，黄海德等主编：《道教研究》第一辑，四川人民出版社 1994 年版。

③ 《道德真经广圣义》卷三十六，《道藏》第 14 册，第 498 页。

其滋味，绝其淫欲，去此三事，谓之曰三毒消灭。三毒既灭，则神和气畅精固，三元安静，三业不生，自然清静。”①佛教的禁欲观为杜光庭建构道性清净的思想和倡导身心自然清净的修道论提供了理论资源。这种道性清净的思想对后来的全真道建立以“真性”为核心的生命观影响甚大。全真道认为，人的现实生命是依真性而伴随爱欲而生，修道的过程就是去除爱欲返归真性的过程，“人能割爱去贪，守雌抱一，游心于恬淡，合气于虚无，亦可以高举远致，涉景登虚。”②这就为人从本真的生命存在中去实现人生理想，通过苦行修道而追求生命的超越开辟了思路。金元时的文学家元好问在《离峰子于公墓铭》中写道：“全真道有取于老、佛家之间，故其寒饿憔悴，痛自黥劓，若枯寂头陀然。及有得也，树林水鸟，竹木瓦石之所感触，则能颖脱，缚律自解，心光晔然，普照六合，亦与头陀得道者无异。”③这就非常形象地描绘了全真道借鉴佛教的头陀行所实行的禁欲主义的苦身修行。故元人徐琰说：“全真其修持大略以识心见性，除情去欲，忍耻含垢，苦己利人为之宗。”④全真道正是通过吸收佛教的肉体与精神二元对立的观点，强调精神的高尚与纯洁，肉体的易逝与卑下，从而将“真性”作为生命存在的根本依持。“有个逍遥自在人，昏昏默默独知因，存神养浩全真性，骨体凡躯且浑尘。”⑤在全真道看

① 《太上老君说常清静经注》，《道藏》第17册，第185页。
② 《重阳全真集·序》，《道藏》第25册，第690页。
③ 《甘水仙源录》卷四，《离峰子于公墓铭》，《道藏》第19册，第750页。
④ 《甘水仙源录》卷二，《道藏》第19册，第740页。
⑤ 《重阳全真集》卷二，《道藏》第25册，第702页。

来,肉身是幻,心性是真,"如其未明本性,则犹滞于幻形"[①],那就不可能达到生命的超越。"离凡世者,非身离也,言心地也。……欲永不死而离凡世者,大愚不达道理也。"[②]人应该看破肉体的虚幻,追求生命的本真。由此,全真道强调的"得道成仙"也就不再是传统道教的肉体长生,而是超越肉体的束缚,追求真性永存,精神解脱。如丘处机所说:"吾宗所以不言长生者,非不长生,超之也。此无上大道,非区区延年小术也。"[③]马珏也说:"诸公休起心动念,疾搜性命,但能澄心遣欲,便是神仙。"[④]全真道的这种生命观实际上是在继承了唐代道教道性论的基础上,又融合了佛教思想而形成的,而杜光庭对道性清净的强调,以及通过"返性归元"即可与道相契的思想在其中也起到了重要的中介作用。

从心性论上看,杜光庭对"修道即为修心"的强调,从心性论的层面上为全真道修正传统的肉体成仙说而开出真性不朽说提供了思路。唐代时,在儒家心性论和佛教佛性论的影响下,道教重玄学和一些丹鼎派的道士对得道成仙的宗教理想与实践进行了重新阐释,他们调整了对长生不死的看法,积极从人自身内部去发掘得道成仙的可能性,从而将修炼的重点从追求肉体长生逐渐转移到人的心性上来,依持人的内在"心性"而将道与修道者联系起来。杜光庭以"调伏其心"作为修道的基本进路,倡扬性命双修,这既是对唐代道教心性论的继

① 《悟真篇·序》,《道藏》第2册,第914页。
② 《重阳立教十五论》,《道藏》第32册,第154页。
③ 《长春祖师语录》。
④ 《丹阳真人直言》,《道藏》第32册,第155页。

承,也对全真道的内丹心性学产生了重要的影响。王喆正是以"心中端正莫生邪,三教搜来作一家"[①]的基本态度,进一步通过宣扬"性命双修"来推动道教内丹心性学的发展。王喆在回答马珏"何名是道"时曾明确地说:"性命本宗,元无得失,巍不可测,妙不可言,乃为之道。"[②]把得道与见性统一起来而倡导"性命双修"。马珏所说的"寻思性命不由天,斡旋阴阳全在我"[③],则要求人通过修炼性命来掌握生命的主动权。值得重视的是,张伯端在强调三教合一时并没有抹杀三教之间的差异,而是在分析了三教各自的特点与差异之后,积极地吸取儒佛的思想来丰富道教的心性论内容。例如他对内丹修炼功效的研究就是建立在比较儒佛道三教心性论之异同的基础之上的。他在《悟真篇·序》中说:"释氏以空寂为宗,若顿悟圆通,则直超彼岸,如有习漏未尽,则尚徇于有生;老氏以炼养为真,若得其枢要,则立跻圣位,如其未明本性,则犹滞于幻形;其次,《周易》有穷理尽性至命之辞,《鲁语》有毋意、必、固、我之说,此又仲尼极臻乎性命之奥也。"[④]他以一种较为理性的态度,分析了三教性命学说的各自特点与相互差异后,特别指出:"教虽分三,道乃归一,奈何后世黄缁之流,各自专门,互相非是,致使三家宗要迷没邪歧,不能混一而同归矣。"[⑤]他认为三教在性命修炼上虽各有特点,但其根本宗旨却是一致的,而人们偏执于一方,相互攻击,致使三家宗要迷没邪歧。于

① 《重阳全真集》卷一,《道藏》第25册,第696页。

② 《重阳真人授丹阳二十四诀》,《道藏》第25册,第807页。

③ 《洞玄金玉集》,《道藏》第25册,第590页。

④ 《紫阳真人悟真篇注疏·序》,《道藏》第2册,914页。

⑤ 《紫阳真人悟真篇注疏·序》,《道藏》第2册,914页。

是;他超越狭隘的门户之见,在圆融三教的基础上,提出了“三关”修道术:“先以神仙命脉诱其修炼,次以诸佛妙用广其神通,终以真如觉性遣其幻妄,而归于究竟空寂之本源矣。”①张伯端首先以道教的养命固形之术为“初关”,在“命功”有成之后,又引入佛教的神通妙用为“中关”,强调还应进一步修炼“性功”,最后,以佛教禅宗的“空寂之本源”作为修道的“上关”,从而将三教圆融最终落实在道教内丹心性学的性命双修之上。张伯端强调,只有通过这样的“三关”修炼,才能使“神气精者,与天地同其根,与万物同其体”②,达到一种永恒之境。这种永恒之境既基于道教的养性固命之术,又体现了佛教的超越精神。传说,张伯端晚年曾出家为僧,其荼毗时,留下了许多大如芡实的舍利子③。这种说法与他在生前修炼内功,又出道入佛显然有关。

从社会观上看,杜光庭以道家清静自然的思想为基点,又吸收了儒家的伦理道德、修齐治平的观念和大乘佛教的自利利他精神,积极倡导“经国理身”,对全真道强调“功行俱全”有重要的影响。为了弥合道教的出世修道的人生态度与儒家的修齐治平积极入世思想的矛盾,杜光庭曾将儒家之“孝”与道教之“道”相联构,以说明儒家所讲的孝慈是“独亲其亲”,这种“私亲”是片面的。因为“六亲不和,则孝慈之名偏立。天下有道,则淳朴之化复行。淳素既行,人皆慈孝,可谓无私亲矣。斯则绝名迹之仁义,复玄同之孝慈,

① 《悟真篇拾遗》,《道藏》第 2 册,1030 页。

② 《金丹四百字》,《道藏》第 24 册,第 161 页。

③ 参见《紫阳真人悟真直指详说三乘秘要》,《道藏》第 2 册,第 1024 页。

无私亲者,是不独亲其亲也。"[①]这也就在客观上协调了儒家建立在孝亲之上的伦理观和修齐治平的入世观与道教不为仁义所缚、不为功名所累的出世观之间的矛盾,树立起了即世而超越的人生观和出世不离入世的社会理想。杜光庭还发挥儒家重视礼教的传统,修订了种类繁多的道教斋醮科仪,详细规定了道场的仪式程序与活动规模,扩大了道教在社会生活中宗教教化的影响力。杜光庭主张修道者不仅要注重个体的修行,更要参与社会生活,这种社会观在全真道那里得到了发扬光大。全真道在对人的本真生命存在的体悟中,改变了传统道教偏重个体成仙而忽视拯救众生的状况。这在全真道北宗中表现得尤为显著。全真道北宗融合儒家以仁爱为本和大乘佛教普度众生的精神而提出的"真功真行",强调仅修对自己有利的"真功"是不够的,还需行救度他人的"真行"。虽然传统道教所设想的神仙也帮助他人,但还没有达到以众生的解脱为自己解脱之前提的程度。而全真道提出的神仙,则不仅能自我完善,而且能像佛菩萨那样救度众生,甚至不惜牺牲自己以帮助他人。北宗曾明确地说:

> 若要真功者,须是澄心定意,打叠精神,无动无作,真清真净,抱元守一,存神固气,乃真功也。若要真行,须要修行蕴德,济贫拔苦,见人患难,常怀拯救之心,或化诱善人入道修行。所为之事,先人后己,与万物无私,乃真行也。……若人修行养命,先须积

---

① 《道德真经广圣义》卷十七,《道藏》第14册,第395页。

行累功，有功无行，道果难成，功行两全，是谓真人。[1]

认为只有“功行两全”的人才能称之为神仙真人。功行俱全，全真而仙，这既是全真道所树立的修行目标，也是“全真”的含义之一。全真道南宗也曾强调，“有志之士若能精勤修炼，初无贵贱之别，在朝不妨为治国平天下之事，在市不失为士农工商之业”[2]。全真道士以苦己利人的精神确立了一种功行俱全的典范，既改变了传统道教的精神风貌，也使全真道在社会上树立了较好的形象，为道教的进一步传播发展创造了条件。杜光庭对即世而超越的人生理想的发挥[3]，为宋代以后的道教神仙思想与民间信仰的进一步结合，与民众生活打成一片开辟了道路。

三、经国理身的终极理想

杜光庭在《道德真经广圣义》中首先表明了自己对《道德经》要旨的看法，他说：“夫此道德二字者，宣道德生畜之源，经国理身之妙，莫不尽此也。”[4]他不仅把“经国理身”归结为《道德经》的根本要旨，而且将随后列出的《道德经》三十八条

① 《晋真人语录》，《道藏》第23册，第697页。

② 夏元鼎：《悟真篇讲义》卷六，《道藏》第3册，第57页。

③ 余英时先生曾将“此世”与“彼世”的不即不离的关系，称之为“内在超越”，认为它特别反映了中国人的强烈入世心理。见其著《士与中国文化》，上海人民出版社1987年版，第452页。

④ 《道德真经广圣义》卷一，《道藏》第14册，第314页。

大纲都围绕着“理(经)国理身”而展开，并在每一条之后都引经据典对什么是理(经)国，什么是理身细加说明。正是基于对“经国理身”的关注，杜光庭在梳理历代《道德经》注疏时，特别推崇唐玄宗的注本。这其中当然有力推皇旨之意，但同时也与唐玄宗的注本“内则修身之本，囊括无遗；外即理国之方，洪纤毕举”[①]不无关系。

生活在唐末五代乱世中的杜光庭，眼见社会动乱，自然失和，生灵涂炭，希望能够通过弘扬老子之道来拯救人心，实现社会的太平，这也是他著述立说的本意所在。因此，他在关注个体之人的生命超越的同时，还有一种强烈的关注国家治理和社会安定的情怀。这也就决定了他所提倡的“经国理身”不仅仅是一句口号，而是围绕着道教的基本信仰“道”所形成的一种可以在现实生活中对社会和人生发挥作用的理论。

杜光庭所说的“理身”是围绕着人应当如何修身养性才能达到得道升玄之境而展开的，他所说的“经国”则主要是针对帝王人君应当如何治理好现实社会而言的。从“老君垂教，以清静为用，无为为宗，清静则国泰身安，无为则道成人化”[②]的基本思路出发，杜光庭认为，“理国执无为之道，民复朴而还淳，理身执无为之行，则神全而气王，气王者延年，神全者升玄，理国修身之要也。”[③]这就是说，经国理身最重要的是应当清静无为，以恢复事物和人的自然本性。

杜光庭的经国理身思想虽然以老子的自然无为之道为理

---

① 《道德真经广圣义·序》，《道藏》第14册，第310页。

② 《道德真经广圣义》卷三十四，《道藏》第14册，第483页。

③ 《道德真经广圣义》卷十四，《道藏》第14册，第380页。

论依据，但同时又深受唐代道教心性论哲学的影响，特别是承继了“修道即为修心”的思路，强调理其国者应先理其身，理其身者应先理其心，认为“圣人之理，以身观身，身正则天下皆正，身理则天下皆理”①，而“理身之道，先理其心，心之理也，必在乎道。得道则心理，失道则心乱。心理则谦让，心乱则交争”②，将心乱作为导致身乱乃至社会混乱的根本原因。正是由此出发，杜光庭将理心作为“经国理身”的基点。

杜光庭将“经国理身”联构，这与道教以老子的自然无为之道来贯通天地人，将宇宙、社会和人视为一体同构的思想也是一脉相承的。正是循此思路，杜光庭将“身国同构”作为贯穿于他的“经国理身”思想的一根红线，强调“知理身则知理国”：“夫一人之身，一国之象也。胃腹之位犹宫室也，四肢之别犹郊境也，骨节之分犹百官也，神犹君也，血犹臣也，气犹民也。知理身则知理国矣。爱其民所以安国也，郄其气所以全身也。民散则国亡，气竭则身死，亡者不可存，死者不可生，所以至人销未起之患，理未病之疾，气难养而易浊，民难聚而易散，理之于无事之前，勿追之于既逝之后。”③杜光庭用类比的方法阐述了“身国同构”的道理，既然“身国同构”，那么治理国家也就应当遵循理身之道。理身的基点是理心，那么经国当然也应从理心入手。杜光庭在注释《道德经》“三十辐共一毂，当其无有车之用”时指出：“人之身也，外资百体之设，内仗五气之和，如辐之辏而成，于人既为身矣。能虚心体道，则元和

① 《道德真经广圣义》卷三十五，《道藏》第 14 册，第 491 页。
② 《道德真经广圣义》卷四十九，《道藏》第 14 册，第 404 页。
③ 《道德真经广圣义》卷八，《道藏》第 14 册，第 352～353 页。

潜运而致长生矣。”人身之长生需要“虚心体道”，治理国家也是如此：“人君内资辅相之谋，外委诸侯之助，乃能有国如三十辐之辏一毂也，既有国矣，能虚心体道，则天下化成。”①正是从“身国同构”的思路出发，杜光庭强调“一切世法，因心而灭，因心而生，习道之士，灭心则契道，世俗之士，纵心而危身。心生则乱，心灭则理。所以天子制官僚，明法度，置刑赏，悬吉凶，以劝人者，皆为心之难理也。”②

在理心的基础上，杜光庭将修身与理国统一了起来。他说：“修身理国，先己后人，故近修诸身，远形于物，立根固本，不倾不危，身德真纯，物感自化矣。……身既有道，家必雍和，所谓父爱、母慈、子孝、兄友、弟恭、夫信、妇贞，上下和睦。如此则子孙流福，善及后昆矣。”③通过修身而身正德纯，身正德纯之人，其家庭必然和睦。如果每一个家庭都能够“尊其长老，敬其幼小，教诲愚鄙，开导昏蒙，少长得宜，尊卑有序”，就会促进一个乡村风气之改善。如果每一个乡村都“风教肃肃，礼乐诜诜”，就可以促进一个国家“礼行化美，君信臣忠，境内无虞”。如果天子能体道恤民，敬天顺地，那么就能使“万国来朝，四夷皆附”，实现“王道无不被”的天下太平了。杜光庭特别强调：“未闻身理而国乱，身乱而国理也。”④这种从我做起，由修心而至修身理国的过程，是将“道”从个体推及家、乡、国乃至天下的过程，也是不断地提高全民道德素质的过程。这

① 《道德真经广圣义》卷十一，《道藏》第 14 册，第 369 页。
② 《道德真经广圣义》卷八，《道藏》第 14 册，第 353 页。
③ 《道德真经广圣义》卷三十八，《道藏》第 14 册，第 509 页。
④ 《道德真经广圣义》卷三十八，《道藏》第 14 册，第 509 页。

种基于"理心"的"理身"和"经国"构成了杜光庭道教终极理想不可分割的两翼。

杜光庭的"经国理身"思想是对道教的基本信仰的进一步阐扬。从表面上看，道教是一种以得道成仙为根本信仰的宗教，它的理想目标是在世俗社会之外另求一个神仙世界，这当然应该远离社会政治，专致以求个体生命的长存，而道教的"洞天福地"也正是一些遁世、隐世的修道者理想的生活环境。但值得注意的是，道教对神仙世界的追求，其本身是出于对现实世界的一种失望，神仙世界实际上是道教对现实美好社会之向往的一种曲折反映，因而道教自创立之始，只要有机会，就一再表现出其对人间太平的关注，甚至不惜借助于农民起义的形式以求实现之。同时，道教的宗教理想虽在世俗社会之外，而实现这一目标的途径却仍然在世俗社会之中。"道教作为一种宗教团体提倡'天、地、人'三者合一而'致太平'，所以它又有着强烈地干预政治的愿望。道教在虚构了超现实的神仙世界的同时，又希望把现实世界变成理想世界"[①]，从而表现出了一种与世俗生活相衔接的入世精神。道教不但以积极的姿态来寻求延长人的生命的种种方法，而且还强调为了使人当下的生活更加美好，应该在世俗社会中建立一种以"道"为准则的理想社会，这个没有天灾人祸，没有饥饿疾病，没有压迫仇恨，人人安居乐业的太平社会，也是杜光庭"经国"的理想目标。

从历史上看，"经国理身"、"身国同构" 的思想并非杜光

① 汤一介：《论道教的产生和它的特点》，载《中国文化与中国哲学》，东方出版 1986 年版，第 504 页。

庭首创，而是道教一以贯之的思想。如果追根溯源，那么这种思想在《道德经》中就已初露端倪①。在以后道教的发展中，也一直都体现出了经国与理身同理同构的思路。杜光庭的经国理身思想实际上是对传统道教思想的继承和进一步发挥。这种发挥不仅在理论上确立了道教的终极理想之内涵，并与儒、佛的终极理想相区别，而且为入宋以后道教的进一步发展奠定了理论基础。②

值得注意的是，杜光庭生活的唐末五代时期是中国社会由盛而衰，由治而乱的时期。在这样的生活环境中，杜光庭提倡经国理身还有其特殊的意蕴。他强调通过理心而达到理身，既重视在人的内在精神世界中树立一种少私寡欲、恭谦无争的观念，以促进人们自觉地去追寻“声色不能诱，自归柔弱之道”③的高尚境界；同时也重视“养神养气”④的身体修炼，以求达到“虚心体道，则元和潜运而致长生矣”⑤的理想。这种性命双修的理身观又通过人的道德修养而直接对社会生活发挥作用，“人君抱守淳一，洗心内照，爱人理国，动法天时，雌静平和，收视返听，体道生物，顺德养人，生物而不有其功，为政

① 近年出土的郭店楚墓竹简《老子》，大致可以分为三组，“三组《老子》各有自己不同的主题。具体地说，丙的主题是治国，乙的主题是修道，甲的主题则有两个，一个是道与修道，另一个是治国”(王博：《美国达慕思大学郭店《老子》国际学术讨论会纪要》，载《道家文化研究》第十七辑，第6页)。可见，作为现存最早抄本的竹简《老子》，其最主要的内容也是修身与治国。

② 参见拙文《杜光庭的“经国理身”思想初探——兼论道教的终极理想及其现代意义》，载《南京大学学报》2000年第2期。

③ 《道德真经广圣义》卷三十四，《道藏》第14册，第483页。

④ 《道德真经广圣义》卷十一，《道藏》第14册，第366页。

⑤ 《道德真经广圣义》卷十一，《道藏》第14册，第369页。

而不恃其力，视听四达，功成不居。此理身理国，兼爱之道，顺天之德也”[①]。杜光庭倡导内以理身外以经国，实际上也是希望从理论上进一步弘扬道教的终极理想，以辅助统治者解决当时所面临的各种复杂的社会问题。杜光庭对“经国理身”思想的系统阐释，一方面使道教终极理想系统化，另一方面也是力图以此来拯救失道的社会。但这种拯救的意图主要地还是停留在理论的建构上，杜光庭本人就因自己无力于救世，宁愿不做“道门领袖”而归隐山林，在四川的青城山终其一生。如果说杜光庭通过对《道德经》的义释而从理论上对道教经国理身的终极理想进行了整理和发挥，那么，宋金元时期的新道派则力图通过自己的宗教实践来实现道教的终极理想。

唐朝灭亡后，相继而来的五代十国也是中国历史上最动荡的时期之一。北宋欧阳修在修五代史时写道：“五十三年之间，易五姓十三君，而亡国者被弑者八，长不过十余岁，甚者三、四岁而亡。”[②]这从一个侧面反映了当时社会的不稳定。社会矛盾和民族矛盾交织在一起所造成的社会动荡，使人们心中普遍存在着焦虑和不安，这为道教的传播与发展提供了社会心理基础。宋王朝建立后不久，宋真宗为了抵御异族的军事和文化侵略，欲借助于神力而树自己的权威乃弘扬道教。宋徽宗更是为了追求长生不死而迷信道教。在上层统治者和下层民众的双重要求下，历来与中华民族精神密切相关的道教进入了一个新的发展时期。宋金元时期，为了适应社会的发展和人生需要，传统的天师道以及在这一时期出现的大大

① 《道德真经广圣义》卷十一，《道藏》第 14 册，第 368 页。
② 《欧阳修全集》卷六十《本论》，中华书局 2001 年版，第三册，第 862 页。

小小的新道派，虽然在对道的内涵的理解上和修道方法上存在着种种差异，但究其实质却都是既强调个体的自我完善，又强调救国安民，以“经国理身”为实践的目标。例如，南宋时期，在北方社会出现的三大道派①中影响最大的全真道，就是以内修真功，外倡真行而著称，从而将“经国理身”转化为道士们为达到“全真而仙”目的所必须进行的社会实践。而刘德仁创立的真大道，“其教苦节危行而不妄取于人，不苟侈于己者”②，也特别表现出一种积极入世、舍己为人的情操和美德。这种“真功”、“真行”实际上就是将“经国理身”的思想进一步实践化，从而在一定程度上改变了唐代以前的道教偏重个体成仙而忽视拯救众生的状况，这也是道教在这个时期得到人们的广泛信仰，并与民间信仰进一步结合，在社会上产生广泛影响的重要原因。

新道派对经国理身理想的积极实践在客观上推动了道教对社会生活的影响，并使“经国理身”的理想在后来道教的发展中始终延续了下来。即使是在以内丹学为主旨的全真道南宗中，像翁保光在作《悟真篇注释》时，也还是遵循了“经国理身”、“身国同构”的宗旨，提出“圣人以身为国，以心为君，以精气为民。民安国泰，民散国虚。人若惜精爱气，所以长生也。以国君之爱民如赤子，常设法以养之，令民安国丰，谓之富国安民之法也。”③表达了一种关注社会的精神。明代道士王一清也说：“五千文之旨，……岂止于修身复性，长生久视而已

① 即萧抱珍创立的太一道、刘德仁创立的真大道和王喆创立的全真道。

② 《元史》卷二〇二《释老传》。

③ 戴起宗：《悟真篇注疏·序》，《道藏》第2册，第913页。

哉。若以其道举之于政，内以修身，外以治国，……则羲轩之化复行，唐虞之治可觊。”①强调了经国理身的不可分割。

作为中国传统文化重要组成部分之一的道教，将“经国理身”奉为终极理想，从而与儒、佛既形成了鲜明的差异，也构成了互补的格局。从表面上看，儒家从修齐治平出发，强调“内圣外王”而形成的积极入世的精神，似乎与道教的“经国理身”有相似之处。但究其实质，儒家是以“家”为关注的中心，注重的是通过以血缘关系为基础的人伦关系来建构国家的社会秩序，而道教则是以“身”为中心，注重的是以人的生命为参照来建构国家，从而将国家也作为一个动态的生命体来对待。道教所表现出来的浓郁的生命情调在一定程度上弥补了儒家建立在尊卑等级之上的冷冰冰的人伦关系的不足。而道教在重视现实生命中所形成的崇尚自然的精神和超越情怀又在一定程度上消解了儒家礼教文化对人性的窒息。

佛教作为一种本质上追求出世的宗教，则从“人生皆苦”的价值判断出发，对现实社会和人生的意义持否定态度，其终极目标是追求超脱生死轮回的解脱，讲求的是“无生”，而不是“长生”，因而对人生社会的政治也并不表现出特别的关注和热情，最多只是期望“依国主，立法事”②而已，这与道教追求长生成仙和社会太平的终极理想显然也有很大的不同。道教从人的生命本真来认识人的生活及其生活环境，其基于“身国同构”的“经国理身”理想，不仅向往通过身心的修炼来保持人

① 《道德经释词·叙道德经旨总论》，《藏外道书》第1册，第607页。

② 东晋名僧道安有句名言：“不依国主，则法事难立。”（《高僧传·道安传》）

的自然清静本性，而且强调通过提高人，特别是人君的道德素质，来克服社会中物欲横流的现象，以促进整个社会顺应自然之道而和谐发展。道教对生命本真的追求及其对现实社会政治的关注，可以补充佛教的某些不足，而其希望在现实社会中建立一个太平世界的理想与儒家的内圣外王、经世济民学说更是不谋而合，其中都蕴含着一种强烈的参政意识和社会政治关怀，而这也正是淡于治国方略的佛教所缺乏的。

杜光庭对生命本真的追求及其对现实社会政治的关注集中反映了道教的经国理身的终极理想。而道教的"经国理身"的终极理想与儒、佛思想既有所不同而又能形成一种互补的态势，这也是千百年来道教在中国多元文化的竞争中始终能够占有一席之地的重要原因之一。在21世纪的今天，杜光庭所大力阐扬的道教的"经国理身"终极理想中所蕴含的顺应自然，从我做起，尊重生命，提升道德，关怀社会等具有浓厚现实主义情怀的即世而超越的精神，对现代人在蓬勃的经济大潮中如何安身立命，如何优化生存环境，无疑仍具有重要的启迪作用。

当然，由于杜光庭毕竟是一位宗教家，他的理论最终是为道教信仰服务的，因而他的思想必然表现出一定的局限性。例如他把人的得道归结为通过"理心"而达到的精神超越，把理身作为经国的基点，从而将复杂的社会问题归结为人的心理问题，同时，他又主张人们在日常生活中采取有无双遣、境智双忘的态度来处世，而不是鼓励人们去积极地认识世界和改造世界，这些显然对人的思想和社会的发展都会产生一定的消极作用。这表明，对杜光庭的思想，乃至于对历史悠久且内涵丰富的中国传统思想文化都应有一个辩证的态度，才能更好地继承与发展。

同时，不可否认的是，在杜光庭的思想体系中也存在着一些“剪不断、理还乱”的内在矛盾。正如罗素在评价洛克哲学时所说：“不能自圆其说的哲学决不会完全正确，但是自圆其说的哲学满可以全盘错误。最富有结果的各派哲学向来包含着显眼的自相矛盾，但是正为了这个缘故才部分正确。”[①]杜光庭的思想也是如此，其中虽然包含着一定的矛盾，但这种矛盾并不会遮蔽或消解它的部分正确。从某种意义上说，正是存在着一定的矛盾或局限，才为后人的进一步发展提供了理论契机与动力。思想学术史大概就是在这种不断地解决矛盾、弥补缺陷的过程中逐步向前推进的。就此而言，杜光庭的思想也是值得重视的。

① ［英］罗素：《西方哲学史》下册，商务印书馆 1976 年版，第 143 页。

附　录

杜光庭年谱

公元 850 年　（唐宣宗大中四年）　一岁

杜光庭，字宾圣（一作宾至），自号登瀛子，或作东瀛子。元代赵道一撰《历世真仙体道通鉴》卷四十《杜光庭》记载，“后唐庄宗[①]长兴四年癸巳十一月，光庭八十四岁，一旦披法服作礼，辞天升堂，趺坐而化。”[②]根据杜光庭卒于公元 933 年推论，应生于公元 850 年。

公元 859～860 年　（唐宣宗大中十三年～唐懿宗咸通元年）　十岁～十一岁

裘甫领导浙东农民暴动。据杜光庭撰《道教灵验记》卷七《沈莹事老君验》中说：“裘甫起自农亩，啸聚凶徒，奔突县邑，素无武备，官吏奔

① 应为后唐明宗长兴四年。

② 《历世真仙体道通鉴》卷四十，《道藏》第 5 册，第 331 页。

骇，甫因据有县城。”[①]越州剡县（今浙江剡县）县城为裘甫起义军所占，官吏居民奔骇周围乡间避难。裘甫起义揭开了唐末农民起义的序幕。

公元 860～874 年 （唐懿宗咸通年间） 十一岁至二十五岁

杜光庭少年习儒，勤奋好学，喜读经史，“博极群书，志趣超迈”[②]。他于唐懿宗咸通年间满怀信心地去参加了“九经举”，希望以此为契机进入仕途。然而，杜光庭“赋万言不中，乃奋然入道，事天台道士应夷节”[③]，成为上清派第十二代宗师司马承祯的五传弟子。

杜光庭在天台山跟随应夷节勤奋学道，阅读了大量的道书，既“奉行上清紫虚吞日月气诸法”，又沿袭重视正一法箓的传统，并将上清经箓与正一法箓融会贯通到自己的理论与实践之中，从而成为应夷节的上首弟子。

公元 874 年 （唐僖宗乾符元年） 二十五岁

唐僖宗即位，同年，濮州人王仙芝以“天补平均大将军兼海内诸豪都统”的名义在长垣（今河南）领导了农民起义，反对唐王朝官吏暴政，赋敛繁苛，赏罚不平，得到了冤句（今山东曹县）人黄巢的响应。杜光庭依然在天台山修道。

公元 875 年 （唐僖宗乾符二年） 二十六岁

黄巢领导的农民起义爆发。唐僖宗急于挽救唐王朝的颓势，乃求助于圣祖老子，广修道场，崇奉道教，多次下诏赐封道士[④]。据《历世真仙体道通鉴》记载，杜光庭由礼部尚书集贤殿大学士郑畋推荐进京。“郑畋荐其文于朝，僖宗召见，赐以紫服象简，充麟德殿文章应制，为道

① 《道藏》第 10 册，第 825 页。
② 《历世真仙体道通鉴》卷四十，《道藏》第 5 册，第 330 页。
③ 《道藏》第 5 册，第 330 页。
④ 参见《混元圣记》卷九，《道藏》第 17 册。

门领袖。"《宣和书谱》卷五也有类似的记载,"僖宗临御,光庭始充麟德殿文章应制",同时还指出杜光庭任"上都太清宫内供奉"①。杜光庭因受到唐僖宗的青睐而成为名重一时的"道门领袖"。

公元 876 年　(唐僖宗乾符三年)　二十七岁

据杜光庭在《道教灵验记》卷二《青羊肆验》②中自述,他在丙申年(876)春就已来到成都,并实地考察了青羊宫。

公元 880 年　(唐僖宗广明元年)　三十一岁

杜光庭在长安,见道教经书大量散失毁损,乃利用"身居翰苑,任兼执正,朝廷典籍,省府图书,两街道官,二京秘藏,悉可指索"的条件,致力于整理道经,著书立说,并开始编撰《太上黄箓斋仪》,以系统地整理道教斋醮科仪。杜光庭因弘道有方,不仅得到了帝王的嘉奖,而且还获得"弘教大师"称号,"一时流辈为之敛衽,皆曰:'咸谓学海千寻,辞林万叶,扶宗立教,海内一人而已。'"③

是年十一月,黄巢起义军一举攻入了洛阳,不久又破潼关,入长安,从根本上动摇了有着二百多年历史的唐王朝的统治。十二月,唐僖宗在掌权宦官田令孜的挟持下出离长安,仓促南逃凤翔,杜光庭也随之而入蜀。

公元 881 年　(唐僖宗中和元年)　三十二岁

是年春,唐僖宗南逃至兴元(今陕西汉中市)。七月,唐僖宗来到成都,改年号,是为中和元年。据《历世真仙体道通鉴》说,杜光庭于"中和

---

① 杜光庭在撰写《广成集》时也署名"上都太清宫内供奉应制文章大德赐紫杜光庭撰"。(《道藏》第 11 册,第 231 页)

② 《道藏》第 10 册,第 806～807 页。

③ 《历世真仙体道通鉴》卷四十《杜光庭》,《道藏》第 5 册,第 330 页。

初，从驾兴元，道游西县。”[①]《十国春秋》中也有相似的记载：“已而从幸兴元，竟留于蜀。”[②]故现在一般认为，杜光庭是随唐僖宗入蜀，后去青城山修道的。

七月十五日，奉诏与内臣袁易简、刺史王滋、县令崔正规在青城山修醮，封(宁先生)为五岳丈人希夷真君。

八月，唐僖宗驻跸成都。杜光庭奉敕与高品赐紫郭遵泰奏于丈人观，修周天大醮，宗玄观置灵宝真文道场。

公元 883 年　（唐僖宗中和三年）　三十四岁

以凤翔节度使郑畋为首的藩镇势力联合起来，围攻长安的黄巢军队。不久，黄巢部下朱温叛变。沙陀贵族李克用举兵南下，将黄巢起义军驱逐出长安。唐僖宗改成都玄中观为青羊宫，令李朋龟撰《四川青羊宫碑铭》。杜光庭在蜀地游学弘道，整理道书，修订道教斋醮科仪。

公元 884 年　（唐僖宗中和四年）　三十五岁

是年十二月十五日杜光庭向当时壁州（今四川通江）刺史王建进呈了早已写就的《历代崇道记》。该书为杜光庭在入蜀之前所作，记述了自周穆王以来历代帝王奉道教，建观开度道士之事，希望王建能够根据道教的理念建设蜀地。

公元 885 年　（唐僖宗光启元年）　三十六岁

是年初，黄巢起义平定，唐僖宗即将返回长安。据《历世真仙体道通鉴》说，唐僖宗“驾将复都，召光庭醮二十四位会”[③]。杜光庭应诏专门在青城山为唐僖宗建醮作会，保佑其一路平安。杜光庭不愿随唐僖宗再回到动乱的长安，乃恳请辞去官职，留住青城山。唐僖宗在《赐杜

---

① 《历世真仙体道通鉴》卷四十《杜光庭》，《道藏》第 5 册，第 330 页。

② 《十国春秋》卷四十七，中华书局 1983 年版，第二册，第 674 页。

③ 《历世真仙体道通鉴》卷四十《杜光庭》，《道藏》第 5 册，第 330 页。

光庭诏》中对杜光庭及修斋道士等十七人表示了感谢，并下诏让杜光庭主持蜀地的道教事务①。但杜光庭在《道教灵验记》卷六《三泉黑水老君验》中却写道："时僖宗大驾还京，光庭获备护卫。"可见他还是随僖宗回京都了。

公元 886 年　(唐僖宗光启二年) 三十七岁

杜光庭自己在《太上黄箓斋仪》中说"余属兹艰会，漂寓成都，扈跸还京"，意即他在唐军收复长安之后即返回了京都，大概光启二年再随僖宗从驾兴元后，遂留事成都，再也没有返回京都。②

公元 888 年　(唐僖宗文德元年)　三十九岁

是年四月，唐僖宗驾崩。杜光庭在蜀地弘道。

公元 889 年　(唐昭宗龙纪元年)　四十岁

唐昭宗李晔即位，藩镇割据进一步加剧，中原地区的政局也更加混乱。借朝廷无暇西顾之际，王建在四川发动了全面的进攻。在激烈的战斗中，王建开始利用道教的理论和神异之术来为自己服务，而杜光庭的道士身份和经国治邦的远见卓识受到了王建的赏识。

公元 891 年　(唐昭宗大顺二年)　四十二岁

杜光庭在《太上黄箓斋仪》中说：为搜寻道经，他"重游三蜀，更欲搜扬，累阻兵锋，未就前志。时大顺二年辛亥八月三日庚辰，成都玉局化"阅省科教，继续编撰《太上黄箓斋仪》。《太上黄箓斋仪》为各类黄箓斋仪的汇编，是杜光庭所修订、编集的十几种道教斋醮科仪中最为重要的一种。

---

① 《全唐文》卷八十七，上海古籍出版社 1990 年版，第一册，第 399 页。

② 参见李大华等：《隋唐道家与道教》，广东人民出版社 2003 年版，第 521 页。

是年王建终于打败了敌对势力，占领了四川大部分地区，并在成都建立了独立王国。

公元 892 年　（唐昭宗景福元年）　四十三岁

杜光庭撰《道教灵验记》所记载的最后故事《太上天童经灵验录》就发生在景福元年壬子岁。①

公元 894 年　（唐昭宗乾宁元年）四十五岁

杜光庭的师父应夷节在天台山无疾而终，享年八十五岁。

公元 895 年　（唐昭宗乾宁二年）　四十六岁

据杜光庭于是年九月二十日撰写的《修青城山诸观功德记》介绍，他自唐僖宗中和元年(881)到唐昭宗乾宁二年(895)的十多年时间里，在青城山上与当地的一些官员和崇道之士筹集资金，动员劳力，依山之势，修复了丈人、常道、威仪、洞天等早已颓毁的道观，使青城山逐渐成为道教胜地。

公元 901 年　（唐昭宗天复元年）　五十二岁

杜光庭完成了《道德真经广圣义》三十卷，编撰了《洞天福地岳渎名山记》一卷，并为之作《序》，花费了二十余年时间编撰的《太上黄箓斋仪》五十八卷也于是年完成。

公元 903 年　（唐昭宗天复三年）　五十四岁

唐王朝封王建为蜀王。“光庭博学善属文，蜀主重之，颇与议政事。”②

---

① 《云笈七签》卷一二二，《道藏》第 22 册，第 849 页。

② 《资治通鉴》卷二七一《后梁纪六》。

公元 906 年 （唐哀帝天祐三年） 五十七岁

杜光庭在四川丰都县平都山收集道书，他在为《太上洞玄灵宝素灵真符》作《序》时说："余天复丙寅岁，请经于平都山，复得其本，编入三洞藏中，冀将来同好共知济物之志焉。"①

公元 907 年 （唐哀帝天祐四年） 五十八岁

朱晃称帝，改国号为梁，史称后梁。是年，唐王朝灭亡，但中原大地上继续着诸侯纷争的局面。同年九月，王建以成都为都城，自称皇帝，建立蜀国，史称前蜀。杜光庭继续在蜀地弘道。

公元 908 年 （前蜀王建武成元年） 五十九岁

王建让韦庄与张格担任蜀国宰相，但由于张格"其才术高于时而于故实未通。治蜀初，小大事，每令咨禀。盖光庭非止善辞藻而已，有经国之大才"。

公元 910 年 （前蜀王建武成三年） 六十一岁

王建称帝后，"以元膺年少任重，以记事戒之，令一切学朕所为，则可以保国。又命道士广成先生杜光庭为之师。"②王建特命杜光庭为太子元膺之师。

公元 913 年 （前蜀王建永平三年） 六十四岁

六月，王建封杜光庭为金紫光禄大夫，左谏议大夫，封蔡国公，进号广成先生③。"蜀主命杜光庭选纯静有德者使侍东宫，光庭荐儒者许寂、徐简夫，太子未尝与之交言，日与乐工群小嬉戏无度，僚属莫敢谏。"④《十

---

① 《道藏》第 6 册，第 343 页。

② 《新五代史》卷六十三《前蜀世家》。

③ 《资治通鉴》卷二六八。

④ 《资治通鉴》卷二六八。

国春秋》则记载为:“光庭荐儒者许寂、徐简夫以侍东宫,颇与议政事,相得甚欢。”[①]太子元膺后为卫士所杀,王建立幼子王衍为太子。

公元 916 年 (前蜀王建通正元年) 六十七岁

三月七日,杜光庭为《毛仙翁传》作《序》。

九月,蜀国的新皇宫落成,改年号为通正元年。十二月,王建封杜光庭为户部侍郎。《蜀檮杌》卷上曰:“以广成先生杜光庭为户部侍郎”。杜光庭还专门写了《谢恩除户部侍郎兼加阶爵表》,以表示对王建的封赐“唯虔砥砺,永答鸿恩”[②]。

公元 917 年 (前蜀王建天汉元年) 六十八岁

蜀国占领凤翔,王建改年号天汉。二月八日,杜光庭上《寿春节进章真人像表》[③]。十二月,王建诛刘知俊,改明年元曰“光天”,杜光庭上《贺诛刘知俊表》[④]。

公元 918 年 (前蜀王建光天元年) 七十岁

是年,王建死,其子王衍继承王位。杜光庭上《贺嗣位表》、《贺德音表》、《又贺德音表》、《贺登极后听政表》等,以示祝贺,得到王衍的敬重。十一月,王建葬于永陵,杜光庭连续上《慰释服表》、《慰册庙号表》、《慰启攒表》、《慰祔庙礼毕表》、《慰封陵表》、《慰发引表》、《慰山陵毕表》[⑤]等,以示哀悼。

公元 920 年 (前蜀王衍乾德二年) 七十一岁

---

① 《十国春秋》卷四十七,中华书局 1983 年版,第二册,第 674 页。

② 《广成集》卷一,《道藏》第 11 册,第 232 页。

③ 《广成集》卷一,《道藏》第 11 册,第 236 页。

④ 《广成集》卷二,《道藏》第 11 册,第 240 页。

⑤ 《广成集》卷三,《道藏》第 11 册,第 243～245 页。

杜光庭为强思齐编《道德真经玄德纂疏》撰写《序》。

公元 921 年　（前蜀王衍乾德三年）　七十二岁

从《录异记》中《焰阳洞》所记载的故事发生在“乾德三年辛巳正月十六癸卯”可见，该书是杜光庭晚年的作品。

公元 923 年　（前蜀王衍乾德五年）　七十四岁

王衍“起上清宫，塑王子晋像，尊以为圣祖至道玉宸皇帝，又塑建及衍像，侍立于其左右；又于正殿塑玄元皇帝及唐诸帝，备法驾而朝之”①。八月，王衍亲授道箓于苑中，尊杜光庭为“传真天师、崇真馆大学士”。杜光庭虽然支持王衍推行道教，但他看到王衍的花天酒地与荒淫无度所造成前蜀政治的黑暗，不愿与之同流合污，“未几解官，隐青城山。建飧和阁，奉行上清紫虚吞日月气法。”②杜光庭辞官不就，隐居于青城山白云溪修身养性、著书立说。

公元 925 年　（前蜀王衍咸康元年）　七十六岁

九月，“帝奉太后、太妃祷青城山。宫人皆衣云霞之衣，帝自制《甘州曲》，令宫人唱之，其辞哀怨，闻者凄惨。又历丈人观、玄都观，丹景山金华宫，至德寺，朝上清宫，设醮祈福。”但王衍回成都不久，后唐就兵临成都。王衍“出降于升仙桥”，前蜀政权为后唐所灭。后唐灭蜀后，任孟知祥为剑南西川节度使。

公元 933 年　（后唐明宗长兴四年）八十四岁

是年十一月，杜光庭于青城山趺坐而化，享年八十四岁，葬于清都观后。

---

① 《新五代史》卷六十三《前蜀世家》。

② 《十国春秋》卷四十七，中华书局 1983 年版，第二册，第 674 页。

参考书目

《道藏》，上海书店、天津古籍出版社、文物出版社 1988 年版。

《藏外道书》，巴蜀书社 1994 年版。

《道藏提要》，任继愈主编，中国社会科学出版社 1995 年版。

《道教史资料》，中国道教协会研究室编，上海古籍出版社 1991 年版。

《老子想尔注校证》，饶宗颐著，上海古籍出版社 1991 年版。

《老子道德经河上公章句》，王卡点校，中华书局 1993 年版。

《老子指归》，[汉]严遵，王德有点校，中华书局 1994 年版。

《周易参同契通析》，潘启明著，上海翻译出版公司 1990 年版。

《庄子集释》，[清]郭庆藩辑，中华书局 1961 年版。

《太平经合校》，王明编，中华书局 1960 年版。

《抱朴子内篇校释》，王明撰，中华书局 1985 年版。

《王弼集校释》，楼宇烈校释，中华书局 1980 年版。

《无能子校注》，王明校注，中华书局 1981 年版。

《悟真篇浅解》，[宋]张伯端撰，王沐浅解，中华书局 1990 年版。

《宋元学案》1～4 册，[清]黄宗羲原著，全望祖补修，中华书局 1986 年版。

《后汉书》，[宋]范晔撰，[唐]李贤等注，中华书局 1965 年版。

《三国志》,[晋]陈寿撰,中华书局 1959 年版。
《晋书》,[唐]房玄龄等撰,中华书局 1974 年版。
《旧唐书》,[后晋]刘昫等撰,中华书局 1975 年版。
《新唐书》,[宋]欧阳修,宋祁撰,中华书局 1975 年版。
《唐六典》,[唐]张九龄等撰,李林甫等注,中华书局 1992 年版。
《唐会要》,[宋]王溥撰,上海古籍出版社 1991 年版。
《旧五代史》,[宋]薛居正等撰,中华书局 1976 年版。
《新五代史》,[宋]欧阳修撰,徐无党注,中华书局 1974 年版。
《资治通鉴》,[宋]司马光编著,中华书局 1956 版。
《十国春秋》,第 2 册,[清]吴任臣撰,中华书局 1983 年版。
《通志略》,[宋]郑樵著,世界书局 1936 年版。
《太平广记》,[宋]李昉等编,中华书局 1961 年版。
《全唐文》,[清]董诰等编,上海古籍出版社 1990 版。
《全唐诗》,[清]彭定求等编,中华书局 1979 版。
《唐诗纪事》,[宋]计有功撰,中华书局 1965 年版。
《中国道教史》,任继愈主编,上海人民出版社 1990 年版。
《中国道教史》第 1 卷、第 3 卷,卿希泰主编,四川人民出版社 1988 年版、1993 年版。
《中国道教史》第 2 卷(修订本),卿希泰主编,四川人民出版社 1996 年版。
《中国道教》第 1～4 卷,卿希泰主编,东方出版中心 1994 年版。
《中国道教思想史纲》第 1～2 卷,卿希泰著,四川人民出版社 1980 年版、1985 年版。
《续·中国道思想史纲》卿希泰著,四川人民出版社 1999 年版。
《道教概说》,李养正著,中华书局 1989 年版。
《道教通论——兼论道家学说》,牟钟鉴等主编,齐鲁书社 1991 年版。
《道学通论——道家、道教、仙学》,胡孚琛、吕锡琛著,社会科学文献出版社 1999 年版。

《道家思想史纲》,黄钊主编,湖南师范大学出版社 1991 年版。
《道藏源流考》,陈国符著,中华书局 1963 年版。
《道藏源流考续》,陈国符著,台湾明文书局 1983 年版。
《南宋初河北新道教考》,陈垣著,中华书局 1962 年版。
《道家和道教思想研究》,王明著,中国社会社会出版社 1984 年版。
《和风堂文集》第 1～3 卷,柳存仁著,上海古籍出版社 1991 年版。
《道家与道术》,柳存仁著,上海古籍出版社 1999 年版。
《道教史探源》,柳存仁讲演,北京大学出版社 2000 年版。
《敦煌古籍叙录》,王重民著,中华书局 1979 年版。
《道家金石略》,陈垣编纂,陈智超、曾庆瑛校补,文献出版社 1988 年版。
《中国道教史》,傅勤家著,上海书店 1984 年影印。
《道教史》,许地山著,华东师范大学出版社 1996 年版。
《古史甄微》,蒙文通著,巴蜀书社 1987 年版。
《道书辑校十种》,蒙文通著,巴蜀书社 2001 年版。
《道教论稿》,王家祐著,巴蜀书社 1987 年版。
《内丹养生功法指要》,王沐著,东方出版社 1990 年版。
《魏晋神仙道教——〈抱朴子内篇〉研究》,胡孚琛著,人民出版社 1989 年版。
《中国重玄学》,卢国龙著,人民中国出版社 1993 年版。
《道教哲学》,卢国龙著,华夏出版社 1998 年版。
《道教与中国传统文化》,卿希泰主编,福建人民出版社 1990 年版。
《道家思想的历史转折》,何建明著,华中师范大学出版社 1997 年版。
《道教与养生》,陈撄宁著,华文出版社 1989 年版。
《道教气功养生学》,李远国著,四川社会科学院出版社 1988 年版。
《魏晋南北朝时期的道教》,汤一介著,陕西师范大学出版社 1988 年版。
《中国传统文化中的儒释道》,汤一介著,中国和平出版社 1988 年版。
《道教法印令牌探奥》,王育成编,宗教文化出版社 2000 年版。
《汉代道教哲学》,李刚著,巴蜀书社 1995 年版。

《唐宋内丹道教》,张广保著,上海文艺出版社2001版。
《金元全真道内丹心性学》,张广保著,三联书店1995年版。
《道教与中国文化》,葛兆光著,上海人民出版社1987年版。
《七世纪前中国的知识、思想与信仰世界》,葛兆光著,复旦大学出版社1998年版。
《七世纪至十九世纪中国的知识、思想与信仰》,葛兆光著,复旦大学出版社2000年版。
《屈服史及其他:六朝隋唐道教的思想史研究》,葛兆光著,三联书店2003年版。
《道教与周易》,刘国梁著,北京燕山出版社1994年版。
《金丹集成》,徐兆仁著,中国人民大学出版社1990年版。
《道教本论——黄老、道家即道教论》,李申著,上海文化出版社2001年版。
《〈道教义枢〉研究》,王宗昱著,上海文化出版社2001年版。
《生命存在与境界超越》,李大华著,上海文化出版社2001年版。
《隋唐道家与道教》,李大华、李刚、何建明著,广东人民出版社2003年版。
《从魏晋玄学到初唐重玄学》,强昱著,上海文化出版社2002年版。
《道教斋醮符咒仪式》,张泽洪著,巴蜀书社1999年版。
《巴蜀道教碑文集成》,龙显昭、黄海德主编,四川大学出版社1997年版。
《内丹与禅定——道佛医气功典籍选解》,张荣明著,上海文艺出版社1991年版。
《长生不死的探求——道经〈真诰〉之迷》,钟来因著,文汇出版社1992年版。
《道藏分类解题》,朱越利著,华夏出版社1996年版。
《道经总论》,朱越利著,辽宁教育出版社1991年版。
《道教与唐代社会》,王永平著,首都师范大学出版社2002年版。

《唐代老学：重玄思辨中的理身理国之道》,董恩林著,中国社会科学出版社 2002 年版。
《道家文化研究》第 1～20 册,陈鼓应主编,上海古籍出版社、三联书店。
《老子注译及评介》,陈鼓应著,中华书局 1996 年版。
《庄子今注今译》,陈鼓应著,中华书局 1983 年版。
《老庄新论》,陈鼓应著,上海古籍出版社 1992 年版。
《易传与道家思想》,陈鼓应著,三联书店 1996 年版。
《老子解说》,张松如著,齐鲁书社 1998 年版。
《智者的沉思——老子哲学思想研究》,朱晓鹏著,杭州大学出版社 1999 年版。
《帛书老子注释与研究》,许抗生著,浙江人民出版社 1982 年版。
《郭店楚墓竹简思想研究》,丁四新著,东方出版社 2000 年版。
《郭店竹简与先秦学术思想》,郭沂著,上海教育出版社 2001 年版。
《庄学研究》,崔大华著,人民出版社 1997 年版。
《中国儒教史》上下卷,李申著,上海人民出版社 1999 年、2000 年版。
《中国人性论史》,徐复观著,上海三联书店 2001 年版。
《简帛佚籍与学术史》,李学勤著,江西教育出版社 2001 年版。
《中国老学史》,熊铁基、马怀良、刘韶军著,福建人民出版社 1997 年版。
《内圣外王的贯通——北宋易学的现代阐释》,余敦康著,学林出版社 1997 年版。
《心灵超越与境界》,蒙培元著,人民出版社 1998 年版。
《汉魏两晋南北朝佛教史》上下册,汤用彤著,中华书局 1983 年版。
《隋唐佛教史稿》,汤用彤著,中华书局 1982 年版。
《中国佛学源流略讲》,吕徵著,中华书局 1979 年版。
《中国佛教史》第 1～3 卷,任继愈主编,中国社会科学出版社 1981 年版、1985 年版、1988 年版。
《中国佛教哲学要义》上下卷,方立天著,中国人民大学出版社 2002 年版。

《禅宗思想的形成与发展》(修订本),洪修平著,江苏古籍出版社 2000 年版。
《中国佛教文化历程》,洪修平著,江苏教育出版社 1995 年版。
《如来禅》,洪修平、孙亦平著,浙江人民出版社 1997 年版。
《惠能评传》,洪修平、孙亦平著,南京大学出版社 1999 年版。
《宗教学通论新编》,吕大吉著,中国社会科学出版社 1998 年版。
《西方宗教学说史》,吕大吉著,中国社会科学出版社 1994 年版。
《宗教理解》,卓新平著,社会科学文献出版社 1999 年版。
《西方宗教学名著提要》,孙亦平主编,江西人民出版社 2002 年版。
《宗教哲学与生死学——一种对比哲学观点的尝试》,蔡瑞霖著,台湾华南管理学 1999 年版。
《宗教哲学研究》,张志刚著,中国人民大学出版社 2003 年版。
《中国哲学大纲》,张岱年著,中国社会科学出版社 1982 年版。
《中国哲学史稿》上下册,孙叔平著,上海人民出版社 1980 年版,1981 年版。
《中国哲学发展史》(隋唐卷),任继愈主编,人民出版社 1994 年版。
《隋唐五代史》,吕思勉著,上海古籍出版社 1984 年版。
《隋唐史》,岑仲勉著,中华书局 1982 年版。
《隋唐五代史论集》,韩国磐著,三联书店 1979 年版。
《五代十国史研究》,郑学檬著,上海人民出版社 1991 年版。
《隋唐五代史》上下册,王仲荦著,上海人民出版社 1990 年版。
《剑桥中国隋唐史》,[英]崔瑞德著,中国社会科学出版社 1990 年版。
《五代史略》,陶懋炳著,人民出版社 1985 年版。
《史著精华》,魏良弢主编,中国青年出版社 1999 年版。
《宋明理学史》上下册,侯外庐、邱汉生、张岂之主编,人民出版社 1987 年版。
《哲学史讲演录》第 1～4 卷,[德]黑格尔著,商务印书馆 1959 年版。
《历史哲学》,[德]黑格尔著,上海书店 1999 年版。

《西方哲学史》上下册，[英]罗素著，商务印书馆 1963、1976 年版。
《宗教学导论》，[英]麦克斯·缪勒著，上海人民出版社 1989 年版。
《宗教的起源与发展》，[英]麦克斯·缪勒著，上海人民出版社 1989 年版。
《文明经受着考验》，[英]汤因比著，浙江人民出版社 1988 年版。
《历史研究》，[英]汤因比著，浙江人民出版社 1988 年版。
《斯文：唐宋思想的转型》，[美]包弼德著，江苏人民出版社 2001 年版。
《人与神——宗教生活的理解》，[美]斯特伦著，上海人民出版社 1991 年版。
《道教》1～3 卷，[日]福井康顺、山崎宏、木村英一、酒井忠夫监修，上海古籍出版社 1990、1992 年版。
《道教史》，[日] 漥德忠著，上海译文出版社 1987 年版。
《六朝道教史研究》，[日] 小林正美著，四川人民出版社 2001 年版。
《道家思想与佛教》，[日] 蜂屋邦夫著，辽宁教育出版社 2000 年版。
《气的思想》，[日] 小野泽精一等著，上海人民出版社 1990 年版。
《隋唐道教思想史研究》，[日] 砂山稔著，平河出版社 1990 年 。
《道与中国文化》，[美] 刘友著，广西人民出版社 1990 年版。
《儒教与道教》，[德] 马克斯·韦伯著，商务印书馆 1996 年版。
《西方道教研究史》，[法] 安娜·塞德尔著，上海古籍出版社 2000 年版。
《日本学者论中国哲学史》，辛冠洁等主编，中华书局 1986 年版。
《日本学者研究中国史论著选译》第 4 卷，《六朝隋唐》，刘俊文主编，中华书局 1993 年版。
《日本学者研究中国史论著选译》第 7 卷，《思想宗教》，刘俊文主编，中华书局 1993 年版。
《道教视野中的社会史：杜光庭(850～933)论晚唐和五代社会》(*Social History in Taoist Perspective*：*Du Guangting* (850～933) *on Contemporary Society*)，[法]傅飞岚著，香港中文大学崇基学院宗教与中国

社会研究中心出版、香港文星图书有限公司 2001 年发行。

Du Guangting 850～933：*Taoiste de cour a la fin de la china medievale* ,*Franciscus Verellen*,*Paris*：*College de france*,2001.

《中国文学发展史》,刘大杰著,上海古籍出版社 1983 年版。

《中国小说史》,郭箴一著,上海书店影印本。

《神话研究》,茅盾著,百花文艺出版社 1981 年版。

《道教与唐代文学》,孙昌武著,人民文学出版社 2001 年版。

《道教文学史》,詹石窗著,上海文艺出版社 1992 年版。

《五代作家的人格与诗格》,张兴武著,人民文学出版社 2000 年版。

《唐宋道家道教与文学》,张松辉著,湖南师范大学出版社 1998 年版。

《唐人小说》,汪辟疆校录,上海古籍出版社 1978 年版。

《六朝隋唐仙道类小说研究》,李丰楙著,台湾学生书局 1986 年版。

索　引

人名索引

D

F

G

H

J

K

L

M

N

O

P

Q

R

S

T

词语索引

E

F

G

H

J

Y

后记

正式承担《杜光庭评传》的写作工作是在1999年初，至今已有五年的岁月匆匆流过。在这五年的时间里，人类经历了又一个新千年的历史性跨越。在新千年的历史起点上，我却在通过研究唐末五代时的“道门领袖”杜光庭这一历史人物，以道教文化为基点，来回视一千多年前的中华文化的发展情况。不可否认，人类文化的发展就是一代代人通过建立在个体意识之上的理性自觉，对已有的文化成果进行继承、对已有的知识进行诠释并进行创造性活动的结果。我们现在所具有的理性自觉和文化成果大都是由人类在过去各个时代所创获的成果累积起来的。这种累积所形成的一种文化传统，正如德国哲学家黑格尔所形容：“这种传统并不是一尊不动的石像，而是生命洋溢的，有如一道洪流，离开它的源头越远，它就膨胀得越大。”[①]人类的一切文化之所以能够形成传统，就是因为人有思想，人的思想能够代代相传。正是基于此，我在写作过程中始终将杜光庭这

① 《哲学史讲演录》第一卷，商务印书馆1959年版，第8页。

个人物放到道教思想史中加以考察，以期揭示他如何成为唐代道教思想的集大成者和宋元道教新发展的重要开拓者。

虽然是五年前正式开始杜光庭思想的研究，但理论的准备与资料的搜集却经历了一个更长的过程。从1990年起，我就开始在南京大学哲学系开设"道教概论"的课程，并从事相关的研究。后由于偶然的机会，我对杜光庭这个人物发生了兴趣，并发现杜光庭是一位在唐宋道教思想理论建设方面起着承上启下作用的重要思想家，而学术界却对他缺乏系统而全面的研究，于是，我逐渐集中精力开始对杜光庭的道教思想进行专门的研究。正巧匡老主编的《中国思想家评传丛书》的编委会在调整传主时，新增加了几位道教思想家，其中包括杜光庭，并将这一任务交给了我，从而使我在1997年与洪修平教授合作完成《惠能评传》之后，又一次有机会参与到被学术界认为是"我国正在进行的规模最大的传统思想文化研究工程"的行列中来，感到十分荣幸！

2000年始，我在南京大学历史系在职攻读博士学位，继续从事有关杜光庭的研究。2001年，我申报的《杜光庭与唐宋道教思想》的研究课题获得了国家"十五"社科基金项目的资助。2003年5月，我的博士论文《杜光庭思想与唐宋道教的转型》(南京大学出版社2004年版)获得了评审专家的一致好评，顺利地通过了论文答辩，并被评为南京大学优秀博士论文和江苏省优秀博士论文。以上这些都为我完成《杜光庭评传》的写作奠定了良好的基础。

虽然《杜光庭评传》的写作充分吸收了我的博士论文中有关杜光庭思想的研究成果，但由于杜光庭不仅对道教的哲学理论、思想源流作过比较系统的总结性阐发，而且也在探讨修道方法、整理斋醮科仪和撰写神仙故事等方面留下了内容丰富的著述，因此，我在《评传》中又对杜光庭所建构的神仙世界、所整理的斋醮科仪以及所创作的文学作品都进行了专门的研究，以期凸显杜光庭作为一个思想家所取得的多方面的成就。同时，我还列专章对杜光庭的生平事迹尤其是在天台山和蜀地的弘道活动作了尽可能细致的探讨，以期更好地展示杜光庭这一个历史人物是如何成长为道教思想家的。

在《杜光庭评传》的写作过程中，我最感到困惑的问题是，杜光庭这位生活于唐末五代时的思想家，距离我们今天的生活已有一千多年，其时代之真相，其个人之心态，其思想之动机，许多都很难把握。在写作之初，我就不断地问自己，如何通过时间隧道走回十世纪之初？如何由现代人的心态回归到古人的精神世界？如何透过杜光庭的著作提炼出中国道教思想的特质？又如何从中国道教思想的发展中来把握中国传统文化的历史价值及其现代意义？在艰难的写作过程中，我才真正体会到，追问永远是走进历史、走进人的精神世界的最好方法。然而，在追问中，我面对着宏富的文本，也一直在思考，怎样才能尽量使自己的主观设问与客观事实相吻合？我苦苦以求！

实际上，要捕捉杜光庭的思想和意图并非易事，因为他有他的问题，他有他的困惑，他有他的理想。而时至今日，他的许多问题可能已不再是问题，很多困惑可能已随着时间的流逝而被人们渐渐地遗忘，那些精心设计的美好理想也可能已不再成为今天人们所追求的目标了。然而，从某种意义上说，

“史学所要发现的对象，并不是单纯事件，而是其中所表现的思想。发现了那种思想也就是理解了那种思想”[①]。而理解了杜光庭当时的思想，就有可能更好地从一个侧面或一个角度来理解唐宋道教发展的历程。因此，从思想史的角度来解读文本，就成为我研究杜光庭思想的一个重要的路径。

如何解读？陈寅恪先生曾说过：在研究古代哲学家时，“吾人今日可依据之材料，仅为当时所遗存最小之一部，欲藉此残余断片，以窥测其全部结构，必须备艺术家欣赏古代绘画雕刻之眼光及精神，然后古人立说之用意与对象，始可以真了解。所谓真了解者，必神游冥想，与立说之古人，处于同一境界，而对于其持论所以不得不如是之苦心孤诣，表一种之同情，始能批评其学说之是非得失，而无隔阂肤廓之论。否则数千年前之陈言旧说，与今日之情势迥殊，何一不可以可笑可怪目之乎？但此种同情之态度，最易流于穿凿附会之恶习。因今日所得见之古代资料，或散佚而仅存，或晦涩而难解，非经过解释及排比之程序，绝无哲学史之可言。”[②]道理是如此，但做起来却是十分不易。同时，当我面对那些以注经方式呈现的思想，面对那些颇具神秘甚至荒诞色彩的著述，面对那些充满虔诚之情的表奏词章，有时甚至感到仅有“艺术家欣赏古代绘画雕刻之眼光及精神”似乎还不够，还必须以历史的、宗教的、哲学的等多重眼光去考据、整理、解读文本，以期尽可能逼

---

① [英]柯林武德：《历史的观念》，中国社会科学出版社 1986 年版，第 214 页。

② 《冯友兰〈中国哲学史〉上册审查报告》，《金明馆丛稿二编》，载《中国现代学术经典·陈寅恪卷》，河北教育出版社 2002 年版，第 838～839 页。

真地揭示出文本中乃至文本背后杜光庭所要表达的思想原貌及其内在意蕴,尽可能使自己的主观设问靠近、再靠近杜光庭思想的本身,从而挖掘出其思想所蕴涵的人文智慧。至于本书究竟做到了多少,只有留待读者的品评了。

在《杜光庭评传》即将付梓之际,我的心中真是既充盈着喜悦,也满怀着谢意。首先要感谢南京大学思家研究中心的蒋广学教授。五年来,蒋广学教授时时关心我的研究进展,特别是在审阅了我的博士论文后提出了一些富有建设性的意见,并为本评传的写作营造了很好的氛围。我的导师魏良弢教授多年来对我的学业给予了悉心指导与帮助,让我难以忘怀。同时,我还要深深地感谢同行专家和朋友们多年来对我的关心和帮助。其中特别要感谢的是:台湾大学哲学系陈鼓应教授,四川大学宗教研究所卿希泰教授、李刚教授、唐大潮教授,中国社会科学院世界宗教研究所吕大吉教授、王卡教授、卢国龙教授,北京大学哲学系汤一介教授、王宗昱教授,中央民族大学哲学系牟钟鉴教授,中国社会科学院哲学研究所胡孚琛教授、陈静教授,厦门大学哲学系詹石窗教授、盖建民教授,广州社科院哲学与宗教研究所李大华教授,四川省社科院哲学研究所李远国教授,中国道教学院朱越利教授,上海社会科学院陈耀庭教授,华东师范大学哲学系刘仲宇教授,华侨大学宗教文化研究所黄海德教授,中国人民大学哲学系何建明教授,现在香港中文大学任教的法国学者傅飞岚教授,他们或给我寄来了他们最新的研究成果,或向我提供了各种有关道教、特别是有关杜光庭的研究资料,或在学术上给予我指导与帮助。另外,韩国的周峰法师慷慨资助了我一套《道藏》,台湾文化三清宫黄胜得先生在南京大学设立了道教研究奖助金，国家社科基金对我研究项目的资助，都为我的研究提供了重要的帮助。这些我都将永远铭记在心，并将感激之情化为我进一步努力的动力。最后，还要特别感谢责编刘平女士为本书付出的辛勤劳动，非常有缘的是，这是我们第二次愉快的合作。

南京大学哲学系和中国思想家研究中心为我的研究提供了许多方便。家人的鼓励与支持也是我不断进取的重要力量之源泉，我的先生洪修平教授与我在同一所大学任教，他在我们携手相伴的人生旅途中给予了我极大的关怀与帮助。我的父亲孙叔平先生以他在艰难的条件下写出《中国哲学史稿》的勤奋刻苦及其所表现出的对学术研究的使命感和责任感，以及临终前对我自强不息的殷切期望，成为我克服困难、在学术道路上努力登攀的重要精神动力。

正是在学校、导师、朋友和家人的支持、鼓励与帮助下，我才能够顺利地完成《杜光庭评传》的写作，用艰辛与汗水换来收获的喜悦，并得以回报大家对我的关爱与期望。

在评传写作过程中，我深深体会到，中国思想文化博大精深，无论从哪一个角度切入，都会有一种深不可测的感觉。虽然自己尽了很大的努力，在本书出版之前，又对全稿进行了认真的校读与修订，但由于时间关系，并限于学力和水平，如有不妥之处，欢迎海内外专家学者不吝赐教，以使本书能不断完善。

孙亦平

南京大学哲学系、宗教学系

二〇〇四年五月二十日

图书在版编目(CIP)数据

杜光庭评传 / 孙亦平著. —南京：南京大学出版社，2005.2(2010.3 重印)

(中国思想家评传丛书/匡亚明主编)

ISBN 978-7-305-04346-8

Ⅰ.杜... Ⅱ.孙... Ⅲ.杜光庭(850～933)—评传 Ⅳ.B959.92

中国版本图书馆 CIP 数据核字(2004)第 101031 号

中国思想家评传丛书
杜光庭评传
孙亦平 著

南京大学出版社出版发行
社址:南京市汉口路 22 号 邮编:210093
电话:025-83596923 025-83592317 传真:025-83328362
网址:http://www.NjupCo.com
电子邮箱:Press@NjupCo.com
Sales@NjupCo.com(市场部)
南京爱德印刷有限公司
开本 850×1168 1/32 印张 18.75 字数 421 千
2005 年 3 月第 1 版 2010 年 3 月第 2 次印刷
印 数 1001—2000
ISBN 978-7-305-04346-8

定价：56.00 元